中国西部经济
高质量发展研究报告
（2020）

刘以雷　主编

中国财经出版传媒集团

经济科学出版社
Economic Science Press

图书在版编目（CIP）数据

中国西部经济高质量发展研究报告.2020/刘以雷主编.
—北京：经济科学出版社，2020.7
ISBN 978 - 7 - 5218 - 1713 - 3

Ⅰ.①中⋯　Ⅱ.①刘⋯　Ⅲ.①西部经济 - 区域经济发展 -
研究报告 - 中国 - 2020　Ⅳ.①F127

中国版本图书馆 CIP 数据核字（2020）第 126097 号

责任编辑：郎　　晶
责任校对：杨晓莹　郑淑艳
责任印制：李　鹏　范　艳

中国西部经济高质量发展研究报告（2020）
刘以雷　主编
经济科学出版社出版、发行　新华书店经销
社址：北京市海淀区阜成路甲 28 号　邮编：100142
总编部电话：010 - 88191217　发行部电话：010 - 88191522
网址：www. esp. com. cn
电子邮箱：esp@ esp. com. cn
天猫网店：经济科学出版社旗舰店
网址：http：//jjkxcbs. tmall. com
北京季蜂印刷有限公司印装
710×1000　16 开　30.25 印张　540000 字
2020 年 7 月第 1 版　2020 年 7 月第 1 次印刷
ISBN 978 - 7 - 5218 - 1713 - 3　定价：90.00 元
（图书出现印装问题，本社负责调换。电话：010 - 88191510）
（版权所有　侵权必究　打击盗版　举报热线：010 - 88191661
QQ：2242791300　营销中心电话：010 - 88191537
电子邮箱：dbts@ esp. com. cn）

《中国西部经济高质量发展研究报告 (2020)》
机构组成人员

指导委员会　樊　纲　贺　铿　邹东涛　谭平祥

主　　　编　刘以雷
副　主　编　叶祥凤　李金叶

协 调 组

组　　　长　蔡学兰
副　组　长　李金叶　谭任君
成　　　员　叶祥凤　邓小军　袁丽君　张宜琳　付晓静　左　韵

编 写 组

组　　　长　叶祥凤
副　组　长　邓小军　袁丽君
成　　　员　陈文生　张尚豪　张宜琳　张　雯　张　峥　朱　胜
　　　　　　范乔希　黄福江　董春风　鞠达艳　康　俊　付晓静
　　　　　　锁冉冉　蒋俊琪　叶晓梅　王开达　邓　鸥　王玉霞
　　　　　　张　赛

运 营 组

组　　　长　谭任君　王羿晓　沈　敏
成　　　员　秦　晴　余　洋　林　旭

序

2020 年春节期间，正值新冠疫情扩散，四川西部民生研究院历时一年完成、一部 50 余万字的《中国西部经济高质量发展研究报告（2020）》送到我的手上，心里别有一番感慨。疫情是一场大考，检验出了我国经济高质量发展转型的成色。在中央统一部署下，全国人民万众一心抗击疫情，目前各省市、各行业已积极复工复产。基于中国的卓著成效，世卫组织总干事谭德塞先生甚至指出这可能是历史上首次可控的大流行病。背后凸显出中国经济高质量发展已织就中国经济的坚强韧性，即便是历史性的罕见疫情也掀不翻这片蔚蓝大海。这场伟大战疫中，远程办公、网上课堂、生鲜电商、数字娱乐、网络诊疗……新经济大显神通，更为中国经济的未来发展提点着方向。危中见机，危中蕴机！在这样的背景下，时代需要中国的研究学者们写出更多关于高质量发展的高水平著作。所以，当这部专题研究中国西部经济高质量发展的著作摆在我的案头，我很欣慰。

大家知道，党的十九大作出了中国特色社会主义进入新时代的重大判断，强调我国经济已由高速增长阶段转向高质量发展阶段，必须推动经济发展质量提升、效率变革、动力转换，不断增强我国经济创新力和竞争力。中央高瞻远瞩，问题抓得非常精准。我国经济在经历近 40 年持续快速增长之后，亟待突破结构性矛盾、缓解传统资源制约、优化生态环境、实现高效发展。经济高质量发展是适应我国社会主要矛盾变化和全面建成小康社会、全面建设社会主义现代化强国的必然要求。

与东部和中部地区相比而言，西部地区是我国经济高质量发展的"短板"区域。西部地区 12 个省（区、市）共 686 万平方公里的土地，占全国71.4%，养育着全国近28%的人口，但经济总量只占全国20%左右。虽然近年来中国西部的高质量发展已奋起直追，取得了长足进步，甚至出现了重庆、成都这样的"网红城市"，截至2019年，落户重庆、成都的世界500强企业均逾300家，但西部地区毕竟底子薄、条件差，生态环境比较脆弱，地区禀赋差异又比较大，总体来看西部经济的高质量发展仍是全国洼地，甚至是制约全国经济发展整体水平的一个瓶颈。不过从另一个方面来说，当我们用发展的理念和前瞻性眼光来看待西部地区时，这里地大物博，资源蕴藏丰富，拥有约占全国91%的陆地边境线和约占全国1/10的海岸线，这些优势又总令我们心驰神往。那里可能蕴藏着我国未来发展的最大潜能，亦正在富集着未来发展厚势。问题在于，西部地区要实现经济高质量发展，必须在尊重区域差异大、发展不平衡不充分、质量效益有待双提升等实际情况的基础上，各省（区、市）因地制宜、精准施策，着力于疏通制约高质量发展的各种瓶颈、补齐短板、集聚动能、畅通循环、提高效能。从这个角度说，《中国西部经济高质量发展研究报告（2020）》无疑是颇有价值的。身逢伟大的时代，就要敏锐抓住时代脉搏，敢于写出时代的大文章，这一点，我要向我的西部同行们表示祝贺。

西部大开发战略是邓小平关于"两个大局"思想的具体实施，是我国一项长期而艰巨的任务。1999年，中央作出实施西部大开发的重大战略决策。2000年1月，国务院成立西部地区开发领导小组。2010年7月新一轮西部大开发开启。当前，已进入深入推进西部大开发的关键期、全面统筹区域经济协调发展的重要转折期。2019年适逢我国西部大开发战略提出20周年，党中央提出新时期推进西部大开发形成新格局。据我的西部同行讲，这部著作仅资料收集即历时一年有余，用工甚勤，筚路躬耕，不遗余力。它在全面采集西部12省（区、市）数据基础上，采用多种研究方法，从总论、特色专题、分区域三个视角入手，全面地总结我国西部地区经济高质量发展取得的成就、特点与经验，为促进西部地区深化发展提出了针对性的对策。著作提出的对策和发现的问题颇有启发性。

推动经济高质量发展是我国当前和今后一个时期确定发展思路、

制定经济政策、实施宏观调控的根本要求。正如习近平总书记在2018年12月的中央经济工作会议上指出："世界面临百年未有之大变局，变局中危与机并存，这给中华民族伟大复兴带来重大机遇，要善于化危为机、转危为安，紧扣重要战略机遇新内涵。"我衷心期盼我的西部同行们，在已有成果的基础上，继续勇闯难关，为推动时代变局向着有利于西部高质量发展的方向前进作出更多的智库贡献！

阳春布德泽，万物生光辉。相信在党中央的战略指引下，我国西部各省（区、市）党委、政府带领人民真抓实干，一定会奏出更加美丽的时代华章！

时代责任也就是我们这一代学人的责任。

是为序。

樊　纲
2020 年 4 月　北京

第三篇　专题研究报告／111

第一篇

绪　　论

党的十九大报告指出，中国特色社会主义进入新时代，我国经济已由高速增长阶段转向高质量发展阶段，必须推动经济发展质量提升、效率变革、动力转换，不断增强我国经济创新力和竞争力。改革开放以来，尤其是自西部大开发以来，西部地区经济社会发展取得显著成效，但与东部和中部地区相比，西部地区经济发展相对落后，基础设施和公共服务配套严重不足，生态环境脆弱，西部地区是我国推进经济高质量发展的短板所在。2019 年 3 月 19 日，中央全面深化改革委员会第七次会议审议通过《关于新时代推进西部大开发形成新格局的指导意见》，明确要求，抓重点、补短板、强弱项，要发挥共建"一带一路"的引领带动作用，更加注重抓好大开放，更加注重推动高质量发展，推进西部大开发形成新格局。因此，把握新时代重要战略机遇，加速推进西部地区经济高质量发展，既是我国当前经济社会工作任务的重点，关系到全面建成小康社会、实现第一个百年奋斗目标能否顺利完成，还关系到经济持续健康发展和维护好社会大局稳定，更关系到全面建设社会主义现代化国家和中华民族伟大复兴总任务的顺利完成。

立足于服务改革总目标和国家西部大开发发展战略，本书开展定性与定量的研究，通过对我国西部地区经济高质量发展进行高度概括性总结和客观评价，为研判我国西部地区的经济高质量发展提供更加全面、准确、完整的数据支撑和决策依据。尤其是本书的定量研究分析部分探索性地构建了包含效益效率、结构优化、动能转化、绿色生态、民生共享五个维度的经济高质量发展评价指标体系，对我国西部地区的经济高质量发展进行定量评价。本书通过梳理总结近年来西部各省份推进经济高质量采取的举措、经验与启示，全面总结了西部地区及各省份经济高质量发展的短板与不足，找准开创西部大开发新格局的立足点、形成依据和努力方向，提出了西部地区促进经济高质量发展的动力支撑、新思路、新路径，对西部大开发形成新格局和促进西部经济高质量发展作出了我们应有的智力贡献。

一、新时代推进西部大开发的背景

中国特色社会主义进入新时代，国际格局面临百年未有之大变局，经济社会面临的不确定性因素显著增多，但随着发展中国家和新兴经济体的快速崛起，美国和欧洲相对经济实力不断下降，世界格局正处在加速调整与重塑关键时期。习近平总书记关于世界处于"百年未有之大变局"的观点，其本质是世界秩序的重塑。深入分析新时代大变局的内涵和发展趋势，对于科学认识转型期国际形势的演变规律，准确把握处于历史交汇期的我国外部环境的基本特征及变化，准确把握我国新一轮西部大开发面临的机遇与挑战，维护、延长和用好发展战略机遇期，深入参与经济全球化和全球治理，稳步推进"一带一路"建设，具有重要的理论和现实意义。

（一）新时代全球新型治理体系正在重构

当前，世界正处于"百年未有之大变局"，世界经济格局、政治秩序、产业转移、地缘政治等都在发生深刻变化，全球治理体系和政治秩序正处在重构关键时期。从第一次世界大战后确立的凡尔赛—华盛顿体系，到第二次世界大战后建立的雅尔塔体系，逐步确立了美国在全球治理中的霸主地位。第二次世界大战后的国际秩序存在着诸多不公正、不合理，与广大发展中国家所认可的，以国际关系准则为基础的国际秩序相比差距甚远。冷战结束尤其是东欧剧变和苏联解体以来，世界两极格局终结，国际力量发生重大变化，世界格局转向多极化。随着发展中国家和新兴市场国家群体性崛起，西方发达国家在全球经济和全球事务中的主导地位持续走弱，尤其是进入 21 世纪后，世界多极化趋势进一步强化巩固。随着新兴经济体的地位不断上升，特别是国际金融危机爆发后发达国家与新兴经济体之间的力量对比发生变化，发展中国家在全球事务和全球治理中扮演越来越重要的角色，百年来由西方发达国家主导全球事务和全球治理的情况正在发生根本性变化。习近平总书记指出："新兴市场国家和一大批发展中国家快速发展，国际影响力不断增强，是近代以来国际力量对比中最具革命性的变化。"[①] 推进全球治理体制变革已是大势所趋，变革的关键是增加新兴市场国家和发展中国家的代表性和发言权。世界主要战略力量对自身在全球事务和全球治理中的地位进行重新定位，在全球战略取向和政策导向上，力争在全球多极化重构关键期谋求比较有利的国际地位，维护好自身利益。

近年来，全球经济增长动力不足，主要经济体增速放缓，金融风险不断累积，贸易保护主义升级，制造业投资和产出持续低迷，资源性经贸冲突与政治、地缘矛盾交错激化的风险显著上升。2020 年，新冠肺炎疫情在全球快速蔓延使

---

① 雷丽娜：《习近平在中共中央政治局第二十七次集体学习时强调 推动全球治理体制更加公正更加合理 为我国发展和世界和平创造有利条件》，中央政府门户网站，2015 年 10 月 13 日，http：// www. gov. cn/xinwen/2015 - 10/13/content_2946293. htm。

得全球经济发展面临十分严峻考验，虽然疫情对全球经济影响的深度、广度以及持续时间目前还难以预估，存在着极大的不确定性，但疫情加剧全球经济增速放缓是必然的，世界主要机构均大幅下调了全球经济和主要经济体的增长预期。受新冠肺炎疫情影响，主要经济体经济活动突然暂时性停滞，大量企业停工停产或减产，原本高企的失业率再创新高，金融系统风险进一步累积，全球经济很可能再次陷入新一轮衰退中。

（二） 新一轮科技革命和产业变革正孕育和兴起

在科技革命推动下，世界经济发生多次产业革命，从英国把握住第一次工业革命引领世界发展生产力，到第二次工业革命后美国夺得先进生产力主导权并跃升为世界第一工业强国，科技革命驱动新兴经济体崛起。进入 21 世纪以来，人类社会进入又一个前所未有的创新活跃期，新一轮科技和产业革命蓄势待发，以大数据、5G 产业、区块链等新一代信息技术以及生物技术、新能源技术、新材料技术、智能制造技术为代表的多种重大颠覆性技术不断涌现，科技成果转化速度明显加快，产业组织形式和产业链条更具垄断性。产业链调整和产业转移出现新特点，各主要国家均出台全方位支持创新发展战略，加大科研经费投入，加强科研创新人才、发明专利、行业标准制定等战略性创新资源的争夺，力争抢占新一轮科技革命和产业变革的先机。这对我国参与全球产业分工、价值链和长期发展既是机遇也是挑战。中国要建设世界科技强国，就一定要解决好科技领域存在的突出问题，大力发展科学技术并推进科技向产业转化，努力成为世界主要科学中心和创新高地，不断提升在全球产业链中所处的位置。同时，经过多年发展，我国劳动力成本比较优势逐渐减弱，美国挑起的贸易争端影响扩大，全球劳动密集型产业加速向东南亚、南亚等劳动力成本更加低廉的地区转移，使得西部地区承接国际和东部产业转移的难度增大。这要求西部地区要精准定位发展导向和路径，提升经济发展质量，营造更优更好的营商环境，通过相对而言更为良好的产业协作配套，相对完善的基础设施和公共服务配套，以及较高的从业劳动素养素质来吸引全球产业转移。

（三） 我国经济从高速增长转向高质量发展

全面建成小康社会将如期完成。2020 年，我国将完成全面建成小康社会的百年奋斗目标，2020 年也是我国脱贫攻坚战的决胜之年。与国家统计局在 2008

年制定出的包含经济发展、社会和谐、生活质量、民主法制、文化教育、资源环境6个方面23个全面建设小康社会统计监测指标体系目标值相对照，截至2019年，绝大多数经济指标、社会和谐指标和社会质量指标、文化教育指标均已提前完成。2019年，全国人均国内生产总值（GDP）为70892元，明显高于按照2000年不变价计算的人均GDP为31400元的目标值；第三产业增加值为53.9%，高于50%；居民人均可支配收入30733元，高于15000元；城乡居民收入比为2.64，小于2.80；九年义务教育巩固率为94.8%，高于90%；平均受教育年限，高于10.5年；基本医疗保险覆盖率为96.4%，基本养老保险覆盖率为69.1%；人的平均预期寿命为77.0岁（2018年），高于75岁；常住人口城镇化比重为60.6%，高于60%；城镇登记失业率为3.6%，低于6%；城镇居民人均住房建筑面积约40平方米，大于27平方米。2019年，全国有1109万农村贫困人口实现脱贫，农村贫困人口降到551万人，贫困发生率为0.6%，按照连续7年脱贫人数在1000万人以上来预估，2020年可以完成脱贫攻坚战的任务。

我国经济从高速增长转向高质量发展。由于我国经济发展面临的外部环境和内部条件更趋复杂，发达国家推行"再工业化战略"，贸易保护主义重新抬头，新兴国家发展保持较好增长态势，在国际贸易中竞争实力明显增强，这决定了我国只有促进经济高质量发展，才能从激烈的国际竞争中突围。近年来，我国经济发展质量已出现经济增长动力转换、经济结构优化调整、生态环境逐步向好等积极变化，但经济发展质量方面仍存在较多问题与挑战，需要全力解决好发展动力、区域协调、社会公平、经济效率效益提升、人与自然和谐共生等问题，促进经济在更高层级实现新的动态平衡发展。因此，加速推进落实高质量发展要求，成为我国各地当前发展经济社会工作任务的重点。我国劳动供给的"刘易斯拐点"2012年即已出现，加上近年来出现的产能过剩和日趋凸显的资源环境的"天花板"问题，都表明再依靠低端劳动力的无限供给、靠牺牲生态环境和高投入高消耗推动经济增长已不现实。中央对高质量发展非常重视。2018年9月，中央全面深化改革委员会第四次会议通过《关于推动高质量发展的意见》，明确提出推动高质量发展是当前和今后一个时期确定发展思路、制定经济政策、实施宏观调控的根本要求。

总体来看，当前国际国内环境发生着深刻变化，产生了新问题新挑战，增量问题与存量问题并存，长期问题与短期问题交织。我国经济运行主要矛盾仍然是结构性的矛盾，还存在着市场微观主体活力不足、供给体系质量偏低、体制机制约束等问题凸显。党的十九大报告指出，中国特色社会主义进入了新时代，我国将在2020年全面建成小康社会，开启全面建设社会主义现代化国家新征程。社会主义现代化国家的经济基础是社会生产能力水平的明显提升，社会生产能力水平提升需要推动经济发展从高速增长转向高质量发展，需要增强经济发展的绿色含量、经济发展的韧性，促进经济保持持续健康发展。我国在去产能、降杠杆、强环保等方面取得了积极显著成效，虽然从短期来看，给经济发展带来了阵痛，但是经济总体上实现了平稳增长。我国经济稳步转向高质量发展。

（四）西部经济高质量发展的短板制约突出

中国西部地区包括重庆、四川、陕西、甘肃、青海、宁夏、内蒙古、新疆、西藏、云南、贵州和广西12个省（区、市），该区域土地面积约占全国土地面积的71%，截至2018年末，西部地区的常住人口总数约占全国的27%，GDP总量约占全国20.55%。西部地区约占全国七成的土地面积和三成的人口总数，产生了两成左右的经济总量，这反映出西部地区经济发展水平、劳动生产率和单位土地面积经济量产出偏低。从纵向上看，虽然自西部大开发以来，西部地区各省份的经济保持较快增长，基础设施、公共服务、生态建设和环境治理取得的成效显著，但与东部、中部地区相比，西部地区的经济总量小，基础设施和公共服务相对滞后，生态建设历史欠账多，生产过程资源能源消耗高，科技创新对经济增长的贡献偏低。因此，与东部和中部地区相比，西部地区面临着经济要继续做大做强、经济发展质量要不断提升的双重挑战。

尽管近年来西部地区经济增速相对较高，但西部地区多数省份的经济总量和人均生产总值在全国依然处于中等或靠后的位置。以2018年为例，只有四川省的地区生产总值进入了全国前10位，排在第6位；陕西、重庆、广西和云南分别排在第15、第17、第18和第20位；共有7个西部省份在全国排名后11位。从人均地区生产总值来看，内蒙古的人均地区生产总值在西部地区最高，在全国排第10位，但是内蒙古的人均生产总值只占全国最高的北京的48.71%。全国人均地区生产总值排名前10位的有9个属于东部地区；重庆、陕西、宁夏、新疆和四川分别排第12、第13、第15、第19和第20位，其余的西部省份均排在后11位。成渝地区、关中平原、北部湾地区等属于西部地区经济发展水平相对较高区域，绝大多数西部其他地区属于经济发展相对滞后、基础薄弱的区域。

此外，根据比较分析结果，与东部和中部地区相比，西部地区经济高质量发展还需解决的短板制约问题更多。具体看，西部地区的科技研发能力薄弱、从事科技研发人员数量少，全社会和企业科研经费投入总量少，投入强度较低，高素质劳动力总量和占比偏少。西部地区在我国水源涵养、水土保持、防风固沙和生物多样性保护等重要生态功能区建设中承担了重要责任，生态建设保护任务重。保护好生态是发展经济的重要前提。西部地区是我国长江、黄河、珠江流域等大江大河的上游地区，青海和西藏是我国重要的水源地，新疆、内蒙古、甘肃、宁夏是我国西北地区重要的生态屏障。西部地区的产业多是利用本地丰富的资源和能源优势发展起来的，多年来引进的外来投资也主要来自东部地区的产业转移。东部地区转移的产业中有相当比例是因为当地环保门槛提升，因土地和劳动力成本攀升而缺乏竞争优势，因而有部分引进的企业属于单位产值能耗相对较高的企业。2018 年，西部地区的宁夏、新疆、青海和内蒙古的万元 GDP 能耗在 1 000 吨标准煤/万元以上。与此同时，2018 年内蒙古和宁夏的万元 GDP 能耗不降反升，内蒙古提高了 10.86%，宁夏提高了 2.85%。西部是我国深度贫困集中区域，我国划定的深度贫困地区"三州三区"以及 14 个集中连片特殊困难地区中的六盘山区、秦巴山区、乌蒙山区、滇桂黔石漠化区、滇西边境山区、西藏、四省藏区、新疆南疆四地州 8 个区位于西部。根据国家统计局公布的数据，截至 2018 年末，西部地区共有 916 万贫困人口，占全国贫困人口总数的一半以上，达 55.2%；西部地区的贫困发生率为 3.2%，较全国平均水平高出 1.5 个百分点，分别较东部和中部高 2.8 和 1.4 个百分点。

二、新一轮西部大开发的机遇与挑战

西部大开发是一项长期而艰巨的任务，西部大开发战略是邓小平的"两个大局"思想的具体体现。从 1999 年提出西部大开发到 2010 年 7 月新一轮西部大开发的开启，再到当前我国进入深入推进西部大开发的关键期、全面统筹区域经济协调发展的重要转折期，我国面临的外部环境和内部条件更趋严峻复杂，但仍然处在机遇大于挑战、发展前景较好的重要时期。西部地区应把握好各种机遇，积极应对挑战，推动经济向有利方向发展。正如习近平总书记在 2018 年 12 月召开的中央经济工作会议上指出："世界面临百年未有之大变局，变局中危与机并存，这给中华民族伟大复兴带来重大机遇，要善于化危为机、转危为安，紧扣重要战略机遇新内涵。"因此，需要辩证地看待国际环境和国内条件变化，研判新一轮西部大开发的机遇和挑战。

（一）新一轮西部大开发面临的机遇

党的十八大以来，以习近平同志为核心的党中央高度重视西部发展，采取一系列重大举措持续推动西部地区经济社会取得重大历史性成就。在西部大开发战略实施20周年之际，2019年3月19日，中央全面深化改革委员会第七次会议审议通过了《关于新时代推进西部大开发形成新格局的指导意见》（下称《指导意见》）。《指导意见》指出，推进西部大开发未来要围绕抓重点、补短板、强弱项，把生态环境保护放到重要位置，发挥共建"一带一路"的引领带动作用，提升对外开放和外向型经济发展水平，加快建设内外通道和区域性枢纽，完善基础设施网络，贯彻落实新发展理念，深化供给侧结构性改革，推动高质量发展。

新一轮西部大开发将更加注重抓好大开放有利于西部地区提升对外开放水平。经济全球化加强了引进外资和先进技术、扩大出口、加强与周边国家的区域经济合作、优化产业结构，这极大地增强了中国在全球治理中的话语权，推动中国成为新全球化的"引领者"和"塑造者"，同时也为西部地区深化改革开放、建设内陆开放高地、经济结构调整提供重大历史机遇。西部地区在"一带一路"建设中拥有地缘相近的先天区位优势。西部地区是我国与"一带一路"参与国之间重要的交通枢纽和产业腹地，与沿线参与国家具有良好的经贸合作基础和持续的民间文化交流合作方面的先天优势，在"一带一路"发展中起到了桥头堡的作用。我国将加强西部地区的中蒙俄、新亚欧大陆桥、中国—中亚—西亚、孟中印缅、中国—中南半岛、中巴六个国际经济合作走廊建设并努力取得较好成效，这对于在我国向西开放占据有利区位条件、经济社会发展取得较好成效的西部地区来说，是提升对外开放水平，深度参与全球产业链、提升在全球价值链上的站位的最好机会。

新一轮西部大开发助力西部地区产业发展深度融入全球产业链。西部大开发是我国推动区域协调发展的重要内容。西部与东部发展的经济相对滞后的根本原因是产业发展上的差距，因此，推动西部构建现代产业体系也是新一轮西部开发的重点任务之一。西部通过培育发展本地特色优势产业，通过承接全球、国内的东部和中部地区的产业转移，与东部、中部和东北地区同步培育新业态、新产业和新经济，有利于推动西部加快构建支撑经济高质量发展的现代产业体系，彰显西部地区的比较优势，做优做强西部地区高质量发展存量，融入全球产业链，提升在全球产业链和价值链的站位。随着第四次工业革命的到来，新一轮科技革命对全球经济结构和政治格局的重塑起到重要推动作用，科技水平与人民生活的关系日益密切，已成为决定经济质量的重要因素。新一轮科技产业变革将为西部转变经济发展方式奠定较好基础，为优化经济结构、转换增长动力提供机遇。例如，随着大数据、人工智能、5G、云计算、区块链、物联网等新兴技术的发展，数据成为关键生产要素，推动研发方式和制造方式发生革命性变化，新兴技术的发展对交通条件和区域位置等要求降低，而对集聚创新型人才、良好的生态环境、公共服务配套等要求更高。面对数字信息化、智能化的新契机，西部大开发应充分利用区域内的成都、重庆、西安、贵阳等城市为重要支撑载体，力争在大数据、人工智能、5G、区块链等新兴技术，以及工业互联网、智能制造、智慧城市建设等领域深度融合的增长潜力有所提升。一方面，新技术推动传统产业转型升级，新一代信息技术和智能制造技术融入传统制造业的产品研发、设计、制造过程，将推动西部传统制造业由大批量标准化生产转变为以互联网为支撑的智能化个性化定制生产，大幅提升传统产业发展能级和发展空间。另一方面，新技术促进制造业与服务业融合发展，新技术全面嵌入制造业和服务业，促进产业链条的延伸发展；随着产业高度融合、产业边界逐渐模糊，新技术、新产品、新业态、新模式、新产业、新经济将不断涌现，能够加速推动现代产业体系建设。

新一轮西部大开发更加注重生态保护有利于西部地区弥补生态短板制约。《指导意见》提出：要更加注重抓好大保护，从中华民族长远利益考虑，把生态环境保护放到重要位置，坚持走生态优先、绿色发展的新路子。把生态环境保护作为西部大开发的基本前提，加大生态建设和环境保护力度，承担起生态安全屏障建设重任，促进西部生态环境质量总体改善，有利于西部地区形成绿色发展方式和生活方式，推动工业企业进行以节能降耗为目的的技术改造，实行绿色生产，加快建设美丽西部，为中华民族永续发展筑牢基础；有利于西部地区有针对性地应对土地沙化、土地荒漠化、草场退化、石漠化等问题和挑战，加大植树造林、生态防护林、草场保护以及退耕还林还草建设力度，提升森林覆盖率；有利于西部地区加大对工业节能降耗、废气废水排放达标、废弃物排放量大等方面的环保治理投入，推动工业绿色生产进程，发展文化生态旅游、康体养生、森林康养、大数据等绿色生态产业，最终实现经济发展与生态保护相协调。

新一轮西部大开发加快完善西部地区内外通道和区域性枢纽有利于弥补交通短板。完善基础设施仍是新一轮西部大开发的重点任务之一，我国正加快建设西部地区内外通道和区域性枢纽，完善基础设施网络，促进西部地区新基建建设。经过多年发展建设，虽然与东部和中部地区相比还有较大差距，但西部地区的交通条件设施明显改善，以高速铁路、高速公路为主的交通运输系统将为西部地区经济社会发展提供重要支撑。2018年，西部地区每万平方公里的铁路和高速公路长度分别为 76.3 公里和 77.9 公里，同期，东部地区每万平方公里的铁路和高速公路长度分别是西部地区的 4.51 倍和 5.71 倍，中部地区每万平方公里的铁路和高速公路长度分别是西部地区的 3.66 倍和 4.48 倍。根据《指导意见》，交通基础设施建设依然是西部大开发的重点任务，我国将加快推进以高速铁路通道、干线铁路、城际快速铁路、高速公路等为主骨架的交通网络建设，推动西部与我国东部一样进入高铁时代。我国还将围绕中蒙俄、新亚欧大陆桥、中国—中亚—西亚、孟中印缅、中国—中南半岛、中巴六大国际经济合作走廊，因地制宜推进西部地区与"一带一路"沿线国家及地区之间的铁路、公路、空路、管路等方面的互联互通。因此，随着西部地区的昆明—上海、昆明—广州、呼和浩特—南宁、昆明—北京、包头—银川—海口、兰州—西宁—广州、兰州—北京等干线高速铁路通道建成，下一步西部地区还将加大推动城市之间的高速铁路、城际铁路、高速公路的建设，力争形成以干线（高速）铁路公路为主骨架的交通网络，这将极大地改善西部地区的对外交通设施条件，明显缩短西部地区对外交通时间，弥补西部地区交通短板制约问题。

（二）新一轮西部大开发面临的挑战

全球发展环境更为严峻复杂增加了西部地区招商引资和对外经贸合作的难度。我国提出"一带一路"倡议后，在与沿线国家的合作方面，由于西部地区有地域上的区位优势、良好的经贸合作基础和产业发展的互补性等有利条件，因此，其与沿线国家在"五通"尤其是经贸合作和实际引进外商投资方面取得了较好成效。但由于全球经济发展面临的不确定性较多，经济再次陷入衰退风险加大，金融市场风险进一步累积，主要经济体在外资引进方面竞争激烈，经贸博弈摩擦频率将增多，非关税壁垒将提高。尤其是 2020 年以来，全球快速蔓延的新冠肺炎疫情给西部地区的招商引资带来了更为严峻挑战。虽然由于疫情的持续时间和扩散范围还难以预估，对全球经济的影响深度和广度还难以预测，但其对世界经济贸易产生严重冲击是必然的，很有可能使全球外商直接投资降低到 2008 年世界金融危机以来新的最低点。同时，由于东南亚国家、南非、墨西哥等新兴经济体的赶超发展，其在基础设施和产业配套方面逐步完善，与西部地区在加工贸易和资源性产品出口贸易方面的竞争加剧，一定程度上制约了西部地区承接发达地区的产业转移，不利于西部地区资源性产品和农产品等优势产品出口。此外，新冠肺炎疫情将进一步强化发达国家实体经济回归。从国内东部地区产业转移来看，受劳动力成本、环境承载力、土地成本等因素的制约，在区域不平衡发展战略指引下，东部地区的产业有序向西部地区转移，今年新冠肺炎疫情使国内经济活动难以迅速恢复正常运行，部分外贸企业虽然已恢复生产，但由于（不包含防护用品）全球外贸订单量大幅下降，企业生产经营困难增大，东部地区也需要优先保障本地的就业，所以东部地区向西部地区的产业转移步伐也将有所放缓。

市场体制机制不健全、不灵活使西部地区市场微观主体创新活力不足。与东部地区相比，西部地区还存在市场机制不完善不灵活、市场配置资源的能力偏弱、市场在资源配置中的决定性作用未能充分发挥等问题，这是新一轮西部大开发新局面形成的最大制约因素。主要表现为：西部地区的投资对政策依赖性较强，其较高的投资增速主要来自基建投资，民营经济占全部经济总量的比重出现小幅下降，以市场力量为主体的房地产投资、制造业投资、民间投资增长动力支撑不足。2013～2018年，多数西部省份的固定资产投资年平均增速基本上明显高于制造业和房地产投资年均投资增速。西部地区经济转型缺乏市场主体支撑、步履沉重，管理体制落后，市场意识薄弱。为此，西部地区应进一步深化重点领域和关键环节改革，切实转变政府职能，完善公平竞争、优胜劣汰的市场环境，形成有利于引导新经济、新产业、新业态的产生兴起、孵化培育、发展壮大的体制机制。西部地区的科技管理体制机制有待完善。西部地区科技研发成果转化激励机制、知识产权保护机制等不完善，激发企业创新的激励机制和产业优化升级体制机制不健全。西部地区虽然十分重视人才的引进，但是依然存在引进机制不灵活、缺乏有效的管理激励机制等现实问题。

产业协作配套能力不强，生产性服务业发展相对滞后，是西部地区承接产业转移的最大挑战。经过改革开放40多年的发展，我国东部地区大部分区域产业集群已经处于相对成熟或成熟期，产业协作配套能力强，对区域的辐射引领带动力强，由于集中集聚作用使得在某些行业领域的市场占有率高，因而相关的配套生产性服务也比较完善。相对而言，西部地区的产业发展除了起源于本地的企业发展外，有相当数量的企业来自东部地区的产业转移，这些产业转移部分是因为在东部地区发展失去竞争优势、东部地区环境门槛的提高，当然还有部分是因为属于消费市场布局型的产业想要占领西部市场。不管出于何种原因，这些向西部地区转移的产业的部分配套产业企业很可能还继续留在东部地区，关联配套企业也同步向西部转移还需要经历一段较长的时间。因此，与东部地区相比，西部地区的产业协作配套还存在诸多不足，产业集群还处在初级发展阶段，因而在一定程度上增加了西部地区产业的原料、原配件的物流成本和时间成本，成为西部地区承接产业的最大制约因素。从西部地区的产业功能园区来看，东部地区以苏州工业园区为代表的产业园区已进入产城融合发展阶段。苏州工业园区是我国工业园区发展的典范，园区内生产、居住、生态用地动能规划布局合理，生产性服务和生活性服务配套完善便捷，在居住区有完善的商业、文化、体育、卫生、教育配套。可以说，这既是一个工业园区，也是一个产业新城。西部地区多数工业园区还属于产能功能区，主要承担生产功能，园区的生活服务配套、公共服务配套等还比较滞后，部分园区缺乏相应的产业配套。

国内城市的人力资源竞争加剧给西部地区吸引和留住人才带来挑战。经过40多年的改革开放和20多年的西部大开发，资本已不再是西部地区经济发展的最大制约因素，拥有数量充足的创新创业型高层次人才与数量充足的具有较高劳动素养和劳动技能人才才是经济高质量发展的关键要素。最为重要的是高质量发展开启了从要素驱动转向创新驱动的新阶段，更加需要科技研发人才、创新创业人才，以及高层次管理人才、技术人才、熟练技术工人的支撑。东部地区由于能够提供更多就业机会、较高收入预期、更好公共服务配套，因此与东部地区相比，西部地区要留住本地人才和引进外地人才难度更大。东部地区具备人才聚集优势和灵活、高效的人才延揽策略。近年来，各城市对人力资源的争夺从高层次人才扩展到中级人力资源和具有较高劳动技能的人力资源，各地区对人力资源的竞争更加激烈，东部地区的大城市本来就有吸引人才的区位优势和雄厚经济实力，再加上灵活、高效的策略，因此优势明显。对于西部地区而言，留住和吸引外地高层次人才与具有较高素质和劳动技能的人才压力必然更大。

西部地区面临平衡经济发展与生态环境建设保护的挑战。我国西部地区被开发相对较晚，矿产资源储量丰富多样，受地理位置、气候条件、开发历史多种因素影响，生态环境比较脆弱，如新疆、甘肃、西藏、青海、内蒙古等区域内多数地区常年干旱少雨，相对多的区域面临土地荒漠化、草场退化、石漠化、水资源短缺、水土流失等严峻的生态问题，自然灾害发生频率高。因此，在我国生态功能区划中，西部地区除城镇和工业集中发展区外，绝大多数区域由于承担着对我国具有重要意义的水源涵养、水土保持、防风固沙和生物多样性保护等重要生态功能，被划为我国的生态功能保护区。与此同时，西部地区的城市工业中有相当比例是依托当地的资源发展起来的，冶金、化工、建材等产业占相对较高，生产能耗高，能源消耗中的煤消耗占比高，工业废气排放不达标问题突出，生产排放的废气影响城市空气质量，这也是部分西部省份城市空气质量优良天数占比偏低的重要原因。西部大开发以来，我国从政策、法律、财力和物力等多方面为西部地区的生态环境建设重点工程提供了巨大支持，西部大开发自始至终都将生态环境保护作为重中之重。与此同时，与东部、中部地区相比，西部的经济总量、人均地区生产总值、城乡居民收入等主要经济指标明显偏低，贫困发生率偏高，我国的集中连片贫困地区和深度贫困地区多在西部地区。要达到东部居民的收入水平、解决贫困问题、解决西部地区基础设施相对滞后和社会保障水平偏低的问题均需要西部地区做大做强经济总量，提高产出效率，但西部地区又不得不承担起生态安全屏障建设重任，保护好水源地，解决好部分地区地表水污染较为严重、部分城市空气质量优良天数占比偏低、工业生产过程中的氮氧化物和硫氧化物排放不达标等问题。促进西部地区生态环境的根本好转，打赢生态环保攻坚战，还需着眼于长远谋划，加强顶层设计，平衡经济发展与生态环境建设与保护之间的关系。

三、"一带一路"倡议对西部经济发展的带动与促进

（一）有利于西部更好融入"一带一路"建设，走向对外开放前沿

"一带一路"贯穿亚欧非大陆，一头是活跃的东亚经济圈，一头是发达的欧洲经济圈，中间广大区域内的国家经济发展潜力巨大，沿线国家资源禀赋各异，经济互补性强，彼此合作潜力和空间大。[①] "一带一路"建设把西部内陆地区推向对外开放的前沿。西部地区在北边连接丝绸之路经济带。在南边与21世纪海上丝绸之路连接在一起，其中的四川和重庆地处长江经济带。西部是我国与"一带一路"参与国之间重要的交通枢纽和产业腹地，是我国向西、向北和向南开放的桥头堡。"一带一路"建设为西部全面深化改革开放、建设内陆开放高地、深度参与全球产业链和价值链、经济结构调整带来重大历史机遇，有利于发挥西部地区的交通枢纽优势，推动产业协作，推动本地优势企业产业"走出去"，推进西部外向型经济发展，增强西部对我国参与经济全球化的推动作用，进一步提高我国的综合国力、提升产业国际竞争力。西部地区是我国重要的能源资源富集地区，其中青海、新疆、内蒙古等能源资源丰富地区可以加强与中亚在资源能源利用方面的合作，四川、重庆、陕西等省市可以加强与其在新能源开发利用所需技术和高端装备制造方面的合作。中亚、南亚国家和中南半岛等国家的基础设施是经济社会发展的重要瓶颈制约，建设需求量大，包含西部地区在内的我国在基础

---

① 廖峥嵘主编：《"一带一路"、中国与世界》，社会科学文献出版社2017年版。

设施、市政设施和环保产业领域等方面具有较强的国际竞争力。西部地区的成渝城市群、关中平原城市群、北部湾城市群处于快速发育期，部分区域是我国的重要制造业基地，区域内部分城市的产业发展与"一带一路"沿线国家具有较强的互补性，相互之间在产品需求量大。西部地区的四川、重庆、陕西、广西等省份在工业上的比较优势可以吸引国外资本对西部科技领域的投资，为西部对外贸易提质增效提供科技支撑。"一带一路"倡议的推进，有利于西部地区创新与沿线国家的贸易合作方式，加强技术和人才的合作交流，增强西部对高层次、高技术人力资本的吸引力，为西部地区现代化经济体系建设注入永续动力；有利于完善西部地区加强"向西开放"力度，加强四川、重庆等省份的工农业产业基础优势农副产品及工业制品深加工，加强陕西—甘肃—新疆丝绸之路经济带沿线省份交通优势的联合发挥，增强西部出口竞争力，发挥外贸对西部经济的拉动作用，促进西部形成全方位开放格局。

（二）有利于西部加强国际资源能源合作，促进能源资源供给多元化

"一带一路"沿线国家能源资源丰富、市场需求广阔、与我国经济发展互补性强，是我国开拓市场需求空间、培育经济增长点的最佳战略选择。"一带一路"地区的油气资源储量丰富，是全球油气的供应中心。"一带一路"沿线国家中的沙特、伊朗、伊拉克、俄罗斯、科威特、阿联酋、利比亚7个国家的石油储量在全球排名前十位。[1] 据海关统计，2018 年中国天然气进口总量达 9039 万吨，同比增加 31.9%；全年进口石油总量达到为 4.62 亿吨，连续第二年成为全球最大原油进口国。近年来，我国石油消费对外依赖度不断升高，自 2007 年我国石油消费对外突破 50% 后，2018 年再次突破了 70%。石油作为"工业血液"，对建设现代化产业体系的重要性不言而喻。"一带一路"沿线国家能源资源富足，西部地区部分省份拥有丰富的资源，能源储藏量丰富，是我国资源能源重要生产基地，资源能源开采技术及装备机械方面具有比较优势，因此通过资源能源开发合作，可以提升资源能源出口国的开采效率，提升当地出口资源能源的经济效益，也能为我国提供相对稳定的资源能源供给。我国与资源能源生产国相互之间的互补性强，西部地区与中亚和东南亚的许多国家都有领土接壤先天地缘优势，如果开通了从西部进口矿产资源和石油天然气资源陆路通道，有利于我国资源能源来

---

[1] 赵晋平等：《重塑"一带一路"经济合作新格局》，浙江大学出版社 2016 年版。

源渠道多元化，有利于提升资源能源供应的稳定性，这也是供需双方进出口多元化发展的战略需要。

（三）有利于完善西部高水平开放配套设施，挖掘西部旅游资源禀赋优势

随着"一带一路"建设的深入，我国仍将改善西部地区的交通条件作为新一轮西部开发的重点之一，同时将围绕中蒙俄、新亚欧大陆桥、中国—中亚—西亚、孟中印缅、中国—中南半岛、中巴六个国际经济合作走廊，因地制宜推动与"一带一路"沿线国家及地区之间的铁路、公路、航空、管道运输等设施的建设和互联互通，用于满足多方的经贸、产业合作需要，进一步提升筑牢西部地区对外开放高水平的基础设施配套。通过中欧班列的定点定时运输，可以为我国西部地区生产的产品扩大出口市场，还可以有效缓解跨境商务发展在交通运输能力方面的不足，避免通过海运到东部再转运耗时过长以及空运运量小、成本过高的问题，具有时间上可预计、耗时相对较短、成本相对较低的优越性。在推进基础设施配套建设中，强化成都、重庆、西安、贵阳、昆明、兰州、西宁、乌鲁木齐等西部交通枢纽城市的对外高速公路、铁路、机场建设，为建设国际航空港物流产业功能园区提供基础支撑，为西部地区吸引并留住"一带一路"沿线国家及地区入境游客打造好安全高效、方便快捷、衔接顺畅的交通环境。西部地区还是我国旅游资源富集、旅游资源独具特色的区域。"一带一路"建设的深入，有利于西部地区加强与"一带一路"沿线国家的人文交流，充分挖掘西部地区旅游资源禀赋优势，依托西部民族特色和地区特色，打造立体式的综合旅游业态，凸显丝绸之路沿线文化生态景区建设，开展各具特色的国际文化旅游节，举办大型综合展览会，发挥文化旅游产业对西部地区带动服务业发展，保持经济的持续稳定增长的贡献作用。

（四）有利于西部产业结构升级与产业融合发展，建立现代化产业体系

与东部及沿海地区相比，西部地区的产业发展多处在产业链、价值链的中低端环节，农产品多为粗加工，新业态、新产业、新经济发展相对滞后。"一带一路"倡议扩大了西部地区产品消费市场范围，有利于推动西部产业结构优化升级，有利于西部实现产业的国际化发展。同时，"一带一路"倡议能促进东部优

质产业资源加快向西部地区转移，尤其是那些以西部地区和中亚、欧洲市场为目标的企业向西部转移，有利于利用西部地区相对充足、劳动力成本相对较低、劳动技能较为成熟的劳动力资源，有利于充分利用中欧班列便捷的交通条件和西部大开发的政策优势、压缩成本、提升利润空间，进而有利于西部地区引进较好的产业资源发展经济，为西部地区经济持续稳定发展提供支撑。"一带一路"倡议有利于发挥四川、重庆、陕西等省份在制造业方面和国际产能合作方面的比较优势，通过建设对接"一带一路"沿线国家进出口贸易的国际经济合作中心区，发挥中心城市对西部国际技术创新与人才合作的辐射带动作用，为西部的现代化经济体系建设储备人才智库。经过多年发展，西部地区的企业加快"走出去"的步伐，西部地区各省份充分利用在工程建设、基础设施和产业发展的技术比较优势，参与解决"一带一路"沿线国家的基础设施建设、产业园区建设的合作融资问题，加快对外金融服务的步伐和力度。

（五）有利于西部加强对外经济文化的融通交流，推进合作协作发展

我国的"一带一路"倡议得到了沿线多数国家的积极响应，但是仍面临诸多的挑战。"一带一路"沿线包含中东地区，中东地区号称是世界"战略不稳定弧"。东亚、南亚和东南亚地区内部存在领土争端问题，威胁到经济合作。"一带一路"倡议的实施，使得大国博弈加剧，经济合作面临政治风险。[1] 同时，"一带一路"上的政治冲突、军事对抗、宗教事件、地区摩擦、贸易纠纷增多，各种冲突多发、频发、升级，全球化、信息化将风险叠加，会增强风险的破坏性。[2] 西部地区作为与"一带一路"沿线国家有天然的边界接壤的地缘优势区域，应充分加强与"一带一路"沿线国家和地区的文化交流合作。这有助于西部利用优越的地理优势，组织沿线国家参与的文化交流、文化旅游、会展论坛、学术交流、留学生互派等活动，加强与沿线国家的文化学术交流，将西部地区打造成"一带一路"沿线国家了解、认识中国的窗口；有利于增进沿线国家城市和公民加深对中国的认识，深化"一带一路"倡议对本国经济社会发展的重要意义的认识，提升对"一带一路"倡议的认同度，从而转化为自觉维护和主动宣传"一带一路"倡议的合作项目；同时，也有利于西部地区外向开放型、国际化方向经济发展，

---

[1] 赵晋平等：《重塑"一带一路"经济合作新格局》，浙江大学出版社2016年版。
[2] 翟崑主编：《一带一路沿线国家五通指数报告》，经济日报出版社2017年版。

加强西部与东部、"一带一路"沿线国家的双方、多方合作，加快建设西部对外开放高地的进程，进而提升经济发展质量。

四、西部经济高质量发展的必要性

高质量发展作为习近平总书记关于中国特色社会主义经济思想的重要内容，具有鲜明的时代特征。我国经济从高速增长阶段转向高质量发展阶段，是我国经济在经历 30 多年持续快速增长之后突破结构性矛盾和资源环境瓶颈制约、保持经济持续健康发展的必然要求，是适应我国社会主要矛盾变化和全面建成小康社会、全面建设社会主义现代化国家的必然要求，是遵循经济规律发展的必然要求。

（一）经济高质量发展是西部经济保持健康发展的必然要求

自改革开放以来尤其是自西部大开发以来，西部地区多年来的经济保持高于全国和东部地区的快速增长。近几年来，西部地区的增速也逐步放缓，原有的通过增加投资、劳动力、资源的投入的粗放型发展方式难以为继，在这种发展模式下，生产能耗高、资源消耗大、对生态环境污染大、产品质量低，因此其无法满足消费升级和对品质提升的需求。西部地区的固定资产投资尤其是制造业和房地产投资增速均呈下降趋势，这是投资效益下降最真实的写照。从国际贸易服务来看，随着新兴经济体经济赶超发展，全球加工贸易产品相互竞争更加激烈，这对西部地区加工贸易产品出口带来严峻挑战，需要西部地区通过提升产业发展质量来适应国际国内宏观环境的变化、满足人民新需要，形成优质高效多样化的供给体系，提供更多优质产品和服务，在新的水平上实现供求均衡和经济持续健康发展。只有通过产业高质量发展，才能达到参与生产的主体均得到合理回报的目标，即达到投资方有回报、企业经营者获得利润、企业员工获得收入、政府获得税收，同时生产活动以保护好生态环境为前提，区域之间协作协调发展，最终实现经济发展持续健康发展。

（二）经济高质量发展西部是建设现代化经济体系的内在要求

党的十九大报告提出，我国经济从高速增长阶段转向高质量发展阶段，西部各省（区、市）通过制定推动高质量发展的政策措施、实施意见、行动计划、绩效考核等来逐步完善高质量发展的政策制度。西部经济发展正处在发展转变方式、经济结构优化、培育发展新动能、生产要素高效配置的关键时期，虽然当前经济运行保持总体平稳、稳中向好的态势。但是，从当前和长期看，稳中向好的基础还不牢固，经济高质量发展还有很多短板需要弥补、还有很多瓶颈制约需要克服、还有很多重要关节门槛需要跨越。

西部地区要推动经济高质量发展就需要加快建设现代化经济体系，需要准确把握高质量发展的要求，围绕建设现代化经济体系，建设协作协调的产业体系、有序竞争的市场体系、体现效率与公平的分配体系、城乡区域协调的发展体系、绿色发展体系、全面开放体系，这是实现西部经济高质量发展的重要支撑和必须聚焦的战略目标。

（三）经济高质量发展是促进西部促进区域协调发展内在要求

根据高质量发展的内涵界定来看，区域发展不平衡不是高质量发展，发展不平衡不充分是发展质量不高的具体表现之一。西部地区的区域发展不平衡问题的产生是发展历史、区位条件、自然气候、发展基础、体制与机制、政策与措施等多因素交错影响的结果。改革开放的前30年，我国实施的是不平衡发展战略，要让一部分地区、一部分人先富起来，然后先富起来的地区帮助落后地区，最终实现共同致富。20世纪90年代，我国针对区域发展差距问题，先后实施了西部开发、东北振兴、中部崛起、东部率先发展等区域发展战略。党的十八大以来，我国深入实现区域协调战略，围绕解决区域发展不协调问题，完善相关制度和体制机制，推动区域优势互补、城乡统筹发展，提出乡村振兴战略。由于区域发展不平衡是多种因素交错影响、经历了多年累计的结果，因此短时间内难以解决西部地区发展不平衡问题。西部地区也必须正视和重视区域经济发展差异大、区域间发展不平衡的问题，因地制宜、精准实策，以城市群发展带动整个区域发展，以乡村振兴和城乡融合发展为着力点推动加快农村区域的发展，最终推动由区域不平衡逐步达到平衡。

（四）经济高质量发展是西部推动经济发展动能转换的必然要求

经济要实现高质量发展最重要的标志之一是经济发展动能从要素驱动转向创新驱动。西部地区共12个省份，约占我国国土面积的71%，占全国总人口数的

28%，而其 2018 年实现的地区生产总值只占全国经济总量的 20.55%。经济高质量发展包括生产过程环节投入的劳动、资本、土地、资源、环境等要素产出效率的提升，最重要的是科技创新对经济增长的贡献率、全要素生产率的不断提升。与东部地区和中部地区相比，西部地区要推动经济发展动力从要素驱动转向创新驱动更难。西部地区的科技研发机构和科技研发人员数量、专业技术人才占全部从业人员比重、全社会科技研发经费投入总额、全社会科技研发经费和企业科技研发经费投入强度、万人拥有发明专利授权数量和技术成交额等均明显偏低，所以达到经济发展动能转向创新驱动需要经历更长的时间。这就要求西部地区在推进经济高质量发展过程中增加对企业和科研院所的科研经费投入的支持力度，引进数量充足的具有创新创业精神的科技研发人员，以专业技术和专业技能人力资源，全面深化科技体制机制改革创新，达到汇集具有创新创业精神的人才的目的，提升投入产出效益，最终实现经济发展动能的转化，达到经济高质量发展的目的。

（五）经济高质量发展是西部承担生态屏障建设重任的必然要求

党的十八届五中全会提出要树立和坚持创新、协调、绿色、开放、共享的新发展理念。按照新发展理念推动经济社会发展顺应发展的趋势变化：创新是引领发展的第一动力；协调是持续健康发展的内在要求；绿色是永续发展的必然条件，也是回应人民对美好生活追求的重要体现；开放是国家繁荣发展的必由之路；共享是中国特色社会主义的本质。因此，推进西部经济高质量发展，不仅是新发展理念的重要体现，也是破解我国发展难题、厚植发展优势的重要力量。西部地区不仅是我国资源富集区，还是生态环境脆弱区。受生态环境条件限制，西部地区尤其是西北地区森林覆盖率低，面临草场退化、土地荒漠化等挑战。西南地区面临水源地涵养、水土保持、石漠化等问题，总体上生态承载力相对较低，聚集大规模产业、大量人口的能力较弱。西部地区承担了我国三北防护林、长江和黄河上游水源地生态屏障建设等生态保护重任。西部地区除城市、县城、建制镇等以外的广大区域被划定为生态公共区，其生态建设和生态环境保护对全国的生态安全至关重要。西部地区的高质量发展必须要以加强生态环境保护为前提，探索生态文明体制机制创新，为承担生态建设区域的生态发展提供经济保障，破解西部地区当前经济发展突出的环境瓶颈制约问题。

五、开展西部经济高质量发展研究的
目的、意义与作用

（一）研究目的

党的十九大指出，中国特色社会主义进入新时代，我国经济已经由高速增长阶段转向高质量发展阶段，必须推动经济发展质量提升、效率变革、动力转换，不断增强我国经济创新力和竞争力。因此，全面贯彻落实推进高质量发展要求，客观科学、定量化地评价经济高质量发展，找准经济高质量发展的短板制约、发展重点、突破点、着力点以及实现路径，成为我国当前发展经济社会工作的重点任务之一。与东部和中部地区相比，西部地区是我国经济高质量发展的短板，因此，笔者希望借助本书的研究成果，明确西部地区经济发展质量在全国所处的位置，知晓西部地区经济发展各省份之间差距，找准制约经济高质量发展的短板与瓶颈制约，尽快补齐短板，厘清发展思路、发展方向与实现路径，为推动西部地区经济高质量发展提供决策依据。

（二）研究意义

1. 客观评价西部地区经济高质量发展现状

目前，学界、政界均认为有必要构建比较客观科学的经济高质量发展评价指标体系来评价、引领和促进经济高质量发展。学界对实现经济高质量发展的重要意义与内涵方面的阐释，主要从社会矛盾变化和新发展理念，宏观、中观和微观层面，供求和投入产出等角度界定高质量发展的内涵，提出了经济高质量发展面临的机遇与挑战、制约因素，也有较多的专家学者提出了实现路径与对策建议，但对经济高质量发展的内涵、经济高质量发展评价指标体系等尚未达成共识，运用经济高质量发展评价指标进行定量评价相对较少，这对于理论界和实际工作部门来说均是一项具有挑战性、开创性的工作，因此，在全面梳理研究经济高质量发展现有成果的基础上，构建经济高质量发展评价指标体系首次对我国西部地区各省份经济发展进行定量分析具有重大意义。

2. 助力西部地区把握新时代经济高质量发展的机遇

开展西部地区经济高质量发展研究，有助于西部地区在国家区域发展政策的支持下，秉承"创新、协调、绿色、开放、共享"的发展理念，抓住发展机遇，继续保持较快发展势头，取得更大的改革发展成效。我国全面推进"一带一路"建设、京津冀协同发展、长江经济带发展，有利于西部地区跟紧我国加快向西开放步伐，提升对外开放水平，深度融入世界经济体系，提升在全球产业链、价值链中的站位。在本研究中分析总结西部地区与东部地区创新方面的不足，有助于西部地区实施创新驱动发展战略；有助于西部地区加大科研经费投入强度，更加重视培育创新型企业、引进创新创业团队，更加重视加快培育和承接先进产能转移，提升产业层次，推动产业实现高质量发展。我国加快推进以人为核心的新型城镇化进程，有利于西部地区破解城乡二元结构，缩小城乡居民的收入差距，促进公共服务、基础设施等均衡化布局，推动城乡一体化发展，实现城乡协调发展。我国加快生态文明建设、推进形成主体功能区，有利于西部地区加快推动绿色发展方式和绿色生活方式，进一步巩固国家生态安全屏障。我国大力实施脱贫攻坚工程，加大对西部的扶贫支持力度，有利于西部地区加快推进精准扶贫、精准脱贫步伐，充分利用全社会力量打赢脱贫攻坚战，取得全面建成小康社会的伟大胜利。

3. 有利于找准西部地区经济高质量发展方向

编写本书既是在新形势下贯彻落实中央推动高质量发展的要求，也是及时总结提炼我国西部大开发成功实践经验与启示。本书立足于服务改革总目标以及"一带一路"倡议和国家新一轮西部开发发展战略，通过对我国西部经济发展高质量的定量评价分析，为研判和分析我国西部及西部省份发展提供更加全面、准确、完整的数据支撑和决策依据，从西部地区经济高质量发展实践中总结经验、发现问题。通过借鉴和找差距找到发展路径、发展方向与动力支撑具有重要意义。同时，本书对促进我国西部地区的实现高质量发展和拓展对外开放的空间具有重要意义。

（三）研究作用

1. 研究并推动经济高质量发展有利于西部地区经济保持健康持续发展

经过几十年的高速发展后，西部地区的高速度、高污染、高耗能、低附加值的经济发展模式难以为继。经济发展实践证明，西部地区的发展虽然仍保持较快增长，但增速较前几年明显下降，经济发展也使相当多的城市面临空气污染严重、地表水污染突出、工业生产能耗高、污染物排放不达标等问题。同时，在农业生产过程中，农药、化肥和塑料薄膜的广泛使用，也使农村地区的土壤、地表水被污染。经济发展带来较为严重的空气污染、水污染和土壤污染问题。西部地区经济发展对投资的依赖性高，近年来投资对经济增长的拉动作用减弱，投资效益下滑。推进西部经济高质量发展，有利于借助科技手段解决经济—生态的发展矛盾，促进经济健康发展。西部经济高质量发展，有利于推进基础设施建设、优化产业结构升级、促进产业转移、优化资源配置，为西部经济发展提供保障，缩小西部与东中部地区的发展差距，推动经济持续发展。

2. 研究并推动经济高质量发展有利于西部推进社会主义现代化体系建设

西部地区经济高质量发展的根本动力是人们需求层次的提升。西部经济发展会因个体需要的变化而呈现出社会需要层次的逐级攀升，这是推动经济转型升级发展的必然。党的十九大报告提出，我国社会主要矛盾已经由人民日益增长的物质文化需要同落后的社会生产之间的矛盾转化为人民日益增长的美好生活需要和不平衡不充分的发展之间的矛盾。但是，当前西部地区低端产能还不适应消费结构升级的需求，许多生产能力实现市场转化难度相当大。西部地区以产品加工为主的制造业总体产能利用率低于80%，无论是能源原材料加工制造业还是装备制造业都普遍存在产能过剩但产能过剩是结构性的，主要集中在低端产能方面，而高端产能不足，科技与经济发展尚未深度融合，原始创新不足，科技成果转化渠道不畅，不少关键技术依赖进口。因此，推动产业转型升级，实现经济高质量发展，有利于形成优质高效多样化的供给体系，实现供给和需求在新水平上的动态平衡，进而推进社会主义现代化体系建设。

3. 研究并推动经济高质量发展有利于西部地区探索高质量发展新路径

党的十九大指出，我国经济已由高速增长阶段转向高质量发展阶段，正处在转变发展方式、优化经济结构、转换增长动力的攻关期。经过几十年的经济高速增长后，由于支持经济高速增长的宏观经济环境和经济发展内部支撑条件发生变化，我国经济发展的步伐逐步放慢，已经转向换挡降速、优化结构、提质增效的新阶段。西部地区虽然在经济社会发展、基础设施、公共服务配套，以及生态建设、环境保护、经济发展动能转换等方面取得显著成效，但与东中部地区相比，仍有较大差距，还需要补足生态建设和基础设施滞后的短板，这是在推进经济高质量发展进程中需要解决的问题。西部地区要把握好"一带一路"倡议和新一轮西部大开发等重大历史机遇，夯实对外开放平台，拓展对外开放通道，深化对外开放交流，做强对外开放经济，营造好的营商环境，提升对外开放水平，大力促进西部实体经济发展，利用科技推动产业结构优化升级，培育新业态、新产业、新经济，培育发展数字经济、智能经济、绿色经济、创意经济、流量经济，提升产业发展质量，增强经济发展韧性；同时，积极探索建立完善高质量发展制度，推动形成绿色发展方式，促进区域协调发展，推动经济实现高质量发展，推动西部开发形成新格局。

4. 研究并推动经济高质量发展有利于西部地区尽快补齐短板

通过与东部和中部地区相比，西部地区经济高质量发展的短板制约主要体现几个方面：一是基础设施和公共服务设施配套。西部地区的基础设施尤其是交通基础设施与东中部地区差距大，教育服务、文体设施、医疗卫生等公共服务配套水平相对偏低。二是生态环境相对脆弱，环境承受能力相对偏低，生态保护和环境治理投入大。三是科技研发经费投入强度偏低，科技研发和创新创业人才数量偏少，每万人拥有发明专利数量与东中部地区差距大。因此，要推动经济高质量发展，西部地区应加快高速铁路、干线铁路、高速公路和快速公路，以及乡村公路路面的"黑化"，使得区域内的各城镇以最短时间、最便捷的方式尽快进入国家高速铁路网和高速公路网，改善对外对内的交通条件，缩短物流到达东部、中部、东北和"一带一路"沿线国家的时间，减少物流成本。推动高质量发展需要西部地区在做大经济总量的同时，坚持新发展理念，以保护好生态环境为前提，促进生态环境不断改善，加大生态治理投入，充分发挥特色优势，更好地发展生态经济、绿色产业。推动高质量发展最关键的是要引进和培育一批世界一流的创新创业人才，加大科技研发的投入和支持，力争能够在新一代信息技术、高端装备、节能环保、新能源汽车、新材料、生物制药等产业领域的某些方面取得突破性进展，力争在大数据、人工智能、5G、云计算、区块链、大健康等新兴产业领域与东部地区同步发展，培育一批成长于西部地区本地的独角兽企业和瞪羚企业。

5. 研究并推动经济高质量发展有利于西部地区社会稳定民族团结

西部地区是我国少数民族最为集中分布的区域，包括壮族、藏族、蒙古族、回族、维吾尔族、苗族、彝族、侗族、瑶族等在内共有40多个少数民族，少数民族具有大杂居、小聚居的特点。西部地区是我国深度贫困集中区域，我国划定的深度贫困地区——"三州三区"以及14个集中连片特殊困难地区中的六盘山区、秦巴山区、乌蒙山区、滇桂黔石漠化区、滇西边境山区、西藏、四省藏区、新疆南疆四地州8个区位于西部，目前西部脱贫攻坚的重点区域与少数民族聚居区域相互重叠。根据国家统计局公布的数据，截至2018年，西部地区共有916万贫困人口，占全国贫困人口总数的一半以上，达55.2%。因此，推动西部地区高质量发展是西部地区解决经济发展的结构性、矛盾性问题，推动区域协调发展，关系到全面建成小康社会目标顺利完成，还关系到经济社会的大局稳定，更关系到社会主义现代化和中华民族伟大复兴总任务的顺利完成。

党的十九大报告指出，中国特色社会主义进入新时代，我国经济已由高速增长阶段转向高质量发展阶段，必须推动经济发展质量提升、效率变革、动力转换，不断增强我国经济创新力和竞争力。改革开放以来，尤其是自西部大开发以来，西部经济社会发展取得显著成效，但与东部和中部地区相比，西部经济发展相对落后，基础设施和公共服务配套严重不足，生态环境脆弱，西部是我国推进经济高质量发展的短板所在。2019 年 3 月 19 日，中央全面深化改革委员会第七次会议审议通过《关于新时代推进西部大开发形成新格局的指导意见》，明确要求，抓重点、补短板、强弱项，要发挥共建"一带一路"的引领带动作用，更加注重抓好大开放，更加注重推动高质量发展，推进西部大开发形成新格局。因此，把握新时代重要战略机遇、加速推进西部经济高质量发展是我国当前经济社会工作任务的重点，关系到全面建成小康社会、实现第一个百年奋斗目标能否顺利完成，还关系到经济持续健康发展和维护社会大局稳定，更关系到全面建设社会主义现代化国家和中华民族伟大复兴总任务的顺利完成。

本书立足于服务改革总目标和国家西部大开发发展战略，注重定性与定量相结合，通过对我国西部经济高质量发展进行高度概括性总结和客观定量评价，为研判我国西部的经济高质量发展提供更加全面、准确、完整的数据支撑和决策依据。本书通过探索性构建包含效益效率、结构优化、动能转化、绿色生态、民生共享五个维度的经济高质量发展评价指标体系，对我国西部的经济高质量发展进行定量评价。本书通过梳理总结近年来西部各省（区、市）推进经济高质量采取的举措、经验与启示，全面总结西部及各省（区、市）经济高质量发展的短板与不足，找准开创西部大开发新格局的立足点、形成依据和努力方向，提出西部促进经济高质量发展的动力支撑、新思路、新路径，对西部大开发形成新格局和促进西部经济高质量发展做出我们应有的智力贡献。

第二篇

中国西部经济高质量发展概况及展望

‖第一章‖

经济高质量发展的内涵

一、经济高质量发展要求及内涵

党的十九大报告指出，我国经济已由高速增长阶段转向高质量发展阶段，正处在转变发展方式、优化经济结构、转换增长动力的攻关期。2017 年底的中央经济工作会议指出，"推动高质量发展是当前和今后一个时期确定发展思路、制定经济政策、实施宏观调控的根本要求"。2018 年底的中央经济工作会议明确提出"坚持推动高质量发展""坚持以供给侧结构性改革为主线"。2019 年底的中央经济工作会议提出，"确保经济实现量的合理增长和质的稳步提升"，在部署2020 年工作时将"推动经济高质量发展"作为重点工作之一。从"制定发展思路、政策、宏观调控的根本要求"到"推动高质量发展"，再到将高质量作为重点工作之一，这些部署反映出我国推动高质量发展从设想逐步走向实践阶段，也反映出我国对高质量发展的高度重视。推动经济高质量发展是我国经济在经历30 多年持续快速增长之后破解结构性矛盾和资源环境瓶颈制约的必然要求；是适应我国社会主要矛盾变化和全面建成小康社会、全面建设社会主义现代化国家的必然要求；是遵循经济社会发展规律和促进经济持续健康发展的必然要求；是补齐城乡、区域基础设施和公共服务设施等短板，促进区域协调发展的必然要求。因此，目前和未来相当长一段时间内，我国经济工作的基本着力点是推进高质量发展。要实现经济高质量发展目的，需要全面深刻认识和准确把握经济高质量发展的内涵、重点内容、发展导向和实现路径等，顺势而为、因势利导地推动经济转向高质量发展，为推动我国经济在更高层级上实现持续健康发展探索新路径，推动经济实现有韧性、有活力、可持续的高质量发展。

2017 年底的中央经济工作会议指出，我国将加快形成推动高质量发展的指标体系、政策体系、标准体系、统计体系、绩效评价、政绩考核六大体系，创建和完善制度环境。因此，深刻理解和准备把握经济高质量发展的内涵对于在实践中推动经济实现高质量发展至关重要。当前，我国提出的经济高质量发展具有丰富的内涵，它是体现"创新、协调、绿色、开放、共享"的新发展理念，能够更好地满足人民对美好生活需要的发展。新发展理念是习近平新时代中国特色社会主义思想的主要内容，是我国破解发展难题、突破经济发展瓶颈制约、培育经济发展新动力、激发市场主体活力、厚植发展优势的行动指南。

目前，学术界关于经济高质量发展的内涵、特征特点、存在问题、实现路径、对策建议等方面的研究尚处于起步阶段。虽然学术界从多个维度来解析经济高质量发展内涵研究的成果较多，但是关于经济高质量发展内涵界定以及经济高质量发展的全面评判与比较，目前还未达成一个统一标准或说法。综合现有研究成果，关于经济高质量发展内涵认同度较高的观点主要有：经济高质量发展是体现"创新、协调、绿色、开放、共享"新发展理念的发展；经济高质量发展具有综合性、动态性和长期性等特征；经济高质量发展评价包含宏观、中观和微观层面的经济社会生态等多方面的评价指标体系，涉及经济发展、生态环境、社会民生等领域。综合考量学术界研究成果、政府部门对经济高质量的探索实践，以及西部经济发展实际情况，本书认为经济高质量发展包含了效益效率、结构优化、动能转化、绿色生态、民生共享等方面的内容，是通过高效益效率的生产、经济实现运行平稳、结构不断优化、发展成果共享、发展动力支撑从要素推动转向创新驱动，兼顾公平与效率、兼顾当前经济增长与长远可持续发展、兼顾经济发展与生态保护、兼顾区域协调的经济发展。

二、供给侧结构性改革与经济高质量发展的关系

党的十九大报告指出，我国经济已由高速增长阶段转向高质量发展阶段，高质量发展成为近几年中央经济工作会议提出的重点工作任务之一。2017年底的中央经济工作会议首次提出，推动高质量发展是当前和今后一个时期确定发展思路、制定经济政策、实施宏观调控的根本要求。2018年11月5日，习近平总书记在首届中国国际进口博览会开幕式上的主旨演讲中指出："只要我们保持战略定力，全面深化改革开放，深化供给侧结构性改革，下大气力解决存在的突出矛盾和问题，中国经济就一定能加快转入高质量发展轨道。"2019年5月22日，习近平总书记在听取江西省委和省政府工作汇报时提出，"要推动经济高质量发

展，牢牢把握供给侧结构性改革这条主线，不断改善供给结构，提高经济发展质量和效益"。习近平总书记的讲话反映了供给侧结构性改革和高质量发展的关系，深化供给侧结构性改革是实现高质量发展的重要手段，高质量发展是供给侧结构性改革的目的。

以供给侧结构性改革引领中国经济高质量发展，既是抓好当前和未来一个时期我国经济工作、建设现代化经济体系的基本策略，也是贯彻习近平新时代中国特色社会主义经济思想的必然选择。因此，供给侧结构性改革和高质量发展的关系可以总结为手段/途径与目的的关系，推进供给侧结构性改革的最终目的是实现高质量发展，供给侧结构改革是实现高质量发展的重要手段或者重要途径之一。国务院发展研究中心副主任王一鸣认为，高质量发展根本在于经济的活力、创新力和竞争力，供给侧结构性改革是根本途径。

当前，我国经济发展面临的突出矛盾，表面上看是速度下降，实际上既有周期性的问题，也有结构性的问题，其中主要矛盾仍然是供给侧结构性失衡问题。我国供需关系的结构性失衡是经济实现高质量发展的重要制约因素之一。2015年以来，我国以推进"三去一降一补"为重点开展的供给侧结构性改革，取得阶段性成效。实践证明，供给侧结构性改革对调整经济结构、提高资源配置效率发挥了积极的、重要的作用。因此，推进供给侧结构性改革的目的就是要在更高水平实现新的动态供需平衡，以期推动中国经济由高速增长阶段转向高质量发展阶段，并实现高质量发展的目的。要实现经济高质量发展的目的，需要让市场在资源配置起决定性作用，培育经济增长新动能，培育和发展新的产业集群，平衡好生态建设与经济发展的关系，破解制约发展的体制机制障碍，增强金融风险防范能力，打造好良好的营商环境，补齐基础设施和公共服务设施短板。要达到上述目的均需要通过深入推进供给侧结构性改革来实现。

三、经济高质量发展的目的

从我国经济发展的宏观环境看，现有国际政治市场秩序和世界经济竞争格局决定了我国只有推动经济高质量发展才能从激烈的国际竞争中突围。近年来，我国经济发展的外部环境开始面临重要变化，全球发达经济体和发展经济体经济持续放缓，经济发展宏观环境不确定性因素增多，国际贸易市场竞争更为激烈。发达国家通过大幅减税改善营商环境等措施，吸引高端制造业回流，推行"再工业化战略"，我国与美国、欧盟等发达国家及地区的贸易摩擦增多，在高端制造的市场开拓与招商引资与发达国家竞争加剧，在加工贸易方面的市场开拓与招商引资同样面临新兴市场国家逐步兴起追赶的压力。从国内经济发展实际情况看，随着我国劳动供给的"刘易斯拐点"在2012年出现，加上近年来出现的产能过剩和日益凸显的资源环境天花板问题，表明如果再依靠低端劳动力的无限供给、靠牺牲生态环境和高投入高消耗推动经济增长已不现实。2020年是我国全面建成小康社会的决胜年，当前处在为实现"两个一百年"奋斗目标、实现中华民族伟大复兴的中国梦打造坚实经济基础支撑的重要时期，高质量发展的最终目标是推动我国经济发展方式的转变，建立现代化经济体系，最终建成现代化经济强国，为更好地满足群众多元化、多样化、多层次的需求提供物质支撑。总之，推动经济高质量发展，我国应在保持经济发展总体规模优势的同时，不断推动质量变革、效率变革、动力变革，坚持走绿色化、网络化、智能化、数字化发展的新型工业化道路，突破结构性矛盾制约，促进区域协调发展，让高质量发展成果更好地惠及全体人民，最终满足人民日益增长的美好生活需求。

四、经济高质量发展研究现状梳理

科学理解经济高质量发展的内涵，不仅有助于客观评价经济高质量发展水平，准确把握经济高质量发展的制约因素，选择合理发挥优势的经济高质量发展实现路径，而且对建立完善的经济高质量发展的统计指标、考评标准、绩效评价、政绩考核具有至关重要的作用，对最终实现经济高质量发展目的具有重要意义。党的十九大报告指出，高质量发展是体现新发展理念的发展，是创新成为第一动力、协调成为内生特点、绿色成为普遍形态、开放成为必由之路、共享成为根本目的的发展。目前，社会各界主要从以社会矛盾变化和新发展理念、供求和投入产出、宏观中观微观问题等角度来界定经济高质量发展内涵，并尝试采用由多个维度的指标体系组成的经济高质量发展评价指标体系来进行定量评价，找出经济高质量发展存在的问题及制约因素并提出对策建议。

（一）经济高质量发展的内涵

一是从社会矛盾变化和新发展理念角度。高质量发展是体现创新、协调、绿色、开放、共享新发展理念的发展，推进经济高质量发展有利于更好解决当前我国发展过程面临的结构性问题与瓶颈制约，更好地推动社会全面进步和人的全面发展，更好地实现全面建成小康社会，达到满足人们日益增长的物质文化需求和美好生活需要的目的。要实现经济高质量发展需要平衡"量"的增长与"质"的提升的关系，即在"量"上保持较快增长的同时重视"质"的不断提升，使经济增长与经济结构优化并重，经济发展与生态建设、环境保护相互协调，经济发展与社会文明提升、社会治理的完善同步推进。总而言之，经济高质量发展就是更加重视经济、政治、社会、文化、生态五位一体的全面发展和进步。

杨伟民认为，不平衡不充分的发展实际上就是发展质量不高。高质量发展中，包括资本、劳动、资源、能源、环境等投入的高效率都非常重要；效益高主要体现为投资有回报、企业有利润、员工有收入、政府有税收。[①] 宋国恺认为，高质量发展有利于推进经济社会协调发展，更好地解决人民日益增长的美好生活需要和不平衡不充分之间的矛盾，更好地满足人民对美好生活的向往。[②] 刘迎秋认为，我国高质量发展面临陈旧僵化思想观念束缚、突破利益固化藩篱、全球经济进入"新平庸"和技术创新面临瓶颈期四个方面的挑战。[③]

二是从宏观、中观、微观角度来阐释经济高质量发展。从宏观层面看，经济高质量发展主要是指国民经济质量效率高，经济发展与生态环境、社会发展、人的全面发展相协调，表现为资源能源消耗逐渐减少、科技创新对经济增长贡献高和全社会劳动力供需协调等。从中观层面看，经济高质量发展主要衡量区域和产业经济发展质量，从区域角度可以理解成区域经济发展具有协同性、均衡性和开放性，各区域之间相互协作，区域相互差距逐步缩小，区域相互开放；从产业层面可以理解成产业做大做强，产业结构逐步优化，产业投入产出效率高，科技创新成为产业发展的重要支撑。从微观层面看，高质量发展主要是指产品服务质量好，能够较好地满足人们日益丰富的且不断提升的、多元化、多层次的消费需求。

王一鸣在 2018 年能源大转型高层论坛上，阐释了高质量发展的内涵。他认为可以从微观、中观、宏观三个层面来理解高质量发展的内涵：微观层面上主要是指产品和服务的质量；中观层面主要是指产业的价值链；宏观层面上主要是指国民经济的整体质量和效率，通常用全要素生产率来进行衡量。[④] 刘伟认为，在宏观上，经济高质量发展要求经济均衡发展；在中观上，应重视产业结构、市场

---

① 国是直通车：《杨伟民：必须摒弃过去那种赶超型的经济模式》，百度，2017 年 12 月 21 日，https://baijiahao.baidu.com/s? id = 1587402287666597317&wfr = spider&for = pc。

② 宋国恺：《新时代高质量发展的社会学研究》，载于《中国特色社会主义研究》2018 年第 5 期。

③ 刘迎秋：《刘迎秋在中华工商时报的年会主题讲话》，质量中国：新时代新征程新跨越——推动高速增长转向高质量发展论坛，2018 年 1 月。

④ 王一鸣：《推动经济高质量发展 要坚持问题导向》，载于《中国经济时报》2018 年 8 月 27 日。

结构、区域结构等的优化升级，把宝贵资源配置到最需要的地方；在微观上，高质量发展应建立在提高生产要素、生产力、全要素效率的基础上，而不是依靠扩大生产要素量的投入。① 赵昌文认为，从宏观上看，高质量发展包含以下特征：不存在重大结构性失衡，经济可以正常持续地循环流转；产业技术前沿边界可持续推进，经济增长的效率源泉来自创新而不仅是规模扩张；由于资源在行业、地区之间的错配带来的效率损失尽可能低。从中观上看，高质量发展就是产业结构、地区结构和收入分配结构保持动态均衡并不断优化。从微观上看，高质量发展就是市场真正在资源配置中发挥决定性作用，能够最大限度激发市场主体活力和激励相容的营商环境。② 宋国恺认为，社会学从微观、中观和宏观角度关注高质量发展，关注微观角度的个体人的发展，中观角度的社会基础问题，宏观角度的社会结构、社会现代化等问题。③ 汪同三指出，高质量发展标定中国经济发展新方位，有科学内涵的理论概括和发展要求，应从微观经济、宏观层次、社会民生事业来衡量高质量发展。④

三是从投入产出的角度看，高质量发展意味着是投入产出率高、产能利用率高、单位 GDP 或者是工业增加值能耗/水耗低、集约利用程度高、经济发展与生态协调共生的发展。林兆木认为，经济高质量发展应从商品和服务质量、投入和产出效率、经济效益、创新发展、绿色发展等多维度进行衡量。经济高质量发展是商品和服务质量普遍持续提高的发展，是投入产出效率和经济效益不断提高的发展，是创新成为第一动力的发展，是绿色成为普遍形态的发展，是坚持深化改革开放的发展共享成为根本目的的发展。⑤

四是高质量发展具有综合性和动态性。颜廷标指出，高质量发展具有综合性，是一个涉及多个层面、多个领域的复杂系统，需要顶层设计，突出重点，协调推进。高质量发展具有突出的特色性，要求每个区域根据自己特色充分发挥比较优势，形成分工协作、整体优化的推动系统。高质量发展具有动态性，要求具有国际视野，准确分析现实变化与研判未来发展趋势，及时跟进并有效应对。⑥

林兆木⑦认为，高质量发展既然是一个阶段，就不是短时间内可以实现的。

---

① 刘伟：《三个维度解析经济发展高质量发展之道》，载于《中国经济时报》2018 年 8 月 27 日。
② 赵昌文：《推动经济向高质量发展》，载于《光明日报》2018 年 4 月 18 日。
③ 宋国恺：《新时代高质量发展的社会学研究》，载于《中国特色社会主义研究》2018 年第 5 期。
④ 汪同三：《深入理解我国经济转向高质量发展》，载于《人民日报》2018 年 6 月 7 日。
⑤⑦ 林兆木：《关于我国经济高质量发展的几点认识》，载于《人民日报》2018 年 1 月 17 日。
⑥ 颜廷标：《深刻理解高质量发展的丰富内涵》，载于《河北日报》2018 年 1 月 5 日。

它应该是一个渐进的、积小变为大变、从量变到质变的过程。何立峰指出，迈向高质量发展要把握好三个维度：（1）系统性。高质量发展是更加注重经济、社会、环境等均衡发展，实现更高质量、更有效率、更加公平的发展。（2）动态性。高质量发展的目标思路和政策举措需要根据实践的深入、认识的升华而不断丰富、不断完善。（3）长期性。推动高质量发展需要在有效防控经济社会各种风险的前提下，发扬钉钉子精神，持续用力，久久为功。①

五是从发现问题的角度看，主要着眼于通过推动高质量发展来解决经济社会发展中存在的问题，以解决问题为导向。目前我国经济社会发展过程中存在的问题主要表现为区域发展不平衡，城乡居民或者各行业/各阶层收入差距大，经济发展带来较为严重的生态环境污染，经济增长对投资的依赖性太强，创新能力不足、对经济增长的贡献偏低，城镇化滞后于工业化和经济现代化进程，劳动力供给与需求不相匹配等，要实现高质量发展必须解决这些结构性和矛盾性问题，提升资源配置效率，充分发挥市场在资源配置中的决定性作用，释放被抑制的消费需求，进而倒逼供给端实现供给侧结构性改革，提升产品和服务质量，满足消费需求。

赵昌文指出，城乡区域发展和收入分配差距较大、风险过度积聚、环境污染严重、创新能力不足都不是高质量发展；反之，促进共同富裕、防范化解风险、创新驱动和人与自然和谐共生的发展就是高质量发展。② 王一鸣认为，中国的基本特征就是发展不平衡不充分，应充分考虑中国的发展阶段和基本国情，不能完全以成熟经济体的标准结构作为参照来评判高质量发展。③ 李伟认为，我国经济发展存在的不平衡主要指比例关系不合理、包容性不足、可持续性不够，制约生产率的全面提升；不充分主要指发展不足、潜力释放不够、发展中还有很多短板，发展水平特别是人均水平同世界先进国家还有不小的距离。主要矛盾事关全局，主要矛盾的变化决定了我国经济工作的方向和重点，一切工作都要围绕如何解决好主要矛盾展开。④

---

① 何立峰：《迈向高质量发展要把握好三个维度》，新华网，2018 年 3 月 25 日，http://www. xin-huanet. com/fortune/2018 - 03/25/c_129836914. htm。

② 赵昌文：《推动我国经济实现高质量发展》，载于《学习时报》2017 年 12 月 25 日。

③ 王丽娟：《王一鸣：推动经济高质量发展　要坚持问题导向》，中国经济时报电子版网站，2018 年 8 月 27 日，http://lib. cet. com. cn/paper/szb_con/502442. html。

④ 李伟：《中国经济迈向高质量发展新时代》，载于《经济日报》2018 年 1 月 29 日。

（二）经济高质量发展评价

当前，国内经济高质量发展评价指标体系及相关的很多问题尚未达成共识，运用高质量发展评价指标进行实证研究尚处于起步阶段，但也有多家研究机构和专家提出并建立了高质量发展评价指标体系。

中国社会科学院经济学部提出了包含经济增长、创新效率、政府效率、生活质量和环境质量五个方面高质量发展的评价指标体系，细分为67个二级指标。

夏春玉等在《中国高质量发展——基于新发展理念的指数评价与比较分析》中构建了包含创新、协调、绿色、开放、共享5个维度的指标体系对我国各省市的经济高质量发展进行评价，评价指标体系包括25个一级指标、40个二级指标。[①] 王彤等在《中国区域经济高质量发展研究报告》中提出了包含绿色生态高质量、社会人文高质量、企业发展高质量、经济效率高质量、开放创新高质量、民生共享高质量6个维度、42个评价指标的中国区域经济高质量发展评价指标体系，并利用变异系数—主成分分析评价模型对我国的286个地级市的经济高质量发展进行定量评价。[②] 盛继洪等在《北京经济高质量发展研究》中提出了包含基本面、环境约束、要素质量、发展效率、增长动力、人民生活6个方面、20个二级指标的指标体系，对北京市2013～2017年的经济高质量发展水平进行测度。[③] 马丁玲等选择了包含经济增长、经济发展质量、经济发展动力、经济发展可持续性和经济发展成果共享5个维度构建了经济高质量发展评价指标体系，利用主成分分析和专家打分方法来确定指标权重，对宁波市2010～2016年经济高质量发展进行定量分析评价。[④] 丁涛等提出了包含创新、协调、绿色、开放、共享五大新发展理念、12个分项指标的指标体系，进行了江苏省13个地级市2015年经济发展高质量评价。[⑤]

师博利用均等权重赋值法，选取了包含经济增长基本面和社会成果两个方面的评价指标对我国1992～2016年各省市的经济高质量发展情况进行测评。[⑥] 吕

---

① 夏春玉主编：《中国高质量发展——基于新发展理念的指数评价与比较分析》，东北财经大学出版社2018年版。

② 王彤主编：《中国区域经济高质量发展研究报告》，经济管理出版社2018年版。

③ 盛继洪主编：《北京经济高质量发展研究》，社会科学文献出版社2018年版。

④ 马丁玲：《宁波经济高质量发展评价及路径初探》，载《宁波通讯》2018年第9期。

⑤ 丁涛：《科技创新驱动江苏地区经济高质量发展的路径研究》，载于《南通大学学报（社会科学版）》2018年第4期。

⑥ 师博、任保平：《中国省际经济高质量发展的测度与分析》，载于《经济问题》2018年第4期。

薇认为高质量评价指标的选择应注重总量指标与人均指标相结合，可持续发展指标与效率指标相结合，经济与社会高质量发展评价指标相结合。① 程虹认为经济高质量发展衡量标准为：要提高劳动生产率；看一个地区的经济发展在动能上是靠要素、投资驱动，还是靠创新驱动；需要实现经济与社会的均衡发展；应该建立在人与自然和谐发展的基础上，追求更好的生态。② 刘干等利用 2010～2016 年的指标数据，使用熵值法和模糊综合评价法测算我国各省市的经济高质量发展综合指数，并分别从动态和静态角度探索各省市的经济高质量发展状况。③ 李红艳、汪涛认为，在中观区域或者城市层面，经济高质量发展是将经济发展方式高效化、经济结构高级化、经济动力高能化融入经济循环之中，推动形成开放、要素、市场配置、产业、收入分配体系、积累（需求）、经济与社会文化生态协同体系七大体系，构建了由 28 个指标组成的经济高质量发展实现程度的三级评估体系，对武汉市经济高质量发展实现程度进行评价。④ 任保平和李禹墨认为，高质量发展指标体系需要增加反映产业、行业、地区等各方面结构协调性的指标、效益效率指标和新动能发展指标，更加注重整体性与全局观，应该构建包含宏观、中观和微观层面合理评价指标体系。广州市社科院构建了包含高水平、合理性、创新性、高效性、绿色性、协调性、稳定性、共享性八个方面的高质量评价指标体系，从产业结构、产业要素、产业活力、产业创新、产业环境等方面来构建评价指标体系。⑤ 朱启贵认为，高质量发展指标体系应包括动力变革、产业升级、结构优化、质量变化、效率变革、协调发展、绿色发展、开放发展和共享发展九个方面的评价指标，从这些评价指标中选取先行指标、同步指标、滞后指标，建立搞好质量发展监测预警系统，编制景气指数，对高质量发展进行实时监测诊断，及时发展问题，采取有效应对措施。⑥

---

① 吕薇：《准确把握高质量发展的内涵与特征》，中国产业信息研究网，2018 年 4 月 27 日，http：//www. china1baogao. com/dianping/20180427/3713651. html.

② 程虹：《如何衡量高质量发展》，载于《第一财经日报》2018 年 3 月 14 日。

③ 刘干：《我国区域经济高质量发展综合评价》，载于《生产力研究》2018 年第 10 期。

④ 李红艳、汪涛：《经济高质量发展实现程度的评估——以武汉市为例》，载于《武汉冶金管理干部学院学报》2018 年第 4 期。

⑤ 任保平、李禹墨：《新时代经济体系的构建对我国经济高质量发展的助推作用》，载于《陕西师范大学学报（哲学社会科学版）》2018 年第 3 期。

⑥ 朱启贵：《建立推动高质量发展的指标体系》，中国社会科学网，2018 年 2 月 6 日，http：//ex. cssn. cn/glx/glx_xzlt/201802/t20180206_3842039. shtml.

（三）政府机构提出考核评价体系

当前，追求经济高质量发展已成为全社会发展共识，国内多数地方政府都在全力以赴地推动经济高质量发展。为充分发挥评价指标体系对经济高质量发展的目标引领、考核督促、导向激励作用，国家统计局等相关政府部门探索建立高质量发展的统计体系，部分地方政府根据中央关于高质量发展要求，已结合自身实际，开始探索建立高质量发展的考核评价指标体系。截至目前，天津、广东、江苏、湖北、四川等省（区、市）提出了经济高质量发展指标体系，并分类对区（市）县政府工作绩效进行考核；广州、宁波、青岛、南京、成都等城市提出了高质量发展评价指标体系；还有部分省（区、市）正在开展对经济高质量发展现状及路径的探索研究。这些均是对高质量发展指标体系、绩效体系、政绩考核的有益探索尝试，可以为各地更好地推动经济高质量发展提供借鉴。

国家发改委主任何立峰表示，我国未来将加强顶层设计，抓紧研究出台推动高质量发展的指标体系、政策体系、标准体系、统计体系、绩效评价、政绩考核办法等；同时，支持地方结合实际积极探索推动高质量发展的有效途径。

国家统计局正初步探索建立高质量发展的统计体系。国家统计局的总经济师盛来运指出，当前，我国现有的统计指标体系呈现出"两多三少"的特点，表现为：反映经济方面和总量的指标偏多，反映社会发展、人与自然和谐发展相关的指标少，反映结构调整和转型升级的指标少，反映新经济新动能和效益效率方面的指标较少。今后，我国统计指标体系将增加反映产业、行业、地区等结构协调性方面以及效益效率和新动能发展方面的指标。

2018年4月，天津市统计局全面贯彻落实党的十九大精神和中央经济工作会议决策部署，根据国家统计局《衡量和推动高质量发展统计指标体系框架》主要内容，借鉴部分省市先进实践经验，选定了包含质量变革、效益变革、动力变革等在内的20个指标，构建了天津市经济高质量统计监测指标体系；还将进一步建立高质量发展统计监测制度，并作为全市各区绩效考核评价的重要依据，引导促进全市经济实现高质量发展。

2018年5月，江苏省先后发布了《江苏高质量发展监测评价指标体系与实施办法》《设区市高质量发展年度考核指标与实施办法》《2019年度江苏高质量发展监测评价考核实施方案》等文件，以"六个高质量"发展为基本框架，设置了三个基本架构相同、指标略有区别、指标数量不等的高质量监测评价指标体系，进行高质量发展监测评价和考核，指标体系充分体现"五个聚焦"，导向鲜明、特点突出。指标体系用来监测评价全省及各设区市、县（区、市）和城区高质量发展水平。经过一年的实施，未来江苏省将会对经济高质量发展评价指标体系进行调整、补充和完善，更好地发挥评价对经济高质量发展工作的引领和考核导向作用。

2018 年 11 月，湖北省印发了《湖北省高质量发展评价与考核办法（试行）》。湖北省根据各个指标的重要程度来确定权重，先分别计算共性指标的水平指数、发展指数，再由二者合成综合指数，最后对综合指数进行折算，形成各市州、直管市高质量发展的综合指数。湖北省选择了由 20 余个指标组成的高质量发展评价与考核指标体系，这些指标分别是：规模以上工业企业的主营业务收入利润率、产能利用率和亏损面、服务业增加值占 GDP 的比重、高新技术产业增加值占 GDP 的比重、文化及相关产业增加值占 GDP 的比重、研发（R&D）费用占 GDP 比重、高新技术企业单位数增长率、十大重点产业发展指数、民间投资占固定资产投资的比重、技术改造投资占固定资产投资的比重、投资项目"两库"转化率、实际利用外资占投资的比重、进出口总额占 GDP 的比重、商业银行不良贷款率、税收占一般公共预算收入比重、财政口径政府债务余额占地方综合财力比重、城镇/农村居民人均可支配收入增速、单位规模以上工业增加值能耗降低率、空气质量优良天数占比、地表水达到或好于Ⅲ类水体比例。

2018 年 12 月，广东省统计局完成了《广东高质量发展综合绩效评价高质量体系》，对照经济高质量发展的内涵，广东省高质量发展的核心指标包含综合、创新、协调、绿色、开放、共享 6 个一级指标，41 个二级指标，其中适用于三类区域的共同指标 35 个，适用于不同区域的类别指标 12 个，通过综合指数法进行测算。

2018 年，四川省制定了县域经济高质量发展考核办法，按照"统一指标、分类赋权"的原则，设置了包含经济发展、城乡发展、民生改善、生态环境、风险防控 5 个方面、24 个指标的经济高质量发展的评价指标体系。四川省根据主体功能区定位，考核办法差异化设置各类区域的指标权重，对 183 个县实行分类考核，183 个县被划分为城市主城区（33 个）、重点开发区县（57 个）、农产品主产区县（35 个）、重点生态功能区县（58 个）四大类别。2019 年，四川省出台了 26 条措施推动县域经济高质量发展，并根据主体功能定位提出了各县域的发展重点。

2019 年 1 月，湖南省人民政府办公厅关于印发《湖南省高质量发展监测评价指标体系（试行）》的通知。湖南省确立了包含综合效益效率、创新发展、协调发展、绿色发展、开放发展、共享发展 6 个维度、34 个指标的高质量发展评价指标体系，主要包括提高总体产出水平、优化产业结构、扩大民间投资、促进消费增长、发展"四上企业"、防范化解风险等反映综合效益效率的指标。具体选择了包含科技研发经费投入、"三新"经济、高新技术产业等创新发展方面的指标；选择了包含城镇化率、农村贫困发生率、农村基础设施建设水平等反映协调发展方面的指标；选择了包含空气质量改善、城镇污水垃圾处理、能源资源节约集约利用、土壤修复治理等反映绿色发展方面的指标；选择了包含对外贸易、营商环境便利度、招商引资等反映开放发展方面的指标；选择了包含教育、卫生、就业、收入、养老等反映共享发展方面的指标。

2019 年，河南省印发了《河南省市县经济社会高质量发展考核评价暂行办法（征求意见稿）》，将原来包含的结构优化升级、创新驱动发展、基础能力建设、新型城镇化 4 个维度、16 项指标，调整为包含综合、创新、协调、绿色、开放、共享 6 个维度共计 21 项评价指标的经济社会高质量评价指标新体系，进行分类分级考核。

我国部分中心城市探索建立推动高质量发展的统计评价体系，探索推进统计方法制度创新，全面科学地反映本地高质量发展情况。广州市探索建立了经济高质量发展评价指标体系，包含经济实力、经济效益、科技创新和人民生活与公共服务 4 个维度、30 个评价指标。

2018 年，青岛市探索建立了包含创新发展、协调发展、绿色发展、开放发展、共享发展、发展质效 6 个维度、50 个二级评价指标，共计 120 个三级评价指标体系，利用综合指数和专家评判法对青岛市高质量发展情况进行监测评价。下一步，青岛将根据国家、山东省和类似中心城市对经济高质量发展评价优化，调整高质量发展评价指标体系，以达到客观科学综合评价高质量发展的要求。

武汉市遵循体现新发展理念、彰显武汉特色、力求综合简约、突出可操作性等基本原则，探索建立了高质量发展评价指标体系。指标体系包含提质增效、创新驱动、民生保障、绿色发展、风险防范 5 个维度、44 个分项评价指标，采用"综合指数法"对 2013～2017 年武汉高质量发展指数进行测算，为找准武汉市发展过程中存在的问题和薄弱环节提供依据，也为推动高质量发展制定相关政策措施提供决策参考。

2018 年，成都市探索提出了经济高质量发展评价指标体系，主要包含质效提升、结构优化、动能转化、绿色低碳、风险防控、民生改善 6 个维度、52 个指标。具体看，质效提升包含人均 GDP、税收增长率、全员劳动生产率等 10 个二级指标，反映经济增长质量和效益情况；结构优化包含服务业增加值占 GDP比重、常住人口城镇化率、居民恩格尔系数等 8 个二级指标，反映产业结构、出口结构、城乡结构等方面的情况；动能转化包含"三新"经济增加值占 GDP 比重、R&D 经费投入强度、民间投资占固定资产投资比重等 8 个二级指标，反映创新投入水平、经济增长活力等方面的情况；绿色低碳包含空气质量优良天数比例、清洁能源消费比重、人均公园绿地面积等 11 个二级指标，反映人民对美好生活的向往，从环境质量、节能降耗、绿色出行等方面的情况；风险防控包含政府债务、企业负债、居民负债等 7 个二级指标，反映政府债务、金融、房地产领域风险状况；民生改善包含居民收入分配、消费升级、民生支出等 8 个二级指标，全面反映民生改善成效。

综上所述，当前学术界对经济高质量发展内涵从多个角度进行了阐释，经济发展高质量发展评价指标体系尚未达成共识，运用经济高质量评价体系进行定量研究尚处于起步阶段。多数专家学者均认可以新发展理念为统领或指导来解析经济高质量发展。部分省（区、市）结合实际情况探索研究的经济高质量发展评价体系和方法，在此基础上进行的定量考评、绩效考评、政绩考核等办法，为经济高质量发展研究评价提供了有益的探索实践。来自学术界和政府发布的经济高质量的发展研究成果均为本书的研究提供了丰富的素材和有益的成果借鉴。

‖第二章‖

西部经济高质量发展指标体系的构建

衡量经济高质量发展要有科学的判断标准和评价指标体系。为了客观衡量我国西部经济增长质量水平，全面梳理总结我国西部总体和省（区、市）经济高质量发展的短板，并为下一步推动西部经济高质量发展政策措施提供理论依据，本书充分借鉴了中国社会科学院等国内知名研究机构、专家学者和部分地方政府等对经济发展高质量内涵界定，以及其选择的经济高质量发展评价指标体系方面的研究成果，按照客观科学、简明实用，综合系统、重点突出，统一可比、体现实情，导向明确、以人为本等原则，探索性地提出了我国西部经济高质量发展评价指标体系。

一、指标选取原则

（一）客观科学、简明实用

经济高质量发展评价指标体系是在全面贯彻、深刻理解、准确领会经济高质量发展的科学内涵的基础上，充分反映中央和保持经济持续健康发展对经济高质量发展的根本要求，结合我国西部各省（区、市）发展实际情况提出的指标体系，能够客观、真实地反映西部各省（区、市）经济高质量发展现状，以便全面梳理总结经济高质量发展中的存在的问题与短板，从中挖掘分析阻碍西部经济高质量发展的制约因素。对我国西部经济高质量发展现状的评价本身就是对真实世界的一种抽象、简化，而经济发展质量涉及的内容广泛而复杂，如果选取的评价指标数量太多、面面俱到的话，就可能显得评价指标过于庞杂，从而失去运用评价指标体系简化评价的实际意义。在推动经济高质量发展已成为全社会的共识的大背景下，本书选取的经济高质量发展指标体系在尽量做到全面、综合、客观的基础上，要求指标精简、意义明确，具有可获取、可量化、可比较、可延续的特点，评价的指标数据主要来源于2013~2019年的《中国统计年鉴》和西部各省（区、市）的统计年鉴、《中国科技统计年鉴》、《中国环境统计年鉴》，以及西部各省（区、市）的统计公报和政府官方网站，本书中未特别标注说明的数据均来自统计年鉴、统计公报等。

（二）综合系统、重点突出

经济高质量发展是一个涉及面广，综合性、系统性的循序渐进、逐步变化的过程，经济高质量发展内涵丰富，包含经济发展、区域协调、生态建设、环保治理、民生改善、社会公平、制度完善等多个领域，为客观科学评价我国西部各省（区、市）经济高质量发展水平，本书在选取评价指标时选定了包括5个维度、可定量化且体现创新、协调、绿色、开放、共享新发展理念的指标。其涉及供给和需求两端、投入和产出两方面、微观和宏观等领域；既包括供给端的产业结构优化升级，也包括需求端的消费对经济增长的贡献；既包括劳动、资本等生产要素投入效益效率的提升，也包括科研经费投入、创新创业人才等高端生产要素使用效率的提升；既包括短期经济增长动能转换，也包括长期发展更加协调、更加公平、更加健康、更加环保可持续发展。因此，选取的指标体系在保证综合性、系统性的同时，突出核心指标、重点指标，针对每一方向的评价维度，选取了体现高质量发展内涵与要求且与经济高质量发展密切相关的最具代表性的评价指标。

（三）统一可比、体现实情

西部经济高质量发展评价对象是我国西部12个省（区、市），要对各省（区、市）的经济高质量发展水平进行综合测评，必须要选择可获得、内涵明确和可比较的指标体系，各评价指标均来自统计年鉴和统计公报，这些数据均有统一的统计标准和制度，计算出的结果才更具有可比性。因此，经济高质量发展评价指标体系的设置时，优先考虑那些在我国已经有较为完善的统计制度支撑的指标，有相应的统计口径、规范与制度，优先考虑那些通行的指标，方便进行不同区域的横向比较。我国西部地域辽阔，区域内部差距大，因此，本书选择的衡量经济高质量发展的指标，尽量在遵循"创新、协调、绿色、开放、共享"的前提下，既尽量选取了中央对经济高质量发展的核心要求与发展导向指标，也相对较为客观地反映西部的实际情况，这样得到的评价结果有利于推动经济高质量发展和考评结果的使用。

（四）导向明确、以人为本

高质量发展具有鲜明的政治性、时代性和导向性，即经济高质量发展考核评价体系在指标设置上要考虑多方因素，突出导向性。经济高质量发展测评指标体系要充分发挥导向驱动和引领作用，所选取的指标要能反映经济高质量发展状况，揭示经济高质量存在的本质问题和短板，深度挖掘隐藏在繁杂表面问题之下的深刻原因。评价指标体系具有客观的价值判断和导向作用，以达到引领经济高质量发展的目的，推动经济高质量发展，一定程度上意味着淡化对经济增长速度的追求，综合考量经济增长的效益效率是否提升，政府、企业和个人是否都能享受经济高质量发展带来的各种好处。因此，本书的经济高质量发展评价指标体系选择了全社会劳动生产率、人均一般公共预算收入、规模以上工业企业单位产值利润率、规模以上工业企业成本费用利润率等体现经济发展效益效率的指标；选择指标更加关注实现目标的路径和过程而不仅仅是结果，既要看经济发展，又要看资源能源是否合理高效利用，还要看生态环境是否有效保护。本书高度重视社会民生改善类指标，选择了城乡居民收入绝对值、城乡居民收入增速、贫困发生率、每千人拥有卫生技术人员数、每千人拥有医疗机构床位数、每个中学老师负担学生数等反映社会公平和人民的获得感、幸福感、安全感等方面的评价指标。

二、经济高质量发展评价指标体系

经济高质量发展内涵丰富，本书在广泛借鉴中国社会科学院等研究机构、专家学者和部分地方政府关于经济高质量发展现有研究成果基础上，根据对经济高质量发展的内涵界定，按照客观科学、简明实用，综合系统、重点突出，统一可比、体现实情，导向明确、以人为本等原则，探索性提出西部经济高质量发展评价指标体系。西部经济高质量发展评价指标体系主要包含有效益效率、结构优化、动能转化、绿色生态、民生共享5个维度、43个二级指标的经济高质量发展评价指标体系，如表2－1所示。

表 2-1　　　　　　　　　　**经济高质量发展评价指标体系**

一级指标	二级指标	单位	指标属性
效益效率	地区生产总值增长率	%	正向指标
	人均地区生产总值	元	正向指标
	全社会劳动生产率	元/人	正向指标
	人均一般公共预算收入	元/人	正向指标
	规模以上工业企业单位产值利润率	%	正向指标
	规模以上工业企业成本费用利润率	%	正向指标
结构优化	服务业增加值占 GDP 的比重	%	正向指标
	税收占一般公共预算收入的比重	%	正向指标
	常住人口城镇化率	%	正向指标
	城乡居民收入比	—	逆向指标
	外贸依存度	%	正向指标
	高技术产业进出口占地区进出口总额的比重	%	正向指标
	民生财政支出占一般财政预算支出的比重	%	正向指标
动能转化	投资对经济增长的拉动率	%	正向指标
	消费对经济增长的拉动率	%	正向指标
	科研经费投入占 GDP 的比重	%	正向指标
	科技研发人员数量	人	正向指标
	规模以上工业企业研发经费支出占销售收入的比重	%	正向指标
	技术市场成交额	亿元	正向指标
	每万人发明专利授权量	个/万人	正向指标
	每万人在校大学生数量	万人	正向指标
	实际利用外资占 GDP 的比重	%	正向指标
绿色生态	城市空气质量优良天数占比	%	正向指标
	万元 GDP 能耗	吨标准煤/万元	逆向指标
	单位工业增加值能耗	吨标准煤/万元	逆向指标
	森林覆盖率	%	正向指标
	建成区绿化覆盖率	%	正向指标
	环境污染治理投资总额占 GDP 的比重	%	正向指标
	亿元工业产值二氧化硫排放量	吨/亿元	逆向指标
	工业固体废弃物综合利用率	%	正向指标
	单位耕地面积化肥施用量	吨/公顷	逆向指标

一级指标	二级指标	单位	指标属性
民生共享	城镇居民人均可支配收入	元	正向指标
	城镇居民人均可支配收入增速	%	正向指标
	农村居民人均纯收入	元	正向指标
	农村居民人均纯收入增速	%	正向指标
	人均个人储蓄存款余额	元	正向指标
	贫困发生率	%	逆向指标
	每千人拥有卫生技术人员数	人/千人	正向指标
	每千人拥有医疗机构床位数	个/千人	正向指标
	每百户固定互联网宽带接入用户数	%	正向指标
	每个中学老师负担学生数	人	逆向指标
	城镇职工基本医疗保险参保率	%	正向指标
	城镇职工基本养老保险参保率	%	正向指标

在全国达成共识奋力推进高质量发展的大背景下，我国西部各省（区、市）面临经济做大做强和推进经济高质量发展的双重任务。经济增长速度与质量效益是辩证统一的，增长速度是经济发展质量的基础，没有一定速度的经济增长作为支撑，经济发展质量就无从谈起；质是量比较的结果，应统筹兼顾经济的数量增长与发展质量的提升，逐步从重视经济"量"的扩张，转向"质"的提升。经济高质量发展是更高效、更低耗、更充分、更绿色、更低碳、更均衡、更公平、更协调、更开放的发展，需在更高水平上实现新的动态平衡。即从注重经济总量的持续较快增加，转向注重经济发展效益效率的提升，经济发展能够以最少的投入获得最多最好的效益，生产服务过程中将对生态环境污染减少到最低限度；从只注重产业的做大、上更多的工业项目、增加 GDP，转向更加尊重市场在配置资源中的决定性作用，聚集优势高端要素，发展特色产业，促进产业融合发展，培育新业态、新产业、新经济，加快构建支撑经济高质量发展的现代产业体系；从只注重经济增长的单向维度，转向注重经济发展、社会公平、生态环境、区域协调、城乡融合、产业优化等多个维度；从只注重 GDP 和政府税收的增加，转向注重区域的产业协同发展、注重生活性服务业的发展；从只关注经济增长的生产要素投入，转向关注全要素生产率的提升和要素优化配置，坚持创新引领、绿色低碳，培育新的增长点，推动形成新动能；从只注重对投资拉动的依赖，重视招

进产业化重大项目，转向优化投资结构，引导社会资本转向基础设施、公共服务、公共卫生、健康管理等，转向更加注重科技创新、企业创新、产品创新、业态创新、管理创新，尽快形成以创新为引领和支撑的发展模式；从只注重经济增长的结果，转向注重经济发展的过程，真正转向以人为本，重视经济发展对民生改善和社会保障水平的提升，注重经济发展过程中群众的幸福感、安全感、获得感的提升。

在此，对上述经济高质量发展评价的指标含义及解释如下：

1. 效益效率指标

经济发展高质量包含"质"与"量"，经济发展的"量"是"质"提升的基础和支撑，提升经济发展的"质"是经济高质量发展希望达到的目标。效益效率是反映经济投入产出、经济运行平稳和经济收益的重要指标。本书选取了地区生产总值增长率、人均地区生产总值、全社会劳动生产率、人均一般公共预算收入、规模以上工业企业单位产值利润率、规模以上工业企业成本费用利润率这些指标来放映经济发展效益效率。相对于地区生产总值，人均地区生产总值是衡量经济发展水平的重要综合性指标，它较好地避免了由于地域范围大小带来的经济总量的差异。全社会劳动生产率反映了社会总产出量与总劳动投入量的对比关系，是体现社会生产效益的重要指标。人均一般公共预算收入反映了经济生产过程中地方政府获得的收益，一定程度上也是政府未来用于民生改善和社会保障财政支出的重要支撑。规模以上工业企业单位产值利润率和规模以上工业企业成本费用利润率反映工业企业的投入产出水平和获取利润的能力，是一个区域市场经济活力的重要体现。

2. 结构优化指标

结构优化是经济高质量发展的基本要求，主要包含了产业结构、城乡人口结构、城乡居民收入差距、政府财政收支结构和对外贸易结构。本书选择了服务业增加值占 GDP 的比重、税收占一般公共预算收入的比重、常住人口城镇化率、城乡居民收入比、外贸依存度、高技术产业进出口占地区进出口总额的比重、民生财政支出占一般财政预算支出的比重这些指标来反映经济发展质量的优化提升。

服务业增加值占 GDP 的比重是反映产业结构协调和优化升级的指标，服务业增加值占 GDP 的比重越高，则反映出当地的服务业发展水平越高，反映出产业结构更加高端化。税收占一般公共预算收入的比重是衡量政府财政收入质量的重要指标，可以很好地折射出一个地区经济发展态势，政府财政收入对土地和税费的依赖程度越低，政府的财政收入保持持续健康增长可能性越高。常住人口城镇化率是指一个地区城镇常住人口占该地区常住总人口数的比重，一个地区的城镇化水平越高，相应地反映出经济发展水平越高，消费对经济增长的贡献越强。贝壳找房首席经济学家、贝壳研究院院长杨现领认为，城市驱动人均财富增长的背后逻辑是网络效应。即人与人之间因为交互的增加、沟通的增加、创新的增加、创意的增加，带来财富的增长。城乡居民收入比是反映城乡居民收入差距的重要指标，是城镇居民人均可支配收入除以农村居民人均纯收入的结果。外贸依存度是一个地方进出口总额占 GDP 的比重，是衡量一国或地方经济对对外贸易依赖程度的重要指标。高技术产业进出口占地区进出口总额的比重是衡量对外贸易发展水平的重要指标，是制造业生产发展水平的重要体现。民生财政支出占一般财政预算支出的比重是反映地方政府财政支出结构的重要指标，反映了政府对教育、医疗、体育、文化、社会保障、公共卫生、民生改善、社会救助等方面的支出力度和重视水平。

3. 动能转化指标

科技创新和改革开放是经济发展的重要动力源泉，应加大科技研发投入和科研成果转化，以创新驱动提升全要素生产率来推动经济增长动力的转化，打破资源要素的瓶颈制约。本书选择了投资对经济增长的拉动率、消费对经济增长的拉动率、科研经费投入占 GDP 的比重、科技研发人员数量、规模以上工业企业研发经费支出占销售收入的比重、技术市场成交额、每万人发明专利授权量、每万人在校大学生数量、实际利用外资占 GDP 的比重这些指标。

对西部各省（区、市）来说，基础设施、公共服务设施建设还不尽完善，多数省（区、市）正处在高速公路、轨道交通、生态建设、环境治理的建设投资高速增长阶段，经济增长对投资的依赖性仍然较强，因此，本书选择了投资拉动率指标。科研经费投入占 GDP 的比重反映了科技研发投入强度，是创新实力的重要体现。规模以上工业企业研发经费支出占销售收入的比重是企业科技研发投入强度，是企业科技研发创新实力、新产品研发能力等的重要体现。每万人发明专利授权量是衡量一个国家或地区科研产出质量和市场应用水平的综合指标，是每万常住人口拥有经国内外知识产权主管部门授权且在有效期内的发明专利数量。科技研发人员数量是和每万人在校大学生数量体现了科技研发人才和高素质劳动力对经济发展的支撑作用。技术市场成交额反映了科技成果的转化效率，实际利用外资占 GDP 的比重反映了一个地方对外开放程度，也折射出一个地方的投资发展环境。

4. 绿色生态指标

经济高质量发展还包含在经济发展过程中要坚持绿色生态发展理念，在发展过程不能再有那种边污染边治理、先污染后治理的想法，更不能不惜以生态环境破坏为代价来发展经济，这种经济发展模式是不可持续的，更谈不上是高质量发展。要在发展过程中，坚持绿色生态发展理念，重视生态建设、生态修复和环境保护，重视生态环境污染防治与监控，促进经济发展与生态环境协调共生。本书选择了城市空气质量优良天数占比、万元 GDP 能耗、单位工业增加值能耗、森林覆盖率、环境污染治理投资总额占 GDP 的比重、亿元工业产值二氧化硫排放量、工业固体废弃物综合利用率、单位耕地面积化肥施用量这些评价指标。

城市空气质量优良天数占比是指某一区域城市空气质量为优和良的天数占 365 天的比例的平均值。万元 GDP 能耗反映了经济活动能源利用效率和节能降耗状况。万元 GDP 能耗是指每万元地区生产总值消耗的能源折合成标准煤的量。单位工业增加值能耗反映了工业生产过程中能源的消费水平和利用效率，是每万元工业增加值消耗的能源折合成标准煤的量。森林覆盖率是指单位土地面积中森林所占面积的百分数量，由于森林在净化空气、保持水土、降低噪声、调节气候、维持自然界的生态平衡上起着重要作用，所以，一般用森林覆盖率来衡量一个国家或地区自然保护事业发展水平。环境污染治理投资总额占 GDP 的比重反映了对生态建设和保护的投入力度，是当年环境污染治理投资占当年地区生产总值的比重。亿元工业产值二氧化硫排放量反映了工业生产过程中对大气环境的污染影响，是指每亿元工业产值产生了多少吨二氧化硫。工业固体废弃物综合利用率是指工业固体废弃物综合利用量占固体废物产生量和综合利用往年存储量和的比例。农业生产过程中化肥、农药、地膜、除草剂等的使用会带来水体污染和土壤污染，单位耕地面积化肥施用量反映了在农业生产过程中化肥的利用效率及对生态环境的影响，是指每公顷耕地年化肥施用量。

5. 民生共享指标

经济发展的根本目的和最终目标是满足人民日益增长的美好生活需要，因此经济高质量发展的最终目的是为了满足群众对美好生活的需求，促进人的全面发展，实现共同富裕。本书选择了城镇居民人均可支配收入、城镇居民人均可支配收入增速、农村居民纯收入、农村居民纯收入增速、人均个人储蓄存款余额、贫困发生率、每千人拥有卫生技术人员数、每千人拥有医疗机构床位数、每百户固定互联网宽带接入用户数、每个中学老师负担学生数、城镇职工基本医疗保险参保率、城镇职工基本养老保险参保率 12 个指标来衡量民生共享的高质量。

城镇居民人均可支配收入和农村居民人均纯收入扣除缴纳的所得税、个人缴纳的社会保障费等费用后，能用于安排家庭日常生活收入，是城乡居民生活水平的真实的反映；城镇居民人均可支配收入和农村居民人均纯收入增速反映了居民家庭未来可用于生活支出的增长水平。人均个人储蓄存款余额是指某一时点城乡居民存入银行等金融机构的储蓄金额，包括城镇居民储蓄存款和农民个人储蓄存款，是利用住户/居民存款余额除以常住人口总数的结果。贫困发生率反映了当地脱贫攻坚成效，也是反映社会公平的重要指标，是指年收入总额低于贫困线的人口总数占某一区域全部人口总数的比例。每千人拥有卫生技术人员数和每千人拥有医疗机构床位数指标反映了医疗卫生服务发展水平，是辖区内的各类卫生机构床位数和卫生技术人员总数除以常住人口总数的结果。每个中学老师负担学生数反映了教育发展水平，是用辖区内的在校学生总人数除以专任教师数的结果。每百户固定互联网宽带接入用户数反映了信息化发展水平，用每百户光纤用户数来衡量。城镇职工基本医疗保险参保率和城镇职工基本养老保险参保率是反映当地社会保障和民生改善的基础性指标，等于参加基本医疗保险和基本养老保险的职工人数除以职工总人数。

三、评 价 方 法

根据梳理的经济发展高质量评价方法，主要有定性和定量评价。其中，定量评价方法主要有综合指数法、主成分分析法、层析分析法、熵值法、变异系数法、因子分析法等方法。熵值法是根据各个指标值的变异程度来确定指标权重，是客观赋权方法，减少了人的主观因素赋权的影响，因此，本书选择熵值法来计算 2013～2018 年我国西部各省（区、市）经济高质量发展水平。

熵值法是指用来判断某个指标的离散程度的数学方法。离散程度越大，对该指标对综合评价的影响越大，可以用熵值判断某个指标的离散程度。

熵值法的计算步骤如下：

（1）选取 n 个省（区、市），m 个指标，则为第 i 个省（区、市）的第 j 个指标的数值（i = 1，2，3，…，n；j = 1，2，3，…，m），在本书中 n 等于 12，m 等于 43。

（2）指标的标准化处理，将多个不同数量级、不同单位、不同类型的异质指标施行同质化处理。经济高质量发展的指标涉及效益效率、结构优化、动能转化、绿色生态、民生共享维度，由于各个指标的计量单位不统一，因此在计算时需要对每一项指标进行标准化处理，将各个不同质指标值进行归一化处理。在标准化过程中，针对正向指标和负向指标（正向指标数值越高越好，负向指标数值越低越好），用不同的算法进行标准化处理。

（3）计算第 j 个指标下第 i 个省（区、市）占该指标的比重。

（4）计算第 j 个指标的熵值。

（5）计算第 j 个指标的差异系数。

（6）求各个评价指标权重值。

（7）计算各省（区、市）经济高质量发展综合指数。

本书在测度我国西部各省（区、市）的经济发展高质量发展水平时，计算了 2013～2018 年西部各省（区、市）的经济发展高质量发展综合指数及分项指数，计算时利用了相同的指标权重值，即利用 2013 年根据熵值法计算获得的各指标权重值，主要目的是利用统一指标权重值，便于对西部各省（区、市）的经济高质量发展水平进行纵向比较，看西部各省（区、市）经济高质量发展的变化趋势。利用纵向比较分析，有利于更精准地找出各省（区、市）经济高质量发展的突出优势和短板制约，为下一步推进经济高质量发展找准方向，明确发展路径，为制定促进经济高质量发展制定产业政策、经济政策、财税政策，以及建立高质量发展统计制度、指标体系和绩效考核评价制度等提供决策参考。

第三章

西部经济高质量发展现状与评价

中国西部包括重庆、四川、陕西、甘肃、青海、宁夏、内蒙古、新疆、西藏、云南、贵州和广西 12 个省（区、市），该区域土地面积合计为 681 万平方公里，约占全国土地总面积的 71%。区域内的新疆和西藏的土地面积分别在全国排名第一和第二位，分别约占我国陆地总面积的 1/6 和 1/8。截至 2018 年末，西部各省（区、市）的常住人口总数共计约 3.80 亿人，约占全国人口总数的 27%，GDP 总量为 18.43 亿元，占全国 GDP 总的 20.55%。

由于自然、历史、社会等多方面原因，我国西部经济社会发展相对滞后，西部的成渝地区、关中平原、北部湾地区等属于经济发展水平相对较高的区域，其他绝大部分区域属于生态条件差、经济基础薄弱的区域。总体上看，西部以约占全国七成的土地面积和三成的人口总数，产生了全国两成左右的经济总量，这与该区域的经济发展基础、自然地区环境、经济区位等紧密相关。我国西部地域辽阔，经济发展基础相对滞后，矿产资源种类多且储量大，区域内地形地貌结构复杂多样，以山地、高原、盆地为主，生态环境相对较为脆弱，部分地区自然条件恶劣、生态自然灾害种类多且发生频率高，每年生态自然灾害带来的经济损失大，2013～2018 年，西部发生的自然灾害发生的经济损失占全国的在 20.0%～45.0%之间波动，其中 2015 年和 2017 年在 35.0%以上，2013 年、2014 年和 2018 年均在 42.0%～45.0%之间，每年自然灾害发生造成的经济损失远高于经济总量占比。

西部地区是我国深度贫困集中区域，是当前我国脱贫攻坚的主战场之一。我国划定的深度贫困地区——"三州三区"以及 14 个集中连片特殊困难地区中的六盘山区、秦巴山区、乌蒙山区、滇桂黔石漠化区、滇西边境山区、西藏、四省藏区、新疆南疆四地州 8 个区位于西部。根据国家统计局公布的数据，截至 2018 年，西部共有 916 万贫困人口，占全国贫困人口总数的一半以上，达 55.2%；西部的贫困发生率为 3.2%，较全国平均水平高出 1.5 个百分点，分别较东部和中部高出 2.8 个和 1.4 个百分点。

一、经济保持较快增长，经济效率实现翻番

近年来，西部各省（区、市）积极贯彻落实国家的"一带一路"倡议和西部大开发战略决策部署，结合产业发展基础和自身特色优势，积极承接东部地区的产业转移，加快发展战略性新兴产业、高技术产业及特色优势产业，突出培育新经济、新业态，经济效益效率指标总体上呈现出持续向好态势。如表 3-1 所示，2013~2018 年，西部各省（区、市）的地区生产总值保持较快增长，重庆和贵州年均增速在 10.0% 以上，多数西部省（区、市）增速处在 8.0%~10.0% 之间，有 11 个省（区、市）高于同期的全国 GDP 平均增速（7.00%）。2018 年，半数以上的西部省（区、市）的人均地区生产总值是 2013 年倍数为 1.50~1.70 倍，贵州、西藏和重庆排名前三位，分别为 1.78 倍、1.65 倍和 1.54 倍。2013~2018 年，内蒙古、云南、重庆的全社会劳动生产率增长倍数在西部排名前三位，分别为 2.01 倍、1.75 倍和 1.55 倍。西部多数省（区、市）的人均一般公共预算收入保持较快增长，除内蒙古、青海和新疆外的 9 个西部省（区、市）的人均一般公共预算收入倍数超过 1 倍，最大的云南和西藏超过两倍。

表 3-1 　　　　　　　　2013~2018 年西部经济效益效率指标比较

区域	年均 GDP 增速（%）	人均 GDP 倍数	全社会劳动生产率倍数	人均一般公共预算收入倍数	规模以上工业单位产值利润年均值（%）	规模以上工业成本费用利润年均值（%）
四川	8.33	1.50	1.52	1.37	15.60	6.71
重庆	10.01	1.54	1.55	1.29	6.48	7.11
陕西	8.67	1.47	1.50	1.25	8.79	10.85
宁夏	7.64	1.36	1.31	1.35	10.57	4.02
广西	7.96	1.34	1.37	1.22	5.78	6.66
青海	7.54	1.30	1.29	0.71	4.05	3.90
贵州	10.59	1.78	0.77	1.40	13.43	8.92
内蒙古	6.60	1.01	2.01	0.52	6.46	6.48
新疆	7.96	1.31	1.09	0.98	6.78	6.73

续表

区域	年均GDP增速（%）	人均GDP倍数	全社会劳动生产率倍数	人均一般公共预算收入倍数	规模以上工业单位产值利润年均值（%）	规模以上工业成本费用利润年均值（%）
西藏	9.05	1.65	1.24	2.20	7.99	8.07
甘肃	7.19	1.31	1.27	1.40	2.32	2.10
云南	8.60	1.47	1.75	2.70	6.57	6.35

资料来源：数据来自《中国统计年鉴》、西部各个省（区、市）的统计年鉴、统计公报和相关的政府官网上正式公布的数据。少数年份、个别省（区、市）缺乏的少量数据利用指数平滑法计算获得。

　　多年来，西部各省（区、市）坚持对科技创新、管理创新等行业领军人才及团队和企业家的引进，成立的国家级新区、高技术产业和经济技术开发区数量占全国总数的比重基本上高于西部经济总量占全国比重。据不完全统计，截至2018年，我国在西部先后设立了6个国家级新区，占全国国家级新区总数的31.6%；先后设立了5个自贸试验区，占全国总数的27.8%；先后建立了国家级经济技术开发区45个，占全国总数的20.5%；先后设立了国家级高新技术产业开发区32个，占全国总数的20.5%；拥有省级高新技术产业开发区533个，占全国总数的26.8%（见表3－2）。

表3－2　　　　　　　　　西部的国家和省级经济开发区的数量

开发区类型	数量（个）	具体分布
国家级新区	6	两江新区（重庆）、兰州新区（甘肃）、西咸新区（陕西）、贵安新区（贵州）天府新区（四川）、滇中新区（云南）
国家级经济技术开发区	45	内蒙古3个、重庆3个、四川8个、贵州2个、云南5个、西藏1个、陕西5个、甘肃5个、青海2个、宁夏2个、新疆9个
自贸试验区	5	重庆、四川、陕西、广西和云南自贸试验区
国家级高新技术产业开发区	32	内蒙古3个、重庆2个、四川8个、贵州2个、云南2个、陕西7个、甘肃2个、青海1个、宁夏2个、新疆3个
省级高新技术产业开发区	533	内蒙古69个、重庆41个、四川116个、贵州57个、云南63个、西藏4个、陕西40个、甘肃58个、青海12个、宁夏12个、新疆61个

注：本表统计数据截至2018年。
资料来源：根据这些省（区、市）政府网站上的相关材料汇总整理而成。

　　2013～2018年，西部各省（区、市）企业的创新水平和管理效率整体上有所提升，12 个省（区、市）规模以上工业企业单位产值利润率和规模以上工业企业成本费用利润率均保持较快增长（见表 3 – 1）。四川、贵州和宁夏的规模以上工业企业单位产值利润率平均值相对较高，在西部排前三位，均在 10.0% 以上，有 6 个西部省（区、市）的均值在 6.00% ~ 9.00% 之间，青海和甘肃的平均值最低，分别只有 4.05% 和 2.32%。陕西的规模以上工业企业成本费用利润率均值平均值最高，达到 10.85%，有 8 个西部省（区、市）的均值在 6.00% ~ 9.00% 之间，青海、宁夏和甘肃平均值相对较低，分别为 3.90%、4.02% 和 2.10%。

二、产业结构不断优化，民生支出占比明显提升

实施西部大开发以来，随着西部基础设施条件明显改善，公共服务与东部和中部的差距逐步缩小，产业协作及关联配套服务进一步改善，西部建成了一批国家重要的能源基地、资源深加工基地、装备制造业基地和战略性新兴产业基地，金融服务、现代物流、电子商务、大数据、文化创意、会展服务，以及以旅游、健康、养老、休闲、养生等功能为核心的旅游康养产业加快发展，产业规模不断扩大，该区域的绝大多数省（区、市）服务业占地区生产总值的比例逐渐小幅提升。西部在某些高端制造行业和服务领域具备较强的竞争优势，在深入推进供给侧结构改革的背景下，部分传统产业经历智能化、信息化、绿色化改造后，产业结构进一步优化升级，焕发出新的生机与活力。

2013 ~ 2018 年，西部 12 个省（区、市）的结构优化的绝大多数指标保持优化提升态势。西部各省（区、市）的服务业占比逐年提升，城镇化率明显提升，税收占一般公共预算收入的比重和民生支出占财政总支出的比重保持在相对高位，半数省（区、市）的高技术产业进出口占进出口总额的比重提高。

2018 年，西部 12 个省（区、市）中多数省（区、市）的服务业增加值占GDP 的比重均较 2013 年有较大幅度提升，其中，内蒙古、四川、重庆、青海、新疆和甘肃 6 个省份的提升幅度均超过 10.0 个百分点，只有西藏和贵州的服务业增加值占比出现下降（见表 3 – 3）。

表 3 - 3 2013～2018 年西部结构优化指标

区域	服务业占GDP比重（%）	税收占一般公共预算收入比重（%）		常住人口城镇化率（%）		城乡居民收入比	外贸依存度（%）	民生支出占一般财政预算支出比重（%）	
	提升	均值	提升	2018 年	提升	均值	均值	均值	提升
四川	11.1	71.59	-3.46	52.29	7.39	2.59	13.30	67.77	3.28
重庆	10.7	66.74	5.05	65.50	7.16	2.60	28.99	69.81	16.30
陕西	7.9	70.45	7.25	58.13	6.82	3.04	10.74	69.36	5.58
宁夏	5.1	69.17	-8.69	58.88	6.87	2.76	8.34	62.61	6.18
广西	8.0	67.01	0.27	50.22	5.41	2.85	17.36	75.65	10.67
青海	11.0	76.39	-2.90	54.47	5.97	3.08	1.73	64.57	4.97
贵州	-0.1	72.94	3.71	47.52	9.69	3.39	1.56	59.18	12.83
内蒙古	14.0	70.38	4.72	62.70	3.99	2.84	0.93	69.78	11.35
新疆	10.8	66.94	-0.54	50.91	6.44	2.99	13.38	60.84	7.84
西藏	-4.3	68.02	-7.59	31.14	7.43	2.82	6.72	53.51	6.56
甘肃	11.6	69.35	1.38	47.71	7.58	3.46	6.75	64.71	3.53
云南	2.5	69.31	-4.09	47.81	7.33	3.15	8.32	73.58	-2.77

2013～2018 年，在我国实施税收营改增改革的有力推动下，加上对小微企业采取税收优惠、清理各种收费等措施，企业税收负担减轻，因此西部半数省（区、市）的一般公共预算收入中来自税收的占比均有所下降，其中宁夏、西藏、四川、云南、青海 5 个省（区、市）明显下降；半数西部省（区、市）的一般财政预算收入来自税收的占比提升，陕西、重庆、内蒙古的提升幅度在 4 个百分点以上，反映出这些西部省（区、市）税收对财政收入的贡献提升，经济发展活力提升。从税收占一般公共预算收入的比重的绝对值看，2013～2018 年，西部各省（区、市）的税收占一般公共预算收入比重低于全国（83.84%），反映出西部的财政收入来自税收的占比偏低，但半数以上的西部省（区、市）的税收占一般公共预算收入的比重均值保持在 69.0% 以上，最高的青海省达到 76.39%。

2018 年，西部 12 个省（区、市）中，只有重庆和内蒙古的常住人口城镇化率均值高于同期全国水平（59.58%），青海、陕西和宁夏接近全国平均水平。2018 年，西部 12 个省（区、市）中的常住人口城镇化率均较 2013 年有不同程度提升，其中，贵州的提升幅度相对略高，提高了 9.69 个百分点，绝大多数西部省（区、市）的提升幅度在 6～7 个百分点，青海、广西和内蒙古的提升幅度相对较低。

2013～2018 年，西部各省（区、市）的城乡居民收入比保持相对稳定，其中城乡居民收入比最低的是四川和重庆，分别为 2.59、2.60，高于 3.00 的共有 5 个西部省（区、市），最高的甘肃为 3.46。与全国平均值相比，西部 12 个省（区、市）中共有 10 个高于全国同期水平（2.69），这反映出多数西部省（区、市）的城乡居民的收入的差距还是比较大，应该全力做好乡村振兴发展，做好乡村的产业振兴发展，全力做好农业提质增效、农民增收致富工作，不断缩减城乡居民收入差距。

2013～2018 年，西部 12 个省（区、市）的外贸依存度均值差异较大，最高的重庆达到 28.99%，广西、四川、新疆和陕西处在相对较高水平，基本上在 10.00%～20.00% 之间，最低的青海、贵州和内蒙古在 2.0% 以下。西部各省（区、市）的对外贸易结构保持不断优化态势，各个省（区、市）的相互差距大，其中，高技术产业进出口占进出口总额比重最高的是重庆和四川，这两个省（区、市）的对外贸易的高技术产品的占比在 60% 以上，其次是陕西、贵州和甘肃，高技术产业进出口占进出口总额占比在 20.0%～40.0% 之间，其余的多在 10% 以下。

2013～2018 年西部共有 6 个省（区、市）的民生支出占一般财政预算支出比重的均值高于 65.0%，其中广西和云南相对较高，分别为 75.65% 和 73.58%，最低的贵州也在 53.0% 以上。从民生支出占一般财政预算支出提升幅度看，有 11 个西部省（区、市）的民生支出占一般财政预算支出占比明显提升，有 4 个西部省（区、市）的提升幅度在 10.0% 以上，分别是重庆、贵州、内蒙古和广西，分别为 16.30%、12.83%、11.35% 和 10.67%，新疆、西藏等 5 个西部省（区、市）的提升幅度在 6.0% 左右。

三、投资拉动率下降，创新发展效果逐渐显现

2013～2018 年，西部 12 个省（区、市）的经济发展动能优化指标总体上呈现出持续向好趋势，投资对经济增长的拉动率不断下降，各省（区、市）的科研经费投入强度和科研成果转化保持小幅增长，劳动力素质总体上不断提升，科技、创新、人才对经济发展贡献作用不断显现。

数据显示，西部各省（区、市）的经济增长仍然主要依靠投资。在全球全国

经济增速放缓的宏观背景下，西部的投资和消费对经济增长的拉动作也有所下降，2013～2018年，全部西部省（区、市）的投资对经济增长的拉动率出现下降，其中，青海、西藏、甘肃、宁夏、陕西、重庆等西部省（区、市）的投资对经济增长的拉动率下降幅度较大，多数西部省（区、市）下降幅度在3～4个百分点。2013～2018年，多数西部省（区、市）的消费对经济增长的拉动率也有所下降，下降幅度多在1～2个百分点，只有云南和宁夏的消费对经济增长的拉动率提升了1个百分点左右。从投资和消费对经济增长的拉动率比较来看，西部多数省（区、市）的投资拉动率高于消费拉动率，新疆、青海和宁夏的投资拉动率较消费拉动率高出2个百分点及以上，只有陕西和云南的投资拉动率低于消费拉动率，这反映出投资仍然是西部经济增长的主要动力（见表3-4）。

表3-4　　　　2013～2018年西部经济增长动能指标

区域	投资拉动率较消费拉动高出的值	消费拉动率（%）	科研经费投入占GDP比重（%）		规模以上工业R&D支出占销售收入比重（%）	技术市场成交额（亿元）	万人发明专利授权量（件/万人）		每万人在校大学生数量（人/万人）		实际利用外资占GDP比重（%）
	均值	均值	均值	提升	均值	2018年	2018年	提升	2018年	提升	均值
四川	0.29	4.13	1.67	0.29	0.64	996.70	1.40	0.83	240.9	84.1	2.12
重庆	0.33	5.20	1.65	0.63	1.13	188.35	2.12	1.33	308.1	69.6	4.37
陕西	-0.61	4.28	2.14	0.06	0.85	1125.29	2.30	1.20	356.2	69.9	1.71
宁夏	2.00	4.02	0.97	0.42	0.42	12.11	1.08	0.80	237.9	72.1	0.47
广西	0.77	4.08	0.69	-0.04	0.39	61.41	0.88	0.61	260.2	114.8	0.37
青海	2.91	3.63	0.59	-0.05	0.37	79.36	0.49	0.33	142.6	32.0	0.03
贵州	1.00	5.74	0.65	0.24	0.54	171.10	0.58	0.36	225.4	105.8	1.57
内蒙古	0.52	2.90	0.75	0.06	1.00	19.84	0.34	-0.53	198.4	18.7	1.47
新疆	3.43	2.19	0.54	-0.01	0.62	3.92	0.37	0.07	195.4	34.0	0.35
西藏	1.25	6.04	0.25	-0.03	0.18	0.04	0.21	0.07	161.6	54.0	—
甘肃	-0.95	4.55	1.29	0.12	0.56	180.88	0.49	0.19	225.8	54.2	0.08
云南	1.71	5.05	0.83	0.38	0.68	89.49	0.48	0.20	216.6	99.5	0.84

2013～2018年，多数西部省（区、市）的科研经费投入占GDP比重的均值

集中在 0.70%～2.20% 之间，最高的陕西达到 2.14%，其次是四川（1.67%）、重庆（1.65%）和甘肃（1.29%），其余西部省（区、市）均低于 1.0%。虽然除陕西外的西部各省（区、市）的科研经费投入强度均低于我国同期水平（2.19%），但有 8 个西部省（区、市）2018 年的科研经费投入占 GDP 比重较 2013 年均有不同程度提升，提升幅度最大的是重庆，提高了 0.63 个百分点，宁夏、四川、云南、贵州的提升幅度相对略高，均高于 0.2 个百分点。2013～2018 年，西部各省（区、市）的规模以上工业 R&D 支出占销售收入比中均值大多集中在 0.50%～1.25% 之间，内蒙古和重庆相对较高，高于（等于）1.0%，半数左右处在 0.3%～0.7% 之间。

2018 年，西部 12 个省（区、市）的技术市场成交额相互差距很大，最高的陕西省达到 1125.29 亿元，其次是四川省，技术市场成交额为 996.70 亿元，共有 5 个西部省（区、市）的技术市场成交额在 100 亿元以上，有 5 个西部省（区、市）的技术市场成交额为 10 亿元以上、100 亿元以下。2013～2018 年，西部省（区、市）的每万人发明专利授权量平均值之间的差距较大，数量最多的省（区、市）是最少省（区、市）的 11 倍左右，排名前三位分别是陕西、重庆和四川，每万人发明专利授权量均在 1.3 以上，明显高于其他省（区、市）；与 2013 年相比，共有 11 个西部省（区、市）均有不同程度提升，其中重庆、陕西和四川的提升幅度排名前三位。

西部 12 个省（区、市）的科研人员数量和每万人在校大学生数量基本上均有所增加。2018 年，大部分西部省（区、市）科研人员数量较 2013 年明显增加，绝对数量增加相对较大的是四川、重庆和云南，四川增加了近 2 万人，重庆增加了 1 万人以上。2018 年，多数西部省（区、市）的每万人在校大学生数量均明显增加，其中的广西、贵州和云南的增加绝对值在西部分别排名前三位，每万人在校大学生数量基本上增加了 100 人，这反映出西部各省（区、市）的高等教育发展迅速，为新增劳动力素质的提升提供了充分保障。从每万人在校大学生数量绝对值来看，2018 年，陕西、重庆和广西排名前三位，其中，陕西和重庆高于全国同期水平（265.8 人/万人），宁夏、四川、甘肃和贵州为 210～250 人/万人区间内。2013～2018 年，西部 12 个省（区、市）的实际利用外资占 GDP 比重相互差距大，最高的（重庆，4.37%）较最低的（甘肃，0.03%）高出 4.34 个百分点，重庆、四川、陕西、贵州和内蒙古的实际利用外资占 GDP 比重占比高于 1.40%，也略高于全国同期平均值（0.98%）。

四、能源利用效率提升，生态建设成效显著

西部是我国长江、黄河、珠江等主体水系的上游地区，这里是我国沙漠和草原集中分布区，是我国生态安全屏障建设重点，在我国主体功能区划分中多数区域属于限制开发区或禁止开发区。随着西部大开发战略的深入推进，政府和公众生态环保意识提升，绿色发展理念得到更加广泛的认可，西部生态环境的保护和建设在部分区域取得突破性进展，生态环境总体上得到明显改善。

2018 年，虽然西部各省（区、市）的城市空气质量优良天数占比平均值相互差距大，但各地的城市空气质量有所改善。西部各省（区、市）的城市空气质量优良天数占比多集中在 70.0% ~ 98.0% 之间，其中，云南、西藏、贵州、广西、青海 5 个西部省（区、市）均高于 90.0%，重庆、四川、内蒙古和甘肃处在 80.0% ~ 90.0% 之间，只有陕西和新疆低于 70.0%（见表 3 - 5）。

表 3 - 5 　　　　　　　　　　2013 ~ 2018 年西部绿色生态指标

区域	2018 年城市空气质量优良天数占比（%）	万元 GDP 能耗变化值（吨标准煤/万元）	工业增加值能耗变化（吨标准煤/万元）	2018 年森林覆盖率（%）	2018 年建成区绿化覆盖率（%）	环境污染治理投资总额占 GDP 比重均值（%）	工业固体废弃物综合利用率（%）		单位耕地面积化肥施用量变化（吨/公顷）
							均值	提升	
四川	84.8	- 0.24	- 0.47	38.83	35.62	0.86	33.14	3.04	- 0.39
重庆	86.6	- 0.15	- 0.05	43.11	40.43	1.07	74.83	- 4.86	0.01
陕西	66.5	- 0.22	- 0.05	43.06	39.88	1.42	59.90	4.43	- 0.28
宁夏	75.9	0.14	0.14	12.63	37.70	2.77	48.29	- 12.7	- 0.52
广西	91.6	- 0.15	- 0.09	62.37	33.30	0.55	47.50	- 4.80	0.01
青海	90.9	- 1.20	- 0.24	7.26	31.12	1.61	36.22	- 1.78	- 0.29
贵州	97.2	- 0.66	- 0.02	57.00	32.84	1.43	50.30	9.09	- 0.02
内蒙古	83.0	0.15	1.16	22.10	40.60	2.81	38.14	- 5.42	- 0.45
新疆	67.2	- 0.11	1.02	4.90	39.60	3.56	36.89	0.41	- 0.32
西藏	98.2	—	—	12.14	37.30	1.69	1.10	0.42	- 0.05

区域	2018 年城市空气质量优良天数占比（%）	万元 GDP 能耗变化值（吨标准煤/万元）	工业增加值能耗变化（吨标准煤/万元）	2018 年森林覆盖率（%）	2018 年建成区绿化覆盖率（%）	环境污染治理投资总额占GDP 比重均值（%）	工业固体废弃物综合利用率（%）		单位耕地面积化肥施用量变化（吨/公顷）
							均值	提升	
甘肃	82.8	−0.15	1.14	11.33	33.50	1.15	42.22	−6.10	−0.73
云南	98.9	−0.44	−0.10	55.00	39.80	0.81	40.23	−3.79	−0.27

注：因 2018 年西部省（区、市）部分省（区、市）未公布工业增加值，因此表格中的工业增加值能耗下降是用西部各个省（区、市）2017 年的值减去 2013 年的值。多数西部省（区、市）的 2019 年年鉴上的工业固体废弃物利用情况未更新，因而本书的评价计算的工业固体废弃物利用率仍然是 2017 年的数据。

近年来，西部各省（区、市）深入推进供给侧结构性改革，在"三去一降一补"方面取得较好成效，多数西部省（区、市）的万元 GDP 能耗和工业增加值能耗均有不同程度下降。2013～2018 年，共有 9 个西部省（区、市）的万元 GDP 能耗持续呈下降趋势，其中青海、贵州和云南的绝对值下降较多，青海降低了 1.20 吨标准煤/万元。西部只有宁夏和内蒙古的万元 GDP 能耗继续保持增加。西部除内蒙古、甘肃、新疆和宁夏的单位工业增加值能耗明显增加外，有 7 个西部省（区、市）均不同程度下降，其中的四川和青海的下降幅度相对较大，四川的单位工业增加值能耗下降了 0.47 吨标准煤/万元。综合来看，宁夏和甘肃内蒙古万元 GDP 能耗增加的主要原因在于工业能耗的增加，内蒙古、甘肃、新疆和宁夏的工业能耗利用率的提升需要强化，这四个西部省（区、市）还应严格限制高耗能工业企业的引进，推动重点企业、重点行业、重点产业节能降耗改造，提高能源利用效率。

西部各省（区、市）的森林覆盖率相互差距大，总体上保持微幅提升。2018年，广西、贵州、云南、重庆、陕西、四川 6 个西部省（区、市）均高于全国森林覆盖率（22.96%），内蒙古的森林覆盖率与全国值（22.96%）基本相当，其中的广西、贵州和云南是我国森林覆盖率相对较高的省（区、市），在全国排名相对靠前。与 2013 年相比，共有 7 个西部省（区、市）的森林覆盖率提升幅度在 1.0% 以上，贵州、内蒙古和四川的提升幅度最高，均超过 3.0% 以上。与西部各省（区、市）森林覆盖率差距大比较而言，2018 年，西部各省（区、市）的建成区绿化覆盖率平均值相互差距明显更小，其中，云南、陕西、新疆、重庆和内蒙古等几个省（区、市）的建成区绿化覆盖率相对较高。除内蒙古、重庆略高于全国同期的平均值（40.07%）外，陕西、云南和新疆与全国同期的平均值较为接近，青海、贵州、广西、甘肃4个省份相对偏低，西部地区建成区绿化覆盖率最高与最低省份的差值明显小于森林覆盖率相互之间的差值。

2013～2018年，西部各省（区、市）的环境污染治理投资总额占GDP比重①均值主要集中在1.0%～2.0%之间，共有7个西部省（区、市）高于全国同期的平均值（1.33%），平均值排名前三位的分别是新疆、内蒙古和宁夏，分别为3.56%、2.81%和2.77%，约半数西部省（区、市）的平均值在1.50%以上。

需引起重视的是，2018年西部共有7个省（区、市）的工业固体废弃物综合利用率②较2013年出现下降，只有贵州、陕西和四川有明显提升，分别提升了9.09%和4.43%、3.04%。西部多数省（区、市）的工业固体废弃物综合利用率呈下降的趋势，这与全国趋势一样。全国的工业固体废弃物综合利用率从2013年的55.50%下降到2017年的44.19%，下降了11.31个百分点。从2013～2018年西部各省（区、市）工业固体废弃物综合利用率的平均值看，只有重庆、陕西高于全国同期的平均值（50.95%），其中重庆明显高于全国同期水平，广西、宁夏和贵州接近全国同期平均值，其余各西部各省（区、市）均明显低于全国同期水平。

2013～2018年，西部各省（区、市）的农产品产量在保持较快增长的同时，单位耕地面积的化肥施用量却基本上持续下降，反映出化肥施用效率的提升。2018年，绝大多数西部省（区、市）的单位耕地面积化肥施用量均较2013年有所下降，其中，甘肃、宁夏和内蒙古下降值相对较大，只有重庆和广西略有增加。

五、居民收入保持较快增长，社会保险覆盖率提高

2013～2018年，西部各省（区、市）的民生共享指标均保持持续好转的态势。但是，与全国平均水平相比，西部的城乡居民收入和社会保障覆盖率还相对

---

① 2018年西部多数省份和全国均未公布环境污染治理投资总额数据，因此环境污染治理投资总额占GDP的比重数据最新年份是2017年，计算平均值也是2013～2017年的平均值，本书计算西部2018年经济高质量发展综合指数时仍利用了西部各省份2017年的环境污染治理投资总额占GDP比重值。

② 因本书编写期内，西部多数省份未公布2018年的工业固体废弃物的利用情况和能源利用情况，2019的中国统计年鉴上的工业固体废弃物利用情况也是2017年的数据，因此本书的工业固体废弃物利用率等数据仍采用2017年数据。

较低，贫困人口绝对量和贫困发生率相对较高，西部的教育和医疗卫生等公共服务离我国发达地区还有一定差距。

2013～2018 年，西部共有 10 个省（区、市）的城乡居民人均可支配收入增速均值高于全国同期水平（8.44% 和 9.57%）（见表 3-6），其中，有 3 个西部省（区、市）的城镇居民人均可支配收入年均增速高于 9.0%，有 7 个省（区、市）的城镇居民人均可支配收入增速高于同期的地区生产总值增速，西部所有省（区、市）的农村居民人均纯收入增速均值高于同期的城镇居民人均可支配收入和地区生产总值增速，这也从近年来西部的城乡居民收入比不断缩小方面得到印证。

表 3-6　　　　　　2013～2018 年西部民生共享方面的主要指标

区域	城镇居民人均可支配收入增速均值（%）	农村居民纯收入增速均值（%）	贫困发生率变化（%）	每千人卫生技术人员提升（人/千人）	每千人医疗机构床位数提升（床/千人）	每百户固定互联网宽带接入用户数提升（%）	城镇职工基本医疗保险参保率提升（%）	城镇职工基本养老保险参保率提升（%）
四川	8.53	10.10	-7.5	1.44	1.92	26.25	13.1	13.7
重庆	8.56	10.49	-5.4	1.91	2.13	11.20	5.8	7.1
陕西	8.65	9.94	-13.4	2.15	1.65	33.93	24.6	-13.0
宁夏	8.72	9.45	-20.1	3.81	1.82	29.66	-2.8	4.0
广西	7.71	10.17	-13.5	1.45	1.23	47.04	4.2	16.4
青海	9.39	10.60	-13.9	1.78	1.38	59.29	-10.0	-5.0
贵州	8.75	10.62	-17.01	2.39	2.14	18.73	18.5	22.6
内蒙古	8.32	9.37	-10.64	1.49	1.46	21.06	-7.2	27.0
新疆	10.10	10.68	-13.29	1.00	0.78	37.49	-5.4	9.1
西藏	9.88	11.25	-13.8	1.67	1.46	33.53	7.6	1.2
甘肃	8.82	9.88	-20.9	1.45	1.68	52.97	-2.7	-1.0
云南	8.50	10.26	-16.21	1.77	2.23	40.77	3.8	24.7

经过多年的坚持努力，尤其在党的十八大以来，西部各省（区、市）把消除贫困、改善民生、实现全面小康作为奋斗目标，脱贫攻坚取得明显成效。2013～2018 年，共有 9 个西部省（区、市）的贫困发生率下降幅度在 13.0 个百分点以上，均明显高于全国同期贫困发生率下降幅度（全国下降了 8.5 个百分点，从

2013 年的 10.2% 下降到 2018 年的 1.7%），其中的甘肃、宁夏、贵州和云南下降幅度均在 16.0% 以上，下降幅度最大的宁夏和甘肃下降了超 20.0 个百分点。

近年来，西部的医疗卫生服务取得明显改善，2018 年，西部有 5 个省（区、市）中的每千人拥有卫生技术人员均值均高于全国平均值（6.83），分别是陕西（8.49）、宁夏（7.71）、内蒙古（7.43）、青海（7.39）和新疆（7.09），贵州、四川和重庆基本上与全国同期水平（6.83）相当。与 2013 年相比，西部各个省（区、市）的每千人卫生技术人员均有不同程度增加，其中的宁夏、贵州和陕西提升幅度最大，2018 年较 2013 年分别提升了 3.81 人/千人、2.39 人/千人和 2.15 人/千人。2018 年，西部的每千人拥有医疗机构床位数与全国还有一定差距，西部共有 7 个省（区、市）的每千人卫生机构床位数高于全国同期水平（6.03 床/千人），云南省则与全国平均值（6.03 床/千人）相同。与 2013 年相比，西部各个省（区、市）的每千人医疗卫生机构床位数均有不同程度增加，其中的云南、贵州和重庆提升幅度最大，2018 年较 2013 年提升了 2.23 床/千人、2.14 床/千人和 2.13 床/千人。

2013 ~ 2018 年，多数西部省（区、市）的每百户固定互联网宽带接入用户数较 2013 年大幅提升，其中，青海、陕西、甘肃、广西、云南等 7 个西部省（区、市）提升幅度高于 30%，提升幅度最大的青海和甘肃超过 50.0%。从每百户固定互联网宽带接入用户数绝对值来看，2018 年，半数以上的西部省（区、市）的每百户固定互联网宽带接入用户数在 80% 以上。

城镇职工基本养老保险和基本医疗保险参保率可以反映出社会基本保障的覆盖水平。2013 ~ 2018 年，多数西部省（区、市）的社会保障的覆盖率有不同程度提升，尤其是城镇职工基本养老保险参保率提升幅度相对更大。2018 年，西部共有 9 个省（区、市）的城镇职工基本养老保险参保率较 2013 年提高，共有 4 个西部省（区、市）提高了 15.0% 以上，其中的内蒙古、云南和贵州提高了 20.0% 以上。

2018 年西部多数省（区、市）的城镇职工基本医疗保险参保率较 2013 年有不同程度提升，西部共有 7 个省（区、市）的城镇职工基本医疗保险参保率不同程度提升，其中，陕西、贵州和四川的城镇职工基本医疗保险参保率提升在西部排名前三位，分别为 24.6%、18.5% 和 13.1%。

交通基础设施建设一直是西部大开发的重点任务之一，经过多年的建设，西部各省（区、市）的交通基础设施条件明显改善，铁路网和等级公路网密度进一步提升，基本实现了县县通高速，村村通公路。国家加大对西部的高速铁路、高速公路建设。近年来，西部各省（区、市）加快实施高速公路联网畅通工程，将修建互联互通的交通网络作为推动区域发展的优先选项，加快推进以省会城市为核心的快高速路建设，加快推进以区域中心城市为枢纽的高铁建设，高铁和高速公路建设改善了区域物流条件和居民出行条件。基本形成了以成都、重庆、西安区域航空枢纽，以乌鲁木齐、昆明机场为门户枢纽，同时继续加强支线机场建设，支线机场为支撑的机场网络体系。2013年以来西部交通建设情况如表3-7所示。

表 3-7　　　　　　　　2013 年以来西部交通建设情况

类型	状态	数量	名称
高铁	建成通车	26条	南昆、沪昆、京昆、成渝、南（宁）广（州）、贵（阳）广（州）、兰（州）新、兰渝、重庆—利川、渝万、成（都）雅（安）、宝（鸡）兰（州）、西（安）成（都）、广大铁路复线（昆明至大理）、成（都）贵（阳）、郑（州）万（州）、西宝客运专线、太西客运专线、广西沿海城际铁路、柳南城际铁路、昆玉城际铁路、渝贵快速铁路、茂湛快速铁路、成绵乐城际铁路、张呼客专、长白乌快铁
	建设中的	11条	京兰客专、川藏、成都—攀枝花、西（安）渝（重庆）、西（安）康、西（宁）成（都）、西（安）延（安）、西（安）十（堰）、成（都）自（贡）、郑（州）万（州）、安（顺）六（盘水）
	获批即将建设	13条	滇藏、渝昆、渝湘、渝西、广（州）湛、黔江—昭通、贵阳—兴义、临沧—清水河口岸铁路、保山—泸水、成达万城际、包（头）银（川）、渝贵、渝黔（江）线
高速公路	正在建设和获批	13条	西昌至昭通、德阳至九寨沟、都匀—安顺、兰海高速、G318（精河—阿拉山口）、G7（巴里坤—木垒）、G3012（疏勒—墨玉）（二期）、大兰州城际综合快速路网、华坪—丽江、玉溪—临沧、保山—泸水、易门—楚雄、弥勒—峨山
机场	正在建设和获批	—	在建的机场：四川天府新机场成都双流、重庆、西安、昆明 获批机场项目：西安咸阳机场三期扩建、呼和浩特新机场、兰州中川国际机场三期扩建工程等

资料来源：本表中的铁路、高速公路和机场等根据项目的获批、建成和建设等网络信息整理而成。

‖第四章‖

西部经济高质量发展特点与成效

　　根据熵值法计算结果，2013～2018年，西部各省（区、市）的经济高质量发展综合指数总体上呈现出平稳向好、微幅波动、差距明显的特点；从2013～2018年西部各省（区、市）的经济高质量发展综合指数排名来看，除个别年份和个别省（区、市）的排名变化较明显外，总体上西部各省（区、市）各年份经济高质量发展综合指数排名相对稳定。从经济高质量发展评价的5个维度的分项指标指数来看，2013～2018年，西部各省（区、市）的效益效率、结构优化、动能优化、绿色生态和民生共享指数总体上保持相对稳定提升态势，当然也存在西部个别省（区、市）在少数年份出现变化幅度较大的情况。

一、西部经济高质量发展取得成效

（一）综合指数评价

1. 纵向评价结果

　　根据熵值法计算结果，2013～2018年，西部各省（区、市）的经济高质量发展综合指数总体上呈现出平稳向好、微幅波动、差距明显的特点，经济高质量发展综合指数多处在0.400～0.800之间。2013～2018年，绝大多数西部省份的经济高质量发展综合指数保持提升的态势，排名变化较大的省（区、市）较少，每年西部各省（区、市）的经济高质量发展综合指数可以大致分成四大类。根据2018年西部的经济高质量发展综合指数可分成四类，重庆的综合指数基本上（除2014年）在西部是最高的，重庆、陕西和四川的综合指数排名前三位，明显高于其他西部省（区、市），综合指数处在0.700～0.800之间；贵州的综合指数处在 0.600 ~ 0.700 之间；云南、内蒙古、广西、宁夏 4 个西部省份的综合指数处在 0.520 ~ 0.600 之间；新疆、甘肃、西藏、青海的综合指数处在 0.450 ~ 0.510 之间（见表 4 - 1）。

表 4 - 1　　　　　　　2013 ~ 2018 年西部经济高质量发展综合指数

区域	2013 年	2014 年	2015 年	2016 年	2017 年	2018 年
重庆	0.771	0.752	0.758	0.809	0.797	0.790
陕西	0.739	0.760	0.744	0.756	0.727	0.780
四川	0.658	0.671	0.669	0.689	0.692	0.756
贵州	0.500	0.528	0.539	0.561	0.593	0.636
云南	0.483	0.479	0.491	0.528	0.526	0.571
内蒙古	0.576	0.568	0.554	0.566	0.508	0.564
广西	0.489	0.521	0.529	0.545	0.519	0.546
宁夏	0.508	0.508	0.483	0.527	0.520	0.524
新疆	0.497	0.498	0.495	0.493	0.486	0.508
甘肃	0.464	0.467	0.464	0.487	0.443	0.505
西藏	0.470	0.458	0.458	0.456	0.456	0.504
青海	0.458	0.458	0.426	0.468	0.462	0.460

从 2013 ~ 2018 年的西部各省（区、市）的经济高质量发展综合指数排名位次变动来看（见表 4 - 2），可以将其分成以下几个类型：一是经济发展质量综合指数排名稳定地区。属于综合指数西部排名靠前且相对较稳定的省（区、市）有重庆、陕西和四川，其综合指数一直排名前三位，重庆在 2014 年下降 1 位，排在第 2 位，陕西在 2014 年的排名上升 1 位排在第 1 位，四川一直保持排名第 3 位。二是经济发展质量综合指数排名上升的地区。贵州从 2013 年排名第 6 位上升到 2018 年的第 4 位，云南的综合指数排名从 2014 年的第 9 位上升到 2015 年的第 8 位、2016 年的第 7 位、2018 的第 5 位。三是经济发展质量综合指数排名下降的地区。内蒙古的综合指数排名从 2013 年的第 4 位下降到 2017 的第 8 位，2018 年的排名较 2017 年提升了两位，排名第 6 位，但仍较 2014 年下降了两位；新疆的综合指数排名从 2013 年的第 7 位下降到 2018 年的第 9 位。宁夏的综合指数排名明波动较大，排名有第 5、第 6、第 7、第 8、第 9 位，这反映出宁夏的部分评价指标波动幅度较大。四是经济发展质量综合指数排名小幅波动的地区。广

西的综合指数排名基本上第6、第7位徘徊；甘肃、青海和西藏基本上排名后三位，其中甘肃的综合指数排名有第10、第11和第12位，青海的综合指数排名有第10、第11和第12位，西藏的综合指数排名有第10、第11和第12位。

表4-2　　　　2013～2018年西部各省（区、市）综合指数排序

区域	2013 年	2014 年	2015 年	2016 年	2017 年	2018 年
重庆	1	2	1	1	1	1
陕西	2	1	2	2	2	2
四川	3	3	3	3	3	3
贵州	6	5	5	5	4	4
云南	9	9	8	7	5	5
内蒙古	4	4	4	4	8	6
广西	8	6	6	6	7	7
宁夏	5	7	9	8	6	8
新疆	7	8	7	9	9	9
甘肃	11	10	10	10	12	10
西藏	10	11	11	12	11	11
青海	12	12	12	11	10	12

2. 横向评价结果

根据2018年的西部经济高质量发展综合指数绝对值来看，我们将西部经济高质量发展水平分成以下几个类型：一是经济高质量发展高省（区、市），这些省（区、市）的经济高质量发展综合指数在0.700以上，且明显高于西部其他省（区、市）。这些省（区、市）除个别分项维度指数的排名相对较低外，绝大多数分项维度指数均在西部排名前三位，包括重庆、陕西和四川。二是经济高质量发展较高省（区、市），经济高质量综合指数处在0.600～0.700之间，只有贵州省，贵州省除个别维度指数排名靠后外，有四个维度的指数均排在前四位。三是经济高质量发展中等省（区、市），经济高质量发展综合指数处在0.520～0.600之间，这类省（区、市）的部分分项维度处在靠前或中间位置，个别维度指数在西部排名处在靠后位置，包含云南、内蒙古、广西和宁夏。四是经济高质量发展提升省（区、市），经济高质量发展综合指数处在0.450～0.510之间，这类区域

共 4 个，经济高质量发展综合指数在西部属于最低的，分项维度指数在西部排名也多排在后四位，只有少数维度指数处在中后位置，包含新疆、甘肃、西藏和青海。

（二）分项指数评价

1. 效益效率指数

总体上看，2013～2018 年，西部各省（区、市）的效益效率指数总体保持稳定提升态势，当然也存在个别省（区、市）在少数年份出现变化幅度较大的情况（见表 4 - 3）。

表 4 - 3　　　　　　2013～2018 年西部各省（区、市）效益效率指数

区域	2013 年	2014 年	2015 年	2016 年	2017 年	2018 年
陕西	0.100	0.101	0.095	0.089	0.102	0.122
内蒙古	0.088	0.087	0.088	0.084	0.059	0.107
重庆	0.087	0.096	0.103	0.106	0.106	0.103
贵州	0.082	0.085	0.092	0.087	0.091	0.095
新疆	0.097	0.095	0.080	0.073	0.080	0.094
西藏	0.070	0.082	0.068	0.080	0.076	0.090
四川	0.087	0.087	0.091	0.088	0.096	0.089
宁夏	0.095	0.088	0.077	0.088	0.090	0.084
云南	0.052	0.054	0.061	0.064	0.067	0.082
广西	0.065	0.066	0.073	0.069	0.072	0.075
青海	0.087	0.078	0.065	0.073	0.077	0.071
甘肃	0.053	0.050	0.043	0.041	0.045	0.055

从纵向变化趋势上，可以按效益效率高低的程度将西部分成以下三类：一是效益效率指数持续提升且变动较小的省（区、市），包括陕西、重庆、四川、贵州、广西、云南；二是效益效率指数下持续下降的省（区、市），包括新疆、宁夏和青海；三是效益效率指数有一定波动的省（区、市），包括内蒙古、西藏、甘肃。

从横向比较看，2018 年，陕西、内蒙古和重庆的效益效率指数相对较高，

排名前三位，效益效率指数均在 0.100 以上。其次是效益效率指数在 0.080 ~ 0.100 之间的省份，包括贵州、新疆、西藏、四川、宁夏和云南。再次是效益效率指数在 0.060 ~ 0.080 之间的省份，包括广西和青海。最后是效益效率指数在 0.060 以下的省份，只有甘肃。

2. 结构优化指数

总体上看，2013 ~ 2018 年，西部的结构优化指数相互差距相对较大，多数省（区、市）的变化趋势总体呈现出相对稳定提升或较为平稳的态势，当然也存在少数年份和省（区、市）变化幅度较大的情况（见表 4 - 4）。

表 4 - 4　　　　　　2013 ~ 2018 年西部各省（区、市）结构优化指数

区域	2013 年	2014 年	2015 年	2016 年	2017 年	2018 年
重庆	0.186	0.168	0.172	0.182	0.192	0.186
四川	0.146	0.154	0.148	0.166	0.170	0.177
陕西	0.140	0.157	0.166	0.171	0.140	0.135
贵州	0.087	0.091	0.105	0.108	0.132	0.125
甘肃	0.097	0.096	0.104	0.111	0.107	0.118
广西	0.096	0.100	0.110	0.114	0.115	0.116
云南	0.108	0.100	0.103	0.110	0.113	0.111
内蒙古	0.098	0.095	0.093	0.100	0.104	0.109
西藏	0.107	0.100	0.104	0.107	0.113	0.104
新疆	0.099	0.100	0.103	0.105	0.101	0.103
宁夏	0.104	0.112	0.105	0.103	0.107	0.102
青海	0.092	0.091	0.097	0.097	0.095	0.093

从结构优化指数纵向变化趋势看，可以按结构优化程度将西部各省份分成以下几类：一是结构优化指数波动较大的省（区、市），包括陕西、四川、重庆和贵州。这几个省（区、市）的结构优化指数的波动幅度较大，其中的四川、重庆和贵州的结构优化指数明显增加。二是结构优化指数变化幅度不明显的省（区、市），包括新疆、青海、内蒙古等 8 个省份，其中，只有宁夏和新疆的结构优化指数微幅下降，其余的均小幅提升。

从横向比较看，2018 年，重庆和四川的结构优化指数明显领先，结构优化指数在 0.170 以上；其次是结构优化指数在 0.120 ~ 0.140 之间的省（区、市），

包括陕西、贵州；再次是结构优化指数基本上处在 0.110 ~ 0.120 之间的省（区、市），包括甘肃、广西、云南和内蒙古；最后是结构优化指数在 0.090 ~ 0.105 之间的省（区、市），包括西藏、新疆、宁夏和甘肃。

3. 动能转化指数

总体上看，2013 ~ 2018 年，西部各省（区、市）的动能转化指数相互差距相对较大，多数西部省（区、市）的动能转化指数总体上呈现出稳定提升或较为平稳的态势（见表 4 - 5）。

表 4 - 5　　　　　　　2013 ~ 2018 年西部各省（区、市）动能转化指数

区域	2013 年	2014 年	2015 年	2016 年	2017 年	2018 年
陕西	0.221	0.225	0.223	0.231	0.226	0.246
重庆	0.199	0.185	0.188	0.216	0.205	0.220
四川	0.152	0.148	0.159	0.157	0.165	0.210
贵州	0.080	0.083	0.089	0.101	0.107	0.130
云南	0.082	0.079	0.091	0.099	0.103	0.103
宁夏	0.077	0.072	0.079	0.102	0.105	0.096
广西	0.071	0.076	0.088	0.087	0.083	0.096
甘肃	0.098	0.098	0.103	0.119	0.086	0.091
内蒙古	0.130	0.128	0.121	0.123	0.103	0.086
新疆	0.060	0.065	0.083	0.072	0.071	0.064
青海	0.069	0.065	0.057	0.070	0.080	0.058
西藏	0.058	0.057	0.056	0.052	0.054	0.064

从纵向变化趋势看，可以按动能转化的程度将西部各省份分成以下几类：一是动能转化指数持续提升的省（区、市），包括四川、重庆、陕西、贵州云南和宁夏；二是动能转化指数变动不大、总体属于波动上升的省（区、市），包括广西、甘肃、西藏和新疆；三是动能转化指数下持续下降的省（区、市），包括内蒙古和新疆。

从横向比较看，2018 年，陕西、重庆和四川的动能转化指数相对较高，这几个省（区、市）的动能转化指数在 0.200 以上，在西部排名前三位，指数也明显高于西部其他省（区、市）。其次是贵州省，动能转化指数基本上在 0.120 ~ 0.140 之间。再次是结构优化指数处在 0.090 ~ 0.110 之间的省（区、市），包括

云南、宁夏、广西、甘肃。然后是动能优化指数在 0.080 ~ 0.090 之间的省（区、市），只有内蒙古。最后是结构优化指数处在 0.060 ~ 0.070 之间的省（区、市），包括新疆、青海和西藏。

4. 绿色生态指数

总体上看，2013 ~ 2018 年，西部的绿色生态指数变化趋势总体上保持先稳步提升态势，与其他维度的指数相比，西部各省（区、市）的绿色生态指数相互差距相对较小（见表 4 - 6）。

表 4 - 6　　　　2013 ~ 2018 年西部各省（区、市）绿色生态指数

区域	2013 年	2014 年	2015 年	2016 年	2017 年	2018 年
贵州	0.101	0.105	0.108	0.107	0.113	0.118
重庆	0.113	0.112	0.116	0.109	0.110	0.109
四川	0.093	0.091	0.095	0.087	0.087	0.104
云南	0.091	0.090	0.093	0.096	0.098	0.103
广西	0.107	0.117	0.119	0.117	0.108	0.100
陕西	0.100	0.090	0.090	0.093	0.091	0.097
内蒙古	0.079	0.081	0.085	0.078	0.074	0.087
青海	0.058	0.060	0.063	0.068	0.064	0.080
西藏	0.084	0.072	0.066	0.065	0.072	0.079
新疆	0.070	0.072	0.072	0.070	0.070	0.076
宁夏	0.072	0.071	0.076	0.075	0.065	0.074
甘肃	0.066	0.066	0.069	0.067	0.066	0.073

从纵向变化趋势上看，可按绿色生态指数将西部各省份分成以下两类：一是绿色生态指数总体上持续提升的省（区、市），包括贵州、云南、四川、新疆、内蒙古、青海、宁夏和甘肃；二是绿色生态指数下微幅下降的省（区、市），包括重庆、陕西、广西和西藏。

从横向比较看，2018 年，贵州的绿色生态指数相对较高，排名第 1 位，明显高于其他西部省（区、市）。其次是云南、四川、重庆、广西和陕西的绿色生态指数相对较高，绿色生态指数在 0.095 ~ 0.110 之间。最后是绿色生态指数处在 0.070 ~ 0.090 之间的省（区、市），包括内蒙古、西藏、青海、新疆、宁夏和甘肃。

5. 民生共享指数

总体上看，2013～2018 年，多数西部省（区、市）的民生共享指数总体上保持相对稳定提升或小幅波动态势，西部各省（区、市）的民生共享指数相互差距不大，是西部 5 个维度指数相差较小的两位指数之一（见表 4-7）。

表 4-7　　　　　2013～2018 年西部各省（区、市）民生共享指数

区域	2013 年	2014 年	2015 年	2016 年	2017 年	2018 年
陕西	0.177	0.186	0.170	0.171	0.168	0.179
四川	0.181	0.190	0.177	0.191	0.175	0.177
内蒙古	0.180	0.177	0.167	0.181	0.167	0.175
西藏	0.151	0.148	0.164	0.153	0.141	0.172
重庆	0.186	0.191	0.179	0.196	0.184	0.172
云南	0.151	0.155	0.144	0.159	0.145	0.172
新疆	0.171	0.165	0.157	0.173	0.164	0.171
宁夏	0.160	0.164	0.145	0.159	0.152	0.169
贵州	0.150	0.164	0.144	0.158	0.151	0.168
甘肃	0.150	0.156	0.144	0.148	0.139	0.168
广西	0.149	0.163	0.139	0.158	0.142	0.158
青海	0.152	0.164	0.144	0.160	0.146	0.152

从纵向变化趋势上看，西部各个省（区、市）的民生共享指数相互之间的差距又逐年缩小趋势。可以按民生共享发展的程度将西部各省份分成两类：一是民生共享指数小幅波动提升的省（区、市），包括陕西、西藏、云南、宁夏、贵州、甘肃、广西和青海；二是民生共享指数波动上升后下降但波动幅度较小的省（区、市），包括四川、内蒙古、重庆和新疆。

从横向比较看，西部各省（区、市）的民生共享指数可分为两个大类。2018年，重庆、内蒙古、陕西、四川等 7 个西部省（区、市）的民生共享指数相对较高，这些西部省（区、市）的民生共享指数处在 0.170～0.180 之间；其次是民生共享指数在 0.150～0.170 之间的省（区、市），包括宁夏、贵州、甘肃、广西和青海。

二、西部经济高质量发展特点

（一）经济高质量发展综合指数与经济总量具有较强的关联性

总体上看，西部的经济高质量发展综合指数排名与各自经济总量有较强的关联性，相对而言与人均地区生产总值排名相互关联性不明显。2018 年，西部各个省（区、市）的经济高质量发展综合指数排名前三位的省（区、市）的经济总量也排名前三位；经济高质量发展综合指数排名后四位的省（区、市），有 3 个省（区、市）的经济总量排在后四位。计算结果表明（见表 4-8），2018 年，西部的陕西、内蒙古和云南的经济高质量发展综合指数与经济总量排名完全相一致，新疆、甘肃、西藏、青海两者排位名次只相差一个位次；相差两个位次是重庆、四川、宁夏，其中重庆和宁夏的经济高质量发展综合指数排名高于经济总量排名。经济高质量发展综合指数与经济总量排名相差比较大的只有贵州和广西。其中，贵州的综合指数的排名明显高于经济总量排名，较经济总量排名高出 3 个位次；广西的综合指数排名明显低于经济总量排名，较经济总量排名要低 3 个位次。

表 4-8　　　　2018 西部各省（区、市）经济高质量综合指数与地区生产总值和人均 GDP

区域	经济高质量综合指数		地区生产总值		人均 GDP	
	数值	排名	数值（亿元）	排名	数值（元）	排名
重庆	0.790	1	20363.19	3	65933	2
陕西	0.780	2	24438.32	2	63477	3
四川	0.756	3	40678.13	1	48883	6
贵州	0.636	4	14806.45	7	41244	10
云南	0.571	5	17881.12	5	37136	11
内蒙古	0.564	6	17289.22	6	68302	1
广西	0.546	7	20352.51	4	41489	9
宁夏	0.526	8	3705.18	10	54094	4
新疆	0.508	9	12199.08	8	49475	5

区域	经济高质量综合指数		地区生产总值		人均 GDP	
	数值	排名	数值（亿元）	排名	数值（元）	排名
甘肃	0.505	10	8246.07	9	31336	12
西藏	0.504	11	1477.63	12	43398	8
青海	0.460	12	2865.23	11	47689	7

（二）经济高质量发展水平持续提升

2013～2018 年，西部的经济发展高质量综合指数总体上保持持续微幅上涨态势，只有少数省（区、市）在个别年份的综合指数略有下降。这是西部多年来重视经济增长质量，深入推进供给侧结构改革，坚持做好生态环境建设和环境治理，注重社会民生改善，统筹城乡发展，切实做好扶贫攻坚和风险防控等工作的成效逐步显现的重要体现。自 2015 年底起，西部各省（区、市）更加注重提升经济发展质量，充分发挥市场对资源配置的决定性作用，强化政策协同合力和持续作用，多方激发市场经济主体的活力，坚持以供给侧结构性改革为主线，坚持结构性去杠杆，在推动高质量发展中防范化解风险，坚决打好"三大攻坚战"，推动生态治理取得明显改善。

同时，西部各省（区、市）利用自身特色优势，积极融入国家的"一带一路"倡议，与"一带一路"沿线国家和地区形成宽领域、深层次、高水平、全方位的经贸合作格局，尤其是在对外投资合作方面取得新进展。西部各省（区、市）根据自身功能定位、产业发展现状、资源特组合，积极寻求与"一带一路"沿线国家合作的契合点，开展经贸合作、产业投资合作、能源合作、工程建设、投资融资等多领域深度合作。具体来看，主要加强与"一带一路"沿线国家能源资源深加工技术、装备与工程服务合作，煤炭、油气、金属矿产等传统能源资源勘探开发合作，推动水电、核电、风电、太阳能等清洁、可再生能源合作，鼓励本地区有竞争力的企业积极"走出去"参与"一带一路"沿线国家基础设施建设、工程建设和产业投资，与"一带一路"沿线国家合作建设境外经贸合作区、跨境经济合作区等各类产业园区。西部各省（区、市）利用自身优势加强与"一带一路"沿线国家在文化交流、学术往来、人才培养、媒体合作、医疗卫生等领域的合作。

（三）西部各省份的经济高质量发展水平相互差距明显

无论是经济高质量发展综合指数还是分项指数，西部各省（区、市）相互之间均有一定差距。以2018年为例（见表4–9），西部各省（区、市）的经济高质量发展综合指数可以分成高于0.700、0.550～0.650、0.500～0.550、0.450～0.550 4个层级，其中，经济高质量发展综合指数处在0.500～0.600的省（区、市）最多，共有7个，占整个西部省（区、市）总数的58.33%；经济高质量发展综合指数最高值是最低值的1.7倍左右，表明西部各省（区、市）之间经济发展质量差异客观存在，这与西部的自然地貌、资源禀赋、经济区位、发展基础、发展历史等方面存在明显差距密切相关。

表4–9　　　　2018年西部各省（区、市）综合指数及分项指数情况

区域	综合指数	效益效率	结构优化	动能转化	绿色生态	民生共享
重庆	0.790	0.103	0.186	0.220	0.109	0.172
陕西	0.780	0.122	0.135	0.246	0.098	0.179
四川	0.756	0.089	0.177	0.210	0.103	0.177
贵州	0.636	0.095	0.125	0.130	0.118	0.168
云南	0.571	0.082	0.111	0.103	0.103	0.172
内蒙古	0.564	0.107	0.109	0.086	0.087	0.175
广西	0.546	0.075	0.116	0.096	0.101	0.158
宁夏	0.526	0.084	0.102	0.096	0.073	0.169
新疆	0.508	0.094	0.103	0.064	0.076	0.171
甘肃	0.505	0.055	0.118	0.091	0.073	0.168
西藏	0.504	0.090	0.104	0.058	0.080	0.171
青海	0.460	0.071	0.093	0.064	0.080	0.152

从分项指数来看，西部各省（区、市）的经济高质量发展综合指数差距大的主要原因是各省（区、市）的动能优化、结构优化和效益效率的指数差距较大，而绿色生态和民生共享指数差距相对要小很多。

从效益效率指数来看，西部各省（区、市）的效益效率指数可分为4个层级。其中，重庆、陕西和四川的效益效率指数明显高于其他西部省（区、市）；

效益效率指数处在 0.080 ~ 0.100 之间的有 6 个，占总数的 50.0%；效益效率指数处在 0.070 ~ 0.080 之间的省（区、市）有 2 个；效益效率指数低于 0.060 的有 1 个的省（区、市）。效益效率指数最高值是最低值的 2.2 倍左右。从结构优化指数来看，西部各省（区、市）的结构优化指数也可分为 4 个层级。其中，重庆和四川的结构优化指数明显高于其他西部省（区、市），结构优化指数高于 0.170；结构优化指数处在 0.120 ~ 0.140 之间的省（区、市）有 2 个；结构优化指数处在 0.100 ~ 0.140 和之间的省（区、市）有 9 个；结构优化指数最高值是最低值的 2.0 倍左右。从动能转化指数来看，西部各省（区、市）的动能转化指数可分为 5 个层级。其中，陕西的动能转化指数明显高于其他西部省（区、市），为 0.246；其次是重庆和四川，结构转化指数处在 0.200 ~ 0.230 之间；结构优化指数处在 0.100 ~ 0.130、0.080 ~ 0.100、0.060 ~ 0.080 以及小于 0.060 的分别有 2 个、4 个、2 个和 1 个省（区、市）；动能转化指数最高值是最低值的 4.1 倍左右。因此，动能转化指数是所有分项指数差距最大的分项指标。图 4 - 1 为 2018 年西部各省（区、市）分项指标指数雷达图。

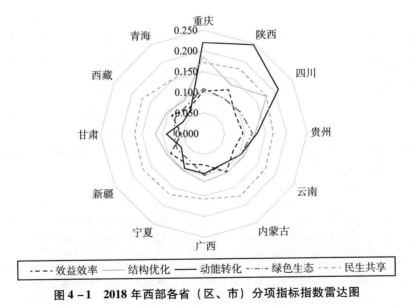

图 4 - 1　2018 年西部各省（区、市）分项指标指数雷达图

（四）民生改善和绿色生态指数差距不明显

西部各省（区、市）的绿色生态和民生共享指数相互差距相对较小，尤其是

民生共享指数差距是所有 5 个分项指数中最小的。从绿色生态指数来看，西部各省（区、市）的绿色生态指数可分为三个层级，西部各省（区、市）之间的绿色生态指数差距相对不大。从反映绿色生态的 9 个评价指标来看，2018 年，西部各省（区、市）除森林覆盖率、环境污染治理投资总额占 GDP 比重、单位耕地面积化肥施用量、城市空气质量优良天数占比这些评价指标指数相互之间有一定差距外，其余指标指数差距不明显。西部各省（区、市）绿色生态指数差距不是很明显的主要原因在于这些省（区、市）在分项指标指数有高有低，即部分省（区、市）在某些反映绿色生态方面部分指标指数相对略高，但是反映绿色生态的其他指标指数却相对偏低，因此绿色生态综合指数得分排名相对较低。以宁夏为例，2018 年宁夏的环境污染治理投资总额占 GDP 比重指数在西部较高，指数排名相对领先，但宁夏的工业增加值能耗、亿元工业产值二氧化硫排放量和单位耕地面积化肥施用量 3 个指标的指数却相对较低，因此，宁夏的绿色生态指数排名处在相对靠后的位置。2018 年西部各省（区、市）绿色生态分项指标指数如图 4 - 2 所示。

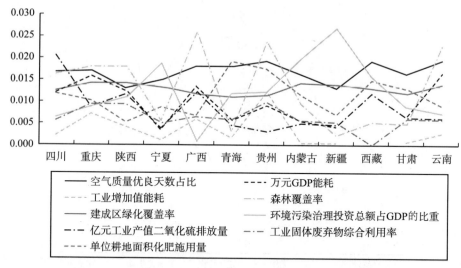

图 4 - 2　2018 年西部各省（区、市）绿色生态分项指标指数

从民生共享指数来看，2018 年，西部各省（区、市）的民生共享指数可分为两个层级。重庆、内蒙古、陕西、四川等 7 个西部省（区、市）的民生共享指数相对较高，民生共享指数处在 0.170 ~ 0.180 之间；其次是民生共享指数在 0.150 ~ 0.170 之间的省（区、市），包括宁夏、贵州、甘肃、广西和青海。2018

年，多数西部省（区、市）的民生共享指数均相同，重庆和云南的民生共享指数相同，在西部并列第4位，西藏和新疆的民生共享指数相同，并列排第6位，贵州和甘肃并列排第9位。

西部各省（区、市）民生共享指数相互差距是所有分项指标中最小的。从反映民生共享的12个评价指标指数来看，除了贫困发生率、人均个人储蓄存款余额、城镇职工基本养老保险参保率、每个中学教师负担学生数少量指标的指数曲线起伏比较大外，其余的反映民生共享方面的评价指标的指数曲线均呈现出微幅波动，各评价指标指数之间的差距小。这反映出西部各省（区、市）非常重视社会民生改善工作，深入推进公共服务均衡布局，加大农村和经济欠发达区域的基础设施建设投入力度，在提升社会保障水平和扩大社会保障覆盖面上做了很多卓有成效的工作，在基本公共服务和民生保障方面取得了明显成效，聚焦深度贫困地区、聚焦特殊困难群体，全力做好脱贫攻坚战，贫困发生率明显下降。2018年西部各省（区、市）民生共享分项指标指数如图4-3所示。

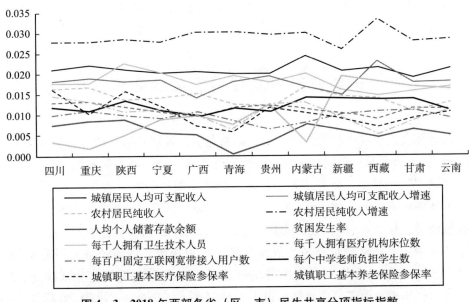

图4-3　2018年西部各省（区、市）民生共享分项指标指数

‖第五章‖

西部经济高质量发展短板与原因

自 2000 年实施西部大开发战略以来，在国家政策大力支持和西部各级地方政府的共同努力推动下，西部多数省（区、市）的主要经济指标增速高于东部地区，基础设施条件和公共服务配套明显改善，生态建设和环境保护扎实推进，群众生活水平日益提升，脱贫攻坚取得明显进展。但由于受西部的经济发展历史基础薄弱、自然生态条件脆弱、营商环境先天不足、对创新创业人才的吸引力不足等多种复杂原因的影响，西部各省（区、市）经济高质量发展仍然存在短板与不足，这些是在推进经济高质量发展进程中需要解决的问题。

一、创新对经济高质量发展的支撑不足

人类社会的发展历程无数次证明，创新是引领发展的第一动力。党的十九大报告指出，"人才是实现民族振兴、赢得国际竞争主动的战略资源"。习近平总书记也强调"发展是第一要务，人才是第一资源，创新是第一动力"。高质量发展开启了从要素驱动转向创新驱动的新阶段，这需要把促进经济提质增效的着力点放在创新上，尽快弥补自身在创新环境、创新人才、创新体制机制等方面的不足，依靠创新来推动质量变革、效率变革、动力变革，推动经济实现高质量发展。经过 40 多年的改革开放和 20 年的西部大开发，西部的经济发展取得较好成效，资本已不再是西部经济发展的最大制约因素，拥有数量充足的、涉及各行各业的创新创业型高层次人才和领军型人才，以及数量充足的具有较高劳动素养的劳动力才是经济高质量发展的关键要素。综合来看，西部科技创新对经济高质量发展支撑不足主要表现在以下几个方面。

从科技领军型人才支撑上看，无论是在科技创新发展存量还是对国内外科技领军型人才的吸引力方面，与东部和中部地区相比，西部地区均处在劣势位置。

2013～2017 年，全国共产生"两院院士""杰青""优青""长江""青千"5 类高层次人才共 6372 人。其中，北京 1858 人，占全国总数近 30%，相当于排在后 25 名的省（区、市）的数量总和。紧随其后的是上海、江苏、广东，前 4 个省（区、市）的 5 类高层次人才数量之和占全国总数近 60%。① 剔除掉上面 4 个省（区、市）、沿海省（区、市）和中部省（区、市）后，西部各省（区、市）引进的"杰青""优青""长江""青千"等高层次人才的数量更少，引进的这 5 类人才占比不到全国的 10%。到目前为止，西部引进高层次人才的情况不会较 2017 年发生太大的变化，因为高层次人才的引进需要较好的产业发展基础、公共服务、生活环境、人才引进政策等，西部地区与东部地区在这些方面仍有较大的差距。

从科研经费投入强度看，与东部和中部相比，西部各省（区、市）的科研经费投入强度还比较低。根据 2018 年《全国科技经费投入统计公报》，我国东部地区 R&D 经费投入总额占全国的 69.4%，而西部地区只占 12.7%。研究与试验发展（R&D）经费投入强度高于全国平均水平的省（区、市）共 6 个，分别为北京、上海、广东、江苏、天津和浙江，全在东部地区。在西部，2018 年，除陕西（2.18%）与全国同期水平（2.19%）基本相当外，重庆（2.01%）、四川（1.81%）、宁夏（1.23%）、甘肃（1.18%）和云南（1.05%）等西部省（区、市）高于 1.0%，其余的 6 个西部省（区、市）的（R&D）经费投入强度在全国排名均排在靠后位置。即便是西部研究与试验发展（R&D）经费投入强度最高的陕西，与东部的省（区、市）相比也显得不足。2018 年，陕西研究与试验发展（R&D）经费投入强度在全国排名第 7 位，不仅明显低于北京（6.17%）、上海（4.16%）两个科研经费投入强度在全国最高的地区，也低于广东（2.78%）、江苏（2.70%）、天津（2.62%）和浙江（2.57%）等在全国排名前几位的东部省（区、市）。

从西部规模以上企业科技研发经费投入强度来看，由于西部各省（区、市）总体上企业规模不大、研发创新投入成本大且风险高，西部企业的科研经费投入强度普遍偏低。2018 年，西部各省（区、市）中规模以上工业 R&D 支出占销售收入比最高的重庆为 2.71%，只有重庆和陕西（1.24%）的规模以上工业 R&D 支出占销售收入比高于全国同期水平（1.23%），其余西部省（区、市）均低于 1.0%，其中，共有 6 个西部省（区、市）的企业科研经费投入强度还不到全国同期水平的 50.0%。西部企业科技研发经费投入不足，还与企业负责人的创新意

---

① 雍黎、唐婷：《委员呼吁加大对西部人才支持力度》，载于《科技日报》2018 年 3 月 8 日。

识、企业经济实力、创新风险高、高素质人力资源储备不足等紧密相关。

从科研成果转化来看，2018 年，西部各省（区、市）的技术市场成交额最高的陕西为 1125.29 亿元，在全国排第 5 位，低于北京（4957.82 亿元）、广东（1365.42 亿元）、上海（1225.19 亿元）和湖北（1204.09 亿元），较 2017 年下降了 1 个名次。2018 年，全国技术市场成交总额超过 200 亿元以上的共有 15 个省（区、市），超过 100 亿元的共有 22 个省（区、市）；西部技术市场成交额在 1000 亿元左右的只有陕西（1225.29 亿元）和四川（996.70 亿元），高于 100 亿元的只有 6 个省（区、市），其余西部省（区、市）均在 100 亿元以下，低的只有几亿元。2018 年，在西部地区，陕西（2.30 件/万人）、重庆（2.20 件/万人）和四川（1.40 件/万人）的每万人发明专利授权量在西部排名前三位，但与全国同期水平还有很大的差距，其余西部省（区、市）的每万人发明专利授权量多在 0.40～0.70 件/万人。即便在西部排名前三的陕西、重庆和四川与全国排名相对较高省市差距明显，这三个西部省（区、市）在全国排名至少在十名后。2018 年每万人发明专利授权量在国内排名前列的天津（35.05 件/万人）和北京（22.28 件/万人）均高于 20 件/万人，山东和湖北则高于 10 件/万人，分别为 13.18 件/万人和 10.08 件/万人；然后是上海（8.80 件/万人）和湖南（7.12 件/万人）、江苏（5.22 件/万人）、浙江（5.75 件/万人）和广东（4.70 件/万人）等省（区、市），这些省（区、市）均处在 5～10 件/万人之间。

从劳动力资源素质看，2018 年，多数西部省（区、市）的科研人员数量和每万人在校大学生数量较 2013 年明显增加，但这个指标仍低于全国同期水平。2018 年，全国共有 8 个省（区、市）的每万人在校大学生数量高于 300 人/万人，最高的北京每万人在校大学生数量达到 526.8 人/万人。2018 年，西部地区中陕西和重庆每万人在校大学生数量绝对值在全国排名前十位且高于全国水平（265.8 人/万人），贵州、云南、甘肃、新疆、内蒙古、西藏和青海 7 个省（区、市）该指标值排在全国后十位，高等教育发展较好的四川离全国平均水平也还有一定差距。

综合来看，西部的科技创新对经济发展支撑不足主要原因在于西部各省（区、市）和企业的经济实力相对薄弱，加上地理位置、经济基础、产业协作配套、基础设施、公共服务等与东部和中部地区相比相对较差，因而对高层次人才、高素质劳动力的吸引力不足。同时，由于经济发展程度或者产业结构的提升程度相对滞后于劳动力素质结构的提升速度，或者说是经济制度并未能为劳动力提供足够的激励，导致现在的各种素质的劳动力并没有得到充分利用。① 加上不能为高层次人才、高素质劳动力提供较为丰厚的收入预期，充足、匹配的工作机会，公共服务和交通出行等与东部地区还有不小差距，总体上，西部的高层次人才和高素质劳动力总体数量和占全部劳动力比例偏低。

二、西部经济高质量发展的内生动力不足

近年来，多数西部省（区、市）的主要经济指标增速总体上高于东部地区和中部地区，也普遍高于全国平均增速水平，但西部经济平稳较快增长背后的重要驱动力与国家对西部发展的政策倾斜密切相关，加上通过西部大开发基础设施和公共服务设施的不断改善，承接了国内外大量的产业转移，这些有利因素推动了西部经济的发展。同时，西部主要经济指标增速相对略高，与相西部经济数据基数相对较小也有一定关联。但西部经济发展的内生动力仍不足，主要表现为在以下几个方面。

西部的投资对政策依赖性较强，其较高的投资增速主要来自以"铁公机"为代表的基建投资，以市场力量为主体的房地产投资、制造业投资、民间投资增长动力支撑不足。2013～2018年，西部的固定资产投资年平均增速基本上明显高于制造业和房地产投资年均投资增速，只有四川、重庆和云南的制造业投资年均增速高于固定资产投资年均增速，西藏、甘肃和云南的房地产投资年均增速高于固定资产投资年均增速。由于西部地区受到地理区位、交通条件、生产要素聚集能力等限制，加上土地、劳动力成本逐步增长，与东部和中部地区的成本优势差距缩减，中小企业融资成本攀升，公路物流成本普遍高于全国平均水平，一定程度上抑制了其民营资本投向制造业和房地产的投资发展动力。从横向上比较来看，重庆、陕西、广西、贵州、新疆、西藏和云南7个省（区、市）的固定资产投资、制造业和房地产投资保持较快增长，其中西藏这三类投资年均增速较快的主要原因在于投资总额基数小，保持较快增长更为容易。内蒙古的固定资产投资、制造业和房地产投资年均增速均负数，甘肃的制造业投资和宁夏的房地产投资年均增速为负数。2013～2018年西部地区的固定资产投资、房地产投资和制造业投资年均增速如图5-1所示。

---

① 梁泳梅、李钢、董敏杰：《劳动力资源与经济发展的区域错配》，载于《中国人口科学》2011年第5期。

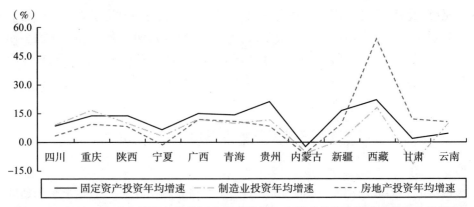

图 5 – 1　2013 ~ 2018 年西部地区的固定资产投资、房地产投资和制造业投资年均增速

从 2013 ~ 2018 年这三类投资年均增速的纵向变化来看，总体上呈现出增速放缓的趋势，2017 年有 3 ~ 4 个西部省（区、市）的这三类投资总额下降，增速变成负数，2018 年投资增速下降的西部省（区、市）数量增多。2018 年，西部地区的内蒙古、宁夏、四川和甘肃的固定资产投资增速均为负数，其中，内蒙古为 – 27.3%，宁夏和四川均小于 – 10.0%；内蒙古、甘肃和宁夏的制造业投资增速为负数，其中内蒙古和甘肃分别为 – 19.6% 和 – 13.4%；四川、宁夏、青海、内蒙古和新疆的房地产投资增速为负数，其中四川、宁夏和青海增速均低于 – 10.0%（见图 5 – 2）。

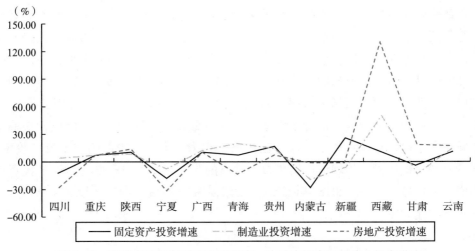

图 5 – 2　2018 年西部的固定资产投资、房地产投资和制造业投资增速

　　从反映产业发展结构性和效益效率指标来看，西部各省（区、市）的服务业增加值占地区生产总值的比重偏低，绝大多数省（区、市）的劳动生产率低于全国平均值，对外贸易多以初加工产品为主，出口产品附加值偏低。2018年，西部地区只有甘肃和重庆的服务业增加值占地区生产总值高于同期全国的服务业占比（52.2%），西部地区共有8个省（区、市）低于50%，其中有5个省（区、市）与全国的服务业占比差距在4个百分点以上，最低的与全国服务业占比的差距在9.0%以上。西部地区绝大多数省（区、市）的全社会劳动生产率低于全国平均水平，2018年，西部地区只有内蒙古、重庆和陕西的社会劳动生产率高于全国同期水平（107327元/人），其他省（区、市）均明显低于全国平均水平。西部地区的工业企业利润率相对偏低，2018年，共有5个省（区、市）的规模以上工业企业成本费用利润率和单位产值利润率低于同期全国同期水平（6.32%和7.53%）。西部地区的对外贸易多以初加工产品为主，出口产品附加值偏低。2018年，西部地区共有9个省（区、市）的高技术产业进出口总额占全部进出口总额比重低于全国同期（28.3%）外，其中半数左右的省（区、市）高技术产业进出口占全部进出口的比重低于10.0%。西部地区新兴产业发展对经济增长支撑不足。近年来，尽管西部地区新兴产业发展取得较大突破，但在经济发展新常态形势下，与东部和中部地区相比，其对社会资本、技术、创新创业人才的吸引力不足，尤其缺乏新兴产业的领军人才和高端人才支撑，因而新兴产业规模依然偏小，难以承担起保持经济持续平稳较快增长的重担。

　　近年来，西部地区在科技创新能力、科技研发投入、新产品研发、科研配套服务等方面均取得了明显进步，但与东部地区相比，仍然有非常明显的差距，一定程度上也制约了西部地区经济发展新动能的培育壮大，影响到新兴产业发展，新的经济增长点还较为薄弱。目前，综合来看，主要原因在于西部各省（区、市）经济实力相对较为薄弱，研发经费投入强度偏低、创新要素资源匮乏、具有很强创新研发实力的科研院所数量偏少、对具有创新创业精神的高端人才吸引力不足。

　　综合来看，西部各省（区、市）产业发展不足既有历史、社会、自然条件、区位条件等方面的原因，也有宏观经济政策和经济结构本身方面的原因。西部地区原有经济基础薄弱，东部沿海地区凭借改革开放的区位优势和先发效应区位条件，成为先发展起来的区域。西部虽然拥有丰富的自然资源、能源储量丰富，但由于多数地方地形地貌复杂、交通等基础设施相对滞后，生产所需的交通运输成本高、耗时长。因而，西部除发展较好的重庆、四川、陕西等少部分省（区、市）处在工业化中期向后期过渡阶段外，多数地区仍处在工业化初期向中期过渡阶段，甚至处在工业化初期阶段。服务业发展多以生活性服务业为主，生产性服务业尤其是现代的新兴服务业发展不足。

三、西部的生态环境建设历史欠账多

西部的青海、西藏、四川、重庆、陕西、云南在我国长江、黄河、珠江流域等大江大河的上游地区，其中，青海和西藏是我国重要的水源地，西部各省（区、市）的生态环境与全国生态安全紧密相关。因此，在我国生态功能区划中，西部除城镇和工业集中发展区外，其余的绝大多数区域由于承担着对我国具有重要意义的水源涵养、水土保持、防风固沙和生物多样性保护等重要生态功能，被划为我国的生态功能保护区，是我国重要的生态屏障和生态文明建设的主战场。西部大开发以来，我国从政策、法律、财力和物力等多方面为西部的生态环境建设重点工程提供了巨大支持，在西部大开发中自始至终都将生态环境建设作为重中之重。

西部各省（区、市）在发展过程中逐渐认识到重视生态环境建设与保护对经济社会发展的重要性，有重点有计划地陆续实施了植树造林、退耕还林还草、水土保持、防风固沙、重点流域水环境综合治理、重点流域水污染防治等加强生态环保建设的重点工程，打响了防治大气污染、水污染、土壤污染等生态环保攻坚战。但由于受地理位置、气候条件、认知局限、人类活动等多种因素影响，西部相对多的区域仍面临着土地荒漠化、草场退化、石漠化、水资源短缺、水土流失等严重问题，生态环境较为脆弱。要解决好西部生态环境建设的历史欠账，在当前及未来发展过程中减少对生态环境的污染，打赢生态环保攻坚战，实现西部生态环境的根本好转，还需着眼于长远谋划，还有不少"硬骨头"要啃，还需要投入大量的财力和人力。

近年来，西部各省（区、市）的生态建设和环境保护投入力度加大，2013～2017 年，西部 12 个省（区、市）的环境污染治理投资总额占 GDP 比重平均值集中在 1.0% ～2.0% 之间，共有 8 个西部省（区、市）高于全国同期水平（1.33%）。西部的环境污染治理投入均相对较高，既与其生态环境相对脆弱，我国为此加大对西部生态保护建设支持力度有关，也与其更加重视生态环境建设与保护经济紧密相关，同时更体现出西部主动地从全国发展大局来看待本地区的经济发展和生态环境建设的关系，发展理念转换成在保护好生态环境前提下发展经济。

西部部分省（区、市）的森林覆盖率低，与全国平均水平相比差距较大。2018 年，共有 5 个西部省（区、市）的森林覆盖率低于全国同期的森林覆盖率（22.96%），其中的新疆、西藏、青海、宁夏等西部省（区、市）与全国同期的森林覆盖率的差距明显。2018 年，西部的内蒙古、重庆的建成区绿化覆盖率略高于全国同期的平均值（40.07%），陕西、云南和新疆与全国同期的建成区绿化覆盖率的平均值的差距不大，其余的几个省（区、市）与全国平均值有一定差距，西部地区建成区绿化覆盖率最低的省份与全国平均值最大的差距在 9.0 个百分点左右。

从能源消耗水平来看，2013～2018 年，西部绝大部分省（区、市）的万元 GDP 能耗和单位工业增加值能耗保持逐年下降，但西部各省（区、市）的万元 GDP 能耗和单位工业增加值能耗仍然相对较高。2018 年，西部的宁夏、新疆、青海和内蒙古的万元 GDP 能耗在 1.000 吨标准煤/万元以上，明显高于全国能耗水平，与此同时，2018 年内蒙古和宁夏的万元 GDP 能耗不降反升，内蒙古提高了 10.86%，宁夏提高了 2.85%。西部能耗相对较低的云南、重庆、陕西和四川也明显高于同期的北京（0.254 吨标准煤/万元）和上海（0.382 吨标准煤/万元）的能耗水平。2017 年，西部新疆、甘肃、内蒙古、宁夏和四川的单位工业增加值能耗在 1.000 吨标准煤/万元以上，其中，新疆、甘肃和内蒙古的单位工业增加值能耗超过 2.000 吨标准煤/万元。

工业固体废弃物的利用率不高，且呈现出小幅下降趋势。2013～2017 年，共有 7 个西部省（区、市）的工业固体废弃物的利用率均明显低于全国同期水平（50.95%），这反映出西部工业生产对固体废弃物的利用明显不足。以 2017 年为例，除了重庆、甘肃和贵州的利用率高于全国同期水平（50.95%）外，其余西部省（区、市）均明显低于全国同期水平（50.95%），共有 7 个省（区、市）的工业固体废弃物的利用率低于 40.0%，其中的有 3 个省（区、市）低于 30.0%，最低的西藏的工业固体废弃物利用率只有百分之几。需引起重视的是，2017 年西部 12 个省（区、市）中有 8 个省（区、市）的工业固体废弃物综合利用率较 2013 年均有所下降。

部分西部省（区、市）森林覆盖率低的主要原因在于地理位置、自然气候、认知意识、发展历史等方面。西部的新疆、西藏、青海、宁夏的森林覆盖率低，甘肃、内蒙古的森林覆盖率偏低，这些地方森林覆盖低与地质地貌、地理位置、气候条件和人为因素等紧密相关。西藏和青海地处青藏高原，多数区域海拔在 4000 米以上，形成独特的高寒气候，部分高山地区终年积雪，有植被的地方也是高山草甸和高山荒漠。新疆、宁夏远离海洋，当地气候主要是温带大陆性干旱或半干旱气候，绝大多数区域降水稀少，部分地区年降水量只有几毫米，多数地方属于荒漠、戈壁，适宜树木生长地方相对较少。甘肃和内蒙古的森林覆盖率偏低的主要原因除了地处内陆、降水量偏少外，最重要的原因是长期高强度的人类活动，历史上河西走廊、黄土高原都曾经是水草丰美、草木繁盛之地，由于毁林开荒使得原有植被遭到严重破坏，导致水土流失严重。

西部部分省（区、市）能耗不降反升的主要原因在于：甘肃、青海、西藏等省（区、市）目前处在工业化初期向中期过渡阶段，西部多数区域的工业多数是在资源优势的基础上建立起来的，多数属于"原字号"和"初字号"产业，近几年来原有的存量工业企业节能降耗的工作成效还不很显著，新增产能中高耗能企业数较大。新增高耗能企业的主要原因在于与中东部地区相比西部地区招商引资难度更大，导致部分地区引进了一些来自东部地区产业转移的高耗能、高污染产业化项目。由于东部地区的劳动力、土地成本的日益上升，生态环境问题凸显，加上西部地区产业链和产业协作配套相对不足，东部地区向西部地区转移的产能多数为劳动密集型、高耗能、高污染企业，这些因素均加大了部分西部省（区、市）能耗下降的难度。

四、制度建设不能满足高质量发展需要

制度环境是推动和保障经济高质量发展的基础支撑条件。《2018年政府工作报告》提出，要加快推进和落实相应的体制机制和政策环境，为实现高质量发展打好基础。根据收集整理的西部各省（区、市）出台的政策措施意见等可知，西部各省（区、市）已出台的推进经济高质量发展的制度体系主要存在不均衡、不科学、不协调等突出问题。西部各省（区、市）在经济高质量发展指标设置上存在"量""质""速"不平衡的问题，加之受统计指标体系制度建设滞后的影响，与数字经济、绿色经济、社会民生保障、新经济等相适应的统计管理制度和监测方法还未建立。促进高质量发展的政策体系缺乏有效统筹，协调性有待加强。首先，政策创新性不足。现行经济政策偏向鼓励生产而非鼓励创新，偏向鼓励数量扩张而非质量提升。政府绩效考核体系定位不清，考核指标不尽合理。尽管内容全面系统，但在创新驱动、资源环境、民生改善、结构优化等方面的考核力度不大，尤其是在鼓励创新及包容失误方面显得不够，难以调动各方大胆创新、敢闯敢试的积极性和主动性。制度创新和制度改革引领高质量发展的作用有待进一步增强，制度供给与创新是实现高质量发展的重要保障，其中尤以制度改革顶层设计、总体规划、执行与监督至关重要。从实际情况看，当前制度供给链条仍存在结构性、体制性等矛盾和问题。制度执行力亟待增强。

五、全面完成脱贫攻坚任务异常艰巨

脱贫攻坚是十九大提出的三大攻坚战之一，西部的集中连片特殊困难地区和"三区三州"的脱贫是我国脱贫攻坚的"硬骨头"，对我国能否顺利地在2020年完成全面建成小康社会、实现第一个一百年奋斗目标具有非常重要的意义。这些地区的脱贫攻坚是我国全面建成小康社会的短板，也是我国目前脱贫攻坚的主战场。2020年是我国全面完成脱贫攻坚目标任务的最后期限，西部是我国贫困人口最为集中、贫困发生率较高、贫困程度深、脱贫攻坚难度大的区域。在我国实施扶贫发展多年来，西部的部分地区仍处在深度贫困当中，这反映出这些地方的部分群众贫困的原因多样且复杂交错，既有自身的因病致贫、因病返贫、缺乏劳动力、家里有严重残疾人、受教育程度低等原因，也与当地的艰苦恶劣的自然环境等密不可分。具体看，西部的集中连片特困区和"三区三州"具有这些特点：自然条件差、地理位置偏僻、经济基础薄弱、贫困程度深。要在这么短的时间内实现脱贫，面临的挑战极其严峻。

虽然在国家和东部、中部地区各省（区、市）的共同努力下，经过多年的扶贫攻坚，西部多数省（区、市）的贫困发生率逐年下降，每年都有相当数量的建档立卡贫困人口实现脱贫，相当数量贫困县实现"摘帽"，贫困村实现"出列"，但是西部各省（区、市）的贫困发生率仍然相对较高。2018年，西部共有8个省（区、市）（占西部的75%）的贫困发生率明显高于全国平均值（1.7%），其中最高的西藏、新疆、甘肃和云南的贫困发生率在5.0%以上，贵州、广西和宁夏的贫困发生率在3.0%以上。我国确定的14个集中连片特殊困难地区中的六盘山区、秦巴山区、武陵山区、乌蒙山区、滇桂黔石漠化区、滇西边境山区等12个均与西部相关。我国划定的实施特殊政策的西藏、四省藏区、新疆南疆四地州和四川的凉山州、云南的怒江州、甘肃的临夏州等"三区三州"全部在西部。

当前，西部的集中连片特殊困难地区和"三区三州"的自然条件恶劣、经济发展落后。这些地区的贫困程度深，贫困持续的时间长，致贫因素多样相互重叠，绝大多数贫困户仍处于低水平贫困的状态，要想在短期内实现"两不愁三保障"有一定难度，要想真正永久实现脱贫还需要花大力气、下苦功夫。

西部的深度贫困地区多处在我国重要生态功能区范围内，其生态环境与全国的生态安全紧密相关，部分地区地质灾害频发，农业生产基本上属于"靠天吃饭"，这些均给当地的农业生产收成带来极大的不确定性。西部的深度贫困地区多处在地理位置偏远、人口稀少的地区，这些地区的道路、电力、网络、自来水等基础设施建设投入高、产生的经济效益不大，受制于当地地方财力不足，长期以来这些地区的基础设施建设明显滞后。因此，当地生产出来的农产品向外运输非常困难，即便能够运送到消费地，但物流成本明显偏高。在西部的深度贫困地区中，滇桂黔石漠化区和滇西边境山区等西南地区的贫困县缺土，新疆南疆四地州等西北地区贫困县严重缺水，青藏高原的贫困县多数属于高寒区域，导致农业生产条件极其恶劣，农业生产产量低。同时，由于这些地方整体经济发展相对滞后，地方财政投入有限，由于居住分散导致其公共服务配套建设投入成本相对高于东部和中部地区，因而教育医疗、养老服务、就业服务等基本公共服务严重滞后，针对特殊贫困群体的托养、护理、康复、特教等方面的服务供给相对不足。

在西部的深度贫困地区的贫困人口中，多数贫困人口的长期贫困的主要原因在于受教育年限少，部分贫困人口还因为受制于生活居住环境使得接受教育比较困难，文化水平低，因而由于自身认知能力不足而缺乏通过自身劳动技能提升实现自主、长期脱贫的能力。西部贫困地区还有大量的贫困人口由于是重度残疾人、孤寡老人、家里有长期患重病病人，属于"无业可扶、无力脱贫"的贫困人口；西部的深度贫困家庭还存在"半"劳动力、"弱"劳动力，甚至是"无"劳动能力的问题，这些均在客观上增加了脱贫和巩固脱贫攻坚成果的难度。

尽管多数西部各省（区、市）的社会保障事业有较大进步，但从城镇职工基本医疗保险参保率的绝对值来看，西部各省（区、市）的城镇职工基本养老保险参保率和城镇职工医疗保险参保率与全国平均值还是不小差距。2018年，西部共有8个省（区、市）的城镇职工基本医疗保险参保率略低于全国同期水平（72.96%），有3个与全国同期水平差距在10个百分点以上；其中，西藏、青海、甘肃、广西、贵州的差距在20个百分点以上。西部共有5个省（区、市）的城镇职工基本养老保险参保率略低于全国水平（69.33%），其中，有3个西部省（区、市）与全国同期水平的差值在20个百分点以上。

第六章

西部经济高质量发展动力与支撑

根据前面的分析评价结果，西部面临经济发展内生动力不足、创新对经济发展的支撑不足、生态环境建设任务艰巨、基础设施和公共服务有待提升等问题和制约。对于正处在转型发展、创新发展、跨越发展的关键时期的西部来说，未来应以问题为导向，切实解决制约经济高质量发展的问题，推动经济高质量发展。为夯实西部经济高质量发展的动力支撑，未来西部应在保持投资增长适度增长的同时优化投资结构，提升投资效益；加快培育新动能，促进经济发展动能从传统要素向创新驱动转变；深化推进供给侧结构性改革，增强改革的针对性、精准性、灵活性和有效性，充分发挥市场对资源配置的决定性作用；培育发展城市群，促进城市群联动协调发展，推动经济实现转型升级、带动区域经济实现高质量发展，强化中心城市对区域的引领带动作用；营造好营商环境，切实落实好促进民营经济发展的政策措施，促进民营经济持续健康发展。

一、投资消费仍是经济高质量发展的重要动力

多数西部省（区、市）经济实力薄弱，除四川省的经济总量在全国排名进入前十位外，其余西部省（区、市）的经济总量多处在靠后位置，西部各省份面临经济做大做强、提升经济发展质量、保护好生态环境、改善基础设施、实现乡村振兴、完成脱贫攻坚的多重任务。这些任务的完成均需要以一定规模的投资作为支撑。国家发改委西部开发司的巡视员肖渭明指出，党的十八大以来，新开工的西部大开发重点工程152项，投资总规模达到3.75万亿元。在152项重点项目中，累计开工铁路和公路重点工程分别有23项和35项，累计开工民航机场重点工程12项，其中"铁公机"项目总数为70项，占半数左右，累计开工水利和能源重点工程数分别为20项和41项。这些重大项目建设对西部来说，不仅可以改

善其对外交通条件，带动提供相关建设材料的工业行业发展，扩大就业，增加收入，还可以带动生活服务消费的发展。

西部的基础设施建设是推动国家"一带一路"倡议，促进东中西经济互通融合发展、相互协作的重要纽带，因此西部各省（区、市）应充分利用国家加快物流大通道建设的重要通道、关键节点和重点工程，弥补交通设施薄弱环节。交通基础设施依然是西部大开发重点任务，当前西部的铁路建设是我国铁路建设的重点区域，加快建设内外通道和区域性枢纽，积极融入全国内畅外联的国际运输大通道体系建设，仍是当前西部大开发的重点任务之一。西部应加快推进在建和储备的干线铁路、站和航空枢纽建设，加快推进以5G、特高压、城际高速铁路、轨道交通、高铁枢纽、新能源充电桩、人工智能、大数据中心、工业互联网等为代表的"新基建"投资，力争为经济高质量发展奠定与东部同步发展的基础。"十三五"规划提出，我国将加快推进乌鲁木齐—连云港、昆明—上海、昆明—广州、呼和浩特—南宁、昆明—北京、包头—银川—海口、银川—青岛、西宁—广州、兰州—北京、重庆—厦门等高速铁路通道建设，提升西部的高铁路网密度，促进高铁沿线城市进入全国高铁网，缩减西部的旅客和货运到全国各地的时间；加快开工建设川藏铁路、渝昆铁路等大通道，推动成昆线等复线改造。同时，西部将实施高速公路联网畅通、国省干线升级改造、农村公路畅通安全等工程建设，还要进一步加强农村公路建设和支线机场建设。

西部也正处在城镇化快速发展阶段。城镇化率每提高一个百分点，将有上百万人从农村转入城镇，不仅会增加城市基础设施和公共服务设施投入，还会对住房投资建设形成正向拉动。因而，城镇化的快速发展是支撑西部投资保持较快增长的重要因素之一。总体上，西部各省（区、市）正处于完善城镇的教育、医疗、卫生、文化、体育等公共配套服务，促进公共服务均衡化发展的重要阶段，同时还处于加快推进市道路交通、新基建、环境治理、生态建设等基础设施建设，提升城镇居住品质的重要阶段。因而城镇的基础设施和公共服务配的完善提升以及生态建设和环境治理均需要大量的投资。城镇化是推动投资增长的重要因素。此外，西部还是我国乡村振兴发展、脱贫攻坚、生态建设与环境治理的重要战场，国家将加大对新一轮西部大开发的基础设施和生态环境建设的投入力度，因此，投资仍然是西部经济高质量发展的重要动力支撑。

西部各省（区、市）应抓住新一轮西部大开发国家加大对西部的基础设施、公共服务、生态建设、环境治理等方面投资力度的契机，在保持合理投资规模的同时，优化投资结构、改革投融资体制机制、提升投资效率，通过政府与社会资本合作（PPP）等方式鼓励社会资本投向基础设施、公共服务、生态环保等领域，建设一批与交通、水利、能源、生态环保紧密相关的重大基础设施项目，当前及未来需求增长潜力大的重大产业化项目，以及满足群众多样化消费需求的民生工程项目，推动经济在更高层级上实现可持续健康稳定的发展。

作为最终需求的消费是经济增长的持久动力。当前，西部各省（区、市）的经济增长仍然主要依靠投资。值得注意的是，2013～2018 年，西部共有 9 个省（区、市）的投资拉动率出现不同程度的下降。实际上，西部的区域性中心城市和中高收入群体的消费能力是比较强的。当前，我国正处在居民消费从生存型转向享受型、发展型，城镇居民对服务消费的需求旺盛。城乡居民整体消费结构升级和消费内容的变化是企业提供新产品与服务新的增长点。对此，西部各省（区、市）应逐步转变经济发展对投资的依赖，积极发挥消费的基础作用，顺应消费升级大趋势，聚焦消费新领域、新模式、新热点，增加高品质产品和服务供给，培育发展体验型消费、新兴商业业态和新型消费模式，加快形成新的消费热点。围绕未来需求潜力大且有望持续快速增长的文化旅游、体育运动、康体养生、教育培训、信息消费、家政服务等重点领域，西部应重视丰富提升供给的消费市场产品服务，扩大消费需求。城镇应积极推进进城农村居民市民化进程，在城市平台上为进城农村居民提供均等化的教育培训、医疗卫生、社会保障等公共服务，提升城镇对农村居民的吸引力，进而增加消费需求。各级政府相关部门应积极采取有效措施，解决农产品卖难问题，切实做到让农业生产出好产品，不但要求生产的农产品卖得脱，最为重要的是要卖得好，卖出好的价钱，切实促进农村居民人均纯收入保持较快增长，为农村居民实现生活富裕奠定坚实的经济基础，提升农村居民消费能力，扩大社会总消费规模，不断把农村市场的巨大潜力变成现实的购买力，增强消费对经济增长的拉动作用。

二、创新是引领经济高质量发展的首要新动力

人类社会发展历程无数次证明，人类社会的每一次重大进步都与科技革命紧密相关。新一轮科技革命和产业变革正孕育兴起，新技术、新业态、新模式将不断涌现。党的十九大报告提出"加快建设创新型国家"，明确"创新是引领发展的第一动力，是建设现代化经济体系的战略支撑"。我国改革开放的总设计师邓小平在 1988 年的全国科技大会上提出了"科学技术是第一生产力"。2019 年，习近平总书记在天津考察时指出，"高质量发展要靠创新，我们国家再往前发展也要靠自主创新"。"让有创新梦想的人能够心无旁骛、有信心又有激情地投入到

创新事业中，中国的动能转换、高质量发展就一定能够实现。"对于正处在经济高质量发展起步阶段的西部来说，单靠原来的承接国际上和东部产业转移、通过政府投资拉动经济的发展模式，已经难以支撑未来的可持续的高速发展，更难以自动实现经济高质量发展的目的。西部各省（区、市）应在做大做强经济实力的同时，把创新引领摆在发展的重要位置，加快培育壮大新动能，在产业创新、科技创新、开放创新等方面实现突破发展，促进新旧动能及时接续转换。

企业是技术创新的主体。西部的大中型企业尤其是未来发展潜力大的企业、科技型企业更要全面深入地推进供给侧结构改革，生产出来的产品与服务不但要品质过硬，更要卖得掉、卖得快、卖得好、卖得高，更好地满足群众多层次、多样化的消费需求。在企业的生产过程中，生产型企业不但要做到要素利用效率高，还应尽可能地减少对生态环境的影响，更不能污染甚至是破坏生态环境。作为西部的企业，其经济实力、对高层次人才的吸引力、企业创新发展认知理念、企业科技研发能力均与东部地区企业有不小的差距，因此应与发展方向和产品服务相关联的科研院所和高等院校建立紧密的协作关系，充分借助科研院所、高等院校等的科技研发实力，与科研院所和高等院校密切合作，进行面向市场需求的科技研发，提供科技创新研发服务支撑，促进产学研用一体化发展，进而向市场提供品质更好、满足消费需求变化、价格合理且使用起来安全便捷的产品与服务。

良好的创新生态能够提升产生创新成果的可能性，更加高效地促成创新成果快速扩散利用。科技成果产生、转化、应用需要很多要素的协作配合，包括创新所需的激励性政策措施、法律法规、金融生态、创新人才、良好的人居环境等，即创新成果需要良好的创新生态。总而言之，西部各省（区、市）应着眼于完善创新生态环境，补齐短板，破解科技成果转化的体制机制障碍，着力营造出尊重创新、崇尚创新的社会氛围，让市场在资源配置起决定性作用为导向，具有一定数量的创新型企业作为创新的主体，基本形成科技创新—推广应用—科技创新螺旋式上升循环的通畅路径。

科技制度和科技服务配套是科技创新的基础条件。西部各省（区、市）应坚持以市场为导向不断完善科研资源配置制度，深入推进阻碍科技创新管理体制改革，补齐科技创新制度政策短板，构建有利于科技创新和科研成果转化的运行机制。充分运用税收抵扣/减免、财政贴息、技术入股等措施，鼓励企业加大科研发投入、自主科研立项、合作研发，加大财政金融支持科研院所、高校在基础科技研发、新产品开发和科技成果转化方面的力度。建立完善的知识产权保护制度，更好地保护科技研发创新成果，着力营造有利于科技创新成果推广的良好社会氛围，积极引导形成良好的鼓励、尊重、保护好创新成果的社会环境。

创新驱动实质上是人才驱动，人才是创新引领的最核心要素，人才是支持创新发展的首要资源。西部的工资收入、工作机会、发展环境和居住服务配套条件均不如东部地区，因此应加快发展产业，提供丰富多样的就业机会，推动城市居住功能品质提升，以增强对创新创业高层次人才的吸引力。西部各省（区、市）应瞄准世界科技前沿和战略性新兴产业，培养造就一大批具有国际水平和视野的科技人才、各行业领军型人才和高水平的创新团队，以及"长江""杰青""优青""青千"等高层次人才。西部应在推进科技创新中，着力引进和培育各类创新团队，加大科研项目资金支持力度，加大对科研创新项目的创业扶持、项目资助、股权投资、财政贴息工作经费配套等科技研经费的支持力度。为杰出人才、精英人才、成长型人才等高层次人才提供奖励补贴、购房补贴等，扩大科研人员在科研项目管理、科研经费使用上的自主权和决策权，提高科研人员成果转化收益比重。

三、改革激活经济高质量发展活力

经过40多年的改革开放的发展历史证明，改革是推动经济发展最强大的发展动力，我国改革开放取得了举世瞩目的成绩。当前，我国改革开放已经进入攻坚期、深水区，发展过程中出现的新情况新问题也需要用改革的办法来解决。全面深化改革是近年来我国转变经济发展方式的重要推手，也将成为解决"新矛盾"、开启"新征程"的重要手段。西部应以经济体制改革为重点全面深化改革，使市场在资源配置中起决定性作用，破除阻碍经济发展方式转变制度制约因素，突出重点难点，最大限度地激发市场活力和发展动力。西部只有系统地破除束缚经济发展的体制机制，才能从根本上拓展经济发展的空间，化解深层次的矛盾，进一步释放出经济发展的新动能，找出从高速增长转向高质量发展的新路径。

按照党中央、国务院部署，要围绕"巩固、增强、提升、畅通"八字方针深化改革。围绕"增强"推进改革，更加有效地降成本、补短板、去产能、去杠杆。围绕"增强"推进改革，深化国有企业混合所有制改革，加大产权保护改革力度，聚焦市场参与主体企业需求，强化制度供给，营造良好的营商环境，激发和保护企业家精神，激发市场经济参与主体活力，形成经济高质量发展的活力。围绕"提升"推进改革。推进要素市场化改革，提升要素流动性，促进要素向优势企业和优势区域聚集；全面深化科技体制改革，破除科技体制机制制约，激发各类创新主体活力，最大限度地释放创新创业潜能，促进西部的创新能力显著提升，大幅提升创新对经济发展的贡献作用；深化服务业改革，以标准化和品牌服务为引领，探索服务业发展新模式、新业态，促进生产性服务业服务系统集成，推动服务业提质增效。围绕"畅通"推进改革。着力打通"三个循环"，加快建立统一开放、竞争有序的现代市场体系，打通国内市场和生产主体的循环；破除妨碍劳动力人才社会性流动的体制性障碍，打通经济增长和就业扩大的循环；提升金融体系服务实体经济的能力，打通金融和实体经济的循环。

供给侧结构性改革成为经济体制改革的重中之重。2015年底，中央财经领导小组会议提出，要在适度扩大总需求的同时，着力加强供给侧结构性改革。近几年的中央经济工作会议指出，我国经济运行的主要矛盾仍然是供给侧结构性的，必须坚持以供给侧结构性改革为主线，促进经济高质量发展。供给侧结构性改革是推动经济高质量发展的重要途径，为实现高质量发展夯实基础。国务院发展研究中心宏观经济研究部研究员张立群认为，从实施效果来看，供给侧结构性改革已经取得明显进展，有效激发了市场主体活力和社会创造力，为中国经济稳中向好发展提供了有力支撑。未来，西部各省（区、市）也应以供给侧结构性改革为主线，瞄准过剩产能做减法，瞄准基础设施、脱贫攻坚等短板做"加法"，瞄准新技术新产业做"乘法"，瞄准放管服做"除法"，加快培育壮大新动能，实现新旧动能接续转换，构筑建设现代化经济体系的动力支撑。

四、推动城市群协同发展强化带动效应

当前全球竞争已经从单个中心城市转向城市群之间的竞争。城市群具有较强的辐射引领和带动作用，是支撑全国经济增长、促进区域协调发展、参与国际竞争合作的重要平台。当前，西部已经初步形成了成渝城市群、关中平原城市群等九大城市群。根据《中国城市发展潜力排名：2019》可知，西部的成渝城市群、关中平原城市群、北部湾城市群处于快速发育期，呼包鄂榆城市群、兰西城市群、宁夏沿黄城市群、天山北坡城市群、滇中城市群、黔中城市群还处在雏形发育期。由于西部的城市群发育程度低，城市群内部的城市之间的产业发展同构性高，互联互通的基础设施网络还未形成，还未建立有效合作机制。城市群内部城市之间的相互竞争多于合作，缺乏区域协同发展的内生动力。西部各省（区、市）要高度重视城市群对区域发展的引领和带动辐射作用，还未规划城市群的省（区、市）要加大城市群发展的培育力度，将城市群培育成积极参与全球合作与竞争的战略高地。

西部的四川、重庆和陕西应以成渝城市群、关中平原城市群的重庆、成都和西安三个国家中心城市为核心，重点建设具有全球影响力与竞争力的国家级城市群乃至世界级城市群。要加快发展中高端服务业、智能制造、高端装备制造、绿色低碳等领域，推动大数据、互联网、人工智能、区块链等与实体经济深度融合，大力培育新经济、新产业、新业态，推动城市制造向城市创造转变。北部湾城市群和滇中城市群等区域性城市群应加快构建由大中小城市和小城镇组成的协调发展健全城镇体系，提升区域性城市群的区域性城市中心的辐射引领和带动作用，促进区域性中心城市与次级城镇的分工协作；提升区域中心城市的城市功能，完善基础设施和公共服务设施，增强资源环境承载能力，引导形成支撑省级区域的经济发展、吸纳人口转移的城市群。

西部应推动在城市群内部建立健全有效合作机制，推动城市群内部各城市产业同链、交通同网、市场同体、金融同城、生态同建、污染同治。强化城市群发展顶层设计，完善区域协调机制，突破区域协同发展的行政边界制约，推动资本、技术、人才、劳动力等生产要素在区域内自由流动和优化配置。优化调整城市群生产力布局，加快产业对接协作，促进城市群内部各城市差异化发展，避免产业发展的同构性，内部各城市之间优势互补、相互协作发展。建立常态化的城市沟通协调机制，促进各城市分工合作，形成差异化和互补的产业结构，建设一体化的基础设施网络，构建成本共担、利益共享的区域协调机制，实现资源互补与功能融合，共同提升区域的营商环境和人居环境，推动城市群经济、社会、生态环境三者合一的可持续性发展。

坚持以人的城镇化为核心，推动产城融合发展，提升城镇化质量。根据城镇环境人口承载力，合理控制大城市人口规模，突出职住平衡，通过以产促城，以城促产来推动产城互动，加快建设产城相融的产业新城。合理规划城镇的产业体系、能源体系、交通体系、绿色空间体系、环保体系等，明显改善城镇的人居环境质量。坚持新型城镇化建设与生态文明建设相结合，按照人与自然和谐共生的原则，努力促进生态惠民、生态利民、生态为民，推动人居环境向高质量发展。着力抓好重点人群落户，推进进城农村居民享受同等教育、医疗、卫生等基本公共服务和社会保障，加快推进农业转移人口市民化进程。深化户籍制度改革，促进在城镇稳定就业居住5年以上的农业转移人口等重点群体的落户城镇，确保有意愿、有能力、有条件的农业转移人口在中小城镇应落尽落。

五、发展民营经济增强市场经济体主体活力

2018 年 11 月 1 日，习近平总书记在民营企业座谈会上指出，"民营经济是社会主义市场经济发展的重要成果，是推动社会主义市场经济发展的重要力量，是推进供给侧结构性改革、推动高质量发展、建设现代化经济体系的重要主体"。当前，民营企业在我国经济社会中的具有重要的地位和作用，民营企业创造了50% 左右的税收、60% 左右的 GDP、80% 左右的就业。近年来，西部各省（区、市）出台了不少鼓励和支持民营经济发展的政策意见，民营经济发展环境正在发生积极变化。但与东部地区和中部地区相比，西部的民营经济发展仍相对滞后。西部各省（区、市）需要抓住重点，扭住关键，将鼓励和支持民营企业发展优惠的政策措施落到实处，把减轻企业税费负担落到实处，切实帮助民营企业解决好发展的困难和难题。深化精准服务民营企业活动，将减税降费等涉企政策落到实处，真正减轻市场经济主体成本运行压力，尽量扩大市场主体的盈利空间，增强市场主体发展信心。

西部各省（区、市）要着力营造法治化、国际化、市场化、便利化的良好营商环境。建立完善规范、透明、开放、有活力的市场环境，营造出全社会尊重、理解、支持、爱护企业家和创新创业的社会氛围，吸引更多的创新创业人才入驻，使企业家健康成长，使企业能够发展成更高层级、更高能级的知名企业。进一步完善营造良好营商环境的政策体系，营造有利于创新创业的发展环境，聚集更多高质量生产要素、培育更多高能级企业，增强区域市场竞争能力。以增强微观主体活力为重点，促进市场经济改革走深走实，畅通民营企业反映诉求的渠道，让企业家和创业者感到投资是有回报的，坚定企业家投资实体经济发展的信心。以创造高品质生活为导向，优化城市空间布局，有计划、有前瞻性地疏解大城市的非核心城市职能，建设美丽宜居城市。对新经济、新产业、新业态和新场景等实行包容审慎的监管，为新经济的产生、成长、壮大、做强营造良好的发展环境。

西部优化营商环境，应深化营商环境综合改革，继续深化"放管服"改革，着力解决阻碍企业发展、群众办事难的突出问题，切实解决民营经济发展的痛点、难点和堵点，破解制约瓶颈。鼓励政策性、开发性金融机构发挥作用，在业务范围内对符合条件的小微企业提供信贷支持，缓解小微企业融资难、融资贵的问题。将各种优惠政策落到实处，进一步降低制度性交易成本，对标先进地区深

化改革，集聚更多高质量要素，引入更多高成绩项目，培育更多高能级企业，进一步增强西部企业的市场竞争力和区域发展带动力。坚持"两个毫不动摇"，深化精准服务民营企业活动，推动减税降费等涉企政策落地落实，构建"亲清新型"政商关系，为各类所有制企业营造公平、透明、法治的发展环境，让市场主体深受环境吸引、增强发展信心。

以高质量就业、高品质人居环境、高标准城市功能服务吸引创新创业人才，为民营经济发展提供充足的、多元化、多层次的人才。在前面的分析中已提及，西部由于经济发展程度或者产业结构的提升程度相对滞后，不能为高层次人才和高素质劳动力提供好的就业机会，因此西部要依托区域内的产业功能区，抓好主导产业精准招商，加快重大产业化项目落地，提供高质量就业机会，以高能级产业集聚带动高层次人才和高素质劳动力聚集。应满足高品质人居环境、高品质生活消费服务需求，加快完善基础设施和公共服务设施，促进西部的区域性中心城市快速提升城市功能，推动一批优质教育集团、优质医疗机构办分校、分院，吸引人口向新城集聚。

六、依托平台载体着力打造内陆对外开放高地

自 2013 年习近平总书记提出"一带一路"倡议以来，随着我国"一带一路"倡议深入推进，"一带一路"已经进入务实推进阶段，西部正逐步从原先对外开放的腹地走向对外开放的前沿。自由贸易区是我国对外开放的桥头堡，是对接国际贸易规则的前沿阵地，是我国对外开放合作的重要平台载体。截至 2019 年，西部已经获批建立的自由贸易区共计 5 个，分别是中国（重庆）自由贸易试验区、中国（四川）自由贸易试验区、中国（陕西）自由贸易试验区、中国（广西）自由贸易试验区、中国（云南）自由贸易试验区，占全国自由贸易区总数的 27.8%。中商产业研究院 2018 年发布的《"一带一路"贸易数据分析报告》显示，2017 年，西部与"一带一路"沿线国家的进出口总额为 1434.2 亿美元，较 2016 年增长 15.6%，占全国与"一带一路"沿线国家的进出口总额的 10.0%。从西部内部看，新疆与"一带一路"沿线国家的进出口贸易在 2017 年出现猛增，较 2016 年增长了 91.9%，占西部总量的 19.8%，广西、四川、重庆、云南的占比也在 10% 以上。西部应充分发挥自由贸易区的作用，高标准建设自由贸易区，将其建设为新时代改革开放的新高地。

西部与"一带一路"沿线国家的产业发展具有一定相似性，互补性非常强。

西部各省（区、市）的相关城市应以全局思维和国际视野深度融入"一带一路"建设，加快集聚高端要素资源，注重引资与引技、引智相结合。符合条件的县市应培育发展一批外向型产业示范园区，大力推进本地产品、本地服务"走出去"，支持有实力的企业建设境外产业园区、跨境经济合作区等产业园区，发展更高层次开放型经济，以全面开放合作促进高质量发展。要进一步拓宽双向投资领域，推动绿色基础设施建设、绿色投资，推动企业按照国际规则标准进行项目建设和运营。继续推进在"一带一路"沿线国家建设能源基地，加强双方在绿色能源、可再生能源、新能源等方面的交流合作。

促进贸易投资自由化便利化。西部各省（区、市）应积极融入"一带一路"建设，积极开展共建"一带一路"经贸领域合作、三方合作、多边合作，推进合作共赢的开放体系建设，加强贸易和投资领域规则标准对接。推进商建投资合作工作机制，积极开展促贸援助。推进商建贸易畅通工作机制。拓宽贸易领域，推动优质农产品、制成品和服务进出口，促进贸易平衡发展。继续推进中欧班列（以成都、重庆和西安为主导）、西部陆海新通道等国际物流和贸易大通道建设。加快在"一带一路"沿线国家发展"丝路电商"，鼓励西部的企业在沿线国家开展电子商务和国际经济贸易活动。

第七章

西部经济高质量发展方向与路径

党的十九大指出，我国经济已由高速增长阶段转向高质量发展阶段，正处在转变发展方式、优化经济结构、转换增长动力的攻关期。经过几十年的经济高速增长后，由于支持经济高速增长的宏观经济环境和经济发展内部支撑条件发生变化，我国经济发展的步伐逐步放慢，已经转向换挡降速、优化结构、提质增效的新阶段。西部未来应以完善高质量发展制度、推动形成绿色发展方式、促进区域协调发展、全力做好脱贫攻坚战为方向，推动经济实现高质量发展。

一、完善经济高质量发展的制度

推动高质量发展是当前和今后一个时期我国确定发展思路、制定经济政策、实施宏观调控的根本要求，这要求西部也要在习近平新时代中国特色社会主义思想的指导下，加快形成推动经济高质量发展的指标体系、政策体系、标准体系、统计体系、政绩考核等体系。对于处在高质量发展起步阶段的西部各省份来说，重中之重是制定完善促进经济高质量发展的制度体系。要实现经济高质量发展，要求促进发展动能从传统要素转向创新驱动。释放科技对经济发展的贡献，依赖于科技体制机制的创新、科技人才引进与培育制度的创新、知识产权的保护与创新。

党的十九大报告指出，建设现代化经济体系，构建微观主体有活力、市场机制有效、宏观调控有度的经济体制，不断增强我国经济创新力和竞争力。构建完善经济高质量发展的制度核心是以完善产权制度和要素市场化配置为重点，实现产权有效激励、要素自由流动、价格反应灵活、竞争公平有序、企业优胜劣汰，为各类所有制企业营造公平、透明、法治的发展环境。西部各省（区、市）要使市场经济主体充满活力，必须深入推进国有企业的混合所有制改革，把国有企业改造成为真正的市场竞争主体。全力营造良好的营商环境，坚持问题导向，用改革的办法疏通堵点、纾解痛点，为企业提供务实高效服务，切实解决企业发展过程中遇到的困难与问题。

建立完善促进经济高质量发展的绩效考评体系。为引领和推动经济高质量发展战略，西部各省（区、市）应尽快设置推动县域经济高质量发展的绩效评价和政绩考核指标体系，反映省（区、市）内各县域在促进经济高质量发展方面的进展成效与短板不足。要将全省各县域分为重点发展区域、农业特色区域、生态保护区域等类型，使不同类型地区被赋予的权重值略有差异，同类型地区的指标权重相同，从而使评价考核指标真正起到引领和助推作用，用精准考核促进各地区深入实践高质量发展。建立完善绩效评价考核制度和考核办法，紧扣目标任务，细化方案措施，谋划和设计科学的考评方法与制度，创新工作举措，以高质量的考评引领经济高质量发展，促进各层级干部推动实现经济高质量发展的自觉性，严格督查检查，切实促进各项工作落到实处。坚持奖惩相结合，建立与经济高质量发展相匹配的利益激励、政绩考核机制尤为重要，这有利于释放广大基层干部推动经济高质量发展的自觉性、主动性和积极性。

根据前面的分析评价，西部各个省（区、市）在吸引外地高素质人才和留住本地人才方面还有诸多不足。在当前国内许多城市展开的对人力的"争夺战"已经从高层次、高素质人才扩展到具有较高劳动技能的一般人力资源。习近平总书记在参加十三届全国人大一次会议广东代表团审议时强调，发展是第一要务，人才是第一资源，创新是第一动力。因此，强起来要靠创新，要实现经济高质量发展也需要拥有较高创新能力、创新意识、勇于创业、善于创业的人才。西部各省（区、市）的城市应进一步完善吸引和留住高层次人才和较高素质劳动力资源的人才政策，放开人才评定权限，给予企业更多的自主权。同时，还应着力完善企业中层研发人才、管理人员、市场营销人员的引进和培育政策，力争在人力资源争夺战中吸引海内外高端人才及项目团队，为高质量发展积攒、储备高层次人力资源，力争能够抢占新业态、新经济、新产业发展的筹码。

二、推动形成绿色发展方式

2018 年中央经济工作会议提出，"加快经济结构优化升级、提升科技创新能力、深化改革开放、加快绿色发展和参与全球经济治理体系变革"。2019 年的中央经济工作会议提出，要加强污染防治和生态建设，加快推动形成绿色发展方式。国家发改委环资司副司长马荣强调，绿色发展是经济增长和社会发展的趋势，绿色产业作为绿色发展的基础、核心和支撑，是实现经济绿色高质量发展的根本路径。

绿色是生命与活力的象征，是大自然最美的底色，是人与自然和谐共处的纽带，代表着经济的可持续发展。习近平总书记的"绿水青山就是金山银山""保护生态环境就是保护生产力、改善生态环境就是发展生产力"等科学论断充分肯定了走绿色发展道路可以推动经济发展，也可以将生态环境优势转化为经济发展优势。西部多数区域在我国主体功能区规划中被划定为限制开发区或禁止开发区，真正适宜大规模开发、高密度集聚人口的地方比较少。西部各省（区、市）应全面贯彻落实我国最新主体功能区规划，在保护好生态环境，促进生态环境逐步好转的前提下促进经济高质量发展。因此，全面推动绿色发展，加快形成绿色发展方式，积极引导形成绿色低碳生活方式，是解决好西部各省（区、市）当前面临的生态建设、环境治理问题的基本策略。

促进产业结构调整，推动产业发展绿色化。实现绿色发展的重点是调结构、优布局、强产业。要严格执行新增重大产业项目的规划环评，限制发展高耗能低效益产业。支持绿色清洁生产，推动能源、钢铁、水泥、造纸、玻璃等行业的清洁化改造，积极推动高耗能产业工艺流程技术改造、降低资源消耗强度。严格执行国家的生态功能区规划，优化国土空间开发布局。加大绿色产业的培育力度，发展现代服务业、绿色高效循环农业，加快推动有条件的地方对太阳能、风能、生物质能、水能、地热能等可再生能源开发利用。农业生产过程中应尽量减少农药化肥的使用，增加有机肥使用比重，完善废旧地膜回收处理制度。

环境治理是系统工程，需要综合运用行政、市场、法治、科技等多种手段。城市尤其是污染较为严重的城镇区域应坚决打好污染防治攻坚战，促进城镇生态环境逐步好转，建设美丽公园城市。要加强城镇工业、建筑、生活等废弃物综合利用，推进资源全面节约和循环利用，从源头上降低废气、废水、废渣的产生。推进交通运输低碳发展，实行公共交通优先发展战略，在有条件的城镇推进轨道（地铁或地面轻轨）交通建设，鼓励自行车等绿色出行方式；根据西部省域内的城镇体系级别，分类提出逐年提升城市公共交通分担率的硬性指标。严格执行城镇地区的建筑节能标准，提高建筑节能标准，大力推广绿色建筑和建材。持续开展农村人居环境整治，基本解决农村的垃圾、污水、厕所问题，打造美丽乡村。深入推进生态环境保护市场化进程，引导社会资本进入生态环境保护领域。有效防范生态环境风险，始终保持高度警觉，防止各类生态环境风险积聚扩散，做好应对任何形式生态环境风险挑战的准备。

积极倡导绿色低碳的生活方式。推动高质量发展，既要以科技创新来支撑，也要以生态建设来保障，更要倡导形成绿色低碳的生活方式，减少日常生活对环境的污染破坏。深入挖掘各地生态文化内涵，弘扬绿水青山就是金山银山发展理念，坚定绿水青山就是金山银山的认同感。充分利用各级各类媒体，多方位宣传绿色低碳生活理念。结合西部各省（区、市）生态环境现状，编写生态文明地方性教材，引领绿色低碳生活方式。在全社会广泛开展节约型机关、绿色学校、绿色社区、绿色家庭、绿色单位创建活动，通过生活方式绿色革命，倒逼生产方式绿色转型。加强资源环境国情和生态价值观教育，培养公民环境意识，推动全社会形成绿色消费自觉。

三、促进区域协调联动发展

促进区域协调发展是新发展理念和建设现代化经济体系的重要组成内容。2019 年 8 月 26 日，习近平总书记在中央财经委员会第五次会议上指出，"要根据各地区的条件，走合理分工、优化发展的路子，落实主体功能区战略，完善空间治理，形成优势互补、高质量发展的区域经济布局"。2019 年的底的中央经济工作会议将"促进区域协调发展"作为 2020 年的重点工作之一。这为西部各省（区、市）推进高质量发展、实施区域协调发展指明方向和实现路径。西部多数省（区、市）的地域大，加上受到产业发展基础、地区区位条件、自然地理条件等多因素影响，各省（区、市）之间、市州之间、县域之间、城乡之间、城市与城市之间、农村与农村之间的差距非常明显，要实现经济高质量发展，应全面贯彻落实中央的区域协调发展战略，大力实施乡村振兴发展战略，缩减区域之间的发展差距，促进区域协同发展。

完善区域协调发展的体制机制。要促进区域协调发展，必须打破地区之间的分割和利益藩篱，建立健全区际利益补偿机制，深化区际合作协商机制，建立区际基础设施共建共管共享机制，健全区际合作发展保障机制，完善区域生态补偿机制，建立完善的生态补偿制度。上述的系列机制和制度的完善需要独立设置在本区域外且对区域发展具有较强影响力的区域合作服务机构，由区域合作服务机构独立地分析研判区域协调发展需要共商的主题，定期召开跨区域的协商会议，并形成相关决议或制度，这样有利于增强区域发展的联动性、整体性和协调性，有利于促进区域协调发展取得实实在在的成效。

着眼于弥补区域协调发展的短板。要解决好区域发展不平衡问题，应着眼于充分发挥区域发展优势，通过区域协调发展战略研究找准制约区域协调发展的短板。统筹谋划区际产业布局，避免产业趋同发展进一步加剧，推动各县域产业发展各具特色、产业相互协作、产业相互融合发展的协作共赢发展新局面。推动城乡之间基础设施、公共服务设施尽量均衡布局，加快完善乡村地区的道路、电力、网络、环保等基础设施，促进区际交通互联互通，跨区域的生态环保设施共建共管共享，提升农村地区的医疗卫生、教育、文化、养老等公共服务，着力补齐城乡之间的差距，切实解决区域发展不平衡不充分的问题，整体提升经济发展质量。

着力统筹区域的新型工业化和城镇化发展，坚定不移推进中小城镇走产城融合发展道路，推动形成以产兴城、以城聚产、产城联动、产城相融的良好局面。在西部以重庆、成都、西安等城市为中心的城市群发展较为成熟，除此之外还有初具雏形的西部城市群区域，应以这些中新城市为中心引领成渝、关中平原等城市群发展，充分发挥城市群核心城市的引领辐射和示范带动作用，加强与核心城市的协作，将核心城市的非核心城市功能和产业生产功能向周边城镇疏解，促进周边的城镇建成产城相融的新城，解决大城市的交通拥堵、环境质量下降、空气污染、企业运营成本高企等问题，促进城市群的各个层级的城市共同协作发展。充分利用承接产业转移示范区、跨省合作园区等平台，支持发达地区与欠发达地区共建产业合作基地和（或）合作园区，这样欠发达地区也可以分享经济发展带来的税收、经济增长的成效，欠发达地区和发达地区可以共同加强环境保护和生态建设，打造碧水青山、绿色低碳、人文厚重、和谐宜居的生态文明城市。

促进城乡融合发展，大力推动乡村振兴。共同富裕是社会主义本质的重要体现，由于西部的地域广阔，受各地发展的产业基础、资源禀赋、地理区位条件、发展历程等多方因素的影响，西部各乡村之间发展差距非常大，既有像陕西省延安市延川县文安驿镇梁家河村、四川省成都市青杠树村、重庆豹岩村、贵州省贵阳市大冲村等最美乡村，也有相当数量类似于贵州省遵义市正安县土坪镇石志村的贫困村。对于一般乡村来说，需要实施乡村振兴战略和区域协调发展战略，推进农业农村现代化，深化农村土地制度改革，支持农村地区尤其是贫困地区加快发展，协调东中西部区域协调发展。应处理好公平与效率之间的平衡，缩小城乡、区域、行业收入差距，共享高质量发展成果。

四、全面完成脱贫攻坚任务

深度贫困地区脱贫攻坚，首先要把解决好"两不愁三保障"的突出问题作为攻坚的主要目标和任务。西部是我国全面建成小康社会、实现现代化的重点和难点。要聚焦西部的集中连片特殊困难地区和"三区三州"的脱贫这块"硬骨头"，坚决打赢精准脱贫攻坚战，坚决兜住保障困难群众基本生活的底线。着力推动基本公共服务均等化，运用"互联网＋"等新模式，使边远贫困地区享有更多优质教育、医疗资源，提高西部就业、养老等公共服务水平。发挥东西部扶贫协作和中央单位定点帮扶的示范引领作用，继续做好对口帮扶模式，充分发挥消费扶贫的拉动作用，动员社会各方面力量，共同参与扶贫。对于贫困县和贫困村来说，还需在 2020 年通过自身努力、东西协作、社会扶贫等多种方式完成全面脱贫攻坚任务，需通过前瞻性战略规划逐步实现乡村振兴发展目标。

加强培育致富带头人，提升创业项目带贫减贫效果，对于国家打赢脱贫攻坚战具有重要意义。实施致富带头人培育工程，要把"提升创业项目带贫减贫效果"摆在核心位置。对于如何提升创业项目的带贫减贫效果，谭诗斌表示，首先要选准适宜带贫的产业项目，其次要鼓励致富带头人与贫困户依托产业项目构建利益共同体，此外还需进一步完善挂钩激励政策。

实施易地扶贫搬迁。这是打赢这场脱贫攻坚战的关键举措，要合理确定搬迁规模，尊重农民的意愿，有序组织实施。因地制宜确定安置方式，可以在移民新村、小城镇、乡村旅游区集中安置，也可以采取插花式的方式分散安置。要支持农民朋友发展特色种植业、养殖业，加快发展劳务经济，加强技能培训，改善移民地区的基础设施和公共服务，确保能够搬得出、稳得住、有事做、能致富。

大力推进教育扶贫、产业扶贫、旅游扶贫等专项行动，努力为贫困地区和贫困人口发展提供造血机能。教育扶贫就是要让贫困家庭的子女接受公平的、有质量的教育，防止贫困代际传递，要继续实施普通高中和中等职业教育学国家资助政策，重点高校要继续向西部农村和贫困地区定向招生。产业扶贫就是要立足贫困地区的实际和优势资源，精准选择产业对接项目，实现就地脱贫。旅游扶贫就是要深入实施乡村旅游扶贫工程，对贫困乡村旅游业发展给予重点支持，以辐射带动贫困户脱贫致富。

扩大消费扶贫对贫困地区和贫困人口收入有增加作用。消费扶贫作为扶贫方式之一，是指社会各界通过消费来自贫困地区和贫困户生产的产品与服务，增加贫困户的收入，帮助贫困人口脱贫增收，是社会力量助力脱贫的重要途径之一。西部各省（区、市）应按照《国务院办公厅关于深入开展消费扶贫助力打赢脱贫攻坚战的指导意见》的要求，鼓励省域内的机关、国有企业、事业单位、大专院校、城市医疗及养老服务机构等在同等条件下优先采购贫困地区农产品。将消费扶贫纳入东西部扶贫协作和对口支援政策框架，指导贫困地区提升农产品质量，根据市场需求生产出满足消费需要的农产品，推动贫困地区农产品就地加工，带动贫困人口增收脱贫。

鼓励和支持发展网络电商服务平台，促进电商平台与贫困地区、贫困户建立利益机制。贫困地区农村电商服务平台的发展，为贫困地区生产的农产品提供多样化的销售渠道，打破原有的产品地域空间限制，减少流通环节，有利于实现创收增收，同时也方便了消费者，降低了农产品消费支出成本，使消费者享受了更加优质的产品，实现了生产者、消费者和电商平台的多方互利双赢。贫困地区电商服务的发展有利于促使贫困地区相关行业的发展，既增加贫困地区的就业机会，还有利于不断完善物流基础设施，激发贫困地区农村经济发展活力。农村电商经营者为贫困户在农产品开发、包装设计、网店运营、产品追溯、人才培训等方面提供专业服务，可以扩大电子商务进农村综合示范覆盖面，扩大的贫困地区、贫困农户的农产品的市场营销额，增加贫困地区和贫困农户的经营性收入。

‖第八章‖

结 论 及 启 示

对西部经济高质量发展进行研究分析，可以得到以下几点启示。

一是西部的经济高质量发展道路任重道远。根据本书定量评价西部各省（区、市）2013～2018 年的经济高质量发展水平可知，半数左右的西部各省（区、市）经济高质量发展综合指数相对较低，西部各省（区、市）的经济高质量发展综合指数排名与各自经济总量有较强的关联性，经济高质量发展综合指数排名前三位的省（区、市）的经济总量也排名前三位。虽然多数西部近年来经济增速略高于中部和东部地区，但这与西部大开发国家加大对西部的交通建设和生态环境建设的支持力度和西部经济总量小紧密相关，多数西部各省（区、市）的经济发展实力在全国排名相对靠后。西部当前面临经济做大做强和实现经济高质量发展的双重挑战。同时，中央提出的脱贫攻坚、污染防治和防范化解重大风险三大攻坚战中，脱贫攻坚的主战场在西部，污染防治需要增加财政投入，要解决这些问题，对于经济实力相对薄弱的西部来说是一个严峻的挑战。

二是坚持供给侧结构改革主线不动摇。西部的去产能、降能耗、降成本和补短板是重点。西部多数区域的工业多数是在资源优势的基础上建立起来的，多数属于"原字号"和"初字号"产业，西部多数省（区、市）的单位工业增加值能耗、GDP 能耗相对较高近年来下降幅度放缓，少数西部省（区、市）不降反升，工业生产过程中"三废"产生量大，部分西部省（区、市）的固体废弃物综合利用率偏低。西部由于地处内陆，交通基础设施发展相对滞后，运输成本高于东部和中部，因此"降成本"的重点在于优化投资环境，切实降低企业隐性成本和制度性交易成本。西部的"补短板"在于弥补基础设施和公共服务的短板，充分利用中央加大对西部的重大基础设施等的支持力度，抓紧推进一批西部急需、符合国家规划的交通和信息网络、生态环保、城镇污水、垃圾处理、能源通道等领域重大工程建设，弥补基础设施短板。西部也要通过深化改革，积极吸引民间资本参与经济发展，更大释放社会和市场潜力，加快完善公共服务设施，吸引高层次人才并留住本地人才，在本地进行创新创业发展，增强经济发展活力。尽快补足薄弱产业、薄弱环节，建立更加平衡和高效的产业体系。

三是欠发达地区和生态环境脆弱地区应尽快推动形成绿色发展方式。西部多数省（区、市）属于我国长江、黄河、珠江流域等大江大河的上游地区，其中的青海和西藏属于我国重要的水源地，绝大多数区域由于承担着对我国具有重要意义的水源涵养、水土保持、防风固沙和生物多样性保护等重要生态功能，被划为我国的生态功能保护区。新疆、西藏、青海、甘肃等省面临土地荒漠化、草场退化、水资源短缺、水土流失等严峻问题，生态环境较为脆弱。要解决好西部生态环境建设的历史欠账，在当前及未来发展过程中减少对生态环境的污染，打赢生态环保攻坚战，要在保护好生态环境、促进生态环境的根本好转的前提下推动经济实现高质量发展，还需要立足于长远来谋划，还有不少硬骨头要啃。这要求西部尤其是其中生态环境脆弱的区域加快形成绿色发展方式，走出一条生态优先、绿色发展的高质量发展新路，这是解决好西部各省（区、市）当前面临的生态建设、环境治理问题的基本策略。

四是投资和消费仍然是西部经济高质量发展的重要动力。从西部发展阶段来看，多数西部省（区、市）仍处在工业初期向工业化中期和工业化中期向工业化后期发展过渡的时期。从城镇化发展阶段来看，西部总体上处在城镇化快速提升阶段，城镇化过程的基础设施和公共服务设施需求大。同时，国家在新一轮西部大开发中加大对西部的基础设施和生态建设的投入，这是西部改善基础设施和加强生态环境建设的重要时期，未来西部应积极对接好国家在西部的重大基础设施项目，融入国家轨道交通和高速公路网，在保持投资适度增长的同时优化投资结构，提升投资效益。西部多数省（区、市）面临经济做大做强、提升经济发展质量、保护好生态环境、改善基础设施、实现乡村振兴、完成脱贫攻坚的多重任务，要完成这些任务需要以一定规模的投资作为支撑。从西部城乡居民收入水平来看，总体上西部居民消费需求正处在满足生存型需求向满足发展型需求的过渡阶段，消费需求旺盛，消费对经济增长的贡献还有很大的潜力可挖。

五是西部的科技创新对经济发展支撑不足。西部经济发展动能要从传统要素转向创新驱动还有相当长的道路要走。主要原因在于：西部各省（区、市）政府和企业的经济实力相对薄弱；科研院所数量及研发人员的数量相对较少；对新增高层次人才、高素质劳动力吸引力相对不足，高层次人才和高素质劳动力总体数量和占全部劳动力比例偏低。西部在地理位置、经济基础、产业协作配套、交通基础设施等方面与东部和中部地区相比相对较差，因而对高层次人才的吸引力不足。

六是西部经济发展的内生动力不足。西部各省（区、市）产业发展不足的主要原因在于：既有历史、社会、自然条件、区位条件等方面的原因，也有宏观经济政策和经济结构等方面的原因。西部虽然拥有丰富的自然资源、能源储量丰富，但是由于多数地方地形地貌复杂、交通等基础设施相对滞后，生产所需的交通运输成本高、耗时长，一定程度上抑制了社会资本和外商来西部投资发展的动力。西部营商环境与东部和中部地区还有较大差距，因而以市场力量为主体的房地产投资、制造业投资、民间投资增长动力支撑不足。2013～2018年，西部较高的投资增速主要来自以"铁公机"为代表的基建投资，西部各省（区、市）的固定资产投资年平均增速基本上明显高于房地产投资和制造业年均投资增速。

七是西部应以高水平对外开放推动经济高质量发展。2018年4月10日，习近平总书记在博鳌亚洲论坛年会开幕式上的主旨演讲指出，"过去40年中国经济发展是在开放条件下取得的，未来中国经济实现高质量发展也必须在更加开放条件下进行"。随着"一带一路"倡议的深入推进，西部也逐步从对外开放的腹地走向对外开放的前沿。西部经济发展相对滞后，是我国实现经济高质量发展的短板，但对外开放具有很多优势条件，因此应积极融入国家"一带一路"倡议，注重引资与引技、引智相结合，集聚高端要素资源，推动本地企业"走出去"，支持有实力的企业建设境外产业园区、跨境经济合作区等产业园区，以全面开放合作促进高质量发展。西部已获批5个作为我国对外开放桥头堡的自由贸易区；与"一带一路"沿线国家产业发展具有一定相似性，互补性非常强，新疆与中亚国家还有文化语言、地缘相近的先天优势；西部还有为内陆地区的对外开放提供便利的中欧班列，截至2019年，在我国有开出中欧班列的城市中，西部的重庆、西安、成都的开出量稳居全国前三。

第三篇

专题研究报告

第九章

西部制造业高质量发展研究报告

我国经济已由高速增长阶段转向高质量发展阶段。经济高质量发展是适应经济发展新变化的客观要求。西部经济要实现高质量发展，必须要有高质量的制造业作为支撑。制造业是国民经济各部门中技术最密集、产业链最长、关联度最高、创新活动最活跃的一个部门，是经济增长和生产效率提高的关键，是实体经济的根基，是经济繁荣的支撑。制造业的高质量发展关系到经济高质量发展的全局。在新时代的历史方位下，西部要立足经济发展阶段，紧紧抓住新一轮科技革命和产业变革的战略机遇，加快推动制造业高质量发展。

一、西部制造业高质量发展的背景和意义

（一）制造业是大国间综合国力竞争的重要制高点

进入工业时代以来，世界制造业中心由英国相继转移至德国、美国和日本。2010年，中国制造业规模跃居世界第一位，与此同时中国成长为世界第二大经济体。进入21世纪以来，特别是国际金融危机以来，新一轮科技革命和产业变革不断孕育突破，全球制造业格局发生深刻调整，制造业发展呈现出智能化、网络化、服务化、绿色化等新趋势。发达国家纷纷提出以重振制造业为核心的战略布局。美国出台再工业化战略，以扭转产业空心化势头。德国实施"工业4.0"战略，促进科技与经济深度融合。英国推出《英国制造2050战略》，在通信、传感器、发光材料、生物技术、绿色技术、大数据、物联网、机器人等多个技术领域进行布局。日本连续多年发布《日本制造白皮书》，最新白皮书提出通过广泛应用数字技术，让制造业获得新的附加价值。中国也推出了相应的制造业提升规

划。可以说，制造业已成为大国间综合国力竞争的重要制高点，是国际产业竞争博弈的核心领域。制造业的转型升级也将成为各国经济增长的主要引擎，并将影响整个世界经济未来的发展。

（二）制造业高质量发展是我国建设社会主义现代化国家的必由之路

制造业是国民经济的主体，是立国之本、兴国之器、强国之基。2018 年 9 月，习近平总书记在东北三省考察时指出，制造业特别是装备制造业高质量发展是我国经济高质量发展的重中之重，是一个现代化大国必不可少的。亚历山大·汉密尔顿表示，与制造业繁荣休戚相关的不仅仅是一个国家的财富，甚至还有这个国家的独立。新中国成立尤其是改革开放以来，我国制造业持续快速发展，建成了门类齐全、独立完整的产业体系，有力推动工业化和现代化进程，显著增强了综合国力，支撑了世界大国地位。然而，我国制造业虽大却不强，特别是在自主创新能力、资源利用效率、产业结构水平、信息化程度、质量效益等方面与发达国家相比还有较大差距。党的十九大报告提出到 2035 年基本实现社会主义现代化的奋斗目标。实现这个目标后，我国将进入高收入国家行列。国际经验表明，一个国家要从中等收入阶段进入高收入阶段，关键在于实现经济发展从量的扩张到质的提高这一根本性转变。目前，我国产业总体上还处在全球产业链、价值链的中低端，科技与经济深度融合不够，原始创新不足，科技成果转化渠道不畅，不少关键技术依赖进口。站在新一轮科技革命和产业变革与我国开启全面建设社会主义现代化国家新征程的历史交汇点上，加快科技创新和产业转型升级步伐，打造具有国际竞争力的制造业，是我国提升综合国力、保障国家安全、建设社会主义现代化国家的必由之路。

（三）西部发展事关我国经济发展全局

我国东西部经济发展差距依然很大。2018 年，西部 GDP 之和仅占全国的 20.6%，与东部地区（52.6%）相差 32.0 个百分点。在 GDP 排名前 10 位的省（区、市）中，西部只有四川省入列（排第 6 位），东部地区有 6 个省市入列。人均 GDP 排名前 10 位的省（区、市），西部只有内蒙古入列（排第 9 位）。与西部经济发展程度形成鲜明对比的是西部所处的重要战略地位。西部是我国发展的巨大战略回旋空间，也是全面建成小康社会、实现现代化的重点和难点。以制造业高质量发展带动西部经济整体发展，有助于拓展我国经济发展空间、增强防范各类风险的能力，有助于支撑全国经济稳中向好的形势。把西部大开发这盘棋走活了，西部经济升级了，我国实现经济转型升级、迈向高质量发展的基础将会更加扎实。

（四）　制造业是西部经济转型发展的支柱和基础

制造业作为国民经济的重要支柱型产业，是发展中国家或地区经济增长的主导部门和经济转型的基础。如果区域制造业发展不到位，则整个经济社会发展也将受到制约。西部拥有丰富的自然资源，其传统制造业以原材料开采加工为主，产业链较短，对行业协同发展的促进作用发挥还不足，往往只能获取价值链上的低端利润。为此，西部亟待通过制造业升级实现经济快速增长。2010 年，随着我国"西部大开发战略"的提出，西部积极承接产业转移，建设资源深加工基地、装备制造业基地和战略性新兴产业基地，推进节能减排和发展循环经济。2019 年，我国进一步提出"新时代推进西部大开发形成新格局"，国家大力支持西部加快发展先进制造业和现代服务业，促进能源、资源等传统优势产业优化布局、升级改造和绿色发展。由国家战略可见，制造业在推进西部经济发展和西部大开发中具有十分重要的作用。

二、西部制造业高质量发展的现状及特点

（一）　西部形成了在全国具有一定生产规模优势的制造业产业

2018 年，西部成品糖、卷烟、焦炭、硫酸、农用氮磷钾化肥、初级形态的塑料、水泥和微型计算机设备 8 类产品产量占全国 30% 以上，具有一定的规模生产优势。其中，成品糖产量占全国近九成，在全国具有不可替代的优势地位；卷烟占全国 35.7%、硫酸占 48.0%、农用氮磷钾化肥占 49.4%，均领先全国；微型计算机设备属于高技术制造行业，西部地区产量占到了全国四成以上，与东部地区比肩（见表 9-1）。产量占全国 20% 以上的产品还有：纯碱（29.2%）、烧碱（29.1%）、发电机组（28.8%）、啤酒（23.7%）和集成电路（23.4%）。移动通信手持机占全国的 19%。西部整体制造业产品占全国比重有较大幅度提升，

其中高端类制造业产品产量占全国比重也有较大幅度提高，如大中型拖拉机、微型计算机设备、集成电路产量占全国比重由 1999 年的 1.2%、6.6%、2.5% 分别提升到 2018 年的 13.3%、42.5%、23.4%，但整体高端类制造业产品产量占全国份额仍然偏小。

表 9-1   2018 年西部具有规模优势的制造业产品在全国各地区的产量及占比情况

地区	成品糖（万吨）	卷烟（亿支）	焦炭（万吨）	硫酸（万吨）	农用氮、磷、钾化肥（万吨）	初级形态的塑料（万吨）	水泥（万吨）	微型计算机设备（万台）
全国	1524.14	23358.69	43819.96	9129.76	5418.00	8558.02	220770.68	30700.19
东部	148.79	7518.09	11978.87	1721.21	934.48	4549.08	77663.76	14350.63
东部占比（%）	9.8	32.2	27.3	18.9	17.2	53.2	35.2	46.7
中部	3.08	6338.18	14705.23	2801.29	1715.68	677.34	59260.79	3297.44
中部占比（%）	0.2	27.1	33.6	30.7	31.7	7.9	26.8	10.7
东北	8.00	1164.53	3387.46	224.48	88.83	677.37	7591.07	0.00
东北占比（%）	0.5	5.0	7.7	2.5	1.6	7.9	3.4	0.0
西部	1364.27	8337.89	13748.40	4382.78	2679.02	2654.22	76255.06	13052.11
西部占比（%）	89.5	35.7	31.4	48.0	49.4	31.0	34.5	42.5

资料来源：《中国统计年鉴》（2019）。

（二）部分制造业在西部形成区域集中

西部制造业在部分省（区、市）的集中度较高。制造业主要集中在四川、重庆、陕西和云南等省（区、市）；高端制造业则主要集中在四川和重庆。《2019年中国统计年鉴》列明的 30 类制造业产品中，2018 年，有 19 类产品在西部形成区域集中。除了内蒙古、西藏和宁夏没有形成在西部具有规模优势的制造业产品外，西部其他 9 个省市区都有或多或少的制造业产品集聚。重庆和四川有行业集中度的产品种类较多，表现了明显的产业集群效应。四川在西部形成规模的制造业产品有 9 类，其中，生产的发电机组、彩色电视机、化学农药原药占西部的六成以上。重庆在西部形成规模的制造业产品有 6 类，其中，生产的房间空气调节器、家用洗衣机、轿车、移动通信手持机、微型计算机设备占西部的五成以上。云南和陕西在西部形成规模的制造业产品均有 3 类，其中，云南生产的大中型拖拉机占西部的 97.2%、卷烟占西部的 42.0%、金属切削机床占西部的 34.4%；陕西生产的金属切削机床占西部的 31.7%、布占西部的 28.8%、轿车占西部的 22.3%。广西、甘肃和新疆在西部形成规模的制造业产品均有两类，其中，广西生产的成品糖占西部的 74.5%、汽车占西部的 39.5%；甘肃生产的集成电路占西部 78.1%、乙烯占西部的 32.8%；新疆生产的乙烯占西部的 67.2%、化学纤维占西部的 42.5%。贵州和青海在西部形成规模的制造业产品均有 1 类，其中：贵州生产的家用电冰箱占西部 38.9%，青海生产的纯碱占西部 56.4%。总体上看，西部地区制造业与东部地区形成互补格局，西部各省（区、市）之间比较优势产业差异较大，以地区优势资源为导向的产业布局特征明显（见表 9-2）。

表 9-2 2018 年西部各省（区、市）制造业产品占西部的份额

区域	制造业产品及所占比例
广西	成品糖（74.5%）、汽车（39.5%）
重庆	房间空气调节器（87.5%）、家用洗衣机（67.0%）、汽车（31.7%，其中轿车 57.3%）、移动通信手持机（55.2%）、微型计算机设备（54.2%）、家用电冰箱（37.9%）
四川	发电机组（75.6%）、彩色电视机（71.9%）、化学农药原药（67.9%）、布（47.1%）、化学纤维（46.9%）、微型计算机设备（45.2%）、平板玻璃（35.7%）、家用洗衣机（33.0%）、移动通信手持机（27.6%）
贵州	家用电冰箱（38.9%）
云南	大中型拖拉机（97.2%）、卷烟（42.0%）、金属切削机床（34.4%）
陕西	金属切削机床（31.7%）、布（28.8%）、轿车（22.3%）
甘肃	集成电路（78.1%）、乙烯（32.8%）
青海	纯碱（56.4%）
新疆	乙烯（67.2%）、化学纤维（42.5%）
内蒙古	无
宁夏	无
西藏	无

资料来源：《中国统计年鉴》（2019）上的工业产品生产情况整理而成。

（三）西部整体制造业占全国比重呈上升趋势

2001～2005 年，中西部制造业总体上呈减弱态势，东部地区总体上呈增强态势。2006～2016 年（受数据局限，目前仅整理到 2016 年），东部地区制造业比重多数下降，中西部地区多数上升，制造业总体上呈现由东部地区向中西部转移趋势。西部制造业持续增强的行业有农副食品加工业、酒饮料制造业、专用设备制造业和电器机械及器材制造业。总体来看，2001～2016 年，西部比重提高幅度较大，转入量较多的行业有饮料制造业（比重提高 13.2 个百分点），通信设备、计算机及其他电子设备制造业（提高 6.3 个百分点），石油炼焦及核燃料加工业（提高 5.5 个百分点）、非金属矿物制品业（提高 5.4 个百分点）。与 2011 年相比，2016 年西部比重提高的制造业行业有 17 个（见表 9 -3）。

表 9 -3 　　　　　东中西部制造业行业产业比重变化与产业转移情况 　　　　　单位：%

行业	东部地区				中部地区				西部地区			
	2001年	2006年	2011年	2016年	2001年	2006年	2011年	2016年	2001年	2006年	2011年	2016年
农副食品加工业	65.0	62.0	51.1	45.8	22.5	23.7	33.0	37.5	12.5	14.3	15.9	16.7
饮料制造业	59.1	54.2	42.6	33.4	20.8	22.8	28.8	33.3	20.1	23.0	28.5	33.3
烟草制品业	31.1	36.7	38.1	38.0	28.2	28.6	29.6	29.4	40.7	34.7	32.3	32.6
纺织业	81.5	85.2	77.6	72.6	12.9	9.8	16.1	20.7	5.7	5.0	6.3	6.7
造纸及纸制品业	74.3	77.5	68.1	65.9	17.3	16.2	22.1	22.7	8.4	6.4	9.8	11.4
石油炼焦及核燃料加工业	64.6	64.1	63.3	66.3	23.4	20.5	18.4	16.2	12.0	15.4	18.3	17.5
化学原料及化学制品制造业	70.7	72.8	67.2	65.4	18.0	16.2	20.6	21.8	11.3	11.0	12.2	12.7
医药制造业	60.7	61.5	54.8	52.7	22.3	23.3	29.3	32.2	17.0	15.2	15.9	15.1
化学纤维制造业	81.2	88.8	88.4	89.1	15.0	8.4	7.2	6.0	3.8	2.8	4.4	4.8
非金属矿物制品业	66.0	67.1	52.8	43.7	21.6	22.2	32.2	38.5	12.4	10.7	15.1	17.8
黑色金属冶炼及压延加工业	65.0	68.4	63.5	62.9	20.6	18.6	21.4	20.2	14.4	13.0	15.1	16.9
有色金属冶炼及压延加工业	45.8	47.9	42.0	42.6	27.7	28.2	35.9	34.2	26.5	23.9	22.1	23.2

行业	东部地区				中部地区				西部地区			
	2001年	2006年	2011年	2016年	2001年	2006年	2011年	2016年	2001年	2006年	2011年	2016年
金属制品业	86.4	87.8	78.1	70.9	9.0	8.6	14.7	20.3	4.6	3.5	7.2	8.7
通用设备制造业	80.3	81.4	73.8	68.9	12.1	11.8	17.5	22.0	7.6	6.8	8.7	9.1
专用设备制造业	74.1	71.4	62.2	60.2	18.3	19.0	28.1	29.9	7.6	9.6	9.7	9.9
交通运输设备制造业	56.8	63.7	61.5	58.1	30.1	23.2	25.1	26.0	13.2	13.1	13.4	15.9
电气机械及器材制造	85.1	86.0	77.4	69.8	10.1	9.2	16.2	22.1	4.8	4.8	6.4	8.1
通信设备、计算机及其他电子设备制造业	91.3	95.4	88.4	75.0	3.9	2.3	6.0	13.9	4.8	2.3	5.7	11.1
仪器仪表制造业	86.8	89.4	84.2	79.2	7.1	6.3	11.2	14.5	6.1	4.3	4.6	6.3

资料来源：田秉鑫：《"一带一路"下西部地区制造业升级研究》，中南民族大学硕士学位论文，2018年。

（四）西部制造业技术市场成交额大幅提高

西部技术市场在全国具有一定比较优势，2015年以来技术市场成交额一直高于中部地区，总体上领先于东北地区。2018年，西部技术市场成交额占全国的16.5%，比重较2017年提高2.8个百分点，在全国表现亮眼。与之形成鲜明对比的是，东部和中部技术市场成交额占全国比重均有下降，分别比2017年下降1.6个百分点和0.5个百分点。东北占全国比重与2017年持平。在西部，四川和陕西技术市场成交额占比较大，分别占西部的34.0%和38.4%。从趋势上看，四川技术市场成交额占西部比重呈走高态势，2018年比重较2015年提高13个百分点；陕西占西部比重呈下滑态势，2018年比重较2015年下降15.3个百分点；贵州技术市场成交额虽然分量不大，但近年来持续提高，表现活跃，占西部比重由2015年的1.9%提高到2018年的5.8%。具体如表9-4所示。

表9-4　　　　　　　　分地区技术市场成交额

项目	2015年	2016年	2017年	2018年
全国成交额（万元）	98357896	114069816	134242245	176974213
东部成交额（万元）	63561272	73683809	85693153	110035282
东部/全国（%）	64.6	64.6	63.8	62.2

项目	2015 年	2016 年	2017 年	2018 年
中部成交额（万元）	12459587	14071180	17530480	22228831
中部/全国（%）	12.7	12.3	13.1	12.6
东北成交额（万元）	4212261	5654468	7524637	9823571
东北/全国（%）	4.3	5.0	5.6	5.6
西部成交额（万元）	13450103	15899259	18458078	29284776
西部/全国（%）	13.7	13.9	13.7	16.5
内蒙古成交额（万元）	153872	120492	196087	198398
内蒙古/西部（%）	1.1	0.8	1.1	0.7
广西成交额（万元）	73132	339922	394228	614077
广西/西部（%）	0.5	2.1	2.1	2.1
重庆成交额（万元）	572366	1471870	513581	1883529
重庆/西部（%）	4.3	9.3	2.8	6.4
四川成交额（万元）	2823202	2993006	4058307	9967010
四川/西部（%）	21.0	18.8	22.0	34.0
贵州成交额（万元）	259626	204437	807409	1710975
贵州/西部（%）	1.9	1.3	4.4	5.8
云南成交额（万元）	518364	582559	847625	894879
云南/西部（%）	3.9	3.7	4.6	3.1
西藏成交额（万元）	—	—	440	394
西藏/西部（%）	—	—	—	—
陕西成交额（万元）	7218211	8027887	9209395	11252908
陕西/西部（%）	53.7	50.5	49.9	38.4
甘肃成交额（万元）	1296958	1506615	1629587	1808778
甘肃/西部（%）	9.6	9.5	8.8	6.2
青海成交额（万元）	468849	569190	677186	793553
青海/西部（%）	3.5	3.6	3.7	2.7
宁夏成交额（万元）	35202	40526	66679	121058
宁夏/西部（%）	0.3	0.3	0.4	0.4
新疆成交额（万元）	30322	42755	57554	39215
新疆/西部（%）	0.2	0.3	0.3	0.1

资料来源：根据《中国统计年鉴》（2019）整理而成。

（五）支撑西部制造业发展的中等职业人力资源较为丰富

中等职业学校及毕业生数量在东、中、西部分布相对均衡，西部中等职业学校招生人数、在校生规模、毕业生人数、获得职业资格证书人数略低于东部地区，但高于中部地区。2018年，西部毕业生123.08万人，占全国的31.0%，比重高于中部地区3个百分点；获得职业资格证书的有90.10万人，占全国的30.1%，高于中部地区0.7个百分点；招生141.40万人，占全国的33.0%，高于中部地区3.4个百分点；在校生380.53万人，占全国的31.4%，高于中部地区2.2个百分点；预计毕业生125.57万人，占全国的31.0%，高于中部地区0.9个百分点。在西部，四川中等职业人力资源最为丰富，中等职业学校数量占西部的18.4%，毕业生人数、招生人数、在校生规模和预计毕业生人数均占西部的20%以上，获得职业资格证书人数占西部的32.5%。广西、贵州、云南中等职业人力资源较为丰富。广西、贵州、云南毕业生人数分别占西部的15.1%、12.4%、11.5%；获得职业资格证书人数分别占西部的12.4%、12.0%、10.2%；招生人数分别占西部的17.5%、11.8%、13.1%；在校生人数分别占西部地区的17.8%、12.4%、13.3%；预计毕业生人数分别占西部的17.2%、12.1%、12.6%。具体如表9-5所示。

表9-5 　　　　　　　　　2018年分地区中等职业学校情况

地区	学校数（所）	毕业生数（人）	#获得职业资格证书人数（人）	招生数（人）	在校学生数（人）	预计毕业生数（人）
全国	7850	3969770	2997739	4285024	12136280	4056047
东部	2413	1416323	1096756	1437527	4204423	1405522
东部/全国（%）	30.7	35.7	36.6	33.5	34.6	34.7
中部	2388	1113018	879939	1266301	3539206	1182120
中部/全国（%）	30.4	28.0	29.4	29.6	29.2	29.1
东北	769	209627	120028	167165	587392	212678
东北/全国（%）	9.8	5.3	4.0	3.9	4.8	5.2
西部	2280	1230802	901016	1414031	3805259	1255727
西部/全国（%）	29.0	31.0	30.1	33.0	31.4	31.0

续表

地区	学校数（所）	毕业生数（人）	#获得职业资格证书人数（人）	招生数（人）	在校学生数（人）	预计毕业生数（人）
内蒙古	242	60611	34780	57496	181488	61604
内蒙古/西部（%）	10.6	4.9	3.9	4.1	4.8	4.9
广西	249	185663	111712	247944	677550	215660
广西/西部（%）	10.9	15.1	12.4	17.5	17.8	17.2
重庆	132	99289	72003	109202	299909	92909
重庆/西部（%）	5.8	8.1	8.0	7.7	7.9	7.4
四川	419	327834	292927	325773	820060	315884
四川/西部（%）	18.4	26.6	32.5	23.0	21.6	25.2
贵州	183	152670	107925	166564	472182	152504
贵州/西部（%）	8.0	12.4	12.0	11.8	12.4	12.1
云南	376	142093	91732	185565	505415	158284
云南/西部（%）	16.5	11.5	10.2	13.1	13.3	12.6
西藏	11	5228	545	9690	22817	6683
西藏/西部（%）	0.5	0.4	0.1	0.7	0.6	0.5
陕西	234	84877	63690	82498	233336	74453
陕西/西部（%）	10.3	6.9	7.1	5.8	6.1	5.9
甘肃	209	58873	50991	72657	189046	60322
甘肃/西部（%）	9.2	4.8	5.7	5.1	5.0	4.8
青海	38	20654	12870	28694	76979	20940
青海/西部（%）	1.7	1.7	1.4	2.0	2.0	1.7
宁夏	29	24527	14721	27156	72820	23258
宁夏/西部（%）	1.3	2.0	1.6	1.9	1.9	1.9
新疆	158	68483	47120	100792	253657	73226
新疆/西部（%）	6.9	5.6	5.2	7.1	6.7	5.8

资料来源：根据《中国统计年鉴》（2019）的相关数据整理而成。

（六）西部高新技术产业逐步崛起

西部依托军工企业和大专院校、科研院所较为集中的有利条件，以重大工程项目为依托，因地制宜发展生物工程、航空航天、新能源、新材料、电子信息及先进制造、中药现代化等高新技术产业。目前已经形成了西安、成都、安顺民用航空航天产业聚集区，重庆、昆明、南宁国家生物产业聚集区，金昌、宝鸡新材料聚集区，重庆、成都、西安、乌鲁木齐、德阳重大电力装备及特高压输变电设备产业聚集区，西安、成都软件产业聚集区等。西部的部分地区已经形成了具备自主创新能力的高新技术企业集群。在西部高新技术产业发展中，集成电路、软件、网络通信设备、新型电子元器件和数字音频视频产品生产等电子信息产业的发展引人注目。电子信息产业影响力集中于以成都、重庆和西安为区域中心的地区，产业在当地达到或超过千亿规模，形成了以三地为龙头的产业带。特别是成都，已初步形成了集成电路、软件及服务外包、通信、光电显示四大产业集群。西部尤其是成都、西安、重庆等地集中了大量科研院校，人力资源和人才丰富，加之国家和地方为鼓励企业参与西部大开发出台了大量优惠政策，推动了许多企业特别是信息技术（IT）企业西进，西部IT产业增长速度远远快于东部沿海地区。新一轮西部大开发为西部高新技术产业发展带来了新机遇，西部许多省（区、市）规划布局并力图打造高端装备制造业研发和制造服务业产业基地。

（七）形成了四川和重庆两个制造业中心

四川成都和重庆都是国家重要中心城市。四川是我国经济、人口、资源大省，是我国重要的重大技术装备制造基地和三大动力设备制造基地之一，软件、计算机芯片、卫星应用电子、信息安全、航空电子设备等整体实力在全国名列前茅，其省会成都市是国家重要的高新技术产业基地、商贸物流中心和综合交通枢纽。重庆是长江上游地区经济中心、国家重要现代制造业基地、西南地区综合交通枢纽和内陆开放高地，形成了全球最大的电子信息产业集群和国内最大的汽车产业集群。四川和重庆凭借良好的发展基础条件成为西部当之无愧的制造业中心。2018年，四川和重庆生产的13类制造业产品产量占西部产量的40%以上，其中：生产的房间空气调节器和家用洗衣机占西部产量的100%，微型计算机占西部产量的99.4%，移动通信手持机和发电机组分别占西部产量的82.9%和80.2%，彩色电视机和化学农药原药均占西部产量的72.0%，家用电冰箱占西部产量的 61.1%，轿车占西部产量的 59.7%，布、化学纤维和机制纸及纸板分别占西部产量的 53.7%、52.3% 和 51.5%，平板玻璃占西部产量的 46.2%。不难看出，西部高端制造业也主要集中在四川和重庆。2018 年，四川高技术制造业增加值比上年增长 13.6%，铁路、船舶、航空航天和其他运输设备制造业增加值增长 22.1%，专用设备制造业增加值增长 14.6%，计算机、通信和其他电子设备制造业增加值增长 14.4%，医药制造业增加值增长 13.0%；重庆电子产业增加值增长 13.6%、装备产业增加值增长 4.8%、医药产业增加值增长 9.3%，材料产业增加值增长 11.0%。

三、西部制造业高质量发展存在的问题和困难

（一）西部产业层次整体偏低

西部资源密集型产业占比大，产业层次较低，优势产业主要为农副产品业、酒饮料制造业、金属冶炼等加工业。除了四川、重庆、陕西外，西部各地区高端制造业占全国比重偏小。从三次产业来看，西部一产比重偏高，二产不强，三产偏低。2018 年，西部三次产业结构为 11∶41∶48，全国为 7∶41∶52，东北地区为 11∶36∶53，西部第一产业比重高于全国平均水平 4 个百分点，第三产业比重低于东北和全国平均水平。从制造业内部来看，西部传统产业、中低端制造业居多，在全国具有一定生产规模优势的制造业多数处于价值链低端。2018 年，西部生产的占全国 30% 以上的制造业产品中除了微型计算机设备属于高技术制造业外，其他成品糖、卷烟、焦炭、硫酸、农用氮磷钾化肥、初级形态的塑料和水泥都属于传统低端制造业行业。

（二）西部科技创新能力相对薄弱

西部大开发战略实施以来，西部遵循资源禀赋的比较优势，优先发展劳动密集型、资源密集型产业，通过引进、模仿、学习中东部地区成熟技术，获得了后发优势的红利，形成了高速增长。随着西部经济发展，其实现了经济起飞和初级工业化。随着向工业化的中高级阶段迈进，科技创新能力薄弱成为西部产业发展的瓶颈。西部除了四川、重庆和陕西外，其他各省在研究与试验发展（R&D）、

专利发明和新产品开发方面投入不足，产出较低，远远落后于中东部地区。2018年，西部R&D人员全时当量、R&D经费投入、有效发明专利数占全国的比重分别只有9.3%、10.6%和9.5%，中部地区分别占全国的18.0%、19.0%和15.2%，东部地区更高，基本在70%左右。与R&D相对应的新产品开发方面，西部也处在较低的水平。2018年，西部新产品开发经费投入、新产品销售收入、新产品出口收入，分别只占全国9.4%、8.0%和4.7%，中部地区分别占17.7%、20.4%和17.2%，东部地区占有绝对份额，比例均在70%左右。具体如表9-6所示。

表9-6　　　　　　2018年规上工业企业新产品开发及生产情况

地区	新产品开发项目数（项）	新产品开发经费支出（万元）	新产品销售收入（万元）	新产品出口（万元）
全国	558305	149872196	1970940694	361608191
东部	401617	104632488	1347798469	276459256
东部/全国（%）	71.9	69.8	68.4	76.5
中部	91877	26491530	401528906	62102305
中部/全国（%）	16.5	17.7	20.4	17.2
东北	15754	4674057	64656296	5970378
东北/全国（%）	2.8	3.1	3.3	1.7
西部	49057	14074121	156957023	17076253
西部/全国（%）	8.8	9.4	8.0	4.7
内蒙古	1686	710278	10282645	603472
内蒙古/西部（%）	3.4	5.0	6.6	3.5
广西	3444	1091022	18335851	1615378
广西/西部（%）	7.0	7.8	11.7	9.5
重庆	12812	3094253	42163130	8251054
重庆/西部（%）	26.1	22.0	26.9	48.3
四川	13962	3931381	35763417	2722689
四川/西部（%）	28.5	27.9	22.8	15.9
贵州	3102	736265	7469914	183179
贵州/西部（%）	6.3	5.2	4.8	1.1
云南	4150	965427	9288303	215879

续表

地区	新产品开发项目数（项）	新产品开发经费支出（万元）	新产品销售收入（万元）	新产品出口（万元）
云南/西部（%）	8.5	6.9	5.9	1.3
西藏	38	4547	181067	
西藏/西部（%）	0.1	0.0	0.1	
陕西	6103	2350624	20333648	2297565
陕西/西部（%）	12.4	16.7	13.0	13.5
甘肃	1279	456615	2751331	713181
甘肃/西部（%）	2.6	3.2	1.8	4.2
青海	195	86575	1232662	760
青海/西部（%）	0.4	0.6	0.8	0.0
宁夏	1350	234314	4826467	225479
宁夏/西部（%）	2.8	1.7	3.1	1.3
新疆	936	412821	4328589	247617
新疆/西部（%）	1.9	2.9	2.8	1.5

资料来源：根据《中国统计年鉴》（2019）工业新产品相关数据整理而成。

（三）西部支撑制造业高质量发展的人才短缺

一方面，西部人才不足，质量不高，结构不合理；另一方面，受西部长期不发达、人力资源供求结构不对称、利用不合理等影响，其对人力资源的吸引力不足，人才长期流失，人才短缺与闲置并存，人才短缺成为制约西部制造业高质量发展的关键因素。从作为重要人才资源的高校学生情况来看，西部普通本专科院校在校生规模、毕业生数、授予学位数与中东部地区相比还有差距。2018 年，西部在校本科生、本科毕业生和授予学位数分别占全国比重 24.8%、23.8% 和 23.5%，比中部地区分别低 1.4 个、2.8 个和 3.1 个百分点。且西部普通本专科学生主要集中在四川、陕西、广西、重庆和云南。这 5 个省市普通本专科生在校学生规模分别占到西部 21.4%、14.4%、12.9%、10.4% 和 10.4%（见表 9 - 7）。

表 9 - 7　　　　　　　　　　2018 年分地区普通本专科学生情况

| 地区 | 招生数（人） | 在校 | | 毕业生数（人） | 本科毕业生数（人） | 授予学位数（人） | 预计毕业生数（人） |
		专科（人）	学生数（人）	本科（人）				
全国	7909931	4221590	28310348	16973343	7533087	3868358	3807417	7876732
东部	2966296	1633240	10769938	6596628	2894512	1504799	1486757	3024751
东部/全国（%）	37.5	38.7	38.0	38.9	38.4	38.9	39.0	38.4
中部	2215464	1106165	7864942	4454099	2145724	1028651	1012272	2224446
中部/全国（%）	28.0	26.2	27.8	26.2	28.5	26.6	26.6	28.2
东北	629426	422388	2353617	1707578	642750	415550	411752	645749
东北/全国（%）	8.0	10.0	8.3	10.1	8.5	10.7	10.8	8.2
西部	2098745	1059797	7321851	4215038	1850101	919358	896636	1981786
西部/全国（%）	26.5	25.1	25.9	24.8	24.6	23.8	23.5	25.2
内蒙古	122156	62764	455284	258781	122929	58014	56633	131003
内蒙古/西部（%）	5.8	5.9	6.2	6.1	6.6	6.3	6.3	6.6
广西	282938	125196	942227	491574	213788	97498	95712	249051
广西/西部（%）	13.5	11.8	12.9	11.7	11.6	10.6	10.7	12.6
重庆	213681	113922	762811	462559	199727	105300	102550	210763
重庆/西部（%）	10.2	10.7	10.4	11.0	10.8	11.5	11.4	10.6
四川	453510	230169	1564710	913215	393689	186361	182096	424646
四川/西部（%）	21.6	21.7	21.4	21.7	21.3	20.3	20.3	21.4
贵州	217176	91829	687530	342790	159724	69877	66588	178906
贵州/西部（%）	10.3	8.7	9.4	8.1	8.6	7.6	7.4	9.0
云南	210134	104914	764659	440003	188092	95714	93754	202402
云南/西部（%）	10.0	9.9	10.4	10.4	10.2	10.4	10.5	10.2
西藏	9491	6123	35717	24691	9297	5609	5303	10071
西藏/西部（%）	0.5	0.6	0.5	0.6	0.5	0.6	0.6	0.5
陕西	282961	167402	1054808	674094	311010	169633	167464	303044
陕西/西部（%）	13.5	15.8	14.4	16.0	16.8	18.5	18.7	15.3
甘肃	136920	72845	483620	293062	122347	70587	69388	127165
甘肃/西部（%）	6.5	6.9	6.6	7.0	6.6	7.7	7.7	6.4
青海	20465	10762	70288	39448	17414	8331	8169	19688

地区	招生数 （人）	在校			毕业 生数 （人）	本科 毕业生数 （人）	授予 学位数 （人）	预计 毕业生数 （人）
		专科 （人）	学生数 （人）	本科 （人）				
青海/西部（%）	1.0	1.0	1.0	0.9	0.9	0.9	0.9	1.0
宁夏	35027	21150	125253	81028	30799	17892	17159	33470
宁夏/西部（%）	1.7	2.0	1.7	1.9	1.7	1.9	1.9	1.7
新疆	114286	52721	374944	193793	81285	34542	31820	91577
新疆/西部（%）	5.4	5.0	5.1	4.6	4.4	3.8	3.5	4.6

资料来源：根据《中国统计年鉴》（2019）整理而成。

（四）西部制造业投资增长乏力

西部整体发展落后积累弱，资本市场发展滞后融资难，加之经济转型和下行压力叠加影响，西部制造业投资乏力，动力不足。2018 年，西部 12 个省（区、市）中有 8 个省（区、市）的制造业投资增速低于全国平均水平。其中：内蒙古制造业投资较上年下降 25.8%，甘肃较上年下降 13.4%，新疆较上年下降 9.1%，四川较上年下降 3.9%，宁夏较上年仅增长 0.4%。与之形成鲜明对比的是，中部地区制造业投资除河南以外，均保持强劲增长，且制造业投资增速远高全部投资增速，如湖南和安徽 2018 年制造业投资分别增长 35.0% 和 33.3%（见表 9 – 8）。

表 9 – 8 　　　　　　　　　2018 年分地区制造业固定资产投资情况　　　　　单位：%

地区		全部投资增速 （不含农户投资）	制造业投资增速	制造业投资增速位次
全国总计		5.9	9.5	—
东部	北京	−5.5	−41.7	32
	天津	−5.6	−22.0	29
	河北	6.0	8.2	18
	上海	5.2	14.8	10
	江苏	5.5	11.2	15
	浙江	7.1	4.9	20

地区		全部投资增速（不含农户投资）	制造业投资增速	制造业投资增速位次
东部	福建	11.5	22.3	5
	山东	4.1	2.4	22
	广东	10.7	-0.1	24
	海南	-12.5	-37.9	31
中部	山西	5.7	14.6	11
	安徽	11.8	33.3	3
	江西	11.1	18.2	7
	河南	8.1	3.4	21
	湖北	11.0	15.6	9
	湖南	10.0	35.0	2
东北	辽宁	3.7	20.3	6
	吉林	1.6	-3.8	25
	黑龙江	-4.7	15.6	9
西部	内蒙古	-28.3	-25.8	30
	广西	10.8	22.5	4
	重庆	7.0	9.3	16
	四川	10.2	-3.9	26
	贵州	15.8	12.5	13
	云南	11.6	14.3	12
	西藏	9.8	50.6	1
	陕西	10.4	8.6	17
	甘肃	-3.9	-13.4	28
	青海	7.3	7.6	19
	宁夏	-18.2	0.4	23
	新疆	-25.2	-9.1	27

资料来源：根据《中国统计年鉴》（2019）整理而成。

（五）西部承接中东部地区制造业转移不足

国内制造业呈现东部地区向中、西部转移趋势，且转移出去的多以低技术制造业为主。由于中部地区承接制造业转移能力强于西部，所以以中部地区承接为主，西部虽得以承接，但受地理位置、市场环境等影响，转移到西部的较少，不足以有效推动西部制造业升级和地区经济高质量发展。虽然西部获得制造业转入，但大规模转入制造业行业较少，东部地区转出的制造业行业多被中部地区承接，且中部地区自身处于制造业快速成长阶段，也没有过多行业向西部进行转移。

（六）西部低成本竞争优势逐步削弱

东部地区已经步入工业化阶段的后期，产业要素成本逐步上升，传统产业转出。西部虽然有产业梯度转移承接潜力，但在产业体系跨越式突破的新形势下，其对高端生产要素的需求与日俱增。同时，随着我国经济迈入高质量发展阶段，全国包括西部在内的劳动力、土地、自然资源等要素方面，成本不断上升，制造业的综合成本已开始超过越南、缅甸等东盟国家以及一些拉美国家。西部传统低成本优势正逐步削弱。越南、泰国等东南亚国家与一些非洲新兴国家的低要素成本崛起，也一定程度挤占了我国西部制造业低成本竞争空间。

四、西部制造业高质量发展的对策建议

（一）坚持制造业高质量发展战略

制造业高质量发展是经济高质量发展的核心和基础，需要在战略高度上谋划制造业的高质量发展。新时代制造业的高质量发展要坚持六大战略：一是坚持工业化战略。以工业化的逻辑来加快制造业的高质量发展，将新型工业化、继续工业化、再工业化、工业现代化相结合，从而实现制造业的高质量发展。二是坚持创新驱动战略。以制造业的科技创新为核心，形成制造业高质量发展的供给体系，提高西部制造业在产业链价值中的地位。三是坚持智能化战略。运用智能化技术提升传统制造业，促进制造业向智能化发展，通过制造业和新一代人工智能的融合发展提升制造业的竞争力。四是坚持新动能培育战略。从培育新兴产业和改造传统产业两个战略视角出发，培育一批高效的制造业企业，培育制造业高质量发展的主体。五是坚持改革发展战略。通过经济体制改革、供给侧结构性改革、深化"放管服"改革及优化营商环境等方面，为制造业高质量发展创造条件。六是坚持品牌提升战略。推动制造向创造转变、产品向品牌转变。

（二）承接引进和走出去相结合提升西部制造业竞争力

西部自主创新能力不强、缺乏支柱龙头产业带动，依靠自身优势实现制造业升级难度较大，要积极承接转移产业，争取引进高端产业，同时鼓励优势制造业"走出去"。一是改善产业配套环境。完善市场机制，充分发挥市场作用。依托工业园区、产业集群建设，完善基础设施，积极发挥产业集聚作用。加强交通基础设施建设，提升对外联系通达度，降低产品运输成本，提升争取高端制造业产业引进的配套能力，提高区域承接产业转移的竞争力。二是响应国家区域发展战略，"新时代推动西部大开发形成新格局"与"一带一路"倡议为西部经济社会发展带来了重大机遇。要鼓励西部制造业企业参与"一带一路"建设，支持有条件的制造业企业到沿线国家设立分支机构、上市融资、并购，提升国际化经营能力和国际竞争力。

（三）加大推动制造业高质量发展的要素投入力度

推动西部制造业高质量发展，核心是提高西部制造业全要素生产率。提高全要素生产率的因素主要为资金生产率和劳动生产率。一是加大资金投入力度，提高资金使用效率。完善财政投融资体系，提高财政资金投资效益，抵制低水平盲目和重复建设，加大对制造业高质量发展的投入力度。完善金融支持机制，加大银企对接，政银企共同努力切实推动解决企业融资难融资贵的问题。鼓励政策性、开发性金融机构在推动制造业高质量发展中发挥作用。完善制造业发展基础和市场环境，加大招商引资力度。二是注重人力资本积累，加大科技创新投入。加大宣传引导和政策扶持，创造和提供引进高端人才长期发展的条件。提升西部办学水平，培养创新型和技能型人才，提升人才的社会地位和基础保障。建立健全人才考核评价机制。搭建平台促进高新技术领域创新创业。鼓励主动学习吸纳已有科技成果，加大对优势前沿科技投入研发和引进力度，提高全要素生产率。

（四）促进制造业与关联产业深度融合发展

融合已经成为现代产业发展的主流趋势，要深入推进制造业与现代服务业融合、工业和信息化融合和三次产业融合。一是促进制造业与现代服务业融合。制造业高质量发展不能缺失生产性服务，生产性服务业是引领产业向价值链高端提升、实现产业发展弯道超车的关键环节。以技术赋能服务、平台变革服务，提升发展信息服务、研发设计、现代物流、金融服务、检验检测等生产性服务业，推动生产型制造向服务型制造转变，促进现代服务业和先进制造业的深度相融。二是促进工业化和信息化深度融合。将信息化与工业化从设备融合层面深化至系统融合层面，从单个企业的融合层面深化至多企业间的工业物联网融合层面。加快建设产业信息安全保障体系，辅助支撑工业物联网的全面推广。加快建设完善信息化服务体系，发展以大中型企业为主体的产、学、研相结合的信息化创新体系，以及面向中小企业的公共信息服务体系。三是促进三次产业融合发展。制造业高质量发展要在以制造业为核心的基础上，超越行业边界，使制造业发展有效拉动农业和服务业的内部结构与价值链升级。既要在制造业领域全面谋划，也要着眼推动各产业融合发展。

（五）发挥四川和重庆在西部制造业中心集聚作用

推进西部一体化，依托两江新区、天府新区等国家新区打造川渝区域增长极，积极发挥川渝中心区域对西部的辐射引领作用，推动在更大的区域进行分工协作。通过推进区域一体化，建设跨省区、开放性、区域性的制造业发展区，发挥西部各地区的制造业优势。加强川渝城市群建设，构建合理的协作方式，消除各种形式的地方壁垒，创造一个完善、自由、开放的市场环境。进一步加强基础设施建设，加大西部各个地区对外开放度和联系度，支持跨区域合作，共同培育西部优势产业、塑造优势品牌。由政府主导，构建西部制造业发展规划，将西部各地区制造业发展规划融入西部总规划中来，提升西部间的协调协同度。

（六）打造制造业高质量发展的优质营商环境

打造优质营商环境是推动制造业高质量发展的基石。一是以深化商事制度改革为主要抓手推动放管服改革，打造公平透明的营商环境。降低制度性交易成本，进一步放宽市场准入、优化企业开办流程、继续削减行政审批和许可事项。充分利用和依托互联网的云政务服务，打破信息孤岛，实现"最多跑一次"效果。提高纳税便利度，促进企业依法纳税。二是确立各类企业市场主体地位，公平参与市场竞争，平等使用生产要素。深化国有企业改革，进一步完善国有资产管理体制，根据分类指导原则，做强做优国有资本，积极发展混合所有制经济。扶持民营企业发展，清理各种歧视性政策，全面实施市场准入负面清单制度。三是完善产权保护制度。营造良好环境，依法保护民营企业经济产权和合法权益。四是加快构建制造业高质量发展的指标体系、政策体系、工作体系、评价体系，进一步畅通政企沟通渠道，强化政府为企业服务能力，提供有利于制造业企业创新发展的优良生态。

（七）培育弘扬工匠精神和企业家精神

制造业高质量发展，既需要技术、产业等物质性推动力量，也需要精神、文化层面的支撑和保障。培育弘扬工匠精神和企业家精神对推动制造业高质量发展具有重要积极意义。一是培育和弘扬工匠精神。工匠精神是在工作体现出的一种敬业、执着精神，会驱使工匠不断创新、追求卓越，进而精益求精。工匠精神对于营造大力发展高端制造业氛围有提升作用，具体的企业智能制造环节也离不开工匠精神。要制定有效制度，给予优秀工匠荣誉和物质待遇，促进形成尊敬工匠的社会氛围。要大力发展职业教育，深入实施学徒制，不断提升技工技艺水平。二是培育和弘扬企业家精神。企业家是新技术的引领者、新经济的实践者和新模式的开创者，必须要营造企业家健康成长的环境，培育企业家精神，更好发挥企业家在推进西部制造业高质量发展中的作用。要构建"亲""清"政商环境，树立对企业家的正向激励导向。做好对企业家创业成长的务实服务，提供公平市场环境，加强优秀企业家的培育。鼓励创新，营造敢于尝试、宽容失败的社会和政策氛围，发扬创新发展和追求卓越精神。

‖第十章‖

西部服务业高质量发展研究

党的十九大报告指出："我国经济已由高速增长阶段转向高质量发展阶段，正处在转变发展方式、优化经济结构、转换增长动力的攻关期，建设现代化经济体系是跨越关口的迫切要求和我国发展的战略目标。"对于整体上仍处于工业化中期向工业化后期迈进的西部[①]来说，推动高质量发展的要求尤为迫切，任务也尤为艰巨。

服务业是国民经济的重要组成部分，服务业发展质量是衡量区域经济发展程度和质量的重要标志。推动服务业高质量发展，是西部加快转变发展方式的必由之路、优化经济结构的重要抓手和转换增长动力的关键领域。它对于推动西部工业化、城镇化、信息化加速发展和全面建成小康社会具有重大而深远的战略意义。在此背景下，能否准确把握西部服务业发展的新趋势、把握服务业高质量发展的核心内涵，对"十四五"期间乃至未来 10~20 年西部经济高质量发展具有决定性影响。因此，研究西部服务业高质量发展问题，将成为谋划"十四五"时期西部发展的重大历史性课题。

一、服务业高质量发展的理论内涵和时代要求

目前关于服务业的概念在理论界仍存在一定争议。一般认为服务业指生产和销售服务产品的生产部门和企业的集合。在我国宏观经济管理和国民经济核算中，通常将第三产业等同于广义上的服务业。严格意义上，随着产业结构的持续演进，服务业的概念和内涵早已超越了单纯的产业范畴，而成为涉及产业、行业、企业等诸多层次的多维概念。与之相关，发展质量也是一个多维概念，在微

---

① 黄群慧等：《中国工业化进程报告（1995~2015）》，社会科学文献出版社 2017 年版。

观层面是指产品和服务质量，在中观层面是指产业和区域发展质量，在宏观层面是指国民经济整体质量和效率。[①] 研究西部服务业高质量发展，需首先突破唯产业论的研究倾向，从区域互动、产业融合、行业结构等层面，力求对西部服务业发展规律性有更深入的认识，更加立体和多元地展现西部服务业高质量发展的现状和前景。

（一）高质量发展阶段服务业的新定位

简单地说，与有形的物质生产相比，服务是行为、过程和结果高度统一的一种生产形态和经济活动。现今，服务已愈加深入产业发展和演进的前沿，甚至对服务的需求已涉及每一个人，它已不局限于服务业本身。更多的服务活动融入物质产品的生产部门，产业结构软化的趋势也越来越明显。经济发展表现出越来越明显的"服务化"趋势。"经济服务业"趋势主要表现在两个层面：从企业或行业的角度看，随着技术集约化和社会分工体系化，整个产业链对知识、技术、信息、数据等软要素的依赖程度加深；从产业或区域的角度看，第三产业成长速度加快，比重不断上升，并逐步成为现代经济的主导产业。国家统计局数据显示，2012 年我国服务业增加值比重首次超过第二产业，2018 年服务业增加值占国内生产总值（GDP）的比重已提升至 53.3%。党的十八大以来，服务业对经济增长的贡献率稳步提升，从 2013 年的 47.2% 提升至 2018 年的 60%；服务业在促进就业方面发挥了巨大作用，服务业就业比重从 2013 年的 38.5% 提升至 2018 年的46.3%；五年间，服务业增加值比重、就业比重分别提高了 6.4 个和 7.8 个百分点。数据显示，服务业已名副其实地成为中国经济增长的第一动力。

党的十八大以来，服务业占比不断提高带来的经济结构优化，中等收入群体规模不断增大形成的居民消费升级，创新驱动发展战略激发的增长动力转换，全面深化改革释放的政策红利，开放性经济新体制重塑的全球价值链变化，都为当前服务业转向高质量发展提供了很多有利的基础性条件。服务业高质量发展，就是要更好地满足人民日益增长的美好生活需要的发展，是要体现新发展理念的发展，是创新成为第一动力、协调成为内生特点、绿色成为普遍形态、开放成为必由之路、共享成为根本目的的发展。

随着新一代信息技术的飞速发展和我国开放型经济新体制逐步健全，我国服

---

① 王一鸣、陈昌盛：《高质量发展：宏观经济形势展望与打好三大攻坚战》，中国发展出版社 2018年版。

务业与全球价值链的融合程度不断加深，服务业开始深度参与全球产业垂直分工体系，这对服务业高质量发展提出了更高要求。加快推进服务创新、促进产业融合、持续扩大开放和加快传统服务业转型升级，将成为服务业高质量发展的主要任务。

（二）服务业与区域经济发展的再认识

一是服务业在区域经济增长中的产业主导地位不断增强。传统观点认为，相对于制造业等"硬核产业"，服务业对区域经济发展来说是"依附产业"，认为它不仅在产业地位上是依附性的，在功能上也具有依附性。但是，从经济发展和产业演进的基本规律来看，这一观点显然需要辩证和历史地重新来看待。一般来说，在工业化初期，由于制造业社会大分工的程度较低，服务业对制造业的依附程度确实较高，除了必要的消费性服务，大量生产性服务还尚未从工业部门独立出来。但到了工业化中后期，大量生产性服务与制造环节分离，逐步成长为独立的行业部门，并形成制造业与服务业相互支撑的格局。后工业化时期，服务业不仅成为引领制造业发展的重要力量，同时也逐步成为经济发展的主要动力。从世界发展经济体的发展经验看，服务业与第一、第二产业之间的关系一般经历"需求依附"、"相互支撑"和"发展引领"三个阶段，二者关系之所以呈现出上述演进的趋势，其根源是社会分工的深化、市场竞争方式的变化和价值创造方式的更替。[1]

二是服务业已成为区域经济发展的重要动力源。与经济增长（economic growth）相比，经济发展（economic development）的内涵更加丰富；既包含数量层面的产出增长，也包含质量层面的结构变化等。从经济发展的一般规律来看，区域经济发展一般包含经济规模扩张、产业结构转换和发展水平提升三个方面的内容，这三个方面是相互联系、相互依存、相互促进的。经济规模扩张的核心动力是工业化，产业结构转换的核心动力是城镇化。随着人类生产、生活需求的"高级化""知识化""服务化"，信息化正在成为推动发展水平提升的核心动力。如果说工业化带来了服务业的真正独立，城镇化带来了服务业的规模释放，那么，信息化则带来了服务业的内涵重塑；甚至于服务成为经济发展的目的，从而服务业内生于经济发展本身。从某种意义上讲，服务业已经成为经济发展的内生

---

① 宣烨、胡曦：《生产性服务业与制造业关系的演变：从"需求依附"走向"发展引领"》，载于《南京大学学报》2018年第6期。

动力，发展服务业是推动区域发展的"必选项"。

（三）推动西部服务业高质量发展具有鲜明的时代性

党的十八大以来，党中央、国务院站在国家发展全局的高度，推进新时代西部大开发系列政策落地实施，为西部服务业高质量发展奠定了体制基础，推动西部服务业规模效益持续提升，功能结构不断改善，服务领域改革开放不断深化，服务业在稳增长、调结构、惠民生等方面的积极作用凸显。

可以看到，随着"一带一路"建设、长江经济带发展等重大战略的协调对接，高速铁路、油气管线等重大基础设施互联互通，以重庆、成都、西安等为中心的城市群聚集—辐射效应显著增强，西部主要核心经济板块融合联动发展趋势明显，西部服务业发展的空间格局正加快重塑，发展的条件和环境正加快优化。从发展趋势看，西部服务业已经迎来高质量发展的重要战略机遇期，也必将在发挥西部后发优势中成为主要产业载体。

推进西部服务业高质量发展，要深入理解服务业高质量发展的理论内涵和时代要求，坚持创新、协调、绿色、开放、共享发展理念，把握好服务业发展的特征和趋势，找准发展短板和制约因素，在区域协同、产业协同、要素协同上转变发展理念，拓宽发展思路，着力解决存在的问题，方能把服务业高质量发展提升到一个新的水平。

二、西部服务业高质量发展的特征与趋势

随着西部服务业产业规模日益扩大，综合实力稳步增强，质量效益持续提升，产业融合不断加深，服务业已成为支撑西部经济发展的主要力量，在推动经济增长、吸纳就业创业、优化经济结构、促进区域协调等方面作用突出，在推动西部经济高质量发展中的主导作用日益显现。

（一）西部服务业高质量发展的基本特征

1. 服务业已成为推动西部经济持续增长的主动力

2018 年，服务业在西部经济增长中发挥着"稳定器"作用。据国家统计局地区生产总值初步核算数据，2018 年西部 12 省（区、市）服务业增加值 89298

亿元，占西部生产总值（GDP）比重为48.5%，比上年提高1.1个百分点；服务业增长对西部经济增长的贡献率为59.5%，比第二产业高26.4个百分点。

从近期变化情况来看，服务业在西部经济增长中的作用则更加明显。尤其是党的十八大以来，服务业对西部经济增长的贡献率一直稳定在50%以上，并持续高于第二产业。这一特点在2015年表现得最为突出，服务业对西部当年经济增长的贡献达到96.8%，有效弥补了第二产业贡献率快速下滑的风险。尽管2016年以来，服务业对西部经济增长的贡献有所下滑，但对西部经济增长的主导作用依然突出（见图10－1①）。

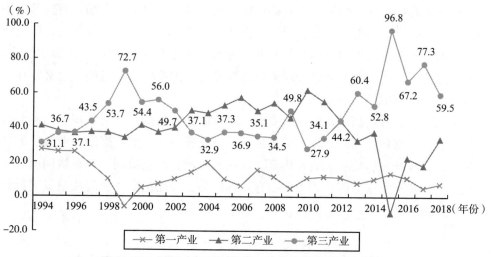

图 10－1　1994～2018 年西部三次产业贡献率变化趋势

从更长的增长周期看，服务业与实体经济对西部经济增长的贡献此消彼长，但服务业的作用呈现不断增强的趋势。整体来看，西部服务业对经济增长比较突出的两个时期均是我国改革进程明显提速、开放程度明显深化的时期。尽管对经济增长的贡献都比较突出，但在两个不同时期西部服务业发展所表现的特点还是存在明显的差异。

第一个时期是西部服务业发展起步阶段。1992年邓小平同志南方谈话之后，中国改革开放进入快车道，伴随着轻工业的快速发展，以批发零售和住宿餐饮为典型代表的传统服务业首先在东部地区崛起，市场空间由东部沿海持续向包括广

---

　　①　本章图形除单独注明外，来源均为国家统计局网站"国家数据库"和各、省、市、自治区统计年鉴。

大西部在内的内陆扩展。但由于传统服务业在市场空间扩散上的层次性和渐进性，与东部沿海相比，西部服务业在起步阶段就呈现出时间上的滞后性、发展上的不平衡性。进入21世纪，随着西部大开发战略的深入推进，西部大批基础设施和工业项目落地，推动第二产业实现较快发展，服务业在西部经济增长中的贡献随之减弱。但贡献下降不代表作用弱化，伴随着工业化进程的推进，西部服务业发展也取得长足进步；1993～2018年，西部服务业经济总量（当年价）由2143亿元增长到89298亿元，增长了40.7倍；而同期，第二产业增长了27.5倍（见图10-2）。

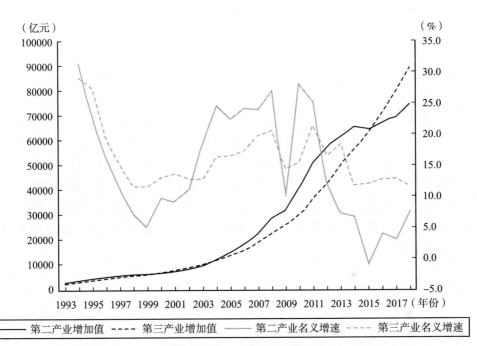

图10-2 1993～2018年西部第二、第三产业增加值及名义增速变化

第二个时期是党的十八大以来西部服务业高质量发展阶段。与2000～2013年西部服务业增加值年均名义16.4%的高增速相比，2014年以来，西部服务业增加值名义增幅虽明显回落，但对经济增长的贡献更大、质量更优。总体来看，党的十八大以来，随着区域协调发展的更深层次改革的深入，以及"一带一路"倡议等更大范围开放举措的实施，西部服务业实现了持续健康发展，凸显了党中央、国务院深入实施区域发展总体战略，优先推进西部大开发的政策效果。应当说，西部新一轮服务业发展已经体现出更多高质量发展特征，这是分析研究西部

服务业发展的一个新的坐标。

2. 服务业已成为西部吸纳非农就业的主渠道

吸纳就业创业、提升全社会就业能力是服务业高质量发展的最核心内涵和最鲜明特征。2017 年末，西部服务业共吸纳就业人员 7836.6 万人，占全社会就业人员数量的 36.4%，占西部非农就业的 64.9%，在稳定和扩大西部就业空间中发挥着主导作用。特别是党的十八大以后的 5 年，西部服务业就业比重年均上升 1.12 个百分点，而同期第二产业就业比重 5 年才提升了 0.4 个百分点。毫无疑问，服务业在稳定西部就业形势和改善民生中发挥了举足轻重的关键作用。

在服务业的带动下，就业结构持续优化改善是西部经济社会发展一个亮点（见图 10-3）。2000 年，西部三次产业就业结构为 60.7∶15.0∶24.3。非农产业就业比重仅有 39.3%，比全国平均水平低了 10.7 个百分点；其中第二、第三产业就业比重分别低了 7.5 个、3.2 个百分点。这也从一个侧面反映了西部经济社会发展的巨大差距。2017 年，西部三次产业就业结构为 43.9∶19.7∶36.4；其中第一产业就业比重下降了 16.8 个百分点，第二、第三产业就业比重分别提升了 4.7 个、12.1 个百分点。以年末就业人员数量测算，2000 年西部非农产业共吸纳就业 7377.8 万人，到 2017 年，西部非农产业就业空间扩大到 12074.9 万人。17 年间西部非农产业新增了近 5000 万就业岗位，就业空间扩大了 63.7%；其中，仅服务业就新增就业人员 3279.4 万人；这表明西部近 70% 的新增就业空间是由服务业创造的，而且随着西部产业结构的持续优化，服务业在推动西部高质量发展中的作用将更加突出。

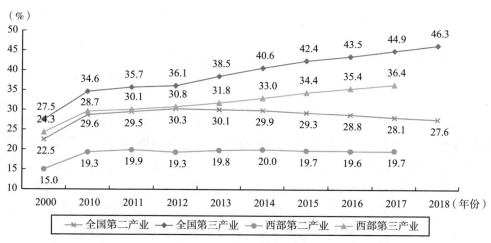

图 10-3　西部第二、第三产业就业比重及与全国的比较

3. 服务业已成为优化西部经济结构的新动能

经济结构的持续升级和演化是经济发展活力的体现，是经济高质量发展的重要标志。党的十八大以来，西部服务业得到快速发展，对推动西部乃至我国经济转型升级和结构优化发挥了重要作用。主要表现在以下三个方面：

一是初步形成以服务业为主导的产业结构。据国家统计局数据，2018年西部服务业增加值占地区生产总值的比重为48.5%，虽然仍比全国平均水平低3.7个百分点，但与社会主义市场经济体制确立之初的1993年相比，比重提升了15.5个百分点。特别是党的十八大以来，供给侧结构性改革深入推进，使西部服务业迎来高质量发展的战略契机；这一时期是西部产业结构优化调整最快的一个时期。2012～2018年，西部服务业增加值占地区生产总值比重从37.3%提高到48.5%，服务业占比年均提升1.87个百分点，而同期全国年均仅提升1.12个百分点。结构性改革的显著成效反映出西部服务业发展高质量的基本特点。近年来，不仅西部服务业对GDP的贡献和占GDP的比重明显提升，其内部行业结构也在发生重要变化。与工业、农业转型升级相适应，西部生产型实体经济向服务型实体经济升级路径初显端倪，以研发、金融、物流等为重点的生产性服务业加快发展，由此形成产业升级的内在动力。1993～2018年西部三次产业占地区生产总值比重情况如图10-4所示。

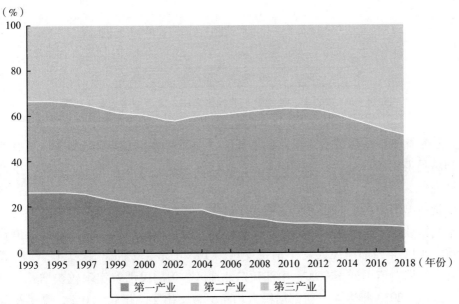

图 10-4　1993～2018 年西部三次产业占地区生产总值比重情况

二是初步形成以城镇化为空间的发展格局。城镇是服务业的核心空间载体。经济社会发展的一般规律显示，服务业的快速发展总是与人口城镇化进程相伴相生的。西部的发展实践也不例外。目前，人口城镇化进程的加快为西部服务业高质量发展创造了条件。以新型城镇化为空间也成为西部服务业高质量发展的一个重要特征。统计数据显示，2010～2018年，西部常住人口城镇化率由41.4%提升到52.9%，8年时间提高了8.2个百分点（比全国多提高1.2个百分点）；城镇常住人口由14948万人增长到20087万人，净增5139万人。在城镇化进程加快的同时，最可喜的一个变化是西部长期存在的人口流失现象近几年得到一定程度扭转（见图10-5）。数据表明西部对人口的吸纳能力增强，向好的形势看齐东部，好于中部和东北，这无疑为西部服务业高质量发展提供了更为广阔的市场空间。

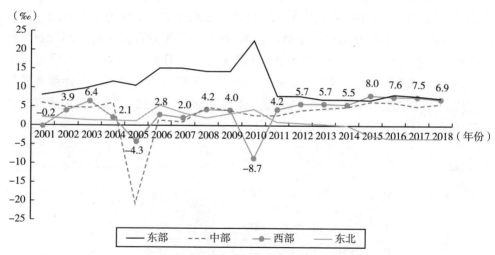

图10-5　东、中、西部及东北地区常住人口年均增长变化趋势

三是初步形成以消费为重点的增长路径。消费的本质需求是服务。更好地对接和满足消费需求是服务业高质量发展的内在要求。进入工业化中后期，生产消费社会化、市场化，生活消费高端化、多元化趋势更加明显；生产生活消费均加快由物质型消费为主向服务型消费为主转变。医疗、养老、教育等服务型消费市场空间持续扩大，已成为推动西部服务业高质量发展的内生动力。从居民消费情况看，2018年西部居民人均年消费支出为16220元（按照常住人口加权测算），尽管人均消费值仍低于东部、中部和东北地区，但居民消费实现较快增长。测算结果显示，2013年以来，西部居民人均年消费支出年均增长9.0%，高于东部和东北地区。而从生产性消费情况看，随着西部一二三产业融合进程加快，生产性

服务业发展空间也得以逐步释放。东、中、西部及东北地区居民消费支出情况如图 10 - 6 所示。

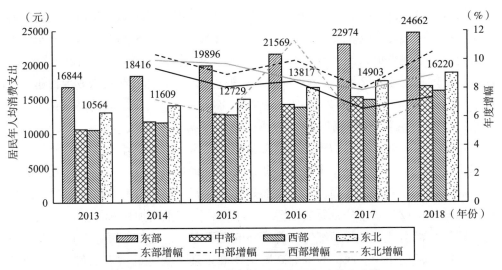

图 10 - 6　东、中、西部及东北地区居民消费支出情况

4. 服务业为推进区域协调发展提供了新空间

西部服务业的高质量发展，既体现在推动经济增长、吸纳就业创业和优化经济结构等方面，同时也充分体现在促进区域协调和协同发展上。无论是在增长潜力和空间上，还是在区域合作和协同上，服务业都发挥着越来越重要的作用。

首先，服务业已成为影响区域增长格局变化的关键变量。伴随着我国以服务业为主导的产业结构基本形成，西部融入国内国际市场的进程会进一步加快，服务业对内对外开放的深度和广度将加快提升。加上"四纵四横"高铁干线网的基本建成，使广大西部与其他区域板块的高效互联互通达到了一个新水平，尽管西部地域广袤，但核心城市群和产业带正加速成长，为更大范围、更深程度的人口流动、产业重组、要素重构和创新资源集聚提供平台。从全球城市空间体系和产业体系高度叠加的运行规律来看，伴随着我国进入以城市群为主体的区域一体化新阶段，原有城市间的产业分工格局会迅速扩展到城市群之间甚至区域板块间的分工，这对西部商贸、物流、信息、研发、金融及商务服务等服务产业的发展将产生颠覆性影响。西部已经进入以城市群链接全球产业链的发展新阶段，服务业不再是制造业的附属产业，而是成为引领带动西部传统产业转型升级的关键产业，参与全球价值链分工合作的主导产业。例如，贵阳大数据产业就是西部服务业高质量发展的典型代表。

其次，服务业已成为发挥区域协调发展机制的重点领域。中国特色社会主义进入新时代，区域发展不平衡不充分问题被前所未有地关注。相比传统的对基础设施、重点项目、社会民生等方面政策支持，西部在现代金融、数字经济、文化旅游等行业具备更大的区域政策空间和潜力。随着区域协调发展战略的深入实施，西部服务业也正在迎来更大的"政策红利"。从近几年的服务业固定资产投资情况看，西部的租赁和商务服务业、交通运输仓储和邮政业、文化体育和娱乐业等行业表现比较突出，2012～2017年年均分别保持着32.5%、21.0%、22.3%的高增长。与全国相比，近几年西部多数服务业行业投资增速均明显快于全国。

最后，服务业已成为构建更高层次全面开放体系的重要环节。党的十九大报告提出，要以"一带一路"建设为重点，形成陆海内外联动、东西双向互济的开放格局，优化区域开放布局，加大西部开放力度。在深化沿海开放的同时，我国把西部开放也放到了十分重要的位置。近年来，西部不断加快对外开放步伐，在对外贸易、吸引外资等方面都保持着较好的发展态势，这其中服务业正发挥着越来越关键的推动作用。西部服务业高质量发展正迎来更大的"开放红利"。统计数据显示，2013～2018年，西部接待境外游客数量屡创新高，国际旅游外汇收入年均增长12.3%，分别比东部、中部和东北地区高11.9个、3.1个和19.4个百分点。2018年西部共有外商投资企业4.53万户，比2012年增长了23.4%。2010～2018年东、中、西部及东北地区外资企业数量增长情况如图10-7所示。

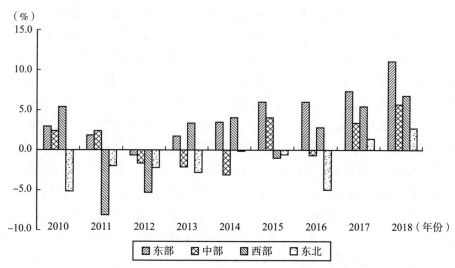

图 10-7　2010～2018年东、中、西部及东北地区外资企业数量增长情况

（二）西部服务业高质量发展的趋势

当前，西部转型发展的历史性特点十分突出：一方面，经济下行与结构调整的矛盾与风险因素不断增多，做好"六稳"工作的压力明显加大；另一方面，经济转型升级也蕴藏着巨大的发展潜力与市场空间。在这个大的背景下，服务业成为推动西部高质量发展新的"增长极""动力源"具有历史的必然性。

1. 服务业在实现西部后发优势进程中作用持续放大

对众多经济体的工业化进程的实证研究表明，在全面工业化之前，由于第一产业仍是主要产业；因此，相比第二产业，有些经济体的服务业就已在国民经济中占据重要地位。但随着工业化进程的不断加快，工业逐渐成为经济发展的主要动力，占整个经济的比重快速上升，而服务业比重的上升幅度则相对缓慢。直到工业化后期，随着分工专业化程度和生产方式复杂化程度的提高，工业部门对服务活动的中间需求不断增加，助推服务业进入快速发展阶段，服务业比重进入持续上升通道，并逐渐占据经济发展主导地位。东、西部人均 GDP 与第二、第三产业占 GDP 比重变化趋势如图 10 – 8 所示。

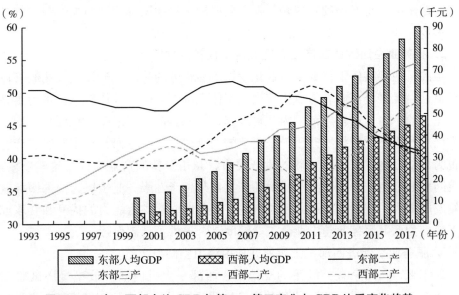

图 10 – 8 东、西部人均 GDP 与第二、第三产业占 GDP 比重变化趋势

从经济发展实践来看，我国产业结构演进在规律性上与主要工业化国家还存在较为明显的差异。导致这种的差异的原因是多方面的，其中既有我国区域发展不平衡性、改革渐进性的影响，也有经济全球化因素。1992 年以后，随着我国改革开放不断引向深入，原本计划经济条件下受到抑制，且一直处于发展不充分状态下的服务业发展动能快速释放，展现出惊人的发展活力。尤其是在工业发展不够充分的西部，服务业占 GDP 的比重还一度超过工业。之后，随着工业化层次的不断提升，服务业发展势头又有所减缓。但随着我国经济由高速增长阶段转向高质量发展阶段，经济增长动力又产生了新的变化。2013 年，东部地区服务业增加值占 GDP 的比重达到 47.9%，首次超过第二产业；随后的 2016 年，西部服务业增加值占 GDP 的比重达到 45.2%，再次超越工业占据经济增长的主导地位。

根据经济史学家麦迪森按购买力平价口径衡量的各国长期经济增长数据，成功跨入高收入行列的国家或地区，在其人均 GDP 达到 11000 美元（1990 年购买力平价美元）后，其经济结构均出现了转折性变化，进入以服务业加快发展为主要特征的经济调整升级阶段；在人均 GDP 达到 20000 美元左右时，服务业比重超过 60%，经济发展进入以服务业为主导的服务经济时代。尽管西部距离一般意义上的服务业加快发展转折点尚有不小的差距，但考虑到我国体量庞大的国内市场和消费人群，加上不断提升的开放水平和全球价值链分工的深化，西部服务业已经迎来高质量发展的重要转折期，发展能级持续跃升、潜力加快释放的基础已经形成。

2. 服务业在促进西部产业深度融合中优势更加明显

当前，西部整体上仍处于工业化发展不够充分的阶段，建设现代化经济体系任重道远，发展经济的着力点仍应当在实体经济上。但以现代信息技术为主导的新一轮工业革命正在全球范围内孕育兴起，传统实体经济形态正在深刻重塑。这一方面对西部产业的提质升级带来更严峻的挑战；另一方面，技术升级和产业分工也为西部经济发展提供了新的生产要素，开拓了新的产业空间。这些新要素、新空间多数是由服务业供给和提供的。尤其是生产性服务业领域为西部服务业高质量发展提供了难得的跨越式发展机遇。服务性要素供给能力的提升和获取成本的下降，为西部服务业与农业、工业深度融合提供了基础保障。

3. 服务业在促进西部扩大对外开放中潜力空间巨大

近年来，在国家有关政策的支持下，西部一大批内陆开放型经济试验区落地，西部对接"一带一路"倡议的主动性明显增强，融入长江经济带、粤港澳大湾区等国家重大战略的积极性明显提高，依托城市群强化区域协同发展的硬招数明显增多。尤其是在高速铁路重塑西部大交通格局的背景下，成都、重庆、西安、贵阳、乌鲁木齐等西部核心节点城市积极打造国家物流枢纽，畅通对外开放通道，在积极构建交通枢纽体系、现代物流体系、贸易平台体系、总部经济体系方面，持续加大投入，改善营商环境，取得了积极进展。可以预见，服务业在一个覆盖3.8亿人口、拥有丰富自然、旅游、文化和农产品资源的广袤西部，一定有更大的发展空间。

三、西部服务业高质量发展的短板与制约

近年来，尽管西部在推动服务业高质量发展上取得了不错的成绩，但由于发展基础薄弱、转型步伐不快、开放程度偏低、要素集聚能力不强等条件限制，服务业仍然是西部高质量发展的最突出"短板"。推动西部高质量发展不能忽视服务业发展面临的诸多短板，必须在正视发展差距的基础上，找准制约西部服务业高质量发展的关键因素。

（一）西部服务业总体发展水平偏低

2018年，西部服务业增加值占GDP的比重为48.5%，比全国平均水平低了3.7个百分点。与处于相同发展阶段的其他国家或地区相比也是偏低的。从服务业市场规模来看，2018年西部实现服务业增加值8.93万亿元，占全国服务业增加值比重为18.9%，只相当于东部地区的1/3，市场空间狭小的矛盾比较突出。

（二）西部多数省区服务业发展水平不高

整体上看，目前西部多数省（区、市）人均GDP处在4500~10000美元之间（2018年现价用美元平均汇率测算），除重庆、甘肃外，服务业比重均低于全国平均水平（52.2%）。同时，应当考虑如果剔除重庆等西部核心城市的影响，西部服务业发展水平与全国特别是东部地区的差距可能更大。从人均指标来看，2017年，西部第三产业人均劳动生产率为10.2万元，比全国平均水平低了约20%，与东部地区差距则更大（见图10-9）。

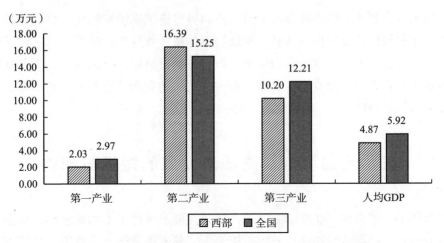

图 10 - 9　2017 年西部三次产业人均劳动生产率与全国比较

（三）西部服务业就业水平不高与结构失衡现象并存

一是西部服务业就业比重长期偏低，且程度持续加剧的趋势未得到根本扭转。长期以来，西部服务业就业比重始终低于服务业增加值比重，两者差距平均在 6 个百分点以上，且近年呈继续扩大态势，2017 年扩大到 11 个百分点。二是与全国相比，西部服务业就业水平相对滞后。西部服务业就业比重一直比全国低。2000 年西部服务业就业比重为 24.3%，比全国低 3.2 个百分点，随后差距一路上行，2017 年扩大至 8.5 个百分点。这表明西部服务业吸纳就业创业的能力远未得到充分释放，服务业就业不充分的问题是较为突出的。三是西部服务业内部就业结构不尽合理。突出表现在生产性和流通性服务业发育迟缓，吸纳就业能力严重不足。例如，2018 年西部城镇单位批发和零售业，信息传输、软件和信息技术服务业，租赁和商务服务业就业占全部城镇单位服务业就业的比重分别比东部低了 4.6 个、3.7 个和 3.7 个百分点（见图 10 - 10）。

（四）服务业市场主体数量不足，结构有待优化

数据显示，西部人口占全国的比重为 27.2%，但拥有的服务业法人单位数量占全国的比重则只有 19%。同时，所有制结构和行业结构也不尽合理，制约了西部服务业发展活力的提升。从城镇单位服务业从业人员占比来看，西部的公共管理社会保障和社会组织、教育业及卫生和社会工作三类占比是最高的，东部地

区这三大类的从业人员占比明显要低一些，在批发和零售、租赁和商务服务业、金融业等服务行业的从业人员占比明显高于西部。

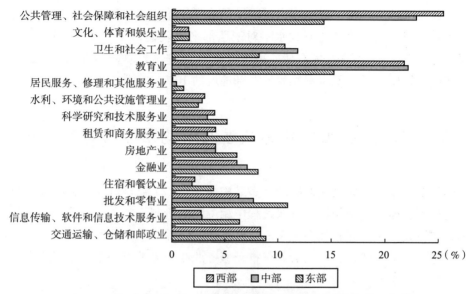

图 10-10 2018 年东、中、西部城镇单位服务业就业结构情况

（五）西部服务业发展层次有待提升

从服务业各行业产出情况看，目前，西部服务业结构层次偏低的状况比较突出，由传统生活性服务业向以生产性服务业和社会服务业为主导的结构升级步伐仍需加快。尽管从行业结构上看，西部与服务业结构差异相对较小，但在总量和要素投入上差距却很明显。服务业的高质量发展，其实质是主要依赖知识、信息、管理、品牌等创新要素或无形资产，以及高素质人力资本，实现服务内容扩展、服务方式创新和服务效率提升，从而带动服务业乃至整个经济向高质量方向发展。现阶段，西部服务业发展仍然较多依赖土地、资金等传统要素扩张为主，以数据、品牌、技术等新生产要素推动服务业发展的情况还比较少。同时，在推动服务业高质量发展中，还面临高层次人才巨大的供给缺口，特别是在现代金融、研发设计、管理咨询、会计法律等领域，人才不足的制约更加明显。

（六）西部服务业对内对外开放水平有待提升

尽管西部地区幅员广阔，但由于城镇化水平相比全国仍然偏低，服务业空间相对比较狭窄，提升服务业开放水平对于西部来说就显得尤为重要。从目前看，西部服务贸易发展水平依然不高。2018年，西部进出口总额为3762.4亿美元，尽管实现了较快增长，但也只相当于东部地区的10%，而服务贸易差距则更大。

四、推动西部服务业高质量发展的路径与政策取向

西部服务业高质量发展面临的诸多结构性矛盾，不仅与其经济社会发展阶段和工业化程度相关，也与转型升级过程中相关体制机制不完善、政策环境不优密切相关。因此，加快完善社会主义市场经济体制，促进服务业发展机制创新，深化服务业监管服务体系，应成为西部推动服务业高质量发展的主要政策选择。

（一）围绕城市群布局，提升西部服务业产业能级

城镇是服务业发展的主要空间。由于西部核心城市多呈点状分布，因此，推动西部服务业高质量发展必须扬长避短，充分发挥城市群的经济要素集聚效应，优化服务业发展空间布局，积极对接"一带一路"倡议及长江经济带、黄河流域生态保护和高质量发展等国家战略，坚持错位发展，构建城市群和都市圈服务网络，促进区域服务业协同发展，加快形成以成渝双城经济圈、关中平原城市群为核心，以骨干交通网络为依托，协调推进成贵昆、呼包银兰、天山经济走廊等经济带发展，形成西部服务业发展新枢纽、新网络。强化西部中小城市服务业功能，打造一批各具特色的服务业支点城市。围绕重点城市发展规划，加快提升金融保险、商务服务、现代物流、科技创新等生产性服务业能级。

（二）坚持大开放战略，打造西部开放型经济高地

坚持引进来和走出去相结合，不断加大"双向开放"力度，重点围绕生产性服务业这个关键短板，坚持有重点、分步骤、划阶段，在认真梳理现有服务业发展政策的基础上，加快服务业准入方式变革，平等吸纳国内外服务业市场主体，

结合西部工业转型升级实际，着力补齐现代金融、研发设计等高端服务业发展短板，进一步提升服务业与工业融合发展的层次。要积极推动服务业市场开放，加快形成商品贸易和服务贸易并举、制造业与服务业发展并重的对外开放新格局，利用西部与周边主要经济体基础设施互联互通的优势，提升对外贸易通道建设和多边经贸合作层次。

（三）构建新监管模式，优化西部服务业营商环境

要以勇于破除服务业领域行政垄断为重点，加快服务业监管服务模式创新，加快完善服务业市场监管标准体系，尽快实现服务业领域市场准入的负面清单管理，最大限度减少行政审批。要以大数据为重点，重构服务业市场监管模式，不断优化提升政府公共服务。要推动打破部门间"信息孤岛"，加快推进服务业统计体系创新，建立"互联网＋监管"模式，实现服务业市场主体服务标准化、信息化。要对标国际化营商环境的高标准，尽快消除服务业用地、用能等不合理政策，实现服务业与工业政策平等，激发服务业市场主体发展活力。

（四）对接服务型消费，提升西部服务业供给质量

顺应物质型消费向服务型消费转型的大趋势，加快转变以传统重化工业项目为主导的投资结构，建立服务业多元化投资促进体制机制，引导社会资本扩大文化旅游、商贸物流、信息服务、养老医疗等服务业领域投资，着力化解西部客观存在的服务供给与消费需求之间的结构性矛盾。在培育做大生活性服务业的基础上，着力提升生产性服务业发展质量。要坚持可持续发展模式，促进房地产业健康发展，加快西部新型城镇化进程，不断扩大西部服务业市场规模，不断改善服务型消费市场环境，完善服务型消费质量标准体系，做强做大有西部特色的文化娱乐、旅游休闲、健康养老等服务业主导产业。

‖第十一章‖

西部农业高质量发展研究

农业是我国国民经济的基础，也是战略性产业。作为欠发达的西部，在巩固农业基础地位和推进农业现代化进程中，虽然取得了历史性成就，但与新时代高质量发展要求相比还有不小差距。解决好"三农"问题，实现乡村振兴奋斗目标，基础在于产业发展。推动农业高质量发展是当前和今后一个时期的一项重大任务。为此，要以学习领会新时代党的"三农"政策为先导，从理解和研究我国农业高质量发展内涵、分析梳理西部农业发展现状与问题、借鉴国内外现代农业发展经验做法等方面入手，研究提出推动西部农业高质量发展的思路措施及相关建议。

一、农业高质量发展的内涵

2017年10月，习近平总书记在党的十九大报告中作出了"我国经济已由高速增长阶段转向高质量发展阶段"这一重要论断，其理论与实践的基础或逻辑起点是新中国成立以来特别是改革开放40年来我国发展取得举世瞩目成就，全面小康社会即将建成，我国社会主要矛盾从"人民日益增长的物质文化需要同落后的社会生产之间的矛盾"转化为"人民日益增长的美好生活需要和不平衡不充分的发展之间的矛盾"。中国特色社会主义进入新时代，我国经济发展也进入了新时代，基本特征是我国经济已由高速增长阶段转向高质量发展阶段。推动农业高质量发展是我国经济高质量发展的时代要求、必然选择，同时也是我国经济高质量发展的重要组成部分。认识和把握经济高质量发展的核心要义，是厘清农业高质量发展的前提。

（一）经济高质量发展核心要义

近年来，经济高质量发展成为媒体热议和社会关注的"高频词"。在党的十九大提出经济高质量发展之后，围绕经济高质量发展，主流媒体和经济学界都发表了一些观点和论述。2017 年 12 月中央经济工作会议召开后，新华社评论员在《推动中国经济迈向高质量发展新阶段》一文中提出：高质量发展是坚持改革创新的发展，是更加公平、更为协调的发展，是不断满足人民日益增长的美好生活需要的发展，是中国与世界合作共赢的发展，是人与自然和谐共生的发展。人民日报社论《牢牢把握高质量发展这个根本要求》提出：高质量发展就是能够很好满足人民日益增长的美好生活需要的发展，是体现新发展理念的发展，是创新成为第一动力、协调成为内生特点、绿色成为普遍形态、开放成为必由之路、共享成为根本目的的发展。2018 年 7 月，中国宏观经济研究院研究员马晓河在《经济参考报》发表《经济高质量发展的内涵与关键》一文中提出：经济高质量增长，有窄口径和宽口径之分。从窄口径看，经济高质量发展就是一个经济体（或企业）在投入上能利用科技进步科学配置资源要素，推动效率变革，实现资源要素配置从过去的粗放经营转向集约节约经营，使得资源要素的利用效率明显提高；从宽口径看，理解经济高质量发展不仅仅限于经济范畴之内，还应考虑社会、政治、文化、生态等方面的影响因素。2018 年 11 月，《人民日报》发表署名为一言的《把握高质量发展的要义》一文提出：深入理解高质量发展的科学内涵，首先要把握"更高质量、更有效率、更加公平、更可持续"四个关键词的要义，更高质量的要义是推动经济发展从"有没有"转向"好不好"、从"大不大"转向"强不强"；更有效率的要义是以更少要素投入取得更大产出效益，集中表现为提高全要素生产率；更加公平的要义是平等获得发展机会、公平参与市场竞争、全面共享发展成果；更可持续的要义是永续发展，要求经济发展既同资源环境承载能力相适应，又要具有源源不竭的动力。同时，把高质量发展的内涵概述为能够很好满足人民日益增长的美好生活需要的发展，是体现新发展理念的发展，是创新成为第一动力、协调成为内生特点、绿色成为普遍形态、开放成为必由之路、共享成为根本目的的发展。2019 年 6 月，中央党校曹立教授在《推动中国经济高质量发展》一书中提出，经济高质量发展是体现新发展理念的发展，是高质量的供给和高质量的需求相统一的发展，是投入产出效益最大化的发展，是经济循环通畅的发展，是分配科学合理的发展。2019 年 9 月，中国社会科学院工业经济研究所史丹、赵剑波、邓洲在《经济日报》发表了《从三个层面理解高质量发展的内涵》一文提出：从宏观层面理解，高质量发展是指经济增长稳定，区域城乡发展均衡，以创新为动力，实现绿色发展，让经济发展成果更多更公平惠及全体人民；从产业层面理解，高质量发展是指产业布局优化、结构合理，不断实现转型升级，并显著提升产业发展的效益；从企业经营层面理解，高质量发展包括一流竞争力、质量的可靠性与持续创新、品牌的影响力，以及先进的质量管理理念与方法等。

目前，专家学者对经济高质量发展有着不同的理解，"横看成岭侧成峰"，认识的角度不同，理解的内涵就有所不同；从不同领域、不同产业出发，理解的侧重点不同，指向性也有所不同。总之，我们要从宏观中观微观、整体与局部、当前与长远等不同层面、不同视角来加以理解，并针对具体的客体、具体的事物、具体的实践来认识和把握。

（二）农业高质量发展的内涵

农业高质量发展由经济高质量发展的概念延伸而来。张伟提出，农业高质量发展的实质是产业总体素质和效率较高。钟钰认为高质量农业既包括高标准的农产品、高生产效益的农业产业，也包括高效完备的生产经营体系、高品质的国际竞争力。他认为，既要坚持质量优先，要在保持存量的基础上提升质量。要循序渐进推动农业高质量发展；要紧紧聚焦市场导向来把握质量；要充分展现不同地方的内在文化属性，在发展高质量农产品过程中，要充分挖掘并传承农耕文化的价值。丁声俊认为农业高质量发展有着特色性、融合性、惠民性、动态性、创新性和生态性等特性。吴沛良认为，农业高质量发展应聚焦农产品供给高质量、农业投入品使用高质量、农业科技创新推广高质量、农业资源利用高质量和农业改革创新高质量等方面。

石保纬等人在《产业结构与聚集视角下广西农业高质量发展路径研究》一文中提出，要对农业产业结构升级及优化趋势、升级机制进行研究分析，提出推进广西农业高质量发展的建议。宋洪远在《推进农业高质量发展》一文中提出，我国农业质量不高、大而不强，最根本的原因还是产业素质不高，要实现农业转型升级必须强化现代科技装备支撑，要集成运用各类现代要素。王雅鹏、胡柳波认为农业高质量发展要创新实现"六化"，即农业经营适度规模化、生产作业机械化、生产管理标准化、生产环境绿色化、农业销售创新电商化、农业管理创新智能化。漆雁斌在《把握加快推进四川农业高质量发展的着力点》一文中提出：四川省实现农业高质量发展要发挥新农体"头羊效应"，带动农户践行绿色发展理念；构建绿色技术创新体系，分类推进农业资源利用高效化和农业生产清洁化；"五区协同"共推产业结构高端化、产业模式生态化，分区探索农村三产融合模式；创绿色品牌"雁阵"，整体锻造农业金字招牌；加快人才等重大体制机制创新，促进高端要素持续下乡融农。李芳采用主成分法对新疆农业高质量发展水平进行了测度与分析。郑红霞对四川省农业高质量发展水平进行了实证研究，构建农业高质量发展评价指标体系，利用熵值法衡量四川省农业的质效提升水平、动力转换水平、结构优化水平、绿色发展水平及协调共享水平，总结出农业经济增长动力不足，农业供给侧结构性改革仍需推进，农业对外开放程度不高，农产品竞争力较低，农业可持续发展压力增大，二元经济结构更加突出，农业经济发展成果惠民力度较小等问题和相关对策建议。

在此基础上梳理农业高质量的内涵，它既要从农业发展的阶段性特征与时代要求来认识和把握，也要结合农业发展的自身特点，从农业高质量发展的理念引领、农业的基础地位与战略作用、农业领域"三个变革"、农业"三大体系"等方面来切入，以全面理解新时代农业高质量发展的含义。

第一，农业高质量发展顺应了时代发展要求。从我国农业发展成就和农产品供给情况看，新中国成立70年来，我国农业生产能力大幅提升，以占世界9%的耕地解决了世界近20%人口的吃饭问题，且人民群众的饮食结构不断优化，从改革开放之初8亿人"吃不饱"到现在14亿人"吃不完"，农业发展实现了历史性飞跃。从农业发展阶段看，我国已经解决了农产品短缺问题，走过了以追求高产量为主要目标的以农户为单位的传统农业发展阶段，农户家庭承包经营的制度模式不断创新，适度规模经营有序推进，机械化水平大幅提升，2017年我国农业综合机械化率达到了66%，其中，小麦、水稻、玉米"三大主粮"的综合机械化率分别达到了94%、79%、83%，整体上从以机械化为标志的小型规模化发展阶段向以信息技术和自动化装备为标志的自动化发展阶段迈进，而且，随着一二三产业的融合发展，一些涉农企业综合运用大数据、物联网、人工智能等先进技术推进农业全产业链的智能化经营管理，以智能化为标志的智慧农业也在不断涌现。

第二，以发展新理念引领农业高质量发展。农业经济也是实体经济，是我国经济的重要组成部分。农业高质量发展要用新发展理念来引领。创新，就是要深化农业供给侧结构性改革、土地制度改革、产权制度改革，落实"三权分置"、经营权流转等重大举措，构建现代农业发展的体制机制；协调，就是要促进城乡一体化发展，推进区域协调发展，推动一二三产业融合发展；绿色，就是要加快转变农业发展方式，转换农业发展动能，提高要素生产率和农产品质量效率；开放，就是要统筹两个市场、两种资源，提升农业的竞争力；共享，就是要加快农业现代化步伐，完善利益分配，让农民分享到更多实实在在的发展成果。

第三，坚持农业农村优先发展战略。农业稳则天下稳，农业兴则天下兴。我国人口众多的基本国情决定了农业在国民经济中具有基础地位和战略地位，这是实现农业高质量发展的前提。"三农"问题是关系我国国计民生的根本性问题。农业既是国民经济的基础、乡村振兴的基础，也是现代化建设的大战略，必须坚守和实施好农业农村优先发展战略。习近平总书记在 2018 年中央农村工作会议上特别强调，做好"三农"工作对有效应对各种风险挑战、确保经济持续健康发展和社会大局稳定具有重大意义。目前，我国农业增加值占 GDP 比重虽然不足 8%，但其关系到 14 亿人的吃饭问题，关系到中国饭碗是否牢牢端在自己的手上，必须高度重视农业发展。我国实施农业农村优先发展战略、乡村振兴战略，把"三农"置于全党工作重中之重的地位，其根本用意就在于此。

第四，实现农业"三个变革"。在经济高质量发展大背景下，推动农业领域的质量变革、效率变革、动力变革，是农业高质量发展的必然要求。2018 年中央一号文件《关于实施乡村振兴战略的意见》提出要坚持质量兴农、绿色兴农，加快实现由农业大国向农业强国转变。从农业的质量变革讲，就是要从过去的增产导向转向提质导向，从数量优先转向质量第一；从农业的效率变革讲，就是要从粗放型转向集约型，推动农业实现效益优先目标；从农业的动力变革讲，就是要从政府推动转向市场引导，深入推进农业供给侧结构性改革，既要产得出、产得优，也要卖得出、卖得好，实现农业发展方式转变和农业全面升级。满足人民日益增长的美好生活需要，不仅要让人民群众吃得好、吃得安全、吃得健康，而且还能看得见山、看得见水、记得住乡愁，让人民群众感受到现代乡村文明，是农业产业发展的目标导向，过去那种拼资源、拼物耗、拼人力，而不注重投入产出效益、不注重生态保护的发展方式将难以为继。为此，必须走质量兴农、绿色兴农之路，提高农业领域的全要素生产率，大力推进科技强农，大力推进农业绿色化、优质化、特色化、品牌化。

第五，建立现代农业的"三大体系"。农业产业体系、生产体系、经营体系是现代农业的内在特征和发展规律的具体体现。2015 年 3 月习近平总书记在参加十二届全国人大三次会议吉林代表团审议时首次提出建设现代农业"三大体系"这一重要思想。2016 年 4 月习近平总书记在安徽小岗村主持召开农村改革发展座谈会时再次强调，要以构建现代农业产业体系、生产体系、经营体系为抓手，加快推进农业现代化。2018 年中央一号文件提出要加快构建现代农业产业体系、生产体系、经营体系，提高农业创新力、竞争力和全要素生产率。现代农业产业体系、生产体系、经营体系是现代农业的三大支柱，是一个有机整体。构建现代农业产业体系，就是要坚持市场导向优化资源配置，完善农业支持保护制度，实施一二三产融合发展，延长农业产业链和价值链，提高农业经济整体竞争力。构建现代农业生产体系，就是要用现代物质装备、现代科学技术和现代方式来改造农业，加强农田水利基础设施建设，推进农业标准化生产，发展生态循环农业，提高农业良种化、机械化、科技化、信息化、标准化水平，增强农业综合生产能力和抗风险能力。构建现代农业经营体系，就是要培育新型职业农民和各类新型经营主体，发展多种形式的适度规模经营，健全农业社会化服务体系，发展"农户＋社会化服务"的经营模式，实现小农户和现代农业发展有机衔接，提高农业经营的集约化、组织化、规模化、社会化、产业化水平。

综上所述，农业高质量发展是我国经济高质量发展的必然要求，是实施乡村振兴战略的基础和抓手，是全面开启现代化建设新征程的客观需要，同时也是农业自身发展的内在要求。农业高质量发展，其逻辑起点是更好满足人民日益增长的美好生活需要；最终目标是实现农业现代化；行动引领是新发展理念；重点任务是构建现代农业"三大体系"；动力机制是深化供给侧结构性改革，推动农业"三大变革"；重要支撑是农业科技和现代信息技术推广应用；出发点和落脚点是促进农民持续增收。2018 年 2 月，农业部部长韩长赋在启动全国"农业质量年"行动大会上讲话中所提出的"六高"要求，即产品质量高、产业效益高、生产效率高、经营者素质高、国际竞争力高、农民收入高，集中揭示并体现了现阶段我国农业高质量发展的基本内涵。

二、推动西部农业高质量发展的重大意义

改革开放 40 多年来，我国西部农业发展取得了历史性的成就，发生了翻天覆地的变化。但是，由于多方面原因，目前西部的绝大部分区域仍为我国欠发达地区，因此，推动西部农业高质量发展意义重大。

（一）西部农业发展历程的简要回顾

回顾改革开放以来西部农业发展历程，有助于把握西部农业发展现状、有助于理解西部农业高质量发展的意义。西部农业发展同全国一样，大致经历了从解决"吃不饱"问题到解决"吃得好"问题，再到如何实现高质量发展三大阶段。

第一阶段（1978～2003 年）。这一阶段的农业发展目标是建立农业农村基本制度、满足粮食产量需求这个基本问题。主要特征是改革农业生产组织形式，实行集体土地农民家庭承包经营，建立农村基本经营制度，极大地解放了农业生产力，实行"粮袋子""米袋子"省长负责制，粮食产业稳定增长，同时，推进农

业市场化改革和结构调整，林果业、畜牧业、渔业得到全面发展，农产品市场供给充足，乡镇企业异军突起，农民进城务工，增收渠道多样化，实现了从"吃不饱"到"吃得饱"再到"吃得好"的逐步跨越，而且包括农业在内的农村二三产业发展活力全面释放，为发展现代农业奠定了基础。

第二阶段（2003～2017年）。这一阶段的农业发展目标是完善农业发展政策、减少农民负担、调整优化农业结构等关键问题。主要特征是实施农业和乡村税费改革，取消农民承担的"乡统筹、村提留"，全面取消实行了二千多年的农业税赋，以土地和产权为基础的农村基本经营制度不断巩固完善，农业结构和区域布局持续调整优化，农产品加工业和农业社会化服务相关产业蓬勃发展，农业与旅游业、信息业等融合发展，观光休闲、"互联网＋"等新业态、新模式不断涌现，实现了由以粮食生产为主的种植业经济向多种经营和农林牧渔各业全面发展的历史性转变。

第三阶段（2017年至今）。以2017年中央提出实施乡村振兴战略为标志，西部农业发展与全国一道进入新阶段，步入高质量发展阶段。主要特征及发展趋势是从适应人民日益增长的美好生活需要出发，推进农业供给侧结构性改革，为农业注入新动能；推进质量兴农、绿色兴农、品牌强农、科技强农，更加注重农业可持续发展；强调统筹城乡、一二三产业融合发展，形成农工结合、农贸结合、农旅结合等新型业态，互联网＋、大数据、云计算、区域链的融合运用的智慧农业成为农业发展的新路径；农村土地制度、产权制度和有利于农业高质量发展的财政、金融、投资、人才等相关配套政策将不断完善。

（二）推动西部农业高质量发展的重大意义

与我国其他地区相比，西部总体发展滞后，推进西部农业高质量发展，对于推进实施乡村振兴战略、推动经济高质量发展、实现区域协调发展等都具有重要意义。

1. 推动西部农业高质量发展是实施乡村振兴战略的客观需要

农业是乡村振兴的产业基础。从客观上讲，一个地区的农业发展，往往受制于该地区的地理位置、自然气候、资源禀赋等因素。西部农业发展的基础条件远远不及东中部地区和东北地区。西部地处黄河、长江的源头和上游，以及我国绝大部分的沙漠地带，自然气候差异大。从气候条件看，西部中的西北、西南两大板块的自然气候、地形地貌等环境条件差异较大。从水土条件看，西部地域广大，国土面积约占全国国土总面积的71%，但耕地面积只占全国耕地的1/4。西部水资源储量丰富，但分布不均衡，干旱缺水区域比重较大。推动西部农业高质量发展和实施乡村振兴战略的难度更大，迫切需要改善西部农业基础条件，结合西部实际推动农业高质量发展，争取与全国同步实现乡村振兴战略。

2. 推动西部农业高质量发展是推动西部经济高质量发展的应有之义

农业经济是实体经济的重要组成部分。长期以来，与我国东中部地区、东北地区相比，西部工业化、城镇化进程较为缓慢，经济社会发展水平整体滞后。从农业生产经营看，西部农业产业化程度较低、质量效益不高、创新能力不强，农民收入水平也较于东中部地区。从农业产业发展水平看，在产业内部结构、产品质量品牌、发展路径模式、产业形态创新等方面，西部落后于东中部地区。同时，西部是我国水源保护、水土保持、生态安全屏障的重要区域，与东中部地区相比，还要面临较大的资源环境压力。农业作为我国经济发展的"战略后院"，西部作为我国的战略纵深地带，推动西部农业高质量发展的任务更为艰巨，迫切需要统筹推进供给侧结构性改革，大力实施一二三产业融合发展，持续推进绿色发展和生态农业，夯实农业高质量发展基础，助力西部经济高质量发展，争取与全国同步实现经济高质量发展目标。

3. 推动西部农业高质量发展是推动实现区域协调发展的必然要求

在我国东部、中部、东北、西部四大区域板块当中，西部整体发展相对滞后。目前，我国最大的区域发展不平衡表现在西部，最大的发展不充分也表现在西部。同时，从西部内部看，西北与西南地区之间，各省（区、市）之间，乃至一个省域范围内的区域发展也不平衡。就农业发展而言，西部的先天禀赋、市场化进程、现有发展水平等与东中部地区、东北地区也存在着不平衡的问题。形成这些不平衡，其原因来自多方面，既有地区发展进程与发展水平的历史原因，也有相关国家发展战略安排与生产力布局等政策方面的原因；既有地区发展基础条件的客观制约，也有改革开放程度不够等主观因素。为此，推动西部农业高质量发展是一项战略任务，需要抓住国家实施"一带一路"建设和新一轮西部大开发战略的发展机遇，走出一条西部农业高质量发展的路子，努力缩小与发达地区的发展差距。

三、西部农业发展现状

改革开放以来，西部步入发展快车道，农业发展取得长足进步，农业经济比重较大，基础地位较为牢固，对国家农业发展作出了贡献。但依然存在市场化程度不高、农业产业化发展滞后、农业基础设施相对较差等突出问题。

（一）西部农业发展成就

西部落实国家西部大开发战略，高度重视农业发展和生态保护，根据各地实际发展特色农业、绿色农业，依靠科技进步和改革创新，逐步走出一条集约化、内涵式、产业化、可持续的发展道路，特别是党的十八大以来，西部农业经济稳中有进，综合生产能力明确提升，发展方式明显转变，生态农业、智慧农业等新型业态稳步推进。

1. 农业经济稳定发展

从西部农业增加值占全国农业生产总值的比重看，其近年呈现上升趋势，从2013年的16.90%上升到2017年的23.49%（见表11-1），数据表明，我国在工业化、城镇化步伐加快，三次产业结构优化升级的趋势下，西部农业产业在全国农业中的份额逐步提升，说明这5年来，西部农业增加值呈现稳定增长，在全国农业产业发展中的地位日益凸显。

表11-1　　　　　　　2013~2017年西部各省（区、市）农业增加值情况　　　　单位：亿元

区域	2013年	2014年	2015年	2016年	2017年
全国	56957	58332	60863	63671	65468
内蒙古	864.8	918.6	926.9	1628.7	1647.2
广西	1285.6	1372.1	1478.7	2798.61	2906.87
重庆	678.7	722.5	771.5	1303.24	1339.62
四川	2011.5	2130.4	2296.7	2390.7	2813.1
贵州	646.1	851.9	1096.5	1196.5	1306.4
云南	1098.4	1208.4	1231.3	1305.6	1330.3
西藏	37.9	41.3	44.3	104.98	122.80
陕西	1060.7	1157.1	1178.6	1251.6	1307.7
甘肃	657.8	705.1	572.5	591.1	642.1
青海	81.8	85.3	85.6	91.8	95.8
宁夏	151.5	154.1	175.7	175.7	175.9
新疆	1052.6	1130.1	1147.6	1648.97	1691.63
西部合计	9627.4	10476.9	11005.9	14487.5	15379.42
西部占比（%）	16.90	17.96	18.08	22.75	23.49

近年来西部农业产业稳步发展，总产值由 2013 年的 24710.5 亿元增至 2017 年的 31388.0 亿元（见表 11-2），尤其是种植业、林果业、畜牧业的产值在全国具有十分重要的地位。2017 年，西部农林牧渔业总产值占全国的比例为 30.19%，产值相当于 2000 年的 5.4 倍。2017 年，西部以四川、广西和云南的农林牧渔产业总产值总量相对较大，占全国农林牧渔产业总产值的比例分别为 6.53%、4.31%、3.60%。

表 11-2　　　　2013~2017 年西部农林牧副渔总产值及占全国的比重

区域	2013 年		2014 年		2015 年		2016 年		2017 年	
	绝对值（亿元）	占比（%）	绝对值（亿元）	占比（%）	绝对值（亿元）	占比（%）	绝对值（亿元）	占比（%）	绝对值（亿元）	占比（%）
全国	89618.2	100.0	93882	100.0	97552.2	100.0	101649.9	100.0	103978.6	100.0
内蒙古	2664.9	2.97	2746.3	2.93	2719.3	2.79	2759	2.71	2766.5	2.66
广西	3623.8	4.04	3797.5	4.04	4030.4	4.13	4370.9	4.30	4484.8	4.31
重庆	1398.4	1.56	1463.5	1.56	1582.8	1.62	1821.3	1.79	1868.2	1.80
四川	5511	6.15	5765.8	6.14	6237.4	6.39	6656.5	6.55	6785.6	6.53
贵州	1589.5	1.77	2039.6	2.17	2633.6	2.70	2975.5	2.93	3251.7	3.13
云南	3007.1	3.36	3207.8	3.42	3326.9	3.41	3581.7	3.52	3741.2	3.60
西藏	124.9	0.14	135.4	0.14	145.6	0.15	168.7	0.17	173.9	0.17
陕西	2451.1	2.74	2619.3	2.79	2683.7	2.75	2844.4	2.80	2914.8	2.80
甘肃	1079	1.20	1138.4	1.21	1204	1.23	1304.7	1.28	1411.2	1.36
青海	305.4	0.34	322.2	0.34	313.6	0.32	332.8	0.33	357.8	0.34
宁夏	414.2	0.46	428.4	0.46	462.7	0.47	473.3	0.47	493	0.47
新疆	2541.2	2.84	2756.5	2.94	2822.2	2.89	2994.9	2.95	3139.3	3.02
西部合计	24710.5	27.57	26420.7	28.14	28162.2	28.85	30283.7	29.8	31388.0	30.19

由表 11-3 可见，西部的种植业产业发展在全国具有十分重要的地位，产值由 2013 年的 14423.6 亿元增至 2017 年的 19229.9 亿元。2017 年，西部种植业产值占全国的比例为 33.12%。2017 年，西部以四川、广西和新疆的种植业产值相对较大，占全国种植业产值的比例分别为 6.90%、4.37%、3.98%。

表 11 - 3　　　　　2013～2017 年西部种植业产值及占全国的比重

区域	2013 年		2014 年		2015 年		2016 年		2017 年	
	绝对值（亿元）	占比（%）	绝对值（亿元）	占比（%）	绝对值（亿元）	占比（%）	绝对值（亿元）	占比（%）	绝对值（亿元）	占比（%）
全国	48943.9	100.00	51851.1	100.00	54205.3	100.0	55659.9	100.0	58059.8	100.0
内蒙古	1368.9	2.80	1457.9	2.81	1474.5	2.72	1477.6	2.65	1434.7	2.47
广西	1868.3	3.82	1994	3.85	2146.4	3.96	2342.2	4.21	2538.9	4.37
重庆	855.5	1.75	906.4	1.75	963	1.78	1123.8	2.02	1165.7	2.01
四川	2886.5	5.90	3068.6	5.92	3315.5	6.12	3701.6	6.65	4004.2	6.90
贵州	997.8	2.04	1322.7	2.55	1773.7	3.27	1900.6	3.41	2077	3.58
云南	1606.9	3.28	1765.4	3.40	1794.7	3.31	1888.8	3.39	1982.5	3.41
西藏	57.9	0.12	63.3	0.12	68.1	0.13	52.2	0.09	78.4	0.14
陕西	1697.1	3.47	1848.8	3.57	1885.5	3.48	1997.8	3.59	2095.3	3.61
甘肃	853.8	1.74	897.8	1.73	951.2	1.75	985.7	1.77	1068.6	1.84
青海	140.5	0.29	144.2	0.28	145	0.27	155.5	0.28	162.4	0.28
宁夏	261.8	0.53	265.4	0.51	300	0.55	299.7	0.54	309	0.53
新疆	1828.6	3.74	1983	3.82	2037.6	3.76	2201.7	3.96	2313.2	3.98
西部合计	14423.6	29.47	15717.5	30.31	16855.2	31.10	18127.2	32.57	19229.9	33.12

由表 11 -4 可见，西部的林业产业发展在全国具有十分重要的地位，产值由 2013 年的 1134.9 亿元增至 2017 年的 1693.1 亿元，2017 年占全国林业产值的比例为 33.99%。2017 年，西部以云南、四川和广西的林业产值相对较大，占全国林业产值的比例分别为 7.66%、6.96%、6.95%。

表 11 -4　　　　　2013～2017 年西部林业产值及占全国的比重

区域	2013 年		2014 年		2015 年		2016 年		2017 年	
	绝对值（亿元）	占比（%）	绝对值（亿元）	占比（%）	绝对值（亿元）	占比（%）	绝对值（亿元）	占比（%）	绝对值（亿元）	占比（%）
全国	3847.4	100.0	4190	100.00	4358.5	100.00	4635.9	100.00	4980.6	100.00
内蒙古	96.1	2.50	96.4	2.30	99.4	2.28	98.6	2.13	99.9	2.01

区域	2013 年		2014 年		2015 年		2016 年		2017 年	
	绝对值（亿元）	占比（%）	绝对值（亿元）	占比（%）	绝对值（亿元）	占比（%）	绝对值（亿元）	占比（%）	绝对值（亿元）	占比（%）
广西	287.6	7.48	303.2	7.24	313.9	7.20	323.5	6.98	346.4	6.95
重庆	48	1.25	53.6	1.28	60.4	1.39	73.4	1.58	85.2	1.71
四川	179.4	4.66	196	4.68	205.8	4.72	329.3	7.10	346.8	6.96
贵州	69.9	1.82	99.6	2.38	137.7	3.16	195	4.21	228.8	4.59
云南	293.3	7.62	303.1	7.23	317.1	7.28	330.4	7.13	381.5	7.66
西藏	2.7	0.07	2.6	0.06	2.1	0.05	2.4	0.05	3	0.06
陕西	67.6	1.76	73.6	1.76	75.8	1.74	85.5	1.84	96.9	1.95
甘肃	26.7	0.69	30.2	0.72	33.9	0.78	30.8	0.66	31.6	0.63
青海	5.7	0.15	6.6	0.16	7.4	0.17	8.3	0.18	9	0.18
宁夏	9.8	0.25	10	0.24	11.6	0.27	10.1	0.22	9.7	0.19
新疆	48.1	1.25	49.4	1.18	53.2	1.22	50.3	1.09	54.3	1.09
西部合计	1134.9	29.50	1224.3	29.22	1318.3	30.25	1537.6	33.17	1693.1	33.99

由表 11-5 可见，西部的畜牧业产业发展在全国具有十分重要的地位，产值由 2013 年的 8375.5 亿元增至 2017 年的 9410.3 亿元，2017 年的产值占全国畜牧业产值的比例为 32.05%。2017 年，西部以四川、云南和内蒙古的畜牧业产值相对较大，占全国畜牧业产值的比例分别为 7.49%、4.39%、4.09%。

表 11-5　　　　　2013~2017 年西部畜牧业产值及占全国的比重

区域	2013 年		2014 年		2015 年		2016 年		2017 年	
	绝对值（亿元）	占比（%）	绝对值（亿元）	占比（%）	绝对值（亿元）	占比（%）	绝对值（亿元）	占比（%）	绝对值（亿元）	占比（%）
全国	27572.4	100.00	27963.4	100.00	28649.3	100.00	30461.2	100.00	29361.2	100.00
内蒙古	1170.9	4.25	1162.9	4.16	1114.6	3.89	1149.8	3.77	1200.6	4.09
广西	1101.2	3.99	1087.3	3.89	1140.3	3.98	1281.5	4.21	1128.6	3.84
重庆	441	1.60	438.6	1.57	484.5	1.69	538.7	1.77	522.5	1.78
四川	2267.6	8.22	2308.8	8.26	2505.6	8.75	2405.5	7.90	2199.4	7.49
贵州	484.1	1.76	571	2.04	667.1	2.33	820.8	2.69	885.8	3.02

区域	2013 年		2014 年		2015 年		2016 年		2017 年	
	绝对值（亿元）	占比（%）	绝对值（亿元）	占比（%）	绝对值（亿元）	占比（%）	绝对值（亿元）	占比（%）	绝对值（亿元）	占比（%）
云南	1046.1	3.79	1073.2	3.84	1147.5	4.01	1286.1	4.22	1289.5	4.39
西藏	64.2	0.23	69.3	0.25	75.3	0.26	113.8	0.37	92.2	0.31
陕西	668.6	2.42	677	2.42	698.8	2.44	734.8	2.41	695.2	2.37
甘肃	197.3	0.72	209	0.75	217.5	0.76	285.9	0.94	309	1.05
青海	157.9	0.57	169.1	0.60	158.4	0.55	165.7	0.54	183	0.62
宁夏	129.3	0.47	138.1	0.49	135.3	0.47	146.6	0.48	155.7	0.53
新疆	647.3	2.35	704.6	2.52	709.7	2.48	720.7	2.37	748.5	2.55
西部合计	8375.5	30.38	8608.9	30.79	9054.6	31.60	9649.9	31.68	9410.3	32.05

由表 11 -6 可见，由于西部省（区、市）均属于内陆省（区、市），渔业产业发展相对不足，但每年也有不同程度的增长，产值由 2013 年的 776.5 亿元增至 2017 年的 1054.9 亿元，2017 年的渔业产值占全国的比例为 9.11%。2017 年，西部以广西、四川的渔业产值相对较大，占全国渔业产值的比例分别为 4.07%、2.03%。其他省（区、市）渔业产业占全国的比例都非常小。

表 11 -6　　　　　2013～2017 年西部渔业产值及占全国的比例

区域	2013 年		2014 年		2015 年		2016 年		2017 年	
	绝对值（亿元）	占比（%）	绝对值（亿元）	占比（%）	绝对值（亿元）	占比（%）	绝对值（亿元）	占比（%）	绝对值（亿元）	占比（%）
全国	9254.5	100.0	9877.5	100.0	10339.1	100.0	10892.9	100.0	11577.1	100.0
内蒙古	29.0	0.31	29.1	0.29	30.8	0.30	33.0	0.30	31.3	0.27
广西	366.7	3.96	413.1	4.18	429.8	4.16	423.7	3.89	471	4.07
重庆	53.8	0.58	64.9	0.66	74.9	0.72	85.3	0.78	94.8	0.82
四川	177.5	1.92	192.4	1.95	210.5	2.04	220	2.02	234.9	2.03
贵州	37.7	0.41	46.3	0.47	55.1	0.53	59.1	0.54	60.1	0.52
云南	60.8	0.66	66.1	0.67	67.6	0.65	76.4	0.70	87.7	0.76
西藏	0.2	0.00	0.2	0.00	0.2	0.00	0.2	0.00	0.3	0.00
陕西	17.8	0.19	19.9	0.20	23.6	0.23	26.3	0.24	27.5	0.24

区域	2013 年		2014 年		2015 年		2016 年		2017 年	
	绝对值（亿元）	占比（%）	绝对值（亿元）	占比（%）	绝对值（亿元）	占比（%）	绝对值（亿元）	占比（%）	绝对值（亿元）	占比（%）
甘肃	1.3	0.01	1.4	0.01	1.4	0.01	2.2	0.02	2.1	0.02
青海	1.3	0.01	2.2	0.02	2.8	0.03	3.3	0.03	3.4	0.03
宁夏	13.2	0.14	14.9	0.15	15.8	0.15	17.0	0.16	18.6	0.16
新疆	17.2	0.19	19.6	0.20	21.8	0.21	22.2	0.20	23.2	0.20
西部合计	776.5	8.39	870.1	8.81	934.3	9.04	968.7	8.89	1054.9	9.11

2. 农业经济在西部经济发展中占据重要位置

从三次产业结构比情况看，西部农业增加值占西部生产总值的比重由 2013 年的 11.8% 发展到 2017 年的 11.0%。与此对应，全国农业增加值占 GDP 的比重由 2013 年的 8.9% 发展到 2017 年的 7.6%。数据显示，西部农业经济在西部经济发展中仍占据重要位置，对西部经济发展仍有较大影响。

各省（区、市）农业产业结构总体表现比较稳定。西部各省（区、市）的农业增加值占比与全国相比总体较高，服务业增加值占比与全国相比总体相对偏低。2017 年，西部以贵州、云南、新疆、广西的农业增加值占比相对较高，占本省 GDP 的比例分别为 14.9%、14.28%、14.26%、14.2%（见表 11-7）。

表 11-7　　　2013～2017 年西部各省（区、市）三次产业结构占比

区域	2013 年	2014 年	2015 年	2016 年	2017 年
全国	8.9:44.2:46.9	8.7:43.3:48	8.4:41.1:50.5	8.1:40.1:51.8	7.6:40.5:51.9
内蒙古	9.3:53.8:36.9	9.2:51.3:39.5	9.1:50.5:40.4	8.8:48.7:42.5	10.2:39.8:50.0
广西	15.8:46.7:37.5	15.3:46.9:37.8	15.2:46.0:38.8	15.3:45.1:39.6	14.2:45.6:40.2
重庆	7.8:45.8:46.4	7.4:46.1:46.5	7.2:45.3:47.5	7.3:44.5:48.2	6.9:44.1:49.0
四川	12.8:46.9:40.3	12.4:45.0:42.6	12.2:44.1:47.3	11.9:40.8:47.3	11.6:38.7:49.7
贵州	12.3:40.6:47.1	13.8:41.7:44.5	15.6:39.6:44.8	15.7:39.7:44.6	14.9:40.2:44.9
云南	15.73:41.74:42.53	15.54:41.22:43.24	15.09:39.77:45.14	14.91:38.38:46.71	14.28:37.89:47.83
西藏	10.38:35.91:53.71	9.95:36.58:53.47	9.55:36.65:53.80	10.06:37.27:52.67	9.4:39.18:51.46
陕西	9.0:55.0:36.0	8.8:54.1:37.0	8.9:50.4:40.7	8.7:48.9:42.4	8.0:49.7:42.4

从甘蔗生产来看，西部甘蔗产量从 2013 年的 10477.84 万吨降至 2017 年的 8745.02 万吨，占全国甘蔗总产量比重由 2013 年的 87.85% 降至 2017 年的 83.76%（见表 11－10）。广西是我国甘蔗主产区，2017 年，广西甘蔗产量占全国的 68.31%。云南甘蔗产量占全国的 14.52%。西部其他省（区、市）甘蔗产量所占比例则很小。

表 11－10　　　　　2013～2017 年西部甘蔗产量及占全国的比例

区域	2013 年		2014 年		2015 年		2016 年		2017 年	
	产量（万吨）	占比（%）	产量（万吨）	占比（%）	产量（万吨）	占比（%）	产量（万吨）	占比（%）	产量（万吨）	占比（%）
全国	11926.35	100.0	11578.82	100.0	10706.43	100.0	10321.54	100.0	10440.43	100.00
广西	8104.26	67.95	7952.57	68.68	7504.92	70.10	7461.32	72.29	7132.35	68.31
重庆	10.94	0.09	10.29	0.09	9.77	0.09	9.7	0.09	8.79	0.08
四川	56.94	0.48	55.66	0.48	54.02	0.50	49.54	0.48	34.74	0.33
贵州	159.29	1.34	168.27	1.45	156.09	1.46	117.81	1.14	50.31	0.48
云南	2146.25	18.00	2110.4	18.23	1930.05	18.03	1738.4	16.84	1516.15	14.52
陕西	0.16	0.00	0.14	0.00	0.14	0.00	0.13	0.00	2.68	0.03
西部合计	10477.84	87.85	10297.33	88.93	9654.99	90.18	9376.9	90.85	8745.02	83.76

注：在《中国统计年鉴》中，内蒙古、西藏、甘肃、青海、宁夏、新疆的甘蔗产量为零，因此表中无这几个省份的数据。

从甜菜生产来看，西部甜菜产量从 2013 年的 682.76 万吨增至 2017 年的 819.48 万吨，占全国甜菜总产量比重由 2013 年的 73.73% 增至 2017 年的 87.33%（见表 11－11）。新疆和内蒙古是我国甜菜主产区。2017 年，新疆甜菜产量占全国的 47.77%，内蒙古甜菜产量占全国的 36.69%。西部其他省（区、市）的甜菜产量所占比例则很小。

表 11－11　　　　　2013～2017 年西部甜菜产量及占全国的比例

区域	2013 年		2014 年		2015 年		2016 年		2017 年	
	产量（万吨）	占比（%）	产量（万吨）	占比（%）	产量（万吨）	占比（%）	产量（万吨）	占比（%）	产量（万吨）	占比（%）
全国	926	100.0	800	100.0	803.2	100.0	956.7	100.0	938.41	100.0

区域	2013 年		2014 年		2015 年		2016 年		2017 年	
	产量（万吨）	占比（%）	产量（万吨）	占比（%）	产量（万吨）	占比（%）	产量（万吨）	占比（%）	产量（万吨）	占比（%）
内蒙古	181.36	19.59	160.18	20.02	230.11	28.65	266.19	27.82	344.34	36.69
四川	0.19	0.02	0.18	0.02	0.14	0.02	0.06	0.01	0.18	0.02
陕西	—	—	0.03	0.00	0.01	0.00	0.01	0.00	—	—
甘肃	24.72	2.67	26.41	3.30	16.05	2.00	16.63	1.74	26.69	2.84
青海	0.02	0.00	0.1	0.01	0.03	0.00	0.06	0.01	—	—
新疆	476.47	51.45	471.94	58.99	448.32	55.82	554.99	58.01	448.27	47.77
西部合计	682.76	73.73	658.84	82.36	694.66	86.49	837.94	87.59	819.48	87.33

注：在《中国统计年鉴》中，广西、重庆、贵州、云南、西藏、宁夏的甜菜产量为零，因此表中无这几个省份的数据。

从油料生产来看，西部油料产量从 2013 年的 957 万吨增至 2017 年的 1147.61 万吨，占全国油料总产量比重由 2013 年的 29.1% 提高到 2017 年的 33.02%（见表 11 - 12）。西部油料作物种植范围很广泛。2017 年，西部油料作物产量相对集中分布在四川（10.30%）、内蒙古（6.93%）、贵州（3.32%）等省（区、市）。

表 11 - 12　　　　　2013 ~ 2017 年西部油料产量及占全国的比例

区域	2013 年		2014 年		2015 年		2016 年		2017 年	
	产量（万吨）	占比（%）	产量（万吨）	占比（%）	产量（万吨）	占比（%）	产量（万吨）	占比（%）	产量（万吨）	占比（%）
全国	3287.35	100.0	3371.92	100.0	3390.47	100.0	3400.05	100.0	3475.24	100.0
内蒙古	158.14	4.81	170.31	5.05	193.58	5.71	220.02	6.47	240.69	6.93
广西	57.21	1.74	61.3	1.82	64.68	1.91	68.95	2.03	64.93	1.87
重庆	53.14	1.62	56.94	1.69	59.87	1.77	62.72	1.84	62.4	1.80
四川	290.44	8.84	300.79	8.92	307.55	9.07	311.29	9.16	357.89	10.30
贵州	91.53	2.78	98.05	2.91	101.34	2.99	103.43	3.04	115.52	3.32
云南	60.68	1.85	64.68	1.92	65.92	1.94	68.5	2.01	56.26	1.62
西藏	6.38	0.19	6.38	0.19	6.4	0.19	6.21	0.18	5.94	0.17

区域	2013 年		2014 年		2015 年		2016 年		2017 年	
	产量（万吨）	占比（%）	产量（万吨）	占比（%）	产量（万吨）	占比（%）	产量（万吨）	占比（%）	产量（万吨）	占比（%）
陕西	59.75	1.82	63.8	1.89	62.66	1.85	63.8	1.88	59.75	1.72
甘肃	69.72	2.12	72.42	2.15	71.57	2.11	76.02	2.24	77.35	2.23
青海	32.57	0.99	31.51	0.93	30.48	0.90	30.04	0.88	30.28	0.87
宁夏	16.81	0.51	16.52	0.49	15.25	0.45	14.65	0.43	6.94	0.20
新疆	60.63	1.84	59.33	1.76	62.88	1.85	71.39	2.10	69.66	2.00
西部合计	957.00	29.11	1002.03	29.72	1042.18	30.74	1097.02	32.26	1147.61	33.02

4. 特色农业快速发展

西部依托当地资源优势，强化科技支持，并在国家大力支持下，农业结构逐步调整优化，独具特色的农畜产品生产基地已成规模，相应产业体系基本形成。其中，新疆是优质棉花和酱番茄生产基地；广西和云南是甘蔗生产基地，内蒙古和新疆是甜菜生产基地；云南、广西是热带、亚热带水果生产基地，陕西、甘肃、新疆等地是苹果、葡萄、红枣、香梨、哈密瓜等优质水果生产基地；四川、云南、甘肃、青海、新疆等地是优质蔬菜生产基地；云南、甘肃、内蒙古、陕西等地是花卉生产基地；宁夏、重庆、甘肃、新疆、青海等地是中药材生产基地；云南、贵州是我国优质烟叶生产基地；甘肃、内蒙古、青海等西北地区和贵州、四川、云南等西南地区是马铃薯生产基地；广西、重庆、四川、贵州、云南是我国重要的茶叶生产基地；四川、云南等西南地区是生猪生产基地；新疆、内蒙古、青海等地是牛羊肉、奶制品重要生产基地。同时，这些地区注重与这些农畜产品配套的农产品加工业快速成长，有些省（区、市）以农产品为依托，在此基础上发展农产加工和体验农业等产业，有的成为当地的区域性支柱产业。

从牛奶产量来看，西部牛奶产量从 2013 年的 1639.32 万吨增至 2017 年的 1506.92 万吨，占全国牛奶总产量比重由 2013 年的 54.63% 降至 2017 年的 49.59%（见表 11-13）。西部养殖业对我国牛奶需求的供给可谓占据"半壁江山"。2017 年，西部牛奶产量相对集中分布在内蒙古（18.19%）、广西（8.39%）、新疆（6.31%）、宁夏（5.27%）等省（区、市）。

表 11 – 13　　　　　　　2013～2017 年西部牛奶产量及占全国的比例

区域	2013 年		2014 年		2015 年		2016 年		2017 年	
	产量（万吨）	占比（%）	产量（万吨）	占比（%）	产量（万吨）	占比（%）	产量（万吨）	占比（%）	产量（万吨）	占比（%）
全国	3000.82	100.0	3159.88	100.0	3179.83	100.0	3064.03	100.0	3038.62	100.0
内蒙古	767.3	25.57	788.02	24.94	803.2	25.26	734.12	23.96	552.86	18.19
广西	261.34	8.71	266.29	8.43	258.81	8.14	249.75	8.15	254.97	8.39
重庆	6.8	0.23	5.69	0.18	5.45	0.17	5.45	0.18	5.06	0.17
四川	70.63	2.35	70.81	2.24	67.48	2.12	62.76	2.05	63.7	2.10
贵州	5.45	0.18	5.71	0.18	6.2	0.19	6.39	0.21	4.4	0.14
云南	54.51	1.82	58.2	1.84	55	1.73	56.93	1.86	56.83	1.87
西藏	26.97	0.90	28.99	0.92	30.04	0.94	29.73	0.97	37.06	1.22
陕西	141.09	4.70	144.67	4.58	141.19	4.44	140.2	4.58	107.28	3.53
甘肃	38.5	1.28	39.6	1.25	39.31	1.24	40	1.31	40.4	1.33
青海	27.55	0.92	30.5	0.97	31.5	0.99	33	1.08	32.43	1.07
宁夏	104.19	3.47	135.74	4.30	136.53	4.29	139.47	4.55	160.07	5.27
新疆	134.99	4.50	147.53	4.67	155.77	4.90	156.08	5.09	191.86	6.31
西部合计	1639.32	54.63	1721.75	54.49	1730.48	54.42	1653.88	53.98	1506.92	49.59

从肉类产量来看，西部肉类产量从 2013 年的 2552.12 万吨增至 2017 年的 2617.72 万吨，占全国肉类总产量比重由 2013 年的 29.56% 增至 2017 年的 30.25%（见表 11 – 14）。西部养殖业对满足我国肉类需求的供给具有重要作用，尤其是保障了对优质牛羊肉的生产供给。2017 年，西部肉类产量相对集中分布在四川（7.55%）、广西（4.86%）、云南（4.84%）、内蒙古（3.06%）等省（区、市）。

表 11 – 14　　　　　　　2013～2017 年西部肉类产量及占全国的比例

区域	2013 年		2014 年		2015 年		2016 年		2017 年	
	产量（万吨）	占比（%）	产量（万吨）	占比（%）	产量（万吨）	占比（%）	产量（万吨）	占比（%）	产量（万吨）	占比（%）
全国	8632.77	100.0	8817.9	100.0	8749.52	100.0	8628.33	100.0	8654.43	100.0
内蒙古	244.9	2.84	252.33	2.86	245.71	9.37	258.89	3.00	265.16	3.06

区域	2013 年		2014 年		2015 年		2016 年		2017 年	
	产量 （万吨）	占比 （%）	产量 （万吨）	占比 （%）	产量 （万吨）	占比 （%）	产量 （万吨）	占比 （%）	产量 （万吨）	占比 （%）
广西	420.02	4.87	420.02	4.76	417.27	15.92	411.19	4.77	420.18	4.86
重庆	207.85	2.41	214.21	2.43	213.82	8.16	210.85	2.44	180.56	2.09
四川	690.39	8.00	714.74	8.11	706.8	26.96	696.29	8.07	653.82	7.55
贵州	199.74	2.31	201.81	2.29	201.94	7.70	199.28	2.31	206.47	2.39
云南	359.4	4.16	378.52	4.29	378.31	14.43	375.63	4.35	419.15	4.84
西藏	26.82	0.31	26.39	0.30	28.02	1.07	27.72	0.32	32.07	0.37
陕西	113.41	1.31	111.72	1.27	116.23	4.43	116.75	1.35	112.56	1.30
甘肃	91.01	1.05	95.47	1.08	96.35	3.68	97.32	1.13	99.14	1.15
青海	31.81	0.37	33.39	0.38	34.74	1.33	36.04	0.42	35.3	0.41
宁夏	27.37	0.32	28.51	0.32	29.22	1.11	30.89	0.36	33.46	0.39
新疆	139.4	1.61	149.25	1.69	153.18	5.84	160.97	1.87	159.85	1.85
西部合计	2552.12	29.56	2626.36	29.78	2621.59	29.96	2621.82	30.39	2617.72	30.25

从水果产量来看，西部水果产量从 2013 年的 7661.20 万吨增至 2017 年的 8886.10 万吨，占全国水果总产量比重由 2013 年的 33.68% 增至 2017 年的 35.20%（见表 11-15）。西部特色经济作物种植业对满足我国水果需求的供给具有重要作用。西部是我国重要的苹果、葡萄、红枣、香梨、哈密瓜、甜橙、芒果、荔枝、龙眼等水果生产基地以及新型水果培育及生产基地。2017 年，西部水果产量相对集中分布在陕西（7.61%）、广西（7.53%）、新疆（5.63%）、四川（3.99%）、云南（3.11%）等省（区、市）。

表 11-15　　　　　　2013~2017 年西部水果产量及占全国的比例

区域	2013 年		2014 年		2015 年		2016 年		2017 年	
	产量 （万吨）	占比 （%）	产量 （万吨）	占比 （%）	产量 （万吨）	占比 （%）	产量 （万吨）	占比 （%）	产量 （万吨）	占比 （%）
全国	22748.1	100.0	23302.63	100.0	24524.62	9.99	24405.24	100.0	25241.9	100.0
内蒙古	294.77	1.30	322.32	1.38	296.74	0.12	316.28	1.30	322.88	1.28
广西	1433.42	6.30	1560.6	6.70	1720.02	0.70	1882.5	7.71	1900.4	7.53

续表

区域	2013 年		2014 年		2015 年		2016 年		2017 年	
	产量（万吨）	占比（%）	产量（万吨）	占比（%）	产量（万吨）	占比（%）	产量（万吨）	占比（%）	产量（万吨）	占比（%）
重庆	319.26	1.40	347.61	1.49	375.95	0.15	408.69	1.67	403.38	1.60
四川	840.07	3.69	884.55	3.80	934.19	0.38	979.32	4.01	1007.88	3.99
贵州	167.75	0.74	196.38	0.84	224.9	0.09	243.88	1.00	280.14	1.11
云南	634.52	2.79	669.02	2.87	726.54	0.30	759.11	3.11	783.9	3.11
西藏	1.3	0.01	1.44	0.01	1.49	0.00	1.53	0.01	0.16	0.00
陕西	1764.41	7.76	1849.92	7.94	1930.9	0.79	2017.84	8.27	1922.06	7.61
甘肃	611.49	2.69	636.58	2.73	678.99	0.28	737.96	3.02	630.85	2.50
青海	2.96	0.01	2.57	0.01	3.62	0.00	4.02	0.02	3.65	0.01
宁夏	264.31	1.16	290.24	1.25	298.94	0.12	305.77	1.25	210.6	0.83
新疆	1326.94	5.83	1466.89	6.29	1635.02	0.67	1790.88	7.34	1420.2	5.63
西部合计	7661.20	33.68	8228.12	35.31	8827.3	3.60	9447.78	38.71	8886.10	35.20

5. 农业基础设施条件不断改善

通过历年农田水利、土地平整与复垦、高标准农田建设投入，2017 年西部有效耕地灌溉面积达到 19903.7 千公顷（见表 11-16）。科研创新基础条件明显改善，测土施肥、旱作节水等一批重大关键技术得到推广应用，节水灌溉面积稳步增加。深入实施退耕还林还草，同时加强了优质草场建设。"三北"防护林建设、沙漠治理、水源地综合治理等生态建设持续推进，土地沙漠化有所遏制，生态环境不断改善。从有效耕地灌溉面积来看，西部有效耕地灌溉面积从 2013 年的 18611.8 千公顷增至 2017 年的 19903.7 千公顷，占全国有效耕地灌溉总面积比重由 2013 年的 29.32% 增至 2017 年的 29.35%。近年来，我国退耕还林政策的支持下，西部有效耕地灌溉面积有所扩大。2017 年，西部有效耕地灌溉面积较广的地区是新疆（7.30%）、内蒙古（4.68%）、四川（4.24%）等省（区、市）。

表 11 – 16　　　　2013~2017 年西部有效耕地灌溉面积及占全国的比例

区域	2013 年		2014 年		2015 年		2016 年		2017 年	
	产量 （千公顷）	占比 （%）	产量 （千公顷）	占比 （%）	产量 （千公顷）	占比 （%）	产量 （吨）	占比 （%）	产量 （吨）	占比 （%）
全国	63473.3	100.0	64539.53	100.0	65872.64	100.0	67140.62	100.0	67815.57	100.0
内蒙古	2957.8	4.66	3011.88	4.67	3086.9	4.69	3131.53	4.66	3174.83	4.68
广西	1586.4	2.50	1600	2.48	1618.79	2.46	1646.07	2.45	1669.87	2.46
重庆	675.2	1.06	677.26	1.05	687.19	1.04	690.6	1.03	694.26	1.02
四川	2616.5	4.12	2666.32	4.13	2735.09	4.15	2813.55	4.19	2873.1	4.24
贵州	926.9	1.46	981.83	1.52	1065.43	1.62	1088.07	1.62	1114.12	1.64
云南	1660.3	2.62	1708.97	2.65	1757.71	2.67	1809.39	2.69	1851.42	2.73
西藏	239.3	0.38	244.03	0.38	247.8	0.38	251.53	0.37	261.23	0.39
陕西	1209.9	1.91	1226.49	1.90	1236.77	1.88	1251.39	1.86	1263.09	1.86
甘肃	1284.1	2.02	1297.06	2.01	1306.72	1.98	1317.51	1.96	1331.43	1.96
青海	186.9	0.29	182.49	0.28	196.99	0.30	202.35	0.30	206.61	0.30
宁夏	498.6	0.79	498.91	0.77	506.53	0.77	515.15	0.77	511.45	0.75
新疆	4769.9	7.51	4831.89	7.49	4944.92	7.51	4982.03	7.42	4952.29	7.30
西部合计	18611.8	29.32	18927.13	29.33	19390.84	29.44	19699.17	29.34	19903.7	29.35

6. 农业机械化水平稳步提升

农业机械总动力是衡量机械化发展水平的重要指标。近年来，西部农业机械总动力变动不大，2015 年为最高值，个别年份出现小波动。西部农业机械总动力从 2013 年的 2.60 亿千瓦增至 2017 年的 2.71 亿千瓦，占全国农业机械总动力比重由 2013 年的 25.06% 增至 2017 年的 27.46%（见表 11 – 17）。2017 年，西部农业机械总动力较高的地区是四川（4.47%）、广西（3.70%）、云南（3.58%）、内蒙古（3.53%）等省（区、市）。其他省（区、市）的农业机械总动力很小。数据表明，西部农业生产方式基本实现了从主要依靠人力畜力到主要依靠机械动力的转变，近年来农业机械化发展总体较为稳定，但依然存在着区域不平衡、不充分等问题。

表 11 - 17　　　　　　2013～2017 年西部农业机械总动力及占全国的比例

区域	2013 年		2014 年		2015 年		2016 年		2017 年	
	产量（万千瓦）	占比（%）	产量（万千瓦）	占比（%）	产量（万千瓦）	占比（%）	产量（万千瓦）	占比（%）	产量（万千瓦）	占比（%）
全国	103906.8	100.0	108056.58	100.0	111728.07	100.0	97245.57	100.0	98783.35	100.0
内蒙古	3430.6	3.30	3632.55	3.36	3805.11	3.41	3331.1	3.43	3483.55	3.53
广西	3383	3.26	3567.49	3.30	3803.18	3.40	3527.26	3.63	3658.33	3.70
重庆	1198.9	1.15	1243.34	1.15	1299.73	1.16	1318.67	1.36	1352.6	1.37
四川	3953.1	3.80	4160.12	3.85	4404.55	3.94	4267.33	4.39	4420.3	4.47
贵州	2240.8	2.16	2458.4	2.28	2575.15	2.30	2041.06	2.10	2181.43	2.21
云南	3070.3	2.95	3215.03	2.98	3333.04	2.98	3440.64	3.54	3534.53	3.58
西藏	517.3	0.50	570.82	0.53	619.69	0.55	635.14	0.65	523.09	0.53
陕西	2452.7	2.36	2552.13	2.36	2667.27	2.39	2171.9	2.23	2242.51	2.27
甘肃	2418.5	2.33	2545.71	2.36	2684.95	2.40	1903.9	1.96	2018.59	2.04
青海	410.6	0.40	440.9	0.41	453.87	0.41	458.56	0.47	462.35	0.47
宁夏	802	0.77	813.02	0.75	831.26	0.74	580.54	0.60	605.38	0.61
新疆	2165.9	2.08	2341.76	2.17	2489.32	2.23	2552.15	2.62	2638.84	2.67
西部合计	26043.7	25.06	27541.27	25.49	28967.12	25.93	26228.25	26.97	27121.5	27.46

7. 现代农业发展获得国家大力支持

近年来，西部各省区响应国家政策号召，集中力量建设了一批具有一定规模的现代农业示范区，大力发展现代农业。农业部已认定国家现代农业示范区共三批，合并前二批示范区已认定的重合县市，目前国家现代农业示范区总数为283个，其中，西部认定 84 个，约占全国认定的国家现代农业示范区的 30%。如第二批命名的四川省眉山市东坡区国家现代农业示范区，第三期命名的陕西省西咸新区泾河新城（泾阳）国家现代农业示范区、甘肃省敦煌市国家现代农业示范区均是所在省（区、市）现代农业产业发展的排头兵，是当地推进农业供给侧结构性改革、优化农业结构和转变农业发展方式、提高农业产业的综合效益和整体竞争力的缩影。

2017 年以来，中央财政拿出 50 亿元奖补资金支持国家级现代农业产业园的创建。目前全国共建设了 62 个国家级现代农业产业园，首批认定了 20 个（西部被认定 6 个），第二批认定了 29 个（西部被认定 14 个）（见表 11 - 18）；还创建了 1000 多个省级产业园和一大批市县级产业园。这 62 个国家级产业园目前形成 95 个主导产业，吸引了近 100 家国家级龙头企业和近 500 家省级龙头企业入驻，吸引返乡下乡就业人员 14.2 万，撬动金融社会资金近 1800 亿元，园区农民人均可支配收入达到 2.2 万元，比所在县平均水平高 34%。现代农业产业园一般以规模种养为基础，集聚了现代生产要素和经营主体，是城市人才、技术、资金等要素流向农村的重要载体，也是返乡下乡人员创新创业的重要平台。广西壮族自治区来宾市现代农业产业园、四川省峨眉山市现代农业产业园、陕西省杨凌示范区现代农业产业园、云南省普洱市思茅区现代农业产业园等是西部现代农业产业园区建设的"急先锋"。各省（区、市）以现代农业产业园创建推进当地的农业现代化建设。同时，西部把生态农业发展作为农业可持续发展的重要方面，推进落实"生态家园富民计划""三绿工程""无公害行动计划"等，推广生态农业技术，发展绿色低碳农业、有机循环农业，推出一大批具有地方特色的绿色农畜产品、绿色食品，建成了一大批绿色农产品生产基地和智慧农业基地。例如，贵州省三穗现代生态示范园区、新疆昌吉国家农业科技园区、成都都市现代农业高新技术产业园等。西部积极推进生态农业产业化，发挥各地资源优势，以市场为导向，充分挖掘群众喜爱的旅游、运动、健康、美食等多样化需求，紧密结合并综合发展休闲观光、绿色加工、生态旅游、有机循环农业等与农业关联度较高的产业，特色农场、乡村工坊、林盘景区、田园综合体、科技智慧农业等新型业态不断涌现。

表 11-18　　　　西部拥有国家级农业产业示范园和现代农业园区数量　　　单位：个

区域	第一批现代农业产业园	第二批现代农业产业园	第一批国家现代农业示范区	第二批国家现代农业示范区	第三批国家现代农业示范区
全国	20	29	50＋1	100＋1	157
内蒙古	1	—	2	3	5
广西	1	2	1	2	4
重庆	—	2	1	2	2
四川	1	2	3	4	7
贵州	1	1	1	2	3
云南	1	—	1	2	4
西藏	—	—	1	1	1
陕西	1	2	1	2	3

续表

区域	第一批现代农业产业园	第二批现代农业产业园	第一批国家现代农业示范区	第二批国家现代农业示范区	第三批国家现代农业示范区
甘肃	—	2	1	2	2
青海	—	1	1	1	2
宁夏	—	1	1	2	2
新疆（含兵团）	—	1	1＋1	3＋1	3＋3
西部	6	14	16	27	41

8. 农业劳动生产率稳中有升

近年来，西部农业劳动生产率由 2013 年的每人 24847 元增至 2017 年的每人 33184 元，增长趋势与全国平均水平基本一致（见图 11－1）。数据表明西部农业从业人员创造的单位价值比前几年更大、效率逐年提升。西部各省区农业劳动生产效率相对较高的是新疆（58733 元/人）、内蒙古（46938 元/人）、重庆（39339 元/人）、四川（37847 元/人）等省（区、市）；其中，唯有新疆的农业劳动生产效率高于全国平均水平（49646 元/人）（见表 11－19）。

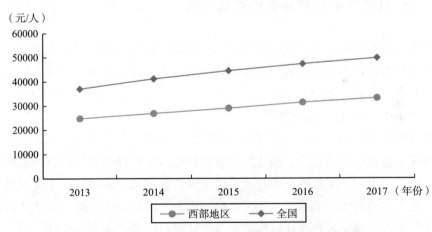

图 11－1　2013～2017 年西部农业劳动生产率变动趋势

表 11－19　　2013～2017 年西部各省（区、市）农业劳动生产率情况　　单位：元/人

区域	2013 年	2014 年	2015 年	2016 年	2017 年
全国	37077	41194	44506	47288	49646

续表

区域	2013 年	2014 年	2015 年	2016 年	2017 年
内蒙古	45875	47187	47515	46723	46938
广西	24512	26190	28244	30716	31695
重庆	24073	26341	30063	36720	39339
四川	28178	30203	33339	36426	37847
贵州	13473	17418	22674	26172	28935
云南	18616	20161	21103	22556	24634
西藏	13459	14497	15041	17573	17548
陕西	31465	33469	34014	35946	36910
甘肃	12098	12908	13740	15054	16556
青海	26192	27728	27246	28889	31167
宁夏	24788	26477	28937	29693	32117
新疆	50182	53503	53573	54542	58733
西部	24847	26933	29037	31417	33184

（二）西部农业发展存在的突出问题

对标农业高质量发展，西部农业发展虽然取得较大成绩，但由于种种原因还存在不少现实困难和突出问题，需要结合实际走出一条符合中央要求、具有西部特点的高质量发展的道路。

1. 市场化和产业化程度较低

西部农业产业化、市场化发展普遍较滞后。小农户与现代农业有机衔接机制或运行模式还没有完全建立，既体现在农民分散式生产经营的组织化、标准化程度低，影响产出率，又体现小农户无法适应农产品市场供求规律，无法保障自身利益，也无法控制生产成本，迫切需要提高小农户的组织化程度。一些特色产业发展还存在着市场化、产业化运作不规范、缺乏长远的产业规划引导，以及利益联结不紧密的问题。如新疆南疆的红枣，10 年前市场行情好时各地州一窝蜂地盲目扩大面积，近几年产品过剩、价格走低，农民左右为难。又如，一些地方的特色农产品加工企业，短期行为较为严重，不履行订单价格，根据下游产品市场行情和本企业利益随意调整原料收购价，既损害农民积极性，也不利于企业长远发展。

2. 产业融合度不高

西部农业的产业链、价值链较短，大多数特色产业仍为提供初级产品阶段，精深加工不足，向二三产业延伸不充分。农产品加工转化率低于全国 65% 的水平，与 2020 年全国要达到 68% 的要求还有一定距离。大部分省（区、市）的县域经济不发达，《2019 年县域经济高质量发展指数研究成果》显示，在全国百强县市中，西部仅占 7 席，二三产业成长比较缓慢，对农业的拉动力和服务能力不强，一些地方在产品包装、广告设计、物流运输、市场信息等方面服务还不便利、不完整。西部农业的多重功能还没有充分开发，新业态、新产业发展活力不足，统筹金融服务、科技支援、人才培育和土地、项目、资金等方面支持农业的政策协同性、耦合度不高。

由表 11-20 可见，西部农业从业人员占从业总人数的比例高，2017 年的占比为 43.5%（即西部从业人员当中有小一半的人在第一产业从业），加之西部受地形地貌等影响，机械化程度不高，因而农业产出效率提升程度有限。结合农村所见，当前农业从业人员年龄普遍偏大，年轻一代从事农业的意愿不强，农业产业链以及乡村产业发展的人才激励保障机制没能真正建立起来，从业者服务农业的产业链不完整，即使投入大量人力，产出效益短期内亦难以显现。从 2017 年西部各省（区、市）第一产业从业人数及占从业总人数比例来看，贵州（55.5%）、甘肃（54.9%）、云南（50.8%）三省的比例高于 50%；这三个省（区、市）也是西部农业劳动生产率最低的省（区、市），说明其农业人员投入量大，第一产业的劳动生产率又低（各省（区、市）农业劳动生产率数据详见表 11-19）、第一产业增加值占比与第一产业从业人员占比不成正比。

表 11-20　　　2013~2017 年西部第一产业从业人数及占从业总人数比例

区域	2013 年		2014 年		2015 年		2016 年		2017 年	
	人数（万人）	占比（%）	人数（万人）	占比（%）	人数（万人）	占比（%）	人数（万人）	占比（%）	人数（万人）	占比（%）
全国	24171.0	31.4	22790.0	29.5	21919.0	28.3	21496.0	27.7	20944.0	27.0
内蒙古	580.9	41.3	582.0	39.2	572.3	39.1	590.5	40.1	589.4	41.4
广西	1478.4	53.1	1450.0	51.9	1427.0	50.6	1423.0	50.1	1415.0	49.8
重庆	580.9	34.5	555.6	32.7	526.5	28.9	496.0	28.9	474.9	27.7
四川	1955.8	40.6	1909.0	39.5	1870.9	38.6	1827.4	37.6	1792.9	36.8
贵州	1179.8	63.3	1171.0	61.3	1161.5	59.7	1136.9	57.3	1123.8	55.5

区域	2013 年		2014 年		2015 年		2016 年		2017 年	
	人数（万人）	占比（%）	人数（万人）	占比（%）	人数（万人）	占比（%）	人数（万人）	占比（%）	人数（万人）	占比（%）
云南	1615.3	55.5	1591.1	53.7	1576.5	53.6	1587.9	53.0	1518.7	50.8
西藏	92.8	45.2	93.4	43.7	96.8	41.2	96.0	37.7	99.1	37.4
陕西	779.0	37.9	782.6	37.9	789.0	38.1	791.3	38.2	789.7	38.1
甘肃	891.9	59.3	881.9	58.0	876.3	57.0	866.7	56.0	852.4	54.9
青海	116.6	37.1	116.2	36.6	115.1	35.8	115.2	35.5	114.8	35.1
宁夏	167.1	47.6	161.8	45.3	159.9	44.2	159.4	43.2	153.5	40.8
新疆	506.4	46.2	515.2	45.4	526.8	44.1	549.1	43.5	534.5	40.9
西部合计	9944.9	47.4	9809.8	46.1	9698.6	45.2	9639.4	44.4	9458.7	43.5

3. 基础设施条件仍然较差

西部农业基础设施建设相对滞后，投资建设也有较大难度。如"三区三州"中的新疆南疆地区自然环境较差，农业缺水严重，基本农田、乡村道路、供水供电供气、仓储物流等设施还需要投资建设。又如，贵州省水城县部分地区尤其是乡村的茶叶、猕猴桃种植园区的田间道路、灌溉等设施还非常缺乏；云南省昭阳区、鲁甸县、永善县的部分果园还没有通路，缺水问题没有解决。为此，争取国家支持并采取其他途径办法，持续改善农业基础设施条件，增强西部农业高质量发展后劲，是西部各省市区的一项重要任务。

4. 农民持续增收的压力仍然客观存在

总体来看，西部农村居民的收入较低，面临的增收压力较大。根据表 11 - 21 可知，2017 年农民人均纯收入 10952 元，相当于全国平均水平的 83.4%。2017 年西部各省农民人均纯收入均未达到全国人均纯收入水平，尤其是甘肃（8076 元）、青海（9462 元）、云南（9862 元）三省的农民人均纯收入在 1 万元以下，甘肃的农民人均纯收入仅相当于全国平均水平的 61.5%，西部农民脱贫致富促进增收的形势十分迫切。当前，西部是我国脱贫攻坚的重点地区。2018 年末全国农村贫困人口 1660 万人，贫困发生率 1.7%，其中，西部农村贫困人口 916 万人，占全国农村贫困人口的 55.2%，主要集中在新疆、甘肃、西藏、贵州、云南、广西、陕西等省（区、市），特别是西藏、新疆南疆四地州和四省藏区、甘肃临夏州、四川凉山州和云南怒江州的"三区三州"地区贫困程度相对较深。即使在各省（区、市）贫困县相继摘帽实现退出的情况下，这些地区农村经济的相对区域差异也是客观存在的，因此，仍迫切需要发展县域经济、乡村产业，促进农民持续增收。

表 11 – 21 　　2013 ~ 2017 年西部各省（区、市）农民人均纯收入情况 　　单位：元

区域	2013 年	2014 年	2015 年	2016 年	2017 年
全国	8896	10489	11422	12363	13132
内蒙古	8596	9976	10776	11609	12584
广西	6791	8683	9467	10359	11325
重庆	8332	9490	10505	11549	12638
四川	7895	8803	10247	11203	12227
贵州	5434	6671	7387	11776	12864
云南	6141	7456	8242	9020	9862
西藏	6785	7359	8244	10183	11047
陕西	6503	7932	8689	9396	10265
甘肃	5108	5736	6936	7457	8076
青海	6196	7283	7933	8664	9462
宁夏	6931	8410	9119	9852	10738
新疆	7296	8724	9425	9094	10334
西部平均	6834	8044	8914	10014	10952

　　恩格尔系数是指人们的食物支出金额在消费总支出金额中占的比例。农村恩格尔系数的高低直接反映了国家和地区第一产业的发展情况，体现当地经济结构是否合理。全国农村居民家庭恩格尔系数从 2013 年的 37.66% 下降到 2017 年的 31.18%（见表 11 – 22），表明全国农村居民生活水平有了明显提高。随着农村居民温饱问题的解决，在城乡居民生活消费支出中，发展和享受型消费的比重就逐步上升。2017 年西部农民恩格尔系数相对较高的省（区、市）如西藏、四川、重庆等省（区、市）的农村居民收入以及其投向消费食物的消费比例表明这些区域的农村经济发展水平有待于进一步提升。

表 11－22　　　　　2013～2017 年西部农民恩格尔系数　　　　单位：%

区域	2013 年	2014 年	2015 年	2016 年	2017 年
全国	37.66	33.57	33.05	32.24	31.18
内蒙古	35.54	30.47	29.36	29.34	27.78
广西	40.05	36.90	35.35	34.49	32.24
重庆	43.80	40.45	39.96	38.68	36.51
四川	42.24	39.75	39.12	38.14	37.16
贵州	42.96	37.24	34.16	30.75	30.19
云南	44.22	35.59	36.41	35.28	32.55
西藏	54.25	52.57	52.19	52.44	49.08
陕西	31.82	29.12	27.84	26.93	25.98
甘肃	37.09	34.90	32.86	31.29	30.36
青海	30.89	31.89	29.93	29.44	29.74
宁夏	31.15	29.91	29.15	26.47	25.27
新疆	33.86	34.49	34.07	31.70	30.61

5. 农业发展的生态环境需要改善

由于多方面原因，西部特别是西北地区煤炭、煤焦化、石油天然气采掘、石油化工、化学原料等资源型重工业比重较大，不利于生态环境保护和农业可持续发展。同时，西部还面临着防风固沙、防治土地盐碱等生态保护任务，发展绿色产业特别是绿色农业也较为迫切，需要从资源节约集约利用、生态文明制度机制建设、国家相关政策支持等多方面入手，持续改善生态环境。

四、值得学习借鉴的国内外先进经验

国内和国外农业发展方面的先进经验做法，对于西部农业高质量发展具有学习借鉴价值和积极推动作用。

（一）国内推动农业高质量发展的案例

2019 年 9 月，国家农业农村部发布了全国范围内农业高质量发展方面的 20

个典型案例。在此以北京农信互联科技集团有限公司的"智慧养猪"、黑龙江省农民专业合作社的玉米生产"全托管"、四川省川椒王子农业开发有限公司的藤椒产业"联合体"为例作为农业高质量发展的案例说明。

1. 北京农信互联科技集团有限公司"打造全产业链服务平台，开创智慧养猪新模式"

公司通过人工智能、移动互联网、物联网、云计算、大数据等现代信息技术与传统养猪业的深度融合，创建了生猪产业链大数据智能服务平台——"猪联网"，开展猪服务、猪交易、猪金融三大核心业务，有力推动了我国养猪业智慧化转型升级。目前，"猪联网"聚集了超过1.5万个中等规模以上的专业化养猪场、150万专业养猪人，覆盖生猪超过5000万头，占全国生猪存栏量7%，是国内服务养猪户最多、覆盖猪规模最大的"互联网＋养猪"服务平台。一是在"猪服务"业务上打造了生猪养殖全流程智能管理系统。通过猪管理智能化系统，推动生猪科学养殖；通过猪场智能化管理系统，精准实现企业高效管理；通过猪病通远程服务系统，有效解决生猪养殖疫病；通过行情宝猪价跟踪系统，灵敏反映生猪市场行情；通过养猪课堂，提供养殖技术及经营管理知识。二是在"猪交易"业务上搭建了生产经营主体网络交易平台。包括农信商城和国家级生猪交易市场两部分。通过农信商城为养殖户提供一站式采购服务，养殖户可从农信商城购买饲料、兽药、疫苗等，减少了物流成本，并且农信商城可以为规模化猪场、运营中心和核心企业提供集采服务。通过国家级生猪交易市场（猪交所），帮助用户进行生猪交易，实现买全国、卖全国。三是在"猪金融"业务上建立了行业金融服务体系。其主要为企业、养殖户、经销商、贸易商、屠宰场提供金融服务。利用大数据技术建立资信模型，为银行、保险、基金、担保公司提供信贷风险参考。截至目前，农富宝累计理财金额超过506亿元，帮助用户实现理财收益高达1亿元；农付通累计支付总额超过1730亿元；农信险发放贷款额累计超过125亿元；农信保实现累计保理金额8694万元；农信租借款金额超过1亿元。

2. 黑龙江省龙江县超越合作社"扎实服务小农户，实现生产全托管"

合作社以解决农村"留守老妇幼化"和土地分散化、闲置化、细碎化造成农业收益低的问题为主攻方向，围绕玉米种植产业链，提供"耕、种、管、收、售"全程托管服务，构建"金融＋期货＋保险"农产品产值保障机制，逐步把小农户引入现代农业发展轨道，既做到了种好地、产好粮，又实现了有出路、增效益。2019年合作社服务区域拓展到龙江县相邻的县（市、旗），托管面积达到42万亩。一是在托管推广模式上突出区域协作、层层推进。通过种好托管示范田和对比算账，吸引更多农民接受托管服务。实行网格化、组团式管理，每个乡

（镇）聘请 1 名服务经理，每个行政村聘请 1 名技术员，以 1200～1500 亩土地为单元安排 1 名农机手。二是在托管经营模式上突出整链负责、全程服务。在保持农户家庭承包权不变的前提下，合作社提供农资供应、配方施肥、农机作业、统防统治、收储加工的一体化服务，农户向合作社支付托管费。通过集中连片的标准化生产、机械化作业和一体化加工销售，降低了物化成本、生产成本、流通成本。与中粮集团开展"粮食银行"项目合作，从农户单打独斗到集中卖粮，让农户在粮食销售上赢得了话语权和主动权。三是在托管操作模式上突出技术引导、科技支撑。依靠省农业科学院齐齐哈尔分院提供技术支撑，促进了技术升级和生态保护。推广适应半干旱、风沙种植环境的玉米保护性耕作技术，利用秸秆保水保沙，节约了资金、培肥了地力，解决了以往秸秆焚烧污染环境的问题；建立了测土配方配肥站，做到"缺啥补啥、找准症结、按方抓药"，保持均衡供肥，降低了化肥用量。与"中化农业"合作开发了智能 App"智农管理系统"，实行网上全程精准、高效、实时、便捷的"耕、种、管、收"一体化管理服务。四是在托管保障机制上突出应保尽保、互惠共赢。探索建立农业生产全程托管参保机制，增强了抵御市场风险能力。太平洋保险公司以每亩 25 元收取保费，北京一米农业科技公司给予金融支持，合作社保证托管收益每亩 700 元以上，充分保障了农民收益。

3. 四川绵阳市川椒王子农业开发有限公司"以抱团式服务打造藤椒产业发展联合体"

为解决藤椒产业分散种植经营中的生产技术、加工流通、品牌营销等难题，公司通过牵头成立农业产业化联合体，整合服务组织、农机农资等资源，围绕藤椒全产业链，搭建"生产、加工、营销"一体化平台，完善"融资＋技术＋收益"全方位服务，实现了藤椒产业集约化、标准化、专业化、市场化发展，走出了一条以社会化服务带动产业发展壮大的路子。一是创新合作模式，引领多元主体有机衔接。通过牵头成立产业联合体，推动"龙头企业＋合作社＋家庭农场"产业化联合、注册"川椒王子"品牌商标、建立藤椒产业信息服务平台等途径，形成藤椒产业的抱团式发展模式；通过明确企业拓市场、家庭农场搞生产、合作社包服务的职责，形成产业链各环节责任共担、分工合作；通过推行分社经营管理、分社结算成本、分别承担盈亏，采取"保底＋二次分红"办法，形成利益互惠、互保共赢的利益分配机制。二是搭建系统平台，推动专业服务有序开展。通过在全县建设 28 个藤椒种植基地，制定栽植、管理、采摘、预冷、保鲜、加工、包装、运输等环节的操作工艺和技术标准，实现了藤椒产业标准化、科学化生产。通过在县内建立加工厂并筹建深加工园区，延长产业链，增加附加值，实现藤椒产业集约化加工、专业化运作。通过联合省内外经销商，共同构建线上和线下营销平台，实现藤椒产业市场化、多元化经营。三是强化要素保障，确保配套服务有效落地。通过争取各类财政扶持资金、引入"农当家"平台产业扶持资金、吸纳联合体成员资金，联合体成员凭个人信用，可无抵押无担保贷款，拓展了融资渠道，解决了资金之忧。通过提供预冷、保鲜、包装、分选加工等环节的技术培训，为产业高质量发展提供了技术与管理的保障。通过全面推广"公司＋集体＋农户"股份合作运作模式，确保了投产效益和农户亩均增收3000元以上。

（二）国外发展现代农业的经验做法

其他国家现代农业发展具有较为独特的经验做法。荷兰的农业核心竞争力、日本的农业精耕细作、美国的职业农民教育培训，值得学习借鉴。

1. 荷兰的农业核心竞争力①

荷兰1/4国土面积低于海平面，面临着低洼潮湿、光照不足的难题，但荷兰创造了农业奇迹，花卉、蔬果出口量居世界第一，农产品净出口居世界第二（仅次于美国），乳制品出口居世界第三（仅次于德国和新西兰），动植物油出口居世界第三（仅次于中国和印度），肉类出口居世界第四（仅次于美国、巴西和德国）。荷兰农业是高度创新的发展模式——三螺旋合作模式，即集合了政府、企业和高校三方力量的合作模式，其中政府在农业教育培训方面发挥了重要作用。荷兰农业形成核心竞争力的原因有3条，即技术领先、食品安全及标准化、机构合作分工。温室农业发达，实现了全程自动化控制，玻璃温室约60%用于花卉，40%主要用于果蔬。现代化栽培技术是温室农业的核心，包括品种选择、植株管理技术、无土栽培技术、嫁接技术等，无土栽培比例高达80%，设施园艺的无土栽培高达90%。生物防控和大数据技术广泛运用，物理和生物防控比例为60%~80%，化学农药使用比例在20%以内；信息化操作、田间监测和大数据运用很完善。合作社运行效率高，种植、收购、分拣、销售等各环节分工明确、紧密协作，形成一体化经营。分销模式高效，拍卖方式、农民合作社集体议价、一体化集团内部收购是农产品分销的主要形式，其中，拍卖方式极具特色，花卉出口额的80%由拍卖市场进行交易。

---

① 陈立耀：《荷兰农业值得中国学习》，农业行业观察，2019年10月28日，http://www.nyguan-cha.com/bencandy.php? fid。

2. 日本小型精耕细作式的生产方式①

日本选择了一条不同于欧美的农业现代化模式，即采取劳动密集与土地密集相结合的多投入劳动和实行土地节约型的生产方式。日本实现农业现代化的特点非常明显：一是先化学化，后机械化。在世界上最早实现了农业的化学化，这源于其土地少、需要精耕细作的国情。二是兼业农户占较大比重。日本完全从事农业的农民不多，大部分从事他业并兼营农业。三是社会化服务质量高。发达的农业合作社功能全面，农业生产、农产品流通、农资采购、农民生产计划、农产品销售等事务都有相关合作社的分社负责。四是农村工业发展与农业发展同步。日本是世界上最早提出农村工业化的国家。二战之后日本政府制定了一系列政策，鼓励工业企业到农村地区投资办厂，吸引农村富余劳动力就业，企业享受贷款优惠、减免税收等政策。五是重视农业教育和农业科技推广。大力发展各层次农业教育，农业科研和试验机构相互协作配合，实现了科研成果在各地推广应用。

3. 美国的新型职业农民培育

美国用 70 年时间逐步建成教育、科研、推广三者并举的新型职业农民培育体系。一是完善的学历教育体系。这一体系由正规农业教育机构和一般推广教育机构构成，各层次农业院校负责教学、科研和新技术推广，通过教师开展教学和实践与理论相结合模式向学生传授农业知识。二是有效的技能培训体系。政府发动社会团体和各界人士成立民间的职业农民培育组织，鼓励各级农业院校在农村和城市成立自己的 4H（head、hand、heart、health，即清醒的头脑、勤劳的双手、美好的心灵、健康的身体）组织。4H 组织已成为美国最庞大、惠及人群最多的职业农民培育机构。三是设立集综合培训、科研和推广为一体的农业实验站。农业实验站把市场营销知识和管理经验传授给农场主，并开展生产技能指导。农业实验站按照各州实际进行建制，拥有大量专兼职科研人员和辅助人员，承担全国 60% 的公共农业研究任务，同时也培训农民。四是实施有效的服务指导。美国农业部办公室遍布全国社区，类似机构还有自然资源保护局，开展多层次管理技能指导。联邦农作物保险公司为农民提供农作物保险和风险防控指导。美国农业部金融服务管理局帮助农民管理农牧场的市场风险并提供灾后贷款。美国农业部风险管理机构每年提供两次作物保险和风险管理的教育培训，也向农民提供资金。

---

① 叶明春：《中国农业的未来，我们要从哪些方面学习美国、日本农业》，农业行业观察，2019 年 10 月 28 日，http：//www.nyguancha.com/bencandy.php? fid = 56&aid = 10789。

（三）西部部分省（区、市）出台关于农业高质量发展的相关举措

2017 年 1 月 26 日，中共甘肃省委省政府出台了《关于深入推进农业供给侧结构性改革　加快培育农业农村发展新动能的实施意见》。

2018 年 2 月 14 日，中共甘肃省委省政府出台了《关于构建生态产业体系推动绿色发展崛起的决定》，印发《甘肃省推进绿色生态产业发展规划》。

2018 年 6 月 30 日，中国共产党四川省第十一届委员会第三次全体会议通过《中共四川省委关于全面推动高质量发展的决定》。

2018 年 7 月，新疆维吾尔自治区农业厅出台了《"三品一标"发展三年行动方案（2018～2020 年)》。

2019 年 2 月 28 日，广西壮族自治区人民政府发布了《关于加快推进广西现代特色农业高质量发展的指导意见》。

2019 年 2 月 28 日，中共甘肃省委省政府出台了《关于坚持农业农村优先发展做好全省"三农"工作的实施意见》。

2019 年 3 月 21 日，新疆生产建设兵团办公厅出台了《关于积极有效利用外资推动经济高质量发展的实施意见》。

2019 年 4 月 24 日，新疆维吾尔自治区党委、自治区人民政府出台了《关于贯彻〈中共中央、国务院关于坚持农业农村优先发展做好"三农"工作的若干意见〉的实施意见》。

2019 年 6 月 14 日，四川省农业农村厅印发《四川省农业农村厅　中化现代农业四川有限公司共同促进农民合作社质量提升实施方案》。

2019 年 7 月 20 日，浪潮集团联合云南省农业农村厅、省林业和草原局、省商务厅在首届"数字云南"区块链国际论坛上共同发布了云南农业产业高质量发展体系。

2019 年 8 月 8 日，云南省林业和草原局结合林草产业发展实际，出台了《关于促进林草产业高质量发展的实施意见》。

2019 年 11 月 14 日，陕西省交通运输厅联合省农业农村厅、省商务厅、省邮政管理局、省供销合作总社、中国邮政集团陕西省分公司共同印发了《关于深化资源共享合作进一步推动农村物流高质量发展的实施意见》。

2019 年 12 月 24 日，宁夏回族自治区出台了《关于推进农业高质量发展促进乡村产业振兴的实施意见》。

2020 年 1 月 23 日，中共青海省委青海省人民政府出台了《关于补上"三

农"短板确保如期实现全面小康的实施意见》。

五、推动西部农业高质量发展的思路与对策建议

推动农业高质量发展是一项长期任务。2019 年中央一号文件《中共中央国务院关于坚持农业农村优先发展做好"三农"工作的若干意见》在夯实农业基础、保障重要农产品有效供给方面，明确提出要"稳定粮食产量、完成高标准农田建设任务、调整优化农业结构、加快突破农业关键核心技术、实施重要农产品保障战略"，在发展壮大乡村产业、拓宽农民增收渠道方面，明确提出要"加快发展乡村特色产业、大力发展现代农产品加工业、发展乡村新型服务业、实施数字乡村战略、促进农村劳动力转移就业、支持乡村创新创业"。这些任务对于厘清我国农业高质量发展的思路措施具有很强的指导性和针对性，西部农业高质量发展也必须遵循和贯彻落实。作为经济欠发达的西部，要实现农业高质量发展的目标任重而道远。结合西部发展实际，明确推动农业高质量发展的基本发展思路和找准发展对策十分重要。

（一）发展思路

农业作为国民经济的基础，具有经济、社会、文化、生态等多重功能作用。西部农业高质量发展，总体上要以习近平新时代中国特色社会主义思想为指导，贯彻党的十九大和十九届二中、三中、四中全会精神，以新发展理念为引领，以农业供给侧结构性改革为主线，以改革开放为动力，抓住新时代西部大开发这一历史机遇，大力实施乡村振兴战略，把"产品质量高、产业效益高、生产效率高、经营者素质高、国际竞争力高、农民收入高"作为西部农业高质量发展的主攻方向，调动各方面力量推进一二三产业深度融合和城乡一体化发展，巩固提升农业基础地位，大力培育西部农业新动能、新业态、新产业，形成区域发展优势，加速后发超越步伐，实现"让农业成为有奔头的产业、让农民成为有吸引力的职业、让农村成为安居乐业的美丽家园"的目标。

（二）对策建议

推动西部农业高质量发展，应当着眼长远、立足当前。在当前以"六稳"

（即稳就业、稳金融、稳外贸、稳外资、稳投资、稳预期）为要求、营造稳定推动经济高质量发展的大环境大背景下，推动西部农业高质量发展，既要"稳"字当头，发挥在粮食生产和重要农产品生产方面的保障作用，更要稳中求"进"，在发展特色农业、绿色农业，完善生产经营体系，培育新型职业农民等方面做文章、下功夫。

1. 完成国家粮食生产底线任务

农业的基本功能是保证粮食供给，确保国家粮食安全。粮食稳，则物价稳、经济稳、社会稳。一是按照国家确定农产品主产区"七区二十三带"功能布局，完成水稻、小麦、玉米等作物的生产任务。西部12个省（区、市）地跨我国西南、西北、华南和河套地区，都有粮食生产任务，应当确保面积、保证产量。二是落实"藏粮于地、藏粮于技"措施，在保证粮食播种面积的基础上，在优化品种结构、推广先进科技、落实防灾减灾措施等方面下功夫，深挖稳产增产潜力。三是落实国家扶持粮食生产的相关政策，保障农民种粮基本收益，维护农民生产积极性。

2. 落实国家重要农产品保障任务

棉花、油料、糖料、天然橡胶等重要农产品的供给与保障具有战略意义。这些重要农产品西部都有涉及，在西部都有划定的优势主产区，应当采取优化结构、提质增效、稳定预期、提升产能，以及市场化操作等多种途径加以落实。一是调整优化重要农产品的品种结构。以市场为导向，以科技为支撑，优化重要农产品的品种，大力培育产量高、品质好的品种，促进农产品提质增效。二是大力发展种子科技，支持关键核心技术研发，同时，大力推进科研与市场融合，打通科研成果转化应用通道，发展种子加工业。三是抓住"一带一路"发展机遇，通过行业整合与资产重组的市场化运作，培育一批跨国农业企业集团，加强与周边国家农业合作，拓展进口渠道，保障国家重要或紧缺农产品的有效供给。

3. 大力发展特色农业和乡村产业

西部跨度大、自然气候条件各异，特色农作物种较多。除了小麦、水稻、玉米、棉花、油料、橡胶等大宗农作物外，其他具有地域特色的小宗作物，如杂粮、瓜果、药材、茶叶、烟草、乳业、家禽、家畜等都具有地方特色。大力发展特色农业和乡村产业，是西部农业高质量发展的重点内容。总体上应当从提高农民组织化程度、规范农业产业化运作、强化政府有效引导等方面入手。一是多措并举提升农业质量效益。以一二三产业融合发展为路径，适应市场、绿色引领、创新驱动，着力推进质量兴农、绿色兴农、品牌强农。落实"产业兴村强县"行动，实施标准化生产，培育优势农产品品牌，保护地理标志农产品，形成"一村一品""一县一业"的发展新格局。二是大力发展农畜产品加工业。采取引进工商企业和农民合作社、合伙制、能人牵头兴办等多种途径发展特色农畜产品加工业，延长产业链条。规模较大的应当集中到城镇划定区域。三是因地制宜发展乡村产业。结合实际做好乡村振兴的产业规划，规划建设特色产业基地，发展特色小食品、传统工艺制造、特色手工业等乡土产业。发展乡村休闲旅游业，规划建设生态观光、农家民宿、健康养生、特色传统文化等区（点），培育打造一批各具特色的产业村镇。适应人口老龄化趋势，融合田园风光、文化旅游、乡村民宿、农家体验、医疗服务等各类元素，发展现代康养产业。四是基于农业优势产区的现有资源优势条件，从发展特色产业和产品入手，选择特色资源作为重点开发和培育对象，将发展"一县一业""一村一品""一村一特"与优势产业带的建设有机结合起来；要充分依托城市的经济集聚牵引作用，瞄准现代都市型农业精品点位，发展低耗低排高就业高效益的特色涉农产业；要着力实施大型龙头企业工程项目，科学集成应用生物、工程、环保、信息等智能加工技术，发展特色农产品产地初加工与贮运；推动个性化营养功能性食品制造技术在农产品加工领域的应用，提升特色农产品利用的便利度和效率。

4. 大力发展绿色农业

绿色发展是西部农业高质量发展的重要途径和方向。一是依托西北、西南地区的资源优势，结合不同农作物特点，按照质量兴农、绿色兴农的要求，研究制定区域性的绿色农业发展规划。二是减少农作物化肥、农药用量，实现"零增长"目标，持续扩大绿色、无公害、安全的农作物种植面积。三是以绿色发展为目标，采取市场导向、政府引导支持等措施，建设一批休闲、观光、康养等的生态农业示范点和示范村镇，积极推进现代农业示范区建设。四是大力推进"互联网＋农业"和现代科技运用，催生农业服务的新业态新产业，推进农业智能化、数字化，健全物流服务体系，拓展绿色农产品流通渠道。五是健全绿色农产品技术标准和认证相关制度，加强农产品品牌建设和质量安全监管。

5. 完善农业生产经营服务体系

构建农业生产经营服务体系，是西部农业高质量发展的重要内容，也是最为迫切的任务。一是完善提升农产品流通体系。统筹农产品的产地、集散地、仓储冷链、农畜批发市场建设，完善农产品物流布局，形成区域性的便捷通畅、功能完善的物流体系。二是引导金融机构支持农业发展。落实国家财政金融政策，推动"农字号"等各类金融机构在乡村布点，满足农民个体、家庭农场、农民专业合作社、涉农中小微企业的贷款需求。三是培育农业生产性服务业。除做好农业服务站（所）为农服务外，结合实际引导农民专业合作社、农业服务公司、供销社等各类市场主体开展土地托管、代耕代种、农资供应、烘干收储等生产性服务，拓展社会化、专业化服务项目。四是持续推进农业农村信息化。推进数字农业，运用"互联网＋"建设重要农产品全产业链大数据，加快电子商务运用，以市场化方式建立农业农村电子商务公共服务机构，实现农产品销售模式转变。

6. 培育农业发展新动能

西部地处我国水源涵养、水土保持和生态屏障地带，应当更好适应人民群众对美好生活的需要、适应农产品供需平衡以及资源环境对农业发展模式的新要求，切实转变农业发展方式，持续推进农业供给侧结构性改革。一是持续推进农业结构调整优化。围绕满足城乡居民对农畜产品多样化、个性化和优质绿色的需求，对农产品的生产、加工、销售环节进行进一步细分，包括农畜产品的品质、生产工艺、产品标准、原产地等，关注农畜产品的"好不好""优不优"，以促进农畜产品的种养结构的优化、加工技术的提高，以及销售方式与水平的改进，推动农业产业转型升级。二是持续推动农业发展方式转变。围绕破解农业资源环境约束与制约，在化肥农药用量控制、实现"零增长"，推广高效节水技术，治理土地面源污染和土壤板结、盐渍化，实施退耕地还林、退牧还草，发展绿色低碳循环农业、休闲旅游、健康养生以及"互联网＋"等新型业态方面下功夫，使西部农业走上资源节约型、环境友好型的高质量发展之路。三是持续深化农村土地制度和农业组织方式改革。围绕乡村振兴和农业农村优先发展战略，夯实产业发展这个基础，进一步解决生产力。把推进落实土地所有权、承包地、经营权"三权分置"的土地流转措施、培育壮大农民专业合作社、家庭农场等新型农业经营主体措施结合起来，发展适度规模经营，提高农业的组织化程度和市场化、社会化水平。结合实际引导工商资本进入农业领域，重点发展融合型的新产业、新业态。四是完善农业领域利益联结机制。推进小农户与现代农业发展有机衔接，对接市场、对接现代科技、对接新业态、对接社会化服务。大力发展各类农产品精深加工业，延长产业链、提升价值链、完善利益链，通过保底分红、股份合作、利润返还等多种形式，让农民合理地分享全产业链的增值收益。五是积极承接东部等发达地区产业转移。西部农业产业化、市场化水平相对较低。应当以国家大力实施区域协调发展战略为契机，积极对接落实国家相关政策，加大招商引资力度，重点承接好发达地区的农畜产品加工、棉纺服装、农机装备、先进制种等相关产业转移。

7. 加强农业基础设施建设

西部多为山地、高原、丘陵、沙漠、戈壁，地形地貌较为复杂，而且大部分地区干旱缺水，这就决定了包括农田本身和与之配套的路、林、渠、电、引溉水工程，以及现代农业信息系统等农业基础设施需要大量投入。与东中部地区相比，西部农业比重较大，而且农业基础设施建设也较为滞后。加强农业基础设施建设是实现西部农业高质量发展的必备条件。一是加快政府投入力度。绝大部分农业基础设施属于社会公益类项目。应当明确政府投资的主体责任，通过争取中央财政项目资金、各地财政专项预算或发行政府债券等方式进行投入。二是加强高标准农田建设。重点投向粮食主产区、重要农产品主产区、乡村特色产业、数字农业、农产品物流、现代农业产业园区等领域。三是引导鼓励民间资本投资建设。根据基础设施的不同种类，可通过工商企业投资、社会捐助、农村集体组织和农民投资投劳等多种方式筹资建设。

8. 培育壮大新型职业农民队伍

农民是实施乡村振兴战略的主体，也是推动农业高质量发展的主体。一是以"爱农业、懂技术、善经营"为标准，培育壮大新型职业农民队伍和农业经营管理人才。采取优惠政策，鼓励支持和引导城市各类人才到农村创业兴业。二是加强农民职业技能培育。结合80后、90后新一代青年农民的特点，制定实施农民职业培训中长期规划，注重用先进农业科技、现代通信技术、现代农业装备技术、现代农业生产经营理念等方面知识对青年农民进行职业培训，强化农业科技和人才支撑，推进科技强农、人才兴农。三是制定实施各类人才引进使用的措施方案。落实2019年6月中央印发的《关于鼓励引导人才向艰苦边远地区和基层一线流动的意见》，特别是新疆、西藏、贵州等地，应当抓住机遇，主动与各方面对接，采取有效措施，吸引各类人才到艰苦边远地区和基层一线创业就业、安家落户，为打赢脱贫攻坚战、决胜全面建成小康社会、推动区域协调发展提供人才支撑。四是持续推进农民增收。紧盯农民的家庭经营收入、工资性收入、转移性收入和财产性收入这四大来源，采取综合措施，拓宽增收渠道，促进农民多元增收。五是巩固完善农业基本经营制度，深化农村产权制度改革，尊重广大农民的经营主体地位，充分保障农民的合法权益。

9. 综合集成现代要素支持农业高质量发展

农业部原副部长尹成杰认为，中国农业正处在一个高质量发展的黄金期和关键期。我们的关键是要提高质量，促进农业的转型升级，实现三个变革：质量变革、动力变革、效率变革。建设智慧农业是实现农业高质量发展的重大举措。智慧农业是先进的农业生产要素集合而成的，一种农业形态的新变革、新模式，包括智慧种养、智慧加工、智慧流通、智慧农机、智慧管理等内涵，进而建成智慧的农业生产体系、管理体系、经营体系和产业体系。

科技创新是引领经济发展的第一动力。我国西部农业质量不高、大而不强，最根本的原因还是产业素质不高、产业发展能力不强。要实现农业转型升级必须强化现代科技装备支撑。一是加快建立一批现代农业产业科技创新中心，推进资源开放共享与服务平台基地建设，以增量撬动存量，统筹不同渠道资源，引导和资助农业科技创新团队开展重点攻关。二是大力推广运用农业新技术。应适应产业转型升级和提质增效的要求，遴选示范一些前瞻性、引领性技术，组装集成和转化应用一批特色高效品种或技术，推进农业智能装备示范运用。三是实施现代种业提升工程。全面深化种业权益改革，鼓励和支持科研人员以多种方式参与企业研发，推进科研成果转化，建立以企业为主体的商业化育种创新体系，全面提升农作物、畜禽、水产良种质量。四是提高设施农业发展水平。继续推动设施装备升级、技术集成创新、优良品种推广，着力解决土地板结、化肥农药使用量大等突出问题，促进优质高效农业发展。五是尽快将区块链技术与大数据、物联网、人工智能嵌入融合，延伸应用到农产品供应链、产品质量追溯、食品安全等农业领域，研究制定区块链＋农业发展方案或区域性发展规划。

10. 降低农产品生产成本，提高农业发展效益

一是加快推进农业机械化。要以"机器换人"，在降低人工成本上做文章。要尽快推出关于农机装备产业转型升级的政策措施，加快实施粮棉油糖等大宗农作物生产全程机械化推进行动，推进农机社会化服务体系建设，提高主要农作物耕种收综合机械化水平。同时，大力发展集约农业。推进节水节肥节药绿色新品种选育和更新换代，积极发展节水农业，集成推广水肥一体化、喷灌滴灌、测土配方施肥、精量播种等技术应用。二是发展农业适度规模经营。针对一家一户小规模经营效益难以提高的问题，要积极发展多种形式的农业适度规模经营。一方面，要鼓励家庭农场、种养大户等新型经营主体，通过土地流转、土地互换、土地入股等方式，扩大土地经营规模，提高农业规模效益。另一方面，要健全完善社会化服务体系，积极发展多元化多层次的农业生产性服务业，支持农业生产服务组织开展土地托管、联耕联种、代耕代种、统防统治等直接面向小农户的农业生产托管，扩大服务规模。要把对新型经营主体的政策扶持力度与其带动小农户的数量挂钩，鼓励各地将政府补贴量化到小农户、折股到合作社，支持合作社通过统一服务带动小农户应用先进品种技术，通过代储代销等方式带动小农户抱团闯市场，引导推动龙头企业与合作社、小农户建立紧密利益联结关系，通过保底分红、股份合作、利润返还等形式，带动农民分享农业产业链增值收益。三是致力于开拓农业多种功能及价值挖潜。采取多种方式把生态文化价值转化为经济效益。实施休闲农业和乡村旅游精品工程。大力发展休闲农业，积极推进农业林业与旅游、文化、康养、体育等深度融合。推介一批美丽休闲乡村，鼓励各地因地制宜开展农业嘉年华、休闲农业特色村镇等形式多样的推介活动。实施农耕文化保护传承工程。开展中国重要农业文化遗产发掘保护工作，传承农业文化价值。实施乡村就业创业促进行动。推动落实金融服务、财政税收、用地用电等双创支持政策，打通人才向农村流动的障碍制约，引导各类返乡下乡人员到农村创业创新，鼓励发展分享农场、共享农庄、创意农业、特色文化产业。四要坚持协调发展，通过实施主体协调、结构协调、城乡协调达到效益提升的目的。要推进农村一二三产业协调发展，深入推动种养加结合、产加销一体化，促进农村三产深度融合；要延长农业产业链，提升价值链，打造供应链，完善产业链、供应链上不同主体之间的利益关系，让农民更多地分享二三产业创造的价值增值和收益分配；要推进农业内部协调发展，实现粮经饲统筹、农林牧渔结合，调整优化农业生产结构和种植结构、养殖结构，提升土地生产率和农业综合效益；要推进城乡协调发展，重点推进城乡要素平等交换、合理配置和基本公共服务均等化，加快建立健全城乡融合发展体制机制和政策体系，从根本上解决区域的城乡发展不平衡、农村发展不充分的问题。

参 考 文 献

1. 习近平：《关于"三农"工作论述摘编》，中央文献出版社 2019 年版。

2. 曹立：《推动中国经济高质量发展》，人民出版社 2019 年版。

3. 韩长赋：《大力推进质量兴农绿色兴农 加快实现农业高质量发展》，载于《农民日报》2018 年 2 月 27 日。

4. 韩俊主编：《新中国 70 年农业农村发展与制度变迁》，人民出版社 2019 年版。

5. 刘以雷：《下好一盘棋，打好攻坚战，推动我国西部高质量发展》，中国发展网，2019 年 1 月 25 日，http：//special. chinadevelopment. com. cn/2019zt/2019lt/2019/01/1447273. shtml。

6. 刘以雷：《迎接新挑战，补齐新短板，推动我国东西部经济协调发展》，澎湃新闻，2019 年 12 月 23 日，https：//www. thepaper. cn/newsDetail_forward_5320407。

7. 臧云鹏：《农业现代化的发展历程与未来方向》，载于《国家治理》2019 年第 34 期。

8. 钟钰：《如何推进农业高质量发展》，大众网，2018 年 10 月 31 日，

http：//paper. dzwww. com/dzrb/content/20181031/Articel15002MT. htm。

9. 杨柳东、杨帆东、蒙生儒：《美国新型职业农民培育经验与启示》，载于《农业经济问题》2019 年第 6 期。

10. 宋洪远：《推进农业高质量发展》，载于《中国发展观察》2018 年第 23 期。

11. 漆雁斌：《把握加快推进四川农业高质量发展的着力点》，载于《四川日报》2019 年 6 月 13 日。

12. 王忠海：《以"七化"思路促进农业高质量发展》，载于《农民日报》2018 年 4 月 28 日。

‖第十二章‖

西部绿色产业高质量发展研究

党的十八大以来，以习近平同志为核心的党中央高瞻远瞩、审时度势，把生态文明建设作为统筹推进"五位一体"总体布局和协调推进"四个全面"战略布局的重要内容，把"绿色发展"确立为五大发展理念之一，把"坚持人与自然和谐共生"纳入新时代坚持和发展中国特色社会主义的基本方略，把"生态文明"写入宪法，把"美丽中国"确定为建设社会主义现代化强国的重要目标，夯实绿色发展基础。绿色发展是新发展理念的重要组成部分，是构建高质量现代化经济体系的必然要求；[①] 发展绿色产业既是推进生态文明建设、打赢污染防治攻坚战的有力支撑，也是培育绿色发展新动能、推动技术创新和结构调整、提高发展质量和效益的重要举措。西部深入实施"西部大开发""一带一路"倡议等国家战略，经济社会发展取得了显著的成效。然而，西部总体的经济发展基础薄弱，产业层次不高，生态环境约束明显，实现经济高质量发展迫切要求工业农业服务业、生产和生活、资源生态环境、基础设施建设等产业绿色化发展，改造提升传统产业的同时也要加快培育战略性新兴产业，推进低碳产业发展。

一、绿色产业高质量发展的内涵及范围

"绿色产业"概念最早起源于 20 世纪 70 年代末的欧洲。1989 年加拿大环境部长在政府官方文件中提出"绿色产业计划"，首次在宏观层面上讲"绿色产业"同经济社会发展规划相结合，随后 12 个工业化国家提出 20 多项"绿色产业计划"。目前，国际上对绿色产业的定义范围较广，国际绿色产业联合会（IGIU）发表声明指出："如果产业在生产过程中，基于环保考虑，借助科技，

---

① 习近平：《推动我国生态文明建设迈上新台阶》，载于《求是》2019 年 2 月 1 日。

以绿色生产机制力求在资源使用上节约以及污染减少（节能减排）的产业，我们可称其为绿色产业。"我国的绿色产业从节能、环保等产业发展而来，2015年《中共中央、国务院关于加快推进生态文明建设的意见》明确提出"绿色产业"，强调要"加快推动生产方式绿色化，大幅提高经济绿色化程度，有效降低发展的资源环境代价"，从根本上缓解经济发展与资源环境之间的矛盾。从发展的实际来看，绿色产业并不是独立于三次产业之外的第四产业，也不仅指环保产业，而是在满足经济社会发展有效需求前提下，按照生态文明建设、绿色发展具体要求，符合国家和区域产业发展，在全生命周期推行清洁生产、资源消耗较少、资金投入合理、科技贡献性明显、经济产出和社会贡献性较高，并能够与生态环境进行良好互动且可持续发展的所有业态。[1] 虽经过多年的发展，但国内在支持绿色产业发展方面仍存在概念泛化、标准不一等问题。

绿色产业是推动生态文明建设的基础和手段。为了加快绿色产业高质量发展，划定绿色产业边界，凝聚绿色产业政策合力，2019年3月，国家发展改革委、工业和信息化部、自然资源部、生态环境部、住房和城乡建设部、中国人民银行、国家能源局联合印发了《绿色产业指导目录（2019年版）》（以下简称《指导目录》）。《指导目录》既包括制造业、建筑业等第二产业，也包括农业和服务业等一、第三产业；涵盖了六大一级分类，并细化出29个二级分类和211个三级分类（见表12－1）。其从产业的角度全面地界定了全产业链的绿色标准与范围，提出了绿色产业发展重点，为厘清绿色产业边界，有效服务于重大战略、重大工程、重大政策提供了依据，为打赢污染防治攻坚战、建设美丽中国奠定坚实的产业基础。

表 12 –1　　　　　　　　　　《绿色产业指导目录（2019 年版）》

一级	二级	三级
节能环保产业	高效节能装备制造	节能锅炉制造，节能窑炉制造，节能型泵及真空设备制造，节能型液压气压元件制造，节能风机风扇制造，高效发电机及发电机组制造，节能电机制造，节能型变压器，整流器，电感器和电焊机制造，余热余压余气利用设备制造，高效照明产品及系统制造，绿色建筑材料制造，能源计量、检测、控制设备制造
	先进环保装备制造	水污染防治装备制造，大气污染防治装备制造，土壤污染治理与修复装备制造，固体废物处理处置装备制造，减震降噪设备制造，放射性污染防治和处理设备制造，环境污染处理药剂、材料制造，环境监测仪器与应急处理设备制造

---

① 臧红印：《绿色产业，厘清边界只是发展的起跑线》，载于《科技日报》2019 年 3 月 26 日。

续表

一级	二级	三级
节能环保产业	资源循环利用装备制造	矿产资源综合利用装备制造，工业固体废物综合利用装备制造，建筑废弃物、道路废弃物资源化无害化利用装备制造，餐厨废弃物资源化无害化利用装备制造，汽车零部件及机电产品再制造装备制造，资源再生利用装备制造，非常规水源利用装备制造，农林废物资源化无害化利用装备制造，城镇污水处理厂污泥处置综合利用装备制造
	新能源汽车和绿色船舶制造	新能源汽车关键零部件制造和产业化，充电、换电及加氢设施制造，绿色船舶制造
	节能改造	锅炉（窑炉）节能改造和能效提升，电机系统能效提升，余热余压利用，能量系统优化，绿色照明改造，汽轮发电机组系统能效提升
	污染治理	良好水体保护及地下水环境防治，重点流域海域水环境治理，城市黑臭水体整治，船舶港口污染防治，交通车辆污染治理，城市扬尘综合整治，餐饮油烟污染治理，建设用地污染治理，农林草业面源污染防治，沙漠污染治理，农用地污染治理，噪声污染治理，恶臭污染治理，农村人居环境整治
	资源循环利用	矿产资源综合利用，废旧资源再生利用，城乡生活垃圾综合利用，汽车零部件及机电产品再制造，海水、苦咸水淡化处理，雨水的收集、处理、利用，农业废弃物资源化利用，城镇污水处理厂污泥综合利用
清洁生产产业	产业园区绿色升级	园区产业链接循环化改造，园区资源利用高效化改造，园区污染治理集中化改造，园区重点行业清洁生产改造
	无毒无害原料替代使用与危险废物治理	无毒无害原料生产与替代使用，危险废物处理处置，危险废物运输，高效低毒低残留农药生产与替代
	生产过程废气处理处置及资源化综合利用	工业脱硫脱硝除尘改造，燃煤电厂超低排放改造，挥发性有机物综合整治，钢铁企业超低排放改造
	生产过程节水和废水处理处置及资源化综合利用	生产过程节水和水资源高效利用，重点行业水污染治理，工业集聚区水污染集中治理，畜禽养殖废弃物污染治理
	生产过程废渣处理处置及资源化综合利用	工业固体废弃物无害化处理处置及综合利用，历史遗留尾矿库整治，包装废弃物回收处理，废弃农膜回收利用

一级	二级	三级
清洁能源产业	新能源与清洁能源装备制造	风力发电装备制造，太阳能发电装备制造，生物质能利用装备制造，水力发电和抽水蓄能装备制造，核电装备制造，非常规油气勘查开采装备制造，海洋油气开采装备制造，智能电网产品和装备制造，燃气轮机装备制造，燃料电池装备制造，地热能开发利用装备制造，海洋能开发利用装备制造
	清洁能源设施建设和运营	风力发电设施建设和运营，太阳能利用设施建设和运营，生物质能源利用设施建设和运营，大型水力发电设施建设和运营，核电站建设和运营，煤层气（煤矿瓦斯）抽采利用设施建设和运营，地热能利用设施建设和运营，海洋能利用设施建设和运营，氢能利用设施建设和运营，热泵设施建设和运营，传统能源清洁高效利用，清洁燃油生产，煤炭清洁利用，煤炭清洁生产
	能源系统高效运行	多能互补工程建设和运营，高效储能设施建设和运营，智能电网建设和运营，燃煤发电机组调峰灵活性改造工程和运营，天然气输送储运调峰设施建设和运营，分布式能源工程建设和运营，抽水蓄能电站建设和运营
生态环境产业	生态农业	现代农业种业及动植物种质资源保护，绿色有机农业，农作物种植保护地、保护区建设和运营，森林资源培育产业，林下种植和林下养殖产业，碳汇林、植树种草及林木种苗花卉，林业基因资源保护，绿色畜牧业，绿色渔业，森林游憩和康养产业，农作物病虫害绿色防控
	生态保护	天然林资源保护，动植物资源保护，自然保护区建设和运营，生态功能区建设维护和运营，国家公园、世界遗产、国家级风景名胜区、国家森林公园、国家地质公园、国家湿地公园等保护性运营
	生态修复	退耕还林还草和退牧还草工程建设，河湖与湿地保护恢复，增殖放流与海洋牧场建设和运营，国家生态安全屏障保护修复，重点生态区域综合治理，矿山生态环境恢复，荒漠化、石漠化和水土流失综合治理，有害生物灾害防治，水生态系统旱涝灾害防控及应对，地下水超采区治理与修复，采煤沉陷区综合治理，农村土地综合整治，海域、海岸带和海岛综合整治
基础设施绿色升级	建筑节能与绿色建筑	超低能耗建筑建设，绿色建筑，建筑可再生能源应用，装配式建筑，既有建筑节能及绿色化改造，物流绿色仓储
	绿色交通	不停车收费系统建设和运营，港口、码头岸电设施及机场廊桥供电设施建设，集装箱多式联运系统建设和运营，智能交通体系建设和运营，充电、换电、加氢和加气设施建设和运营，城市慢行系统建设和运营，城乡公共交通系统建设和运营，共享交通设施建设和运营，公路甩挂运输系统建设和运营，货物运输铁路建设运营和铁路节能环保改造

续表

一级	二级	三级
基础设施绿色升级	环境基础设施	污水处理、再生利用及污泥处理处置设施建设运营，生活垃圾处理设施建设和运营，环境监测系统建设和运营，城镇污水收集系统排查改造建设修复，城镇供水管网分区计量漏损控制建设和运营，入河排污口排查整治及规范化建设和运营
	城镇能源基础设施	城镇集中供热系统清洁化建设运营和改造，城镇电力设施智能化建设运营和改造，城镇一体化集成供能设施建设和运营
	海绵城市	海绵型建筑与小区建设和运营，海绵型道路与广场建设和运营，海绵型公园和绿地建设和运营，城市排水设施达标建设运营和改造，城市水体自然生态修复
	园林绿化	公园绿地建设、养护和运营，绿道系统建设、养护管理和运营，附属绿地建设、养护管理和运营，道路绿化建设、养护管理，区域绿地建设、养护管理和运营，立体绿化建设、养护管理
绿色服务	咨询服务	绿色产业项目勘察服务，绿色产业项目方案设计服务，绿色产业项目技术咨询服务，清洁生产审核服务
	项目运营管理	能源管理体系建设，合同能源管理服务，用能权交易服务，水权交易服务，排污许可及交易服务，碳排放权交易服务，电力需求侧管理服务，可再生能源绿证交易服务
	项目评估审计核查	节能评估和能源审计，环境影响评价，碳排放核查，地质灾害危险性评估，水土保持评估
	监测检测	能源在线监测系统建设，污染源监测，环境损害评估监测，环境影响评价监测，企业环境监测，生态环境监测
	技术产品认证和推广	节能产品认证推广，低碳产品认证推广，节水产品认证推广，环境标志产品认证推广，有机食品认证推广，绿色食品认证推广，资源综合利用产品认定推广，绿色建材认证推广

资料来源：国家发改委网站。

从《指导目录》来看，新时代绿色产业的发展是以整个产业链的"绿色化"为基础，以绿色技术为保障，以人与自然和谐发展为目标的高质量发展。西部实现绿色产业高质量发展主要有三种路径：一是传统产业的绿色化转型，要求减少资源消耗同时提高生产效率，主要包括制造业、农业、能源等对环境影响较大的传统产业的绿色化转型；二是发展环境友好型的产业，即同样的经济产出伴随较少的资源消耗或负产品，主要指旅游业、文化产业等知识密集型产业；三是发展战略性新兴产业或绿色新兴产业，指采用先进的生产技术，以较少的资源投入获得高产出并与环境形成良性循环的产业，主要包括智能制造、数字产业、新能源产业、新一代信息技术产业等。

二、西部绿色产业发展现状

发展绿色产业是综合性解决资源、环境等问题的有效手段，同时也是新旧动能转化的重要内容，是供给侧结构性改革的内在需求。近年来，西部深入推进供给侧结构性改革，坚持以创新为引领和支撑，经济综合实力持续增强，产业结构持续改善，产品和服务供给质量水平显著提升，绿色发展水平也在逐步提高，为西部产业绿色发展奠定了良好的发展基础。整体来看，2013~2018 年，西部生产总值从 12.7 万亿元增加到 18.4 万亿元，年均增长 7.4%，占全国的比重从 19.8% 提高到 20.4%。6 年间，西部主要经济指标高于全国平均水平，四川、陕西等部分省（区、市）经济指标屡居全国前列；进出口总额年均增长 6.4%，占全国的比重从 6.1% 提高到 7.5%。

传统产业绿色化发展成效显著，整体能耗呈下降趋势。西部的生态农业、绿色农副产品深加工、精加工，环保生态产业、服务业等第二、第三产业正迅速发展。随着生态文明建设深入推进和乡村振兴战略的加快实施，农村基础设施建设投资力度加大，休闲观光农业、设施农业、田园综合体等现代农业发展加快，推进绿色农产品基地建设，农产品有机认证及品牌建设成效显著。以食品加工、石化、冶金、建材、能源等为重点的传统产业的绿色化升级改造全面推行，鼓励相关企业实施绿色标准，推广应用绿色技术，开发绿色工艺，对环保不达标企业和项目坚决予以关停并转，积极开展节能源交易试点，加快推进重点区域、重点园区、重点行业、重点企业发展循环经济，节能减排降耗成效显著，传统工业体系向绿色工业体系转换。节能降耗取得突出成效。西部整体单位地区生产总值能耗增速呈现下降的态势。2014 年西部平均单位 GDP 能耗为 -3.83%，2016 年增速达到 -5.51%，2017 年增速放缓为 -2.73%，同时，传统能源密集型产业在持续向绿色环保产业转型，且绿色产业已初显优势。在单位 GDP 电耗方面，整体电耗水平呈下降趋势，尽管期间偶有波动。2014 年西部平均电耗增速为 -1.82%，2015 下降至 -7.3%，而近些年单位 GDP 电耗增速有所缓慢，2017 年增速较 2016 年增长 6.24 个百分点。

战略性新兴产业加速布局，产业向高端化、智能化发展。近年来，西部七大战略性新兴产业快速增长，新兴产业集群初步形成。战略性新兴产业、先进制造业发展态势比较良好，工业增长贡献率稳步提高；高技术制造企业效益实现较快增长，增速明显高于全国平均水平。根据西部各省市"十三五"战略性新兴产业发展相关规划，大部分省市将信息技术、高端装备制造、新材料、生物、新能源汽车、能源新技术、节能环保列入重点发展产业。部分省市"十三五"战略性新兴产业规划还将具有区域特色与优势的相关产业划为重点发展的战略性新兴产业。以高新技术产业为例，高新技术产业主营业务收入最高的是四川和重庆。四川高新技术产业体系较为成熟，产值稳步增长；重庆高新技术产业发展迅猛，产值从 2013 年的 2624.2 亿元增长到 2017 年的 5763.19 亿元，增长了 2.2 倍。高新技术产业处于起步期的省（区、市）有陕西和广西，在 2017 年分别为 2886.13 亿元和 2364.26 亿元，而西部其他省（区、市）高新技术产业主营业务收入较低，产业结构转换动能发展弱化。四川、重庆、陕西等省（区、市）在环保产业重点领域关键技术取得突破，高效节能的环保装备和产品广泛应用，资源循环利用关键共性技术研发加快，资源综合利用水平不断提高。信息技术产业飞速发展，为经济增长作出了极大贡献。电子信息产品生产和使用绿色化发展，高端软件、高端服务器、集成电路、新型显示等核心基础产业正在持续大力发展。重庆、西安、陕西、贵州重点推动新一代移动通信、下一代互联网核心设备和智能终端的研发和产业化，积极推进"大数据"战略性产业。西部生物产业的发展程度不尽相同，重庆、四川以国家生物产业示范基地为依托，大力开展生物医药产业，加强技术攻关，与发达国家的先进水平也相差不大。西部战略性新兴产业布局及发展重点如表 12 – 2 所示。

表 12 – 2   西部战略性新兴产业布局及发展重点

产业类型	全国	西部
信息技术产业	11 个省份提出建设基础设施，25 个省份提出发展大数据，27 个省份提出发展信息技术核心产业，13 个省份提出发展人工智能，21 个省份提出发展"互联网＋"	西部 9 个省份提出发展大数据产业和信息技术核心产业，7 个省份提出发展"互联网＋"产业，5 个省份提出发展基础设施相关产业，4 个省份提出发展人工智能产业。根据每个区域的产业基础与资源优势，信息技术产业在各区域的侧重也略有差异。在基础设施方面，青海提出"宽带青海""数字青海"理念，倡导推进国家农村信息化示范省建设；四川提出实施"宽带中国"战略，构建高速、移动、安全、泛在的新一代信息基础设施；广西提出实施"宽带广西"战略，建设新一代国际光通信示范网络、小语种信息服务平台、第五代移动通信技术（5G）应用等重大专项，促进三网融合，加快光缆到村建设

续表

产业类型	全国	西部
高端装备制造业	25个省份提出发展航空产业,14个省份提出发展卫星及应用产业,25个省份提出发展轨道交通产业,16个省份提出发展海洋工程装备相关产业	西部9个省份提出发展轨道交通产业,7个省份提出发展航空产业和卫星及应用产业,3个省份提出发展海洋工程装备相关产业;根据不同区域的产业基础与资源优势,高端装备制造业在各区域的侧重略有差异。甘肃突出推动北斗导航与移动通信、地理信息、卫星遥感、移动互联网的融合发展;四川推进星—地激光通信地面站关键装备、星上高精密光电测量装备升级,推动卫星通信、导航、遥感应用系统开发,发展卫星运营增值服务;新疆提出大力推动全球定位系统/北斗导航卫星应用,形成持续稳定的卫星遥感、通信、导航等空间信息服务能力
新材料产业	26个省份提出发展特种金属功能材料、高性能复合材料、前沿新材料,23个省份提出发展高端金属结构材料,27个省份提出发展先进高分子材料,24个省份提出发展新型无机非金属材料	西部10个省份提出发展高性能复合材料,9个省份提出发展特种金属功能材料、高端金属结构材料、先进高分子材料、前沿新材料,8个省份提出发展新型无机非金属材料。根据不同区域的产业基础与资源优势,云南提出围绕钛及钛合金新材料、稀贵金属新材料、锡新材料、化工新材料、半导体材料、新型储能电池、大容量动力电池、液态金属等,实施新材料重大科技专项
生物产业	31个省份提出发展生物医药,21个省份提出发展生物医学,20个省份提出发展生物农业,16个省份提出发展生物制造,12个省份提出发展生物服务,15个省份提出发展生物能源	西部10个省份提出发展生物医药产业,8个省份提出发展生物农业产业,7个省份提出发展生物医学产业,5个省份提出发展生物制造产业,4个省份提出发展生物服务产业和生物能源产业。西部重点发展生物农药,根据不同区域的产业基础与资源优势,陕西推进生物育种、生物农药、生物肥料、生物饲料、生物兽药及兽用生物制品、生物资源保护与利用等;青海提出建设特色生物种质资源库,构建高原特色生物资源安全保障和开发利用技术标准体系
新能源汽车产业	27个省份提出发展整车,25个省份提出发展动力电池产业,13个省份提出发展燃料电池汽车	西部8个省份提出发展整车和动力电池产业,5个省份提出发展燃料电池汽车;根据不同区域的产业基础与资源优势,甘肃提出要加快发展新能源乘用车、公交车、专用汽车和低速汽车,加快突破新能源汽车储能、驱动、控制、充电、试验、检测等关键技术以及整车集成技术。动力电池产业方面,甘肃提出发展成本低、使用寿命长、快速充电的动力锂离子电池、高容量镍氢电池,带动电池负极材料、电解液材料和隔膜材料发展,建立完备的废旧电池回收拆解、冶炼提纯体系,实现有价金属的循环利用,短期内打造百亿元电池材料产业链,向千亿元产业链发展

产业类型	全国	西部
新能源技术产业	13个省份提出发展核电，24个省份提出发展风电，25个省份提出发展太阳能，12个省份提出发展"互联网＋"智能能源	西部9个省份提出发展风电，8个省份提出发展太阳能，4个省份提出发展核电，2个省份提出发展"互联网＋"智能能源。西部在大力发展太阳能的前提下，同步推进风电产业发展。根据不同的地域特点，甘肃提出推进分布式风电装备的开发应用，提高本地配套能力，完善风机制造产业链，建成全国重要的风电装备制造产业基地；陕西注重研发风电开发、风电整机制造、关键部件制造技术，重点发展低风速电机组及关键零部件、集中监控和智能风场等管理系统及设备，开展风光储一体化供电系统示范；重庆提出发展大型海上风电装备，重点解决风电装备研制的基础、共性及瓶颈技术问题，突破超大风轮直径、大功率整机传动链设计、风电智能化可靠性等关键技术，掌握风电机组整体设计、智能健康管理、极限长度叶片设计等技术，开发一系列拥有高技术含量、高附加值的风电关键产品和成套装备，形成有代表性的风电系统并开展应用示范
节能环保产业	26个省份提出发展高效节能产业和先进环保产业，25个省份提出发展资源循环利用产业	西部10个省份提出发展先进环保产业，9个省份提出发展高效节能产业和资源循环利用产业。根据不同区域的产业基础与本地需求，重庆提出要推动节能环保装备（产品）专业化、成套化、系统化、标准化发展，推动环境污染治理产业、环境监测产业及生态保护与修复产业；四川提出优先发展大气、水、土壤污染防治技术及装备，以及生活垃圾、污泥等废弃物无害化处理与资源化利用技术及设备；内蒙古提出要发展用于污水净化、黄河水沙分离、土壤修复的关键技术工艺及模块化集成设备，并发展高效的环境污染防治技术
数字创意产业	12个省份提出创新数字文化创意技术和装备、丰富数字文化创意内容和形式，11个省份提出提升创新设计水平，5个省份提出推进相关产业融合发展	西部2个省份提出发展数字文化创意技术和装备、数字文化创意内容和形式、创新设计水平，1个省份提出相关产业融合发展。根据不同区域的产业基础与资源优势，新疆提出鼓励发展以少数民族文化为蓝本的文化网络休闲游戏、手机游戏、在线影视动漫产业，积极向中亚推广宣传优秀传统文化中具有民族特色的数字内容产品；内蒙古提出重点突破数字文化、数字出版、数字动漫、数字旅游、游戏设计制作、文化创意服务、民族艺术品生产数字化等关键技术，支持开发3D打印民族建筑技术

资料来源：根据各省相关规划搜集整理。

　　以现代服务业等第三产业为重点的环境友好型产业发展加快。西部第三产业增加值占比显著增长，与全国平均水平的差距进一步缩小。2013年西部第三产业增加值占比平均为39.88%，2018年达到47.77%，提高了近8个百分点，而全国同期只上升了6.3个百分点；西部第三产业占比较东部地区（55.88%）仅低8个百分点，较东北部地区（51.41%）低近4个百分点，远高于中部地区，且呈现持续向好的趋势。有超过一半的西部省（区、市）的第三产业增加值占地区生产总值的比重提高幅度高于全国平均水平。其中四川、内蒙古、青海、甘肃四省区提高了 10 个百分点以上。

三、西部发展绿色产业的短板制约

改革开放以来，西部充分发挥比较优势嵌入全国、全球产业链，融入国家发展大战略，经济活力充分释放，传统产业基础不断夯实，新兴产业发展速度加快，高新技术产业取得明显突破，产业体系逐渐完善，产业门类不断健全，产业政策支持力度不断加大，创新发展能力明显提升，经济综合实力显著增强。虽然西部经济发展取得突出成绩，但区域间不平衡、不充分发展矛盾仍然突出。西部多数省（区、市）正处于工业化中后期、实现工业化的冲刺阶段，重化工业等资源能源消耗型产业比重偏大，能耗需求持续增长。部分省（区、市）还存在高技术制造业增加值占规模以上工业增加值比重不高，以新一代信息技术、智能制造等为重点的战略性新兴产业规模不大，与高质量发展要求有一定差距，服务业中传统服务业占比较高，生产性服务业发展不足等问题。同时，还面临来自发达国家发展高端制造业和发展中国家吸引低端制造业的"双重挤压"，新兴产业尚未形成规模、传统产业结构性产能过剩，有效内需不足和外需持续低迷等问题。

（一）西部科技创新投入不足，以技术突破支撑绿色产业发展的能力不强

2012 年党的十八大报告提出了实施创新驱动战略，指出科技创新是第一生产力，也是先进生产力的集中表现和重要标志，而推动科技创新的一个重要指标是 R&D 经费支出，这一指标数值的区域间差异在逐渐拉大。通过对西部近年来 R&D 经费支出进行梳理发现：2010 年西部 R&D 经费支出 874 亿元，不足东部的 1/5，仅为全国的 1/10；2017 年西部 R&D 经费支出为 2197 亿元，7 年只增长了 1.5 倍，西部的 R&D 投入总量严重不足，在数量等级上与东部地区差距不断拉大。从西部看，各省（区、市）之间的差异比较明显。2017 年，西部 R&D 经费支出排名前三的是四川、陕西、重庆。最高的四川的 R&D 经费支出达到 638 亿元，最低的西藏的 R&D 经费支出仅为 3 亿元，仅占四川的 0.47%，排名倒数第四的新疆仅为四川的 8.9%。同期，东部地区的北京、上海、浙江、山东的 R&D 经费支出均在 1000 亿元以上，广东和江苏则已达到 2000 亿元。四川仅为广东和

江苏的约 1/4。西部 R&D 经费增长缓慢，再加上自身经济发展落后、基础设施薄弱和人力资本不足的制约，造成其创新水平一直处于停滞状态，难以吸引创新资源突破技术瓶颈，支撑产业绿色化发展能力偏低。

（二）西部产业层次低，产业绿色化转型难度大

2018 年，西部的 GDP 总量为 18.4 万亿，占我国 GDP 总量的 20.4%，和中部地区占比基本持平。但较中东部而言，西部目前还存在现有产业层次低、产业链条短、产业布局分散，产业利润不高等问题，产业结构和发展质量、效益远不及东中部地区。主要体现在：一是以农业为代表的第一产业多为绿色产业，但产业竞争力不足。二是第二产业多以资源开采和加工、石油加工、炼焦、核燃料、化学原料等传统产业为主，战略性新兴产业发展加快但整体规模不大。煤炭采选、石油与天然气开采以及传统原材料工业等传统产业，在西部产业体系中占较大比重，基本达到 60% 左右。甘肃、青海、宁夏及新疆等省（区、市）的传统产业比重甚至超过 70%。较高比重的重工业给产业绿色化转型升级增加了难度。而信息技术、新材料、生物医药、先进制造业等战略性新兴产业区域分化明显。截至目前，北京、上海等东部地区战略性新兴产业占 GDP 比重已超过 20%。而西部这一比例整体偏低，而且各省（区、市）发展程度不一，技术创新能力偏弱，技术创新综合服务滞后。制造业转型升级步伐不快，仍然处于"爬坡过坎"的量变积累阶段，且由于经济放缓、成本上升及国内外市场风险与技术不确定性所带来的不利因素，整体盈利水平不高。生物医药产业核心技术水平与国内平均水平相差不大，部分生物技术全国、全球领先，但产业化进程缓慢。三是以服务业为代表的第三产业发展不均衡。现代金融、人工智能、旅游、康养等生产、生活型服务业发展程度各异。

（三）支持绿色产业发展的体制机制还不够完善

西部各省（区、市）基本出台了支持绿色产业发展的相关规划，明确了未来绿色产业发展的重点，但还未形成协调管理的常态化手段。中央政府已经不再将经济增速作为政绩考核的重要指标，而是以新发展理念力推经济高质量发展，但基于绿色发展的经济考核体系尚未形成，地方政府仍然有以经济增速作为重点的发展动机，使得在制定相关地方政策时或者盲目引进投资而不能产生积极效益，或者过度解读绿色发展。虽然西部在绿色发展方面取得了一些探索性成果和经

验，但在发展中因规划协调不足或相关配套政策跟不上，也没有形成系统的绿色发展体系和管理机制，尚未制订有利于绿色经济长远发展的相关制度。在国家税收、价格、财政补贴、绿色信贷、排放交易等经济政策工具的正向激励作用下，还存在部分行业一哄而上大开发、大建设，导致产业重复建设现象严重。这个情况在 2017 年之前新能源开发利用领域的表现尤为突出。

四、发达国家推进绿色产业发展的
主要举措及经验借鉴

纵观美、日、欧盟等发达国家（地区）促进绿色发展的措施可知，主要发达国家都制定了"绿色产业"发展计划，竞相发展新能源、节能环保等新兴绿色产业，着力打造经济增长新引擎。2008 年金融危机爆发后，美国制定经济复苏法案，安排专门的财政资金用于支持发展新能源和温室气体减排，如今已成为世界上最大的绿色产业国和环保设备出口国。德国在 20 世纪 80 年代后期成立了世界上第一家"绿色银行"，命名为"生态银行"，专门为绿色工程提供贷款。日本在 1973 年的石油危机后，进行产业结构调整，投资重点从重化工业向知识密集型产业转变，1990 年后转向电子信息产业，把应用微电子和计算机技术作为"通向科技立国之路"，并提出了要兼顾经济发展和环境保护，依靠环保拉动经济增长的理念。

通过对支持绿色产业发展起步较早的主要发达国家采取的举措进行梳理可见，推动绿色产业发展主要有以下做法：一是制定支持绿色经济、绿色产业的长期发展战略；二是健全支持绿色经济发展的相关法律法规等制度建设，以法制规范和促进绿色产业发展；三是通过财税、金融等政策加大对绿色产业的扶持；四是加大绿色技术研发力度；五是通过引导和宣教，树立全民绿色消费意识；六是重视社会团体、非政府组织对支持绿色经济发展的作用。

（一）美国支持绿色产业发展的主要举措

一是制定环境保护法律，设置环境保护相关机构。美国先后制定了《国家环境政策法》《能源政策和节能法案》等法律支持绿色产业发展。同时设置联邦政府和州政府两个层次的环保机构，开展环境监督和能源管理。二是制定行业法律法规，规范行业发展行为，实行奖励补贴、税收及排污权交易制度。通过绿色税收、财政补贴、税收减免等形式支持绿色发展产业发展，鼓励行业及个人采用除了煤、石油等高污染高耗能能源外的清洁能源。推行排污许可证交易制度，通过市场价格的机制引导企业的合理排放行为。三是注重政府消费引导，积极推行绿色采购，加强科技创新投入，注重能源环保领域规划。加大大学和实验室等研究机构的科研投入，建立能源前沿研究中心，为绿色发展提供智力支持和技术保障；除此之外，推行绿色汽车计划、建筑节能改造等方式促进绿色产业发展。四是推行企业绿色保险。40 家保险公司联合成立美国污染责任联合会，共同收益、共同承担风险，为其成员提供污染责任风险保障。政府每年向污染严重的企业征收高额的污染风险税款，用于严重的环境污染清理及污染纠纷处理。五是建立绿色发展的全民参与体系。制定《环境教育法》，加强公民的环保素养和环保技能，培养其环保的责任感和决策能力。

（二） 德国推动绿色产业发展的主要举措

一是建立起了较为完善的绿色产业发展和环境保护治理法规体系。德国从制定环境保护法规入手，控制和治理由工业化带来的环境问题，已制定和颁布了近8000 多部联邦和各州的环境法律法规，形成了较为完备的环境问题管控体系。二是重视绿色科技研发及投入，支持中小型绿色科技企业发展。德国绿色产业年增长率超过 8%，以数字化技术尤其是新能源接入、信息网络、工业 4.0、城市智能交通和智能电网等为主要驱动力量来发展绿色科技产业。德国企业在世界绿色科技市场中所占份额达到 14%，德国绿色科技企业中有 90% 是中小型企业。一般绿色科技企业会投入其年收入的 2.4% ~3.5% 作为研发费用。三是建立了以"双轨制回收系统""静脉产业"等为特色的循环经济体系，推进循环经济发展。制定相关法律法规、设置环保发展计划、促进绿色产业发展和推广绿色产品，利用末端治理、全过程管理、物质闭路循环与资源循环使用等手段，逐步推进循环经济发展。四是鼓励发展可再生能源，优化能源结构。五是通过输出先进环保设备和技术，加强绿色发展国际合作，促进了全球绿色产业发展与合作水平的提高。六是以政府和非政府组织为主，引导和培养群众的低碳环保意识和消费理念。

（三） 日本支持绿色产业发展的主要举措

一是建立绿色发展行政机构，制定环境保护基本法律法规，同时鼓励民间组织参与管理，辅助政府开展监督。1974 年日本设立了环境厅，负责环境保护相关的行政事务，制定了《环境基本法》和《环境基本规划》，并提出了建设循环经济社会体系的四个基本思想，实行了从首相到各县的经济产业局的自上而下的监管模式，形成一整套系统的监管网络。鼓励生态环境民间组织参与监督并赋予一定的行政权限，作为政府监管的有效补充。二是制定发展战略，大力发展环境相关产业。提出《新国家能源战略》，支持可再生能源开发利用。政府采用合同能源管理的方式强力推行节能服务，对所有大型高耗能工业企业和商业楼宇的效能指标提出强制要求，为节能服务公司提供低息贷款等方式，吸引各类资金进入该行业，制定观光立国策略，推动旅游产业发展。执行"低碳社会行动计划"，支持可再生能源发展；出台了《绿色经济与社会变革》草案，强化绿色经济，体积温室气体排放交易权制度及征收环境税等，还修订了《节能法》。三是倡导绿色消费理念，通过多层次、多形式宣教，促进了本国绿色发展。

五、推进西部绿色产业高质量发展的措施建议

（一）积极转变观念，坚持用新发展理念推动绿色发展

坚决推动绿色增长，全面推进传统产业绿色节能改造，大力发展绿色、生态、环保产业，推动实现经济的高质量发展。一是改造提升传统产业。西部的农业占比都比较高，尤其是西南地区都市型农业、城郊型农业的特点突出。要以"乡村振兴战略"为重点，积极发展休闲体验、观光采摘等特色农业，推动传统种植业和旅游、精深加工等紧密结合，用产业化带动农业加快发展，着力做精一产。持续加大科技投入，推进传统工业生产工艺、生产流程、终端产品换代升级，着力做强做优绿色工业。推进能源、造纸、钢铁、水泥、玻璃等行业的清洁化改造，减少污染物排放。二是稳步发展清洁高效煤电，尤其加强资源开发和对可再生能源开发利用。在具备条件的地区开展煤制油、煤制气、煤制烯烃等升级示范。建设塔里木盆地、准噶尔盆地、鄂尔多斯盆地等油气生产基地。加大对页岩气、煤层气的勘探开发力度。开展甘肃、宁夏、内蒙古新能源综合示范区建设，以西南水电基地为重点积极开发水电，重点建设新疆、酒泉、蒙西和蒙东四大风电基地，加快发展太阳能发电，大力推广分布式光伏发电系统，培育准东、哈密、敦煌、柴达木、蒙西等风光电清洁能源基地。有序推进陇东、宁东、准

东、川东北等能源化工基地建设。三是以关键技术突破、智能化能力提升、绿色安全化转型为重点，围绕航空航天、高铁、核电、船舶等领域，加快西部制造业智能化改造升级。实施西部传统产业数字化、网络化、智能化技术改造。在西部有条件的工业基地设立产业转型升级示范区和示范园区。积极发展汽车服务业，打造形成世界级汽车产业集群，大力发展新能源汽车，推进关键零部件与整车的同步研发、同步生产、同步模块化供货，提高产业配套水平，提升零部件本地配套率。四是大力发展新型服务业。结合西部传统服务业比重较大的实际情况，以文化、健康、养老、金融、电子商务等发展为重点的服务业都是属于低消耗低污染，重点是促进其服务主体的生态化、服务过程的清洁化以及消费模式的绿色化。为此，西部应大力发展金融保险、旅游会展、电子商务、对外贸易、健康养老等现代服务业，整体提升第三产业发展水平，着力做优三产。

（二）加强规划引导，实现产业集聚发展

加强绿色产业链的统筹规划，加强创新链各环节的链接与整合。从研究开发、成果转化到示范推广各环节有机衔接，传统产业的绿色技术改造与培育新兴绿色产业相结合，实现产业集聚发展。

一是战略性新兴产业方面。加快新一代移动通信数字经济产业发展，以西部的国家数字家庭应用示范基地、全光网城市、宽带中国示范城市等项目建设为契机，加强智能终端、终端操作系统、应用软件与数字内容服务、软件分发的融合互动，推动信息技术新业态新应用向生产生活各领域深度渗透。支持四川、重庆、陕西、贵州、广西电子信息产业集聚发展，鼓励东部地区软件和信息技术公共服务平台、园区与西部加强协同合作，有条件的省区可以建设中外创新产业合作平台。推动国防和民用领域先进技术双向转移转化，促进军民两用技术产业化发展。加强边缘计算、人工智能、AR/VR 等新兴前沿技术在工业互联网中的应用。加大新能源和节能环保技术转化力度，推进新能源、新能源汽车和节能环保产业快速发展，培育发展一批先进制造业和现代服务业集群，提升产业链水平。积极发展生物医药、养老健康、医药研发服务外包等新兴健康产业，推进建设一批集生物技术研发、医药和医疗器械生产、康养服务等于一体的产业集聚区。加快发展高端装备制造产业。以重大技术突破和重大发展需求为基础，推进装备制造业智能化、信息化、服务化进程，加快发展智能制造装备、航天航空及卫星应用等产业。在智能制造装备方面，突破智能控制、智能传感等核心技术，推进成套装备创新发展和应用。大力发展工业机器人、高档数控装备、增材制造装备及

高功率激光装备、智能物流及仓储装备、智能传感与控制装备。把重庆、四川成都建设成为全国领先的工业机器人智能装备产业发展集聚区和应用示范区。搭建云服务平台。通过互联网、云计算等技术，建设工业互联网，统筹布局建设西北地区物联网和工业云等工业互联网平台，依托平台，推进研发设计、数据管理、工程服务等制造资源的开放共享。加快国家航天产业基地、国家卫星产业国际创新园、国家地球空间信息产业化基地等重大项目和基础工程建设，推进成都、西安等地航天航空及卫星应用，打造全国一流的航空产业基地、航空产业新城、地理空间信息名城。大力发展生物产业和生物医药业。加快推进云南、四川、重庆、新疆等省区发展生物医药产业，依托成都、重庆、西安—杨凌等国家生物产业基地，建设全国乃至国际重要的生物医药创新产品研发中心，构建具有国际竞争力和区域带动力的现代产业体系的重要支撑。加快打造成都"四链条一社区一体系"的产业生态圈，构建具有竞争力的"药物及医疗器械国际临床研究服务中心""生物技术药物全球生产中心""四川成都国际医学中心""全球新药研发外包服务交易中心""全球生物医药供应链服务中心"这"五大中心"。促进成都、重庆生物制造业的升级换代和规模化发展。生物农业方面，重点发展生物育种产业和绿色农用生物制品产业，研制和推广一批优质高产、营养安全的农业动植物新品种，形成一批以企业为主的生物育种创新平台，健全西部生物种业产业链。提升绿色生物工艺应用水平，大力推进在食品、化工、轻纺、能源等领域的应用示范，有效降低原材料、水资源及能源消耗，减少污染排放。加快发展新材料产业、高性能金属材料。围绕国家重大工程急需及产业发展急需，重点开发航空航天用超高强度钢、核电高温合金等高端特殊钢。发展高端化工新材料。积极开发新型功能材料、高性能结构材料和先进复合材料。发展数字创意产业。在新疆、陕西、四川、重庆等地培育一批创新型数字创意企业和有影响力的文化创意产业集群，推动传统媒体与新兴媒体融合发展，积极培育移动多媒体、网络广播电视、电子出版物等新业态，兼顾发展影视制作、工艺美术、演艺娱乐、动漫游戏等文化创意产业。

二是生产生活性服务业发展方面。大力发展旅游业，依托西部省区特色民族风情、边境旅游资源、冰雪资源及红色旅游资源，大力发展多元化旅游，四川、重庆、云南、贵州的生态旅游和康养旅游，新疆、内蒙古的冰雪旅游，新疆、贵州的红色旅游，新疆、陕西的文化旅游等，推动绿色旅游资源优势向旅游产业发展优势转化。全面推动全域旅游发展，大力发展乡村旅游、入境旅游、智慧旅游等，积极推进国家生态旅游示范区创建和国家全域旅游示范区建设，打造一批城市旅游综合体。培育壮大一批骨干旅游企业，推进新型多元旅游业态抱团发展，着力打造和推广民族风情旅游品牌。加快特色旅游资源与生态旅游资源整合，优化组合旅游产品，打造特色生态旅游产业发展新模式。加强红色旅游圈内各类景区融合发展，使特色山水游、特色乡村游、民族文化游紧密结合，实现从旅游开发、旅游经营管理到旅游消费各个环节的生态化。在景区景点、旅游企业、旅游城市中推行循环型旅游模式，构建循环型旅游服务体系。充分考虑旅游资源和环境容量，以合理开发和有效保护旅游环境为目的，在尽可能满足游客需求并实现旅游产业快速发展的基础上，推动旅游产业发展生态化与绿色化，构建"特色产业＋旅游"模式。重点发展研发设计、金融、现代物流、电子商务等生产性服务业，大力发展旅游、健康养老、体育、教育培训等生活性服务业。生产性服务业以研发设计、金融、现代物流业、电子商务等为重点。在研发设计方面，打造一批专业化、开放性的研发服务平台，培育壮大服务外包主体。构建以科技金融为重点的金融服务体系，加强与互联网、大数据等新技术的密切结合，加快发展科技金融、民生金融、融资租赁、物流航运金融等金融新业态，推进互联网金融规范健康发展。现代物流业以临港物流产业园区打造为重点，建设西部物流通道和物流枢纽中心，构建国际物流服务网络。发展壮大一批专业性电子商务平台，加快建设跨境电子商务综合服务平台，努力构建农村电商生态链和生态圈。加快推进西安、成都、重庆、兰州、银川、昆明、贵阳、南宁、桂林等国家电子商务示范城市建设，支持乌鲁木齐建设国家级电子商务基地和区域性电子商务示范城市。现代生活性服务业以发展旅游、康养、教育培训等产业为重点加快发展。充分发挥汉唐文化、巴蜀文化、红色文化、少数民族文化资源优势，着力推动旅游景区和旅游企业集群式发展，在形成整体竞争力的基础上打造旅游品牌。推进旅游与城镇化、新型工业化、农业现代化、现代服务业融合发展，积极发展乡村旅游、冰雪旅游、康养旅游等个性化旅游。大力发展健康物联网、医疗保健、健康保险、体检、咨询等健康服务，支持相关健康产品的研发制造和应用，打造一批知名品牌和良性循环的健康服务产业集群。不断健全多层次、多样化的养老服务体系，支持社会力量举办养老机构，大力发展社区居家养老服务，繁荣养老服务消费市场，积极推进医疗卫生与养老服务融合发展。加快推进教育培训机构品牌化、规模化、信息化发展。着力培育一批具有重要影响力的教育培训服务业领域的龙头品牌。

（三）强化创新驱动，提升内生动力

加强西部创新平台建设。依托国家级新区、国家自主创新示范区、国家级高

新技术开发区和全面创新改革试验区等重要载体，建设若干具有强大带动能力的创新型城市和区域创新中心，形成若干高水平、有特色优势的产业集聚区。稳步推进四川、西安等国家全面创新改革试验区建设，支持重庆建设国家自主创新示范区，打造创新示范高地。支持西安、兰州、成都、重庆等高教与科研资源相对密集地区完善创新体系和创新制度环境，以推进"一带一路"建设为契机，统筹国内外创新资源，建设面向沿线国家的科技创新基地，支持各类创新主体、创新平台开展跨地区创新合作，促进区域协同创新和产业协同发展。围绕重点领域创建一批国家大科学中心、国家实验室、国家工程（技术）研究中心、国家级企业技术中心，争取在优势领域和学科建设一批国家地方联合创新平台，以重大项目、重点工程、重大科技成果为载体组建一批产业技术创新联盟。加强绿色技术应用。结合西部特点，加快发展以技术、品牌、质量为核心的新产品、新产业和新市场，引导优势产业逐步向价值链高端攀升。建立绿色技术支撑体系，为绿色产业发展提供科学依据和技术支撑。结合市场需求和产业发展方向，加快绿色农业、工业生态化改造，紧盯新一代信息技术、生物技术、节能环保、新能源、新材料、新能源汽车、航空航天、机器人与智能制造等战略方向和前沿领域，深入推进关键技术和关键工艺、关键材料、重大装备、基础软件等攻关。

（四）加大财税金融政策支持力度

财政政策方面：一是加强沟通衔接，积极争取更多中央资金支持绿色产业发展；二是强化预算收入管理，为落实支持绿色产业发展的财政政策提供资金保障；三是调整优化财政支出结构，严格压缩一般性支出，继续严控"三公"经费、加强政策和资金统筹，腾出更多资金用于保障绿色产业发展政策落实；四是转变支持产业发展方式，引导鼓励更多社会资本投资绿色产业；五是继续全面落实好企业增值税留抵退税、国家小微企业普惠性税收减免等系列减税降费政策，增强企业发展活力，助推绿色产业加快发展；六是进一步完善优化预算绩效管理制度办法和业务流程，推动预算绩效管理常态化、制度化、规范化。同时，进一步严格财政监督，不断提高财政资金使用效益。

金融政策方面：一方面要推进绿色信贷、绿色债券、绿色发展基金、碳金融等金融工具为绿色发展和绿色产业服务。信贷投放要与征信系统和行业监督监管平台互联互通、及时共享。要加大对先进制造业、现代服务业、文化产业、战略性新兴产业（包括新能源、新材料、新医药、环保、软件和服务外包）等绿色产业信贷投放力度；限制对"两高一剩"行业贷款，引导信贷向绿色产业流动。另一方面，在整合传统信贷产品的基础上，针对绿色项目的直接融资需求，探索创新碳收益支持票据、绿色产业债务融资工具、碳项目收益债等新型投行类产品，以及大力开发绿色债券、绿色资产证券化、绿色产业基金、绿色信托、绿色保险、绿色证券等直接融资工具。

（五）健全适宜于绿色产业健康发展的制度框架

从国家加快推进生态文明建设的顶层设计出发，打破部门和区域分割，细化落实发展绿色产业的战略决策。促进融合发展、加强区域联动、统一市场监管、夯实评估制度、改革试验示范，形成一套有利于西部绿色经济发展的全面的制度框架。尤其要防止落后产能及污染行业在不同区域间的转移，严控环境标准、严防污染转移，鼓励因地制宜、各具特色、多方联动地发展绿色产业。健全绿色产业发展的标准体系、支撑服务体系以及评价体系。加快改进绿色产业的标准体系建设，不断扩展和强化绿色技术创新的信息服务、基础研究及技术交易平台建设。建立绿色发展指标体系，为各地发展绿色产业明确战略预期。完善知识产权保护体系和建立健全相关法律法规，加强对知识产权和专利所有权的保护力度，切实维护创新主体的合法权益，营造公平良好的创新环境。

（六）加强人才保障

实施更加积极的创新人才引进政策，针对产业绿色发展的重要领域，扎实推进西部重大人才工程实施，继续实施"百人计划""科技创业领军人才扶持计划"等引智工程，大力引进国内外优秀的行业领军人才和技术团队创新创业。建立产业领军人才需求库和信息库，加强与人才服务机构的战略合作，靶向引进"高精尖缺"人才，为产业绿色发展提供强有力的人才和智力支持。健全人才流动机制，注重培养一线创新人才和青年科技人才，大力提高群众科学素养。重视职业技能的创新要素作用，探索创新型技能人才参与科技成果转化收益分配的激励机制。通过东西部联动等机制增加西部科技创新力量，深入实施东部城市对口支援西部人才开发工程。

（七）构建支撑绿色产业发展的体制机制

一是健全产业技术政策和管理制度，实施严格的知识产权保护制度。二是鼓励和引导东西部创新合作。要通过开展科技园区共建、创新资源共享和人员交流培训，推动高等学校、科研院所、科技型企业和团队开展对接合作，互联互通创新要素、联合组织科技攻关。依托政府间科技创新合作机制和科技伙伴计划，深入推进实施科技外交官技术转移服务行动、发展中国家技术培训班，进一步提高西部参与国际创新合作程度。三是探索建立生态环保投资运营机制，出台绿色产业发展的积极政策。积极开展碳排放权、排污权、节能量等交易试点，推进排污权有偿使用和交易试点，建立排污权有偿使用制度，规范排污权交易市场，鼓励社会资本参与污染减排和排污权交易。加快调整主要污染物排污费征收标准，实行差别化排污收费政策。加快碳排放权交易制度试点，探索森林碳汇交易，发展碳排放权交易市场，鼓励和支持社会投资者参与碳配额交易，通过金融市场发现价格的功能，调整不同经济主体利益，有效促进环保和节能减排，逐步建立和完善碳排放权的形成机制、分配机制、交易机制、价格形成机制、登记核查机制和市场监管机制等管理运营机制。

参 考 文 献

1. 陆波：《当代中国绿色发展理念研究》，苏州大学博士学位论文，2017 年。

2. 王遥、任国征：《推动我国绿色产业高质量发展》，2018 中国生态经济建设·福州论坛，2018 年 11 月 23 日。

3. 裴庆冰、谷立静、白泉：《绿色发展背景下绿色产业内涵探析》，载于《环境保护》2018 年第 10 期。

4. 孔凡斌：《以绿色产业助力高质量发展》，载于《江西日报》2018 年 7 月 9 日。

5. 其他文献：在编写过程中还参考了西部 12 个省（区、市）的《国民经济和社会发展第十三个五年规划》《战略性新兴产业发展十三五规划》和近五年的《政府工作报告》等。

‖第十三章‖

西部新经济高质量发展研究

中国特色社会主义进入新时代。我国经济已由高速增长阶段转向高质量发展阶段，必须坚持质量第一、效益优先原则，推动经济发展质量变革、效率变革和动力变革。

西部受限于地理位置、经济实力、科研条件等因素的影响，加之人才的稳定性不足，在新经济高质量发展方面面临极大的挑战。及时了解和客观测度西部新经济高质量发展情况，不仅有助于促进经济的增长，实现经济转型发展，抢占新经济发展制高点，还可以明确新经济发展中存在的不足，进而提升西部新经济竞争力，最终促进实现西部经济高质量发展。

一、新经济内涵及其特征

(一) 新经济内涵

"新经济"一词最早出现于美国《商业周刊》1996年底发表的文章中，指在经济全球化背景下，信息技术革命以及由此带动的以高新科技产业为龙头的经济，具有低失业、低通货膨胀、低财政赤字、高增长的特点。从广义上讲，"新经济"是指世界经济在20世纪90年代初到2001年互联网泡沫期间出现的高增长、低失业的一波经济繁荣现象。

习近平总书记在2014年国际工程科技大会上的主旨演讲中提出"世界正在进入以信息产业为主导的新经济发展时期"；在2015年12月中央经济工作会议指出，"目前，新一轮科技革命和产业变革正在创造历史性机遇，催生智能制造、互联网＋、分享经济等新科技、新经济、新业态，蕴含着巨大商机"。2016年，

"新经济"一词被首次写入《政府工作报告》。

目前，理论界对"新经济"的内涵和外延并未形成统一的理解和认识。一般认为，"新经济"是相对于"旧经济"而言。"旧经济"是指传统的产业和产品形态，而"新经济"则是以互联网、知识经济、高新技术为代表，以满足消费者的需求为核心的新产业、新技术、新产品和新商业模式。从根本上讲，"新经济"的出现主要得益于信息技术革命的推进，是人类经济发展史中前所未有的科技型、创新型经济。

在此，把"新经济"定义为新的经济形态，即"新技术、新产业、新业态、新模式"的经济形态，是在新一代信息技术革命、新工业革命及制造业与服务业融合发展的背景下，以现代信息技术广泛嵌入和深化应用为基础，以市场需求为根本导向，以技术创新、应用创新、模式创新为内核并相互融合的新型经济形态。

技术创新——如成都中电熊猫显示科技有限公司对显示屏玻璃的技术创新，使得整个产品成本下降，消费者现在花较少的钱就能买到优质的电子产品。正是因为这项技术的突破和创新，液晶玻璃基板的国际市场价格降低了2/3。

应用创新——"文化+科技"诱发和催生更多的文化融合新业态，如红极一时的故宫口红、正在爆发的VR游戏等。

模式创新——如陕西近年来大力发展新材料、航空及航空服务、大数据等创新型经济，替代传统能源产业成为经济增长新动力，产业结构正初步由"重"向"轻"转变。

新的经济模式下，技术创新、应用创新以及模式创新也不断融合。例如大数据、云计算乃至区块链等黑科技已经在人们的日常生活各个场景得到了应用，而运用最广泛、相对更成熟的领域是金融领域：大额转账只需刷刷指纹、敲敲键盘，金融机构就能根据你的行为数据定制金融产品；走入银行大堂，迎接你的不再是大堂经理，而是智能机器人；如果你没有带银行卡，"刷脸"也能从ATM机上取走现金；点开银行App，无须提交各种资料，很快就能获得贷款服务。这些场景的背后，是大数据、云计算、区块链等黑科技与金融融合的结果。

（二）主要特征

新经济是建立在信息技术革命和制度创新基础上的经济持续增长与低通货膨胀率、低失业率并存，经济周期的阶段性特征明显淡化的一种新的经济现象。当今世界经济正以势不可挡的趋势朝着全球市场一体化、企业生存数字化、商业竞争国际化的方向发展，以互联网、知识经济、高新技术为代表，以满足消费者的需求为核心的新经济迅速发展。其特征主要包括以下几个方面。

1. 经济持续增长

从经济运行态势看，经济增长的持续性和稳定性增强，而经济衰退的持续性和程度在下降。美国经济在 1945~2004 年间共经历了 10 个周期性波动，本次新经济周期 117 个月的扩张是 10 个周期中持续时间最长的一次，扩张期内的波动幅度也明显最小。另外，对比这 10 个周期中的衰退期，前面 9 个周期里出现过不同程度的年度性衰退共 7 个，而本次周期只在 2001 年出现了三个季度负增长，未出现年度负增长，表明衰退的持续时间和累计幅度均为最低水平。

经济运行持续稳定性的强弱是由经济体系的物质技术基础和增长机制内在决定的。工业经济时代"资源驱动型"的总量扩张增长方式因为存在经济增长受制于自然资源的有限性、规模化的内在局限性、市场信息的可获得性而又有内在的不稳定性，经济大幅波动难以避免。以信息技术为基础的知识经济发展为美国经济增长提供了新的基础和增长机制。主要体现在：首先，知识要素的投入降低了经济增长对自然资源的依赖，使经济在自然资源消耗没有大量增加的条件下实现持续增长；其次，知识要素对物质要素的替代和增效作用，使其成为"唯一不遵守收益递减规律的生产工具"，它所带来的边际收益递增突破了新古典增长模型所遭遇的增长停滞的陷阱，使经济持续增长成为可能；最后，信息技术带来了企业管理的网络化和生产的柔性化，无论是企业内部的信息沟通还是企业与市场的信息交换都更富有效率，极大地提高了企业对市场变化及时和合理的应变能力，降低了供给与需求之间相背离的可能性和程度，有效防止企业生产的盲目性，从而增强了经济发展的稳定性，在相当程度上避免了大幅持续的衰退。同时，知识经济的发展使美国政府管理经济更为理性，为宏观调控提供了强大的信息技术支持，促进了宏观调控政策多样性和前瞻性转变，这些都为经济的持续稳定发展提供了良好的宏微观经济环境。

从经济运行结构性因素的改变看，经济增长过程同时是产业结构高级化的过程。信息技术革命使美国经济的发展由原来的规模扩张型转变为以主导技术更替为特征的结构升级型，以信息技术产业为代表的新经济部门得到了迅猛的发展。20 世纪 50 年代，传统要素的经济贡献度为 80%，科技要素的贡献为 20%；20 世纪 70 年代，两者大致持平；1990~2002 年，信息技术产业的国内总收入从 3300 亿美元增长到 7290 亿美元，平均每年增长 10.4%，大大高于同期经济总量的增长。信息技术产业已取代钢铁、汽车、建筑等传统产业成为美国最大的支柱产业，是国内经济持续发展的主要来源，在全球经济一体化的背景下，技术创新和产业结构的优势更为美国在世界范围内的经济增长提供了广阔的空间。

2. "一高三低" 并举

所谓"一高三低"是指经济增长率较高，通货膨胀率低、失业率低和财政赤字占 GDP 比率低。

从 1992 年开始，美国处于新一轮经济周期的上升阶段，其增长率比其他西方国家要高得多。尤其是经过逐年稳步增长到 1998 年、1999 年时，美国 GDP 增长率高达 3.9% 和 4.2%，是其他西方国家难以追赶上的。从 1990 年到 1999 年，美国通胀率降低了 3.9 个百分点。同期日本为 2.9 个百分点，德国为 2 个百分点，法国为 2.4 个百分点。在 GDP 增长率一路强劲攀升，通胀率一路下降的同时，美国的失业率也在稳步下降。"新经济"之前，美国经济总处于这样的怪圈中，只要经济增长率保持在 2% ~ 2.5%，失业率就会出现在 5.5% ~ 6% 之间。著名的菲利普斯曲线总结出美国经济发展的一个"紧箍咒"。美国失业率 1991 年上升至 6.7%，1992 年就业形势继续恶化，年失业率达 7.4%，失业人数 900 多万人；但从 1993 年开始，失业率稳步下降，由 1992 年的 7.4% 降到 1999 年的 4.3%，创造了美国近 30 年来失业率最低水平，实现了充分就业。

居高不下的财政赤字一直是困扰美国经济发展的一大顽症。1992 年，美国财政赤字曾经创造了历史纪录，高达 2904 亿美元。克林顿上台后，采取了比较得力的政策措施，使赤字迅速缩减，1993 年到 1997 年美国的财政赤字分别为 2551 亿美元、2031 亿美元、1639 亿美元、1074 美元和 219 亿美元。1998 年，首次实现了 629 亿美元的财政盈余，并在此基础上使 1999 年财政节余高达 1227 亿美元。低财政赤字为美国"新经济"的良好运行打下了坚实的基础。

3. 劳动生产率提高，企业国际竞争能力增强

20 世纪七八十年代，美国劳动生产率长期增长缓慢，企业经济开支大幅增加，生产成本上升，资本投资利润率下降。特别是制造业资本投入的减少，阻碍了生产设备和技术的升级换代，抑制了劳动生产率的提高，导致了单位商品生产成本相对上扬从而严重削弱了美国企业的国际竞争力。在 1974 ~ 1983 年的 10 年中，以整个制造业计算，美国单位劳动成本为日本的 2 倍，在资本密集型行业则为 2.5 倍。从 20 世纪 70 年代到 80 年代，美国劳动生产率年增长率一直徘徊在 1.5% 左右。而进入 90 年代，美国劳动生产率年增速一直保持在 3% 的水平，1990 ~ 1994 年期间为 2.8%；其中，1996 年美国制造业劳动生产率比上年增长 3.9%，尤其是服务业领先地位更为突出。如美国商业零售业效率相当于日本的 2 倍，电信业效率相当于德国的 2 倍。

劳动生产率提高，大大增强了美国企业的国际竞争能力。世界前 10 大银行

和全球 500 家最大企业的拥有数量和排位有力印证。20 世纪 90 年代初，日本在世界前 10 大银行中占据 7 个席位，到 1998 年仅 1 个。美国一度被挤出前 10 大银行的行列，而今占据 5 个席位。在世界 500 强中，美国企业上榜数量高达 222 家，其次为日本（71 家），英国（60 家）。其中，美国的通用电气公司、微软公司、艾克森石油公司、可口可乐公司和英特尔公司分别排在第 1、第 3、第 4、第 5、第 6 的位次。

对于我国而言，经济发展逐渐由传统的经济发展模式转向新经济发展模式，依然呈现出经济持续增长、低失业率、低财政赤字、低通货膨胀率的特点。

二、西部新经济高质量发展特点

党的十九大以来，中国进入经济新时代，经济发展由"短期"向"长期"传递，经济增长的路径也由"高速"向"高质量"转变。西部新经济高质量发展的主要特点如下。

（一）从新经济的主要特征来看

1. 从整体看，经济持续增长，增长路径从"高速"转向"中低速"

2009～2018 年，西部经济总量处于持续增长状态。2009 年西部国内生产总值总量为 66973.48 亿元，2010 年为 81408.49 亿元，2011 年增加到 100234.96 亿元。2009～2011 年西部经济增长快速，2010 年较 2009 年增长 21.55%，2011 年较 2010 年增长 23.13%。从 2013 年开始，西部国内生产总值增速开始放缓，转向中低速增长。由图 13－1 可见，2014～2018 年间，西部国内生产总值增速放缓，且小于 10%；2015 年增速最慢，仅为 5.01%；2018 年增速最快，达到 9.34%。

从西部生产总值的增长速度看，2010 年和 2011 年增长较快，分别为 21.55% 和 23.13%。从 2012 年起，西部经济增长速度持续放缓，从 2012 年的 13.64% 下降到 2015 年的 5.01%。从 2016 年起，增长速度又有所回升。从整体看，西部增长速度趋于比较平稳的趋势，从往年的"高速"转向"低速"。

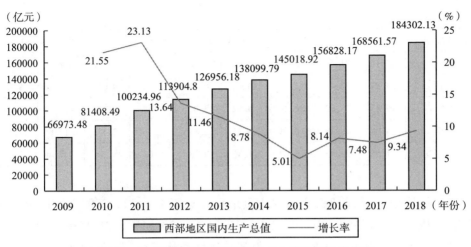

图 13-1　2009~2018 年西部国内生产总值及增长率

　　分地区来看，各省（区、市）经济增长速度在 2010 年和 2011 增长都较快，从 2012 年开始增速有所下降，2015 年降至最低。从 2016 年起，增速有所回升。其中，较为明显的是内蒙古。2015 年，内蒙古的经济增长速度缓慢，仅为 0.35%；2017 年其经济呈负增长，为 -11.21%。这段时间，内蒙古经济处于不景气的状态。其他省（区、市）经济凸显增长态势，但是增长速度均有放缓，具体如表 13-1 所示。

表 13-1　　　　2010~2018 年西部各省（区、市）地区生产总值增长速度　　　　单位：%

省（区、市）	2010 年	2011 年	2012 年	2013 年	2014 年	2015 年	2016 年	2017 年	2018 年
重庆	21.37	26.32	13.97	12.04	11.57	10.20	12.87	9.49	4.83
四川	21.44	22.35	13.54	10.55	8.13	5.31	9.59	12.28	10.00
贵州	17.62	23.89	20.18	18.02	14.59	13.34	12.13	14.98	9.35
云南	17.09	23.10	15.93	14.77	8.30	6.28	8.59	10.74	9.19
陕西	23.91	23.60	15.52	12.12	9.16	1.88	7.64	12.88	11.60
甘肃	21.64	21.83	12.55	12.04	7.99	-0.68	6.04	3.60	10.54
宁夏	24.85	24.42	11.37	10.09	6.77	5.80	8.82	8.68	7.60
青海	24.89	23.70	13.36	12.07	8.54	4.94	6.43	2.03	9.16

续表

省（区、市）	2010 年	2011 年	2012 年	2013 年	2014 年	2015 年	2016 年	2017 年	2018 年
新疆	27.13	21.56	13.54	12.50	9.83	0.55	3.48	12.77	12.10
广西	23.34	22.48	11.21	10.85	8.46	7.21	9.01	1.12	9.88
内蒙古	19.83	23.03	10.59	6.52	5.05	0.35	1.66	-11.21	7.41
西藏	14.98	19.38	15.71	16.35	12.89	11.46	12.18	13.85	12.72
西部平均	21.55	23.13	13.64	11.46	8.78	5.01	8.14	7.48	9.34

从西部国内生产总值占全国的比重来看（见图 13 - 2），2009～2014 年，西部占全国的比重分别为 19.22%、19.75%、20.54%、21.15%、21.41%、21.54%，呈上升态势，这 6 年间，西部经济增长快于全国，国内生产总值占全国经济总量比重逐年增加。从 2015 年起，西部国内生产总值占全国经济总量的比重较往年有所下降，2015 年为 21.14%，2018 年为 20.47%。西部国内生产总值占全国的比重的降低正好说明了西部经济增长从"高速"转向"中低速"。

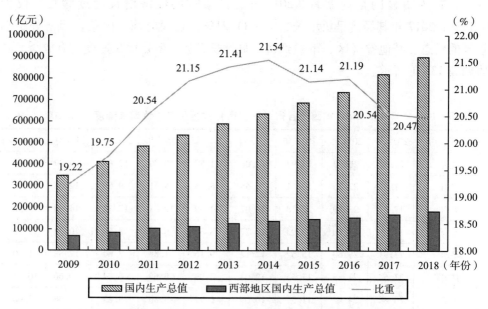

图 13 - 2　西部与全国的国内生产总值及西部国内生产总值占全国的比重

从人均 GDP 来看（见图 13 - 3），2009～2018 年西部人均 GDP 低于全国人均 GDP，西部与东部、中部以及东北地区的经济发展水平还存在一定的差距。从人

均 GDP 增速来看，2010 ~ 2014 年，西部人均 GDP 增速高于全国。2015 ~ 2018
年，西部人均 GDP 增速低于全国，而且西部人均 GDP 增速整体较 2014 年以前有
所降低。由此可以判断，西部经济发展速度从"高速"向"中低速"转变。

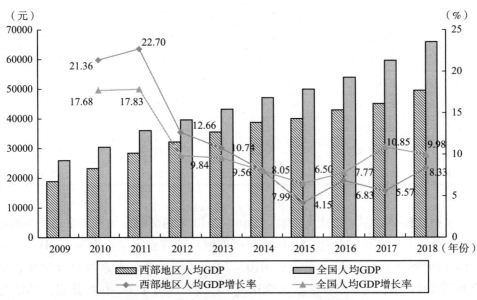

图 13 - 3　西部与全国人均 GDP 及增长率对比

2. 西部财政预算赤字呈上升趋势，增长速度"稳"中有"降"

从财政预算赤字总量来看，西部财政预算赤字呈逐年上升态势，2009 年财
政预算赤字为 11523.76 亿元，2013 年上升到 21119.26 亿元，2018 年达到
35597.43 亿元；全国财政预算赤字也处于上升态势，从 2009 年的 28441.55 亿元
上升到 2018 年的 90292.94 亿元。从财政预算赤字占 GDP 比率来看，西部财政预
算赤字占 GDP 比率近些年来较为稳定，在 16.54% ~ 19.31% 之间波动；全国财
政预算赤字占 GDP 比率与西部相比较更为稳定，在 8.07% ~ 10.03% 之间波动。
具体如表 13 - 2 所示。

表 13 - 2　　　　　　2009 ~ 2018 年全国和西部财政预算赤字情况

年份	全国财政预算赤字 （亿元）	全国财政预算赤字 占 GDP 比率（%）	西部财政预算赤字 （亿元）	西部财政预算赤字占 GDP 比率（%）
2009	28441.55	8.16	11523.76	17.21

续表

年份	全国财政预算赤字（亿元）	全国财政预算赤字占 GDP 比率（%）	西部财政预算赤字（亿元）	西部财政预算赤字占 GDP 比率（%）
2010	33271.39	8.07	13530.18	16.62
2011	40186.57	8.24	16577.65	16.54
2012	46110.05	8.56	19506.30	17.13
2013	50729.18	8.56	21119.26	16.64
2014	53338.91	8.32	22921.73	16.60
2015	67333.58	9.82	26220.90	18.08
2016	73112.01	9.88	29026.14	18.51
2017	81758.93	9.96	32367.76	19.20
2018	90292.94	10.03	35597.43	19.31

从财政预算赤字增长速度来看，2010～2018 年西部财政预算赤字增长率波动幅度比全国小，整体较为稳定。2010 年西部财政预算赤字增长率为 17.41%，比全国（16.98%）高 0.43 百分点；2010～2018 年间，西部财政预算赤字增长最快的是 2011 年，为 22.52%，比全国（20.78%）高 1.74 个百分点；其次是 2012 年，西部财政预算赤字增长率为 17.67%，比全国（14.74%）高 2.93 个百分点；再次是 2014 年，西部财政预算赤字增长率为 8.53%，比全国（5.14%）高 3.39 个百分点；2016 年西部财政预算赤字增长率为 10.70%，比全国（8.58%）高 2.12 个百分点。其余年份西部财政预算赤字增长率均小于全国财政预算赤字增长率。具体如图 13 - 4 所示。

从西部财政预算赤字占全国的比重来看，2009～2014 年期间，西部财政预算赤字占全国的比重在 40% 以上；从 2015 年开始，西部财政预算赤字占全国的比重降至 40% 以下；最低是 2015 年，占比为 38.94%。由此可见，自 2015 年起，西部财政预算赤字出现缓慢下降的趋势。具体如图 13 - 5 所示。

分地区来看，2009～2018 年财政预算赤字占 GDP 的比重最低的地区是重庆。其中，2010 年重庆财政预算赤字占 GDP 的比重最低，为 9.55%；2012 年重庆财政预算赤字占 GDP 的比重最高，为 11.77%。相对西部平均水平而言，重庆财政预算赤字占 GDP 的比率远低于西部财政预算赤字占 GDP 比率的平均水平。从财政预算角度看，重庆的几项指标均显示新经济特征相对明显，财政保障显示新经济发展基础较好。

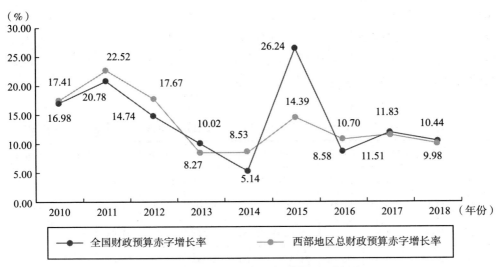

图 13-4　全国与西部财政预算赤字增长率

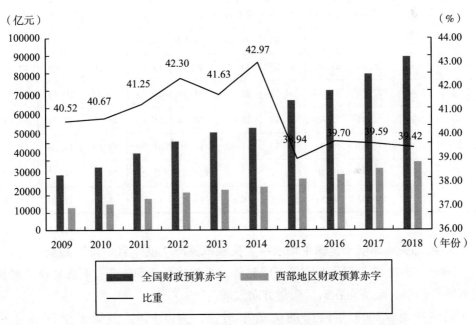

图 13-5　西部与全国的财政预算赤字及西部财政预算赤字占全国的比重

近几年来，四川财政预算赤字占 GDP 的比重较低，低于西部平均水平，整体呈逐渐降低的趋势。可见，四川正处于由传统经济转向新经济发展转变过程中。财政预算赤字占 GDP 的比重最高的是西藏。2009 年，西藏财政预算赤字占

GDP 的比重最低，为 99.70%；2016 年为最高，达 124.37%；2018 年为 117.78%。西藏财政预算收入远低于财政预算支出，财政预算赤字大，甚至大于西藏地区生产总值，表明西藏产业发展缓慢、滞后、结构不完整，而且本地区财政收入过低，因而赤字率高。具体如表 13 - 3 所示。

表 13 - 3　　2009 ~ 2018 年西部各省（区、市）财政预算赤字占 GDP 比重　　单位：%

地区	2009 年	2010 年	2011 年	2012 年	2013 年	2014 年	2015 年	2016 年	2017 年	2018 年
重庆	9.75	9.55	10.81	11.77	10.71	9.69	10.42	10.00	10.73	11.17
四川	17.07	15.69	12.51	12.69	13.02	13.09	13.78	14.03	13.84	14.25
贵州	24.43	23.85	25.89	25.42	23.20	23.48	23.20	22.94	22.15	22.31
云南	20.33	19.58	20.45	21.67	21.00	21.38	21.33	21.68	23.37	22.82
陕西	13.54	12.45	11.43	11.92	11.83	11.71	12.85	13.17	12.91	12.52
甘肃	28.33	27.06	26.71	27.24	26.89	27.33	32.61	32.82	33.36	35.18
宁夏	23.70	23.91	23.12	25.64	23.83	24.00	26.28	27.36	27.74	26.52
青海	36.90	46.89	48.83	51.37	47.32	47.57	51.63	50.00	48.93	47.97
新疆	22.40	22.04	23.66	24.13	22.96	21.95	26.53	29.42	29.14	28.54
广西	12.90	12.91	13.63	13.96	13.09	13.13	15.18	15.75	17.78	17.83
内蒙古	11.05	10.31	11.37	11.80	11.62	11.46	12.83	13.77	17.56	17.20
西藏	99.70	101.37	116.10	116.79	112.70	115.25	121.23	124.37	114.13	117.78
西部	17.21	16.62	16.54	17.13	16.64	16.60	18.08	18.51	19.20	19.31

3. 西部失业率低于全国平均水平，失业率保持"低"且"降"趋势

2009 ~ 2018 年西部失业率呈下降趋势，且整体失业率较低，西部经济新经济发展特征凸显，经济正在向高质量方向发展。

具体来看，2009 年西部的失业率最高，为 3.9%，但低于全国失业率（4.3%）0.4 个百分点；2018 年最低，为 3.1%，较 2009 年降低了 0.8 个百分点，低于全国失业率（3.8%）0.7 个百分点。近年来，全国失业率和西部失业率均呈下降趋势，西部失业率低于全国平均水平。具体如图 13 - 6 所示。

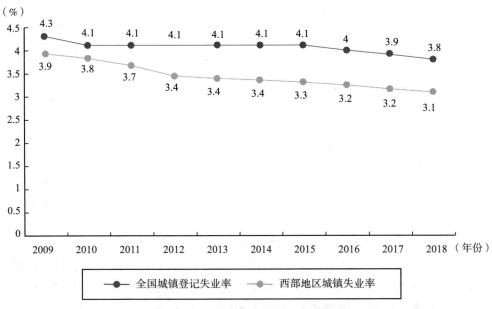

图 13 - 6 全国与西部城镇失业率情况

从西部各省（区、市）失业率看（见表 13 - 4），宁夏的失业率最高，2009 年为 4.4%，高于西部平均失业率（3.9%）0.5 个百分点；其 2016 年、2017 年和 2018 年的失业率均为 3.9%，高于西部平均失业率。其次是四川省，2009 年失业率为 4.3%，高于西部平均失业率（3.9%）0.4 个百分点；2018 年失业率最低为 3.5%，高于西部平均失业率（3.1%）0.4 个百分点。甘肃省失业率最低，2015 年失业率仅为 2.1%，低于西部平均失业率（3.3%）1.2 个百分点；其 2009 年失业率最高为 3.3%，低于西部平均失业率（3.9%）0.6 个百分点。

表 13 - 4　　　　　　　　2009 ~ 2018 年西部各省（区、市）的失业率　　　　　　单位: %

地区	2009 年	2010 年	2011 年	2012 年	2013 年	2014 年	2015 年	2016 年	2017 年	2018 年
重庆	4.0	3.9	3.5	3.3	3.4	3.5	3.6	3.7	3.4	3.0
四川	4.3	4.1	4.2	4.0	4.1	4.2	4.1	4.2	4.0	3.5
贵州	3.8	3.6	3.6	3.3	3.3	3.3	3.3	3.2	3.2	3.2
云南	4.3	4.2	4.1	4.0	4.0	4.0	4.0	3.6	3.2	3.4
陕西	3.9	3.9	3.6	3.2	3.3	3.3	3.4	3.3	3.3	3.2
甘肃	3.3	3.2	3.1	2.7	2.3	2.2	2.1	2.2	2.7	2.8

续表

地区	2009 年	2010 年	2011 年	2012 年	2013 年	2014 年	2015 年	2016 年	2017 年	2018 年
宁夏	4.4	4.4	4.4	4.2	4.1	4.0	4.0	3.9	3.9	3.9
青海	3.8	3.8	3.8	3.4	3.3	3.2	3.2	3.1	3.1	3.0
新疆	3.8	3.2	3.2	3.4	3.4	3.2	2.9	2.5	2.6	2.4
广西	3.7	3.7	3.5	3.4	3.3	3.2	2.9	2.9	2.2	2.3
内蒙古	4.0	3.9	3.8	3.7	3.7	3.6	3.7	3.7	3.6	3.6
西藏	3.8	4.0	3.2	2.6	2.5	2.5	2.5	2.6	2.7	2.8
西部	3.9	3.8	3.7	3.4	3.4	3.4	3.3	3.2	3.2	3.1

4. 西部通货膨胀率与全国呈同步变化，通货膨胀率"稳"且"低"

从居民消费价格指数来看，全国居民消费价格指数和西部居民消费价格指数基本呈同步变化（见图 13 - 7）。2011 年，西部居民消费价格指数最高，为 105.48，高于全国居民消费价格指数（105.4）0.08 个点；从 2012 年开始，西部居民消费价格指数呈下降趋势，且基本保持稳定，波动幅度不大。由此可见，对西部而言，近年来物价较稳定，通货膨胀率基本恒定，保持着较低水平。

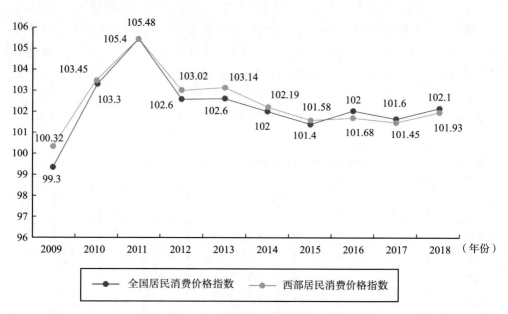

图 13 - 7　全国与西部居民消费价格指数

分地区来看，重庆居民消费价格指数较低。2009 年为西部最低，仅为 98.4，处于通货紧缩状态，其余年份居民消费价格指数均高于 100，但是处于相对稳定的状态，且消费价格水平整体较低。从西部其他省（区、市）看，除 2011 年居民消费价格指数达到 105 以外，其他年份的居民消费价格指数均较低。具体如表 13 - 5 所示。

表 13 - 5　　　　2009～2018 年西部各省（区、市）居民消费价格指数　　　单位：%

地区	2009 年	2010 年	2011 年	2012 年	2013 年	2014 年	2015 年	2016 年	2017 年	2018 年
重庆	98.4	103.2	105.3	102.6	102.7	101.8	101.3	101.8	101.0	102.0
四川	100.8	103.2	105.3	102.5	102.8	101.6	101.5	101.9	101.4	101.7
贵州	98.7	102.9	105.1	102.7	102.5	102.4	101.8	101.4	100.9	101.8
云南	100.4	103.7	104.9	102.7	103.1	102.4	101.9	101.5	100.9	101.6
陕西	100.5	104.0	105.7	102.8	103.0	101.6	101.0	101.3	101.6	102.1
甘肃	101.3	104.1	105.0	103.2	103.2	102.1	101.6	101.0	101.3	102.0
宁夏	101.4	102.2	105.0	103.5	103.6	102.9	102.0	102.5	101.6	101.7
青海	102.6	105.2	106.1	103.1	103.9	102.8	102.6	101.5	101.6	102.5
新疆	100.7	104.3	105.9	103.8	103.9	102.1	100.6	101.4	102.2	102.0
广西	97.9	103.0	105.9	103.2	102.2	102.1	101.5	101.6	101.6	102.3
内蒙古	99.7	103.2	105.2	103.1	103.2	101.6	101.1	101.6	101.7	101.8
西藏	101.4	102.2	105.0	103.5	103.6	102.9	102.0	102.5	101.6	101.7
西部	100.32	103.45	105.48	103.02	103.14	102.19	101.58	101.68	101.45	101.93

（二）从新经济的主要形态来看

1. 从新技术来看，西部高质量发展力量大

2018 年，重庆高新技术产品出口 2314.9 亿元，同比增长 21.4%，占同期重庆出口总值的 68.2%，可以看出重庆对外发展主动力是依靠新技术推动而成的高新技术产品的出口。拥有同样情况的是四川，其高新技术产品出口占同期总值的 66.93%。重庆与四川依托高新技术对外发展的路径在西部相对比较明晰而成熟，也可以从侧面反映出这两个地区新技术研发和产出的基础实力较为雄厚。对比西部各省（区、市）机电产品出口额占总出口额的比重来看，各省（区、市）之间的差距较大，其中，陕西和四川两省相关产业基础坚实，因而机电产品出口额

领跑西部（见表13-6）。陕西近些年半导体产业飞速发展，从2012年西安高新区成功引进三星电子存储芯片项目开始，美光、华为、中兴以及阿里巴巴、京东等行业龙头企业不断加大在西安的投资。2017年，包括三星（二期）、华润、阿里巴巴、腾讯、亚马逊等36家知名企业相继落户西安，签约引进项目847个，规模达2.35万亿元，达到历年最高。对于四川而言，集成电路是其2018年主要的进口商品，占其进口商品比重的一半以上。同时，陕西和四川两省均重视对外交通线的拓展。陕西由于中欧班列（长安号）开通，拓展了与中亚、中东和欧洲的市场联系；2018年，四川坚持推进陆海互济、东西畅达、南北贯通"四向八廊"战略性综合交通走廊和对外经济走廊，加快建设"四向拓展、全域开放"立体全面开放格局。

表13-6 2018年西部新技术发展情况

地区	高新技术产品出口额（亿元）	机电产品出口额（亿元）	机电产品出口额占总出口额的比重（%）
重庆	2314.9	—	—
四川	2231.85	2709.81	81.26
贵州	—	172.54	51.10
云南	—	—	—
陕西	—	1856.50	89.30
甘肃	—	81.80	56.07
宁夏	—	—	—
青海	—	1.11	3.57
新疆	—	—	25.52
广西	—	965.00	44.30
内蒙古	—	65.60	17.32
西藏	—	—	—

技术输出在一定程度上反映出一个地区技术发达程度和新技术研发的活跃程度。由表13-7可见，在西部，陕西和四川技术输出最为活跃，无论是签约合同数还是成交额均处于西部前两位。对比全国排名看，陕西和四川在2018年跻身技术输出全国前十省（区、市），技术研发及交易较活跃。这主要得益于陕西和四川均为教育大省，所在地本科高校数量均为42所，数量远超其他西部省（区、

市），科研基础和实力雄厚，在一定程度上为技术研发和科技创新提供了坚实保障。而其他西部省（区、市）的排名则均处于全国靠后位置，技术输出活跃度较低，反映西部技术输出呈现极其不平衡的发展问题。

表 13-7   **2018 年西部技术输出情况**

地区	合同数（项）	成交额（亿元）	成交额全国排名
重庆	2070	51.36	25
四川	12826	405.83	9
贵州	2950	80.74	21
云南	3500	84.76	20
陕西	31357	920.94	4
甘肃	5852	162.96	15
宁夏	980	6.67	28
青海	1016	67.72	24
新疆	468	5.76	29
广西	2039	39.42	26
内蒙古	678	19.61	27
西藏	3	0.04	31

    由表 13-8 可见，2018 年东部地区在合同数和成交额占比上处于绝对领先地位，西部以微弱优势高于中部地区次之，其后是中部地区和东北地区。西部的技术输出成果比中部和东北地区略强。

表 13-8   **2018 年全国分区域技术输出情况**

区域	合同数（项）	合同数占全国比重（%）	成交额（亿元）	成交额占全国比重（%）
东部	219173	59.98	8564.88	66.31
中部	57533	15.74	1753.05	13.57
西部	63739	17.44	1845.81	14.29
东北	24972	6.84	752.46	5.83
全国	365417	100	12916.2	100.00

2. 从新业态来看，西部高质量发展势头强

新业态主要指伴随着信息技术升级应用等，从现有领域衍生叠加出的新环节、新活动。关注西部新业态发展主要从跨境电子商务和网络经济发展方面进行分析。

当前，国内进行跨境电商试点命名分别是由海关总署牵头的"跨境电商进口试点城市"和由国务院牵头的"跨境电商综合试验区"。2012年，由海关总署牵头推动跨境贸易电子商务服务试点，全国共有15个城市获批。由国务院牵头的跨境电商综合试验区分三批设立，2018年，国务院在北京等22个城市设立跨境电商综合试验区；目前全国共有设立跨境电商综合实验区35个。重庆和成都是跨境电商西部试点城市；重庆、成都、呼和浩特、南宁、贵阳、昆明、西安、兰州是跨境电商综合试验区。自2016年获批设立跨境电子商务综合试验区以来，重庆跨境电商业务保持着快速增长态势，2018年，重庆跨境电商进出口及结算额达到246.56亿元，同比增长43.9%。成都跨境电商交易规模达110亿元，增长120%。2018年，西安跨境电商累计完成206.7万单，其中，进口完成8.6万单，出口完成198.1万单，货值超过7750万美元。跨境电商为西部对外开放发展提供了新途径、新平台。

从西部互联网发展看，根据《中国互联网发展报告2018》显示，在中国互联网发展指数位居前十的省（区、市）中，西部有陕西（第七）和四川（第八）两省上榜，东部地区有广东等7个省（区、市）上榜，中部地区仅湖北上榜。数据显示，西部互联网发展速度比中部更快。

从网络经济看，四川、重庆、陕西和云南四个省（区、市）网络零售额较高，其中，四川省领跑西部，网络零售额达4269.21亿元。从增长率看，西藏、内蒙古、新疆和云南网络零售额增长速度较快，西藏高达137.7%。但是，西部网络经济仍存在着发展不平衡的问题。其中，西藏、宁夏和新疆的网络零售额较其他省（区、市）而言较低。这几个省（区、市）有待于进一步发挥互联网平台的作用扩大网络经济发展覆盖面、规模及成效。具体如表13－9所示。

表13－9　　　　　　　　　2018年西部网络零售情况

地区	网络零售额（亿元）	增长率（%）	农村网络零售额（亿元）	增长率（%）
重庆	960	28.6	184	21.3
四川	4269.21	28.6	926.22	30.45
贵州	170	30	—	—

续表

地区	网络零售额（亿元）	增长率（%）	农村网络零售额（亿元）	增长率（%）
云南	779.41	44.73	—	—
陕西	816.1（1~11月）	39.2	204.3	60.1
甘肃	—	—	—	—
宁夏	148.5	25.03	73	
青海	297.4	34	—	—
新疆	159.7	44.8	—	—
广西	449	13.6	75.3	31.8
内蒙古	148.42（1~6月）	57.61	—	—
西藏	54.2	137.7	—	—

近年来，四川省委、省政府始终把满足人民日益增长的美好生活需要作为核心任务，旅游部门大力促进旅游产品转型升级，涌现出不少文化与旅游融合发展的新兴业态，成为新经济发展的一大亮点。

文旅深度融合催生更多文旅新产品、新业态，让四川文旅业发展继续领跑西部。以成都"东郊记忆"文创园区为例，东郊记忆由原国营红光电子管厂旧址改造而成，废旧车间、氢气罐、办公楼、厂房等分别被改造为影院、剧场、音乐酒吧、主题酒店等。这里已经成为国家4A级景区，还入选国家工业遗产旅游基地名单，成为游客到成都的网红打卡地之一。

文旅融合发展有力促进了四川乡村旅游的升级换代。坐落于成都邛崃市的"大梁酒庄"不仅将"酒人""酒事"一一再现，还可以让游客们亲身参与百年古法酿酒的全过程。依靠深度挖掘当地特色文化，四川的许多农家乐都已摒弃了吃饭、喝茶、打麻将的"老三样"，正向着高质量发展的目标步步前行。

特色文化同样为四川旅游饭店业注入了灵魂。2017年8月，《文化主题旅游饭店基本要求与评价》正式发布，四川省被确定为唯一的全国文化主题旅游饭店等级评定省级试点单位。以此为契机，结合四川省文旅厅提出的"饭店革命"，文化主题旅游饭店创建在天府大地如火如荼地开展起来。以古蜀文明、宗教文化、三国文化、红色文化、美食文化等为特色的旅游主题饭店不断涌现，不仅广受境内外游客好评，更成为中华民族展示深厚文化底蕴、全面体现"文化自信"的有效载体。

与此同时，高速公路服务区、旅游厕所、农房民居、旅游公路等也纷纷融入各地文化元素，让四川旅游的文化氛围变得更加浓厚。

3. 从新产业来看，西部高质量发展产业融合效果好

我国从 2017 年开始公布首批国家现代农业产业园以来，已陆续公布了三批，旨在将农业发展与新技术、地区特色、工业化等相结合，提高农产品附加值，延长农业产业链，融合第一、第二、第三产业促进经济发展。西部第六产业的大力发展，一方面可提高农产品对外销售量，特别是对于树立地区特色农产品品牌来说是大好机会；另一方面通过第一产业与新技术、新业态等融合，有助于提高产品附加值及拓展其对外发展的途径，对促进西部经济发展有着积极助益作用。

由图 13-8 可见，四川、贵州、云南和陕西国家现代农业产业园批准数量在西部位居前列，其中四川以 4 个国家现代农业产业园居于西部榜首。四川省眉山市东坡区现代农业产业园在科技助力下，2018 年加工泡菜原料 170 万吨，年产值 165 亿元，占全国泡菜市场 1/3 的份额，扶持培育 1100 名农民成为新型农业经营主体带头人。四川省苍溪县现代农业产业园以种植红心猕猴桃为主，种植面积 19.26 万亩，占全省的 35.8%，综合产值达 59.86 亿元，建成了国家猕猴桃实验示范基地，农业科技贡献率达 47%，建成了全国首个红心猕猴桃交易中心，发展电商 368 家。四川省通过特色农业与新技术、新业态的融合，将本地特色产业做大并取得了良好的经济和社会效益。

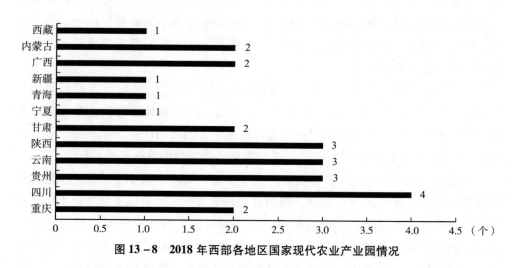

图 13-8　2018 年西部各地区国家现代农业产业园情况

4. 从新模式来看，西部高质量发展活力大

新模式一般伴随着新技术、新业态而生，同时与新技术、新业态的融合将进一步加速对外开放新模式的发展步伐。开放发展新模式意味着建立新的对外发展运行模式。它有别于传统的开放发展模式，有助于促进对外发展、拓展发展渠道、丰富发展手段。

《西部大开发"十三五"规划》提出建设重点创新试验区，发挥创新集聚和示范引领作用，打造内陆和沿边开放试验区，深入推进内陆地区和沿边地区开发开放，坚持开放引领发展，以"一带一路"建设为统领，加快内陆沿边开放步伐。2017 年 4 月 1 日，第三批自由贸易试验区正式挂牌成立。至此，我国形成"1 + 3 + 7"的开放格局。第三批自由贸易试验区主要集中在中西部，对接长江经济带、中部崛起、西部大开发、振兴东北老工业基地等重大区域发展战略。西部有 3 个自贸区：中国（重庆）自由贸易试验区、中国（四川）自由贸易试验区和中国（陕西）自由贸易试验区。

在自贸区累计新增企业数量上，四川自由贸易试验区优势强劲，企业注册资本和外资企业数较其他两个自贸区而言具有较大优势。这主要得益于四川推动两批共 142 项省级管理权限下放，提高了行政审批效率；中央赋予 159 项改革任务实施率达 95%，反映出四川省政府执行力强的特点，"企业开办小时清单办结制"大大缩短了企业办理相关手续的时间，提高了办事效率，政务服务效率提升吸引了企业加入自贸区。

重庆自由贸易试验区落户企业数量多，尤其是新增高新技术类企业多。2018 年，重庆自贸试验区新增注册企业 12768 户，其中，外商及港澳台商投资企业 221 户。新增商贸、交通运输、信息传输、软件和信息技术服务、科学研究和技术服务业企业 7731 户，占比超过六成，引进项目覆盖大数据、大交通、大健康、总部经济、文化旅游、教育、农业农村、扶贫环保等领域。截至 2018 年底，百度、阿里巴巴、腾讯三大互联网巨头先后落户重庆自贸试验区，成效喜人。

陕西自由贸易试验区开展进出口贸易成效显著。2018 年，陕西自由贸易试验区实现外贸进出口总额 2649.79 亿元，增长 33.9%，占全省进出口总额的 75.4%，成为助推陕西省"走出去"的主要平台。陕西自由贸易试验区成立以来，华为全球技术中心、传化物流、阿里巴巴西部总部、新松机器人等项目先后落户于此。截至 2018 年 10 月底，自贸试验区西安区域新增市场主体 25935 家，注册资本 3859.67 亿元，其中，新增外资注册企业 237 家，注册资本亿元以上企业 413 家，市场主体活力迸发。

在内陆开放型经济试验区中，宁夏和贵州上榜。在国家重点开发开放的 7 个试验区中，西部占 6 个。可见，国家对西部扩大开放发展的重视度非常高。在 18 个国家级边境经济合作区中，西部占 13 个，反映出国家利用边境经济合作新模式推动西部对外贸易发展的大胆尝试和创新方向。此外，跨境经济合作形式获得国家的大力支持，以跨境形式发展地区边境经济，有助于加快区域发展，同时有利于辐射、带动周边地区的发展。

（三）从新经济涉及的主要行业来看

1. 数字经济助力西部追赶式发展

从数字经济来看，电商作为数字经济的代表产业，为西部带来更多创业机会。在传统经济条件下，受限于地理位置和运输成本的影响，商品和服务的供给往往与需求的距离很近。商品和服务的提供商主要集中于沿海发达城市。但是，随着互联网和电商的发展，很多中西部偏远农村也有了创业的机会，在淘宝、京东等电商平台上做起了生意，向沿海城市等地区提供商品和服务，从而分享经济发展带来的福利。据阿里巴巴电商数据显示，2013～2018 年期间，"胡焕庸线"东西部两侧的电商数量比值差距下降了 28%。越来越多西部提供的产品和服务走向沿海城市、送达全国乃至走出国门。

在传统经济条件下，很多商品和服务的供给必须紧邻需求者，而只有达到一定的人口密度，才能支撑这样的商品和服务的供给"网点"，因此很多商品和服务只有在城市等人口密度高的地区才能被人们所享受。随着电商和快递行业的快速发展，即便是人口密度低的偏远地区，也可以足不出户、非常方便地享用到大多数的商品和服务。据菜鸟网络数据显示，2014～2018 年的 5 年间，以"胡焕庸线"两侧城市分属东西部计算，东西部物流差距缩小明显。其中，从订单支付到包裹签收的时长来看，东西部差距 5 年来缩小了 9.25%。而且，受限于公路铁路、网点数量等基础设施条件，物流在西部面临着更高的非数字经济因素的挑战，因此这一差距的缩小幅度虽然较其他业务稍慢，但意义却同等重要。现在，货物一天运全国成为一种常态。以天猫 618 为例，在大促期间，全国共有 354 个城市享受到当日达的体验，其中，包括云南西双版纳、新疆阿克苏、西藏日喀则等数十个西部较偏远的城市，甚至连进口货物也可以做到当日达。快捷的物流服务，使得西部偏远地区的居民也能如东部沿海城市的居民一样，共享新经济发展的红利。随着阿里脱贫基金启动，国家级贫困县在阿里平台的网络销售额超过630 亿元。2018 年 10 个电商脱贫样板县在阿里平台的网络销售额增速大幅提升，重庆奉节增长 58.6%，内蒙古敖汉旗的网络销售增速高达 794.4%。

基于二维码的商业场景，小商家们开始接触经营分析、账务管理、理财、保险、贷款等多维的金融科技服务。2017～2018 年，码商群体东西部数量比值缩小了 25%；2011～2018 年期间，移动支付数据显示东西部差异下降了 39%；2011～

2018 年期间，信贷服务使用数据显示东西部差异缩小了 38%。

2018 年，全国各省数字经济发展指数平均为 32.0，其中 11 个省市指数在平均值之上。广东省以总指数 69.3 居高居全国榜首，北京、江苏位列第二、第三名，得分分别为 56.5、56.1。与全国平均数字经济发展指数相比较，西部仅四川高于平均水平（见图 13-9）。值得一提的是，贵州的数字经济发展指数为 27.4，超过绝大部分中西部省（区、市），这主要归因于贵州对数字经济的提前布局和政府的政策支持。早在 2010 年前后，贵州省即开始布局大数据产业建设，并且多次赴各地针对大数据产业进行精准的招商引资，多个国家部委、运营商、苹果、华为、阿里等领军企业以及一大批互联网企业的大数据中心落地贵州，奠定了贵州在大数据产业中的重要地位。

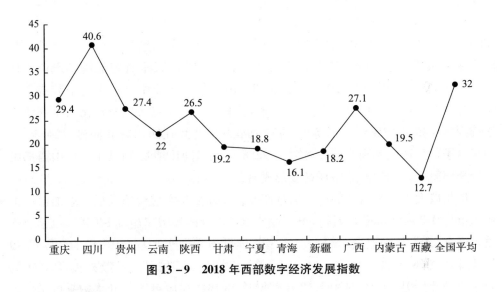

图 13-9　2018 年西部数字经济发展指数

2. 电子信息产业作为新经济增长点发展势头强

根据不同省（区、市）电子信息制造业的增长状况，中国电子信息产业发展研究院院长卢山将全国分为四个梯队。

第一梯队 5 个省（区、市），收入增速超过 15%。包括内蒙古、江西、广西、云南、北京。第一梯队以中西部省区市为主，发展动力为承接了大规模产业转移。

第二梯队 8 个省（区、市），收入增速在 10%～15% 之间。包括福建、四川、辽宁、贵州、安徽、重庆、湖南、湖北。这些省（区、市）主要是中部省（区、市），主要依靠重大项目牵引和产业转型升级。

第三梯队 8 个省（区、市），收入增速在 0～10%。包括浙江、广东、河南、新疆等省（区、市）。其中，广东、浙江、上海均为电子信息大省。部分地区缺乏新增长点的问题应值得重视。

近几年，四川电子信息产业正迈向高质量发展阶段。四川电子信息产业不只瞄准引进产业链，而是通过共建生态圈，促进产业更好更快发展。打造万亿集群，加快经济强省建设。"十三五"期间，四川主要以突破发展基础软件、集成电路、新型显示，融合发展 5G、大数据、物联网、车联网、VR/AR，领先发展网络安全、北斗产业为重点，着力构建"大"字形"一核一带两走廊"电子信息产业空间发展格局。电子信息是四川的支柱性、战略性产业，产业规模居中西部省（区、市）第一。2017 年，全省新型显示产业实现产值 100 亿元。在成都平原经济区，随着京东方 6 代 AMOLED 生产线、中国电子 8.6 代液晶面板、信利（仁寿）高端显示等重大项目落地投产，预计 2020 年主营业务收入将达到1000 亿元。在川南经济区的宜宾、泸州、自贡和川东北经济区的广安等地，智能终端产业基地建设也正如火如荼地进行着。2017 年，全省智能终端产业实现产值 800 亿元。2016 年、2017 年，在四川电子信息产业中，军事电子装备整体实力蝉联全国第一，信息安全产业总量居全国第二，微型计算机产量占全国比重连续两年保持 21.7%。全球 50% 的笔记本电脑芯片在四川封装测试。2018 年，四川电子信息产业实现主营业务收入 9258 亿元，同比增长 14.1%，居中西部第一，全国第七。四川产业布局初步形成。

贵州以大数据为引领的电子信息产业，连续多年实现快速发展，增加值占工业比重从 0.3% 提高到 1.9%，电信业务总量连续两年增速超过 140%，电信业务收入连续 23 个月增速全国第一。数字基础设施发展水平从 2015 年的全国第 29 位跃升到 2018 年的第 15 位，进入全国第二方阵。互联网出省带宽从 2010 年的325G 增长到 2018 年的 9130G，8 年间增长 28 倍。2019 年上半年大数据电子信息产业发展良好，全省规模以上软件和信息技术服务业（1000 万口径）收入同比增长 27.4%，高于年度目标（18%）9.4 个百分点；纳入工信部监测统计的软件和信息技术服务业（500 万口径）软件业务收入同比增长 24.9%；规模以上电子信息制造业增加值同比增长 22.4%；电信业务总量同比增长 105.1%；网络零售额同比增长 28.4%。

2018 年以来，南宁以产业链为导向，围绕电子信息、先进装备制造、生物医药三大重点产业和优势传统产业，拉长做强产业链条，同时积极培育壮大战略性新兴产业，推动产业纵深发展、横向拓展，加快工业转型升级，产业结构进一步优化。2018 年 1～11 月，三大重点产业产值增长 9.5%，占全市产值比重达

42.2%，同比提高0.9个百分点。其中，电子信息产业产值同比增长29.5%，占比同比提高4个百分点，拉动规上工业产值增长5.64个百分点。2018年南宁成功引进歌尔、沸石、国人通信、百事超、路远贴片机等一批项目，投产后将实现300亿元以上产值。

2016年、2017年云南信息产业增速超过20%。其中，电子信息制造、软件和信息技术服务业增速保持在30%以上。据统计快报数据，2018年上半年云南完成主营业务收入647亿元，增长22.1%，预计全年可完成1200亿元的发展目标。2016年、2017年产业投资规模分别实现增速156%和60%。云南信息产业增加值（现价）2017年完成428亿元，增长12.7%，占其GDP的比重为2.6%。随着招商力度不断加大，落地服务和产业布局日趋完善，新一代信息技术产业核心聚集区、电子信息产业集群、出口加工产业集群效应初步显现。据海关统计，面向南亚东南亚、中东、非洲等地区，2016年、2017年云南信息产业出口额分别实现15.14亿美元、18.32亿美元，约占其信息产业总收入的12%。

2017年宁夏电子信息产业完成总产值152.1亿元，同比增长40.7%，是全国增长速度最快的省区之一。在光伏制造方面，宁夏是全国最大的单晶硅生产基地之一，产能约占全国的30%；在大数据建设方面，宁夏中卫西部云基地亚马逊AWS数据中心一期3万台服务器已经商业运营，中国移动数据中心开始安装机电设备。目前宁夏已成为我国最节能、最先进的大数据中心聚集区之一。

2017年重庆电子信息产业全国排名由21位上升至18位，实现产值4999亿元，增长17.7%。其中，笔记本电脑产量5800万台，占全球产量的1/3，手机产量2.8亿台，占全国产量的15%。电子信息产业对全市工业产值增长的贡献率达到33.8%，成为重庆经济增长的第一动力。

3. 西部共享经济发展空间无限广

"共享经济"在中国可谓如火如荼，共享私家车、共享单车、共享图书、共享雨伞以及共享充电宝……各种共享，在为消费者提供物美价廉服务的同时，也让人们的生活更加便捷。共享经济核心是在重构人与人关系，中国的微信和支付宝等平台在做好人与人的社交信用连接方面世界领先。西部的庞大人口规模和全面移动互联网化（线上化）是最大优势。共享经济发展的必要条件是规模，只有规模足够大才会有真正有效的商业模式，实现可持续发展。

作为"共享经济"中最常见的B2C模式，在共享出行领域，以盼达为例，自2015年11月上线以来，盼达已在重庆、杭州、成都、郑州、广州等多地逐步运营。截至2018年2月，累计用户数近270万，投入运营的新能源汽车超过16000台，共行驶约7.2亿公里。四川共享汽车品牌"Gofun川交"服务水平再度获得提升，据全国"Gofun 出行"考核结果，"Gofun 川交"用户数量及用户活跃度均位居全国第一。截至目前，"Gofun 川交"共享汽车项目已开通成都、乐山、峨眉山、德阳、绵阳 5 个川内主要旅游城市，其中成都、德阳、绵阳三市范围内可实现跨城取车还车，乐山、峨眉山两地之间也能跨城取车还车，大大方便了客户用车。

网约车也是共享经济的典型，其新业态已经覆盖全国 400 多个城市，带动大量劳动力投入其中。广东、江苏和山东的网约车就业总量排名前三，其中广东省的网约车司机总量最大，超过 157 万人。分城市看，东莞、北京和成都三个城市的网约车就业总量居全国前三位。从地域分布来看，截至 2019 年 6 月，网约车用户群体已经覆盖我国 31 个省份，全国大部分地区使用率均超过三成。其中东部地区网民使用率为 54.0%、中部地区为 43.4%、西部为 44.8%、东北地区为 34.6%。从网约车地域分布来看，西部使用率高，说明西部在网约车这方面发展较好。

此外，随着国家对全域旅游、乡村旅游的政策扶持力度不断加大，移动互联网技术发展持续提升民宿用户的体验，公众对共享住宿的接受度和消费意愿越来越高。随着国家对全域旅游、乡村旅游的政策扶持力度不断加大，2018 年我国共享住宿行业继续保持快速发展态势，市场交易额从上年的 120 亿元提高到 165 亿元，增长了 37.5%；房客数达到 7945 万人，服务提供者人数超过 400 万人。2018 年，主要共享住宿平台房源量约 350 万个，较上年增长 16.7%，覆盖国内近 500 座城市；共享住宿房客在网民中的占比约 9.9%，略高于去年；主要企业实现融资约 33 亿元，较上年下降 11.6%。

目前，共享住宿发展仍然集中在直辖市、省会城市，从房源数来看，成都、重庆、西安均位于全国前十大城市排名中，分别位于第四位、第六位和第九位。从活跃用户数来看，成都、重庆和西安也位于全国前十位，成都更是排名首位，重庆和西安分别排第四、第五位。在乡村民宿共享快速发展的过程中，近郊成为新热点。小猪平台上，2016~2018 年北京、成都、杭州、上海近郊民宿订单增速均呈现加快态势；相比 2016 年，2018 年增速分别提高了 3.1、4.3、20 和 13.4 个百分点。从小猪平台的数据来看，一线城市和成都、重庆、西安等二三线城市依然是共享住宿的主流市场，排名前十位城市的房东、房源占全国总量的比重分别达到 48.9%、47.6%。从订单增长来看，一些热门的二三线城市共享住宿呈现爆发式增长，如宁波增幅为 750%，湖州增幅为 680%，呼和浩特增幅超过 600%。

三、西部新经济高质量发展指数测度及其趋势

为进一步对西部新经济高质量发展进行分析，本书基于主成分分析法对在新经济发展模式下西部新经济高质量发展程度进行测度。

高质量发展以创新、协调、绿色、开放和共享五大发展理念展开。虑及数据的可获得性和全面性，本书主要从创新能力、经济结构、绿色发展和成果共享4个维度、17个指标，建构西部新经济高质量发展指数评价指标体系（见表13-10）。主要包括：一是创新能力维度。主要通过创新投入、创新产出、创新主体的能力及创新绩效等指标来衡量。二是经济结构维度。主要考察地区产业构成、金融结构、投资消费结构和开放结构。三是绿色发展维度。主要通过绿色生态和环境友好等指标来衡量。四是成果共享维度。主要通过地区人民生活水平、社会保障水平及解决贫困问题的能力，衡量发展成果是否惠及全体人民。

表 13-10　　　　　西部新经济高质量发展指数评价指标体系

一级指标	二级指标	三级指标
创新能力	创新投入	1. R&D 占 GDP 比重
	创新产出	2. 每万人专利申请数
	创新主体	3. R&D 活动企业占企业总数比重
		4. 每万人高等教育学校数
经济结构	产业结构	5. 工业化率
	金融结构	6. 金融结构存贷款余额占 GDP 比重
	投资消费结构	7. 投资率
		8. 消费率
	开放结构	9. 进出口总额占 GDP 比重
绿色发展	水源治理	10. 废水排放量占 GDP 比重
	大气治理	11. PM2.5
	生态建设	12. 绿化覆盖率
	生活环境	13. 生活垃圾无害化处理率

一级指标	二级指标	三级指标
成果共享	收入水平	14. 居民人均可支配收入
	医疗卫生	15. 千人病床数
	公共服务	16. 人均公共财政支出
	精准扶贫	17. 贫困发生率

（一）西部新经济高质量发展纵向呈上升趋势

从新经济高质量指数来看，2014～2018年，西部新经济高质量发展呈现稳步提升的态势，其中，2014～2017年增长明显，2018年比2017年略有回落（见图13-10）。

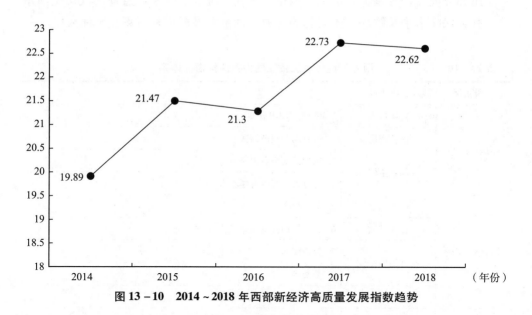

图13-10　2014～2018年西部新经济高质量发展指数趋势

在四项分指数方面，2014～2018年，西部创新能力指数和成果共享指数呈现持续上升态势，说明西部在高技术产业发展方面及精准扶贫、民生改善方面成效卓著。在经济结构指数变化有限，基本处在4.65～4.98之间徘徊。在绿色发展指数方面，2014～2015年呈明显上升态势。2016年比2015年略有下降，2017年和2018年又有所回升。说明西部日益重视环境保护，绿色生态环境状况得到了一定提升，但提升幅度还有待于进一步加大。具体如图 13 – 11 所示。

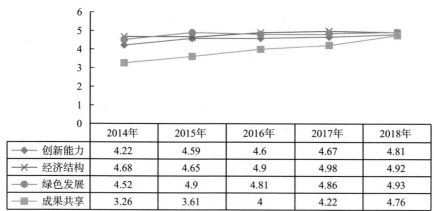

	2014年	2015年	2016年	2017年	2018年
◆ 创新能力	4.22	4.59	4.6	4.67	4.81
✕ 经济结构	4.68	4.65	4.9	4.98	4.92
● 绿色发展	4.52	4.9	4.81	4.86	4.93
■ 成果共享	3.26	3.61	4	4.22	4.76

图 13 – 11 2014～2018 年西部新经济高质量发展分指数趋势

（二）西部新经济高质量发展地区差异明显

由表 13 – 11 可见，用本书的评价体系进行测度，西部新经济高质量发展综合指数中重庆、内蒙古和陕西排名前三。甘肃、贵州、西藏和青海处于相对落后位置。居中的是四川、宁夏、云南、新疆、广西。西部新经济高质量发展初显三层次梯队式特征。

表 13 – 11 西部新经济高质量发展指数及排序

区域	2014 年		2015 年		2016 年		2017 年		2018 年	
	总指数	排名	总指数	排名	总指数	排名	总指数	排名	总指数	排名
重庆	14.97	1	16.42	1	16.51	1	16.64	1	15.84	1
四川	10.02	6	10.94	4	11.90	4	11.44	6	11.91	5
贵州	6.68	12	7.48	12	8.93	11	8.86	11	8.95	11
云南	9.44	9	10.37	7	10.94	6	11.47	5	11.38	6
陕西	13.07	3	11.32	3	12.27	3	12.43	3	12.88	3
甘肃	9.15	11	8.08	11	8.30	12	8.44	12	8.75	12
宁夏	11.32	4	10.75	5	11.24	5	11.58	4	12.07	4

续表

区域	2014 年		2015 年		2016 年		2017 年		2018 年	
	总指数	排名	总指数	排名	总指数	排名	总指数	排名	总指数	排名
青海	9.47	8	10.02	9	9.80	9	9.82	10	10.36	7
新疆	9.66	7	9.81	10	10.45	7	10.69	7	10.34	8
广西	9.17	10	10.24	8	10.26	8	10.29	9	10.31	9
内蒙古	13.51	2	12.47	2	13.69	2	13.26	2	13.60	2
西藏	10.88	5	10.39	6	9.44	10	10.31	8	10.24	10

从创新能力指数来看，重庆处于绝对领跑地位，陕西实力较强，宁夏在创新发展方面成绩突出。2014～2018 年，重庆以绝对优势在创新能力指数排序中排在第一位。重庆通过建设西部创新中心，在创新驱动"三大支撑"——技术、资本和创新生态上做文章，从而在创新层面领跑整个西部。陕西在西北地区排在首位，在整个西部排在第二位，其依托省内不同层级的高新区，发展高新技术产业，促进创新创业生态的形成，带动产业转型升级，使得高新区成为创新驱动发展的重要力量，领跑西北地区的创新发展。另外宁夏在创新方面也可圈可点，特别是以创新做优特色产业方面取得了显著的成绩。具体如表 13－12 所示。

表 13－12　　　　　　　　　　西部创新能力指数排序

地区	2014 年排名	2015 年排名	2016 年排名	2017 年排名	2018 年排名
重庆	1	1	1	1	1
四川	5	5	4	5	4
贵州	9	11	10	9	7
云南	8	9	8	6	6
陕西	2	2	2	2	2
甘肃	6	4	5	4	5
宁夏	3	3	3	3	3
青海	12	12	9	11	10
新疆	11	10	12	10	11
广西	7	7	7	7	8
内蒙古	10	8	11	8	9
西藏	4	6	6	12	12

　　从经济结构来看，重庆、陕西和四川在经济结构方面成绩卓著，位列西部经济结构指数前三位。重庆、陕西和四川作为西部较发达的省市，在产业结构、金融结构、消费结构和开放结构方面优势较为明显。四川、陕西对区域内辐射带动作用逐渐增大，省内城市之间、不同区域之间良性互动共同发展的格局逐渐形成。具体如表 13–13 所示。

表 13–13　　　　　　　　　　　　　西部经济结构指数排序

地区	2014 年排名	2015 年排名	2016 年排名	2017 年排名	2018 年排名
重庆	1	2	2	1	1
四川	3	3	3	2	3
贵州	6	6	6	5	6
云南	4	5	5	4	5
陕西	2	1	1	3	2
甘肃	9	9	10	10	9
宁夏	8	10	9	9	8
青海	7	8	8	7	7
新疆	10	7	7	8	10
广西	5	4	4	6	4
内蒙古	11	12	11	11	11
西藏	12	11	12	12	12

　　从绿色发展指数来看，西部相对发达的地区重庆、四川和陕西在环境方面均有短板，内蒙古在践行绿色方面成绩卓著。内蒙古和西藏在绿色指数方面排在前列，特别是内蒙古在过去的五年坚持生态优先绿色发展之路，狠抓生态工程落实，打造青山常在、绿水长流、蓝天永驻的美好自治区，取得了较好成绩。相对应的西部较发达的地区重庆、四川和陕西绿色发展都不甚理想，重庆在整个西部处于中游位置，而四川和陕西基本排在西部的倒数位置，生态环境问题在这些省（区、市）短板特质明显。具体如表 13–14 所示。

表 13 - 14　　　　　　　　　　西部绿色发展指数排序

地区	2014 年排名	2015 年排名	2016 年排名	2017 年排名	2018 年排名
重庆	4	4	6	5	6
四川	11	11	9	7	9
贵州	6	6	10	4	3
云南	3	3	4	6	2
陕西	9	9	3	10	10
甘肃	10	8	12	11	12
宁夏	8	7	8	9	8
青海	5	5	5	8	7
新疆	7	10	11	12	11
广西	12	12	7	3	5
内蒙古	1	1	1	2	1
西藏	2	2	2	1	4

从共享指数来看，内蒙古、重庆和四川位列前三态势稳定，其余落后省（区、市）在共享发展方面仍有空间。甘肃、贵州和西藏贫困人口占比较大、相关基础设施建设较为滞后，因而在共享发展方面处于弱势地位。说明这些省（区、市）有必要进一步探索如何让发展成果更多更公平地惠及全体人民。具体如表 13 - 15 所示。

表 13 - 15　　　　　　　　　　西部成果共享指数排序

地区	2014 年排名	2015 年排名	2016 年排名	2017 年排名	2018 年排名
重庆	2	2	2	2	2
四川	3	3	3	3	3
贵州	11	11	10	10	10
云南	8	9	9	9	9
陕西	5	7	6	6	6
甘肃	12	12	12	12	12
宁夏	4	5	7	7	7
青海	7	6	5	5	4

区域	2014 年排名	2015 年排名	2016 年排名	2017 年排名	2018 年排名
新疆	6	5	5	5	4
广西	9	8	8	11	11
内蒙古	1	1	1	1	1
西藏	10	10	11	8	8

四、西部新经济高质量发展存在的问题及建议

（一）存在的主要问题

第一，西部新经济高质量发展状况的变化相对不规则，整体发展质量不高。西部新经济高质量发展的分布呈现出不均衡性，表现为向中南部集聚的状态，以四川、重庆一带较为集中，而西部和北部的省（区、市）新经济发展质量水平相对较低。

第二，新经济高质量发展的成果共享指数表现较弱，有待进一步改善和提升。

第三，经济结构调整是实现新经济高质量发展的关键。从经济结构指数来看，西部经济结构指数仍有待提高、结构还需不断调整以适应新经济高质量发展。

第四，绿色发展水平较低，需协调好经济转型与结构的矛盾。一方面，西部经济增长与资源的高消耗并存。大部分地区为实现经济增长，对资源环境承载力的需求量逐渐增加，资源环境承载力供给量在短期内又无法实现快速提升，导致西部资源枯竭与经济高质量发展之间的矛盾日益突出。另一方面，西部的资源、能源等传统比较优势减弱，以往依赖能源资源优势形成的产业结构面临产能过剩、节能环保等多重制约，绿色发展和经济结构矛盾日益显现。

（二）相关建议

为进一步实现西部新经济高质量发展，建议以创新、绿色、共享等维度的指

标作为新经济发展的切入点着力施策，同时，以明确的战略方向带动整个西部经济高质量发展。

第一，西部要坚定实施创新驱动战略，发挥后发优势以创新引领新经济高质量发展。一是西部应把创新摆在新经济高质量发展全局的核心位置，在产业创新、科技创新、开放创新、人才强区、营造创新生态等方面实现突破发展。聚焦产业创新，通过加速提升传统产业、着力培育新兴产业、提档发展现代服务业等举措，大力促进产业转型升级；突出企业创新主体地位，通过引导企业加大投入、培育科技型企业、支持产学研协同创新、加快科技成果转移转化等，增强企业创新发展能力；围绕打造生机勃勃的创新生态，强化东西部合作机制、构建多层次"双创"载体。二是西部应发挥后发优势，在推进技术创新方面谋求发展新思路。以市场为导向，在加大技术创新投入的同时，借鉴和发挥"贵州经验"，加快建设具有后发优势的创新型省（区、市）和区域。特别是构建和营造一个鼓励创新、崇尚创新、支持创新的环境以及加大顶层设计，在落后地区不断提升技术能力，实现创新驱动、技术革新的"弯道超车"。三是西部在创新发展中要错位发展，有序分工。特别是西部的三大中心城市，重庆定位为西部创新中心、成都定位为西部发展的核心增长极、西安定位为"一带一路"创新之都，三大中心城市及城市群应合理分工，错位发展，发挥比较优势，不能进行无序竞争、内部恶性竞争。

第二，西部优化经济结构必须以产业结构升级为中心，破除经济结构制约，以产业结构转型升级带动新经济高质量发展。西部各省（区、市）应调整产业政策以提高本省工业与生产性服务业在整个产业中所占的比例，同时发展支柱产业，实现各产业相互配合加速增长。金融对实体经济的支持也是不可忽略的，西部各省（区、市）应充分发挥金融资源优势，加强金融深化与宽化以此促进产业资本积累。一般而言，工业化程度高的城市拥有比农村地区更高的劳动生产率，劳动力要素在趋利性的作用下会由农村向城市流动，政府应放开户籍及相关政策，促进劳动有效流动，纠正资源配置扭曲效应，加速城市化发展进程。重视农业在经济体系中的作用，加速农业生产向现代化方式转变，提高劳动生产率，改变城乡生活水平悬殊的状态，使经济结构得到优化。在经济结构调整过程中，西部还要重视城乡协调发展。不仅要依托中心城市及重点区域，同时要注重提升县域经济，发展现代农业，城乡"双轮"推进。在农业基础较好的区域，培育优势农业，加强农业服务体系建设，拉长农业产业链，形成特色农业产业。在困难偏远地区，加大投入，政府应在"输血"的同时因地制宜地探索"造血"的机制和方式，形成此类地区自主的发展模式。总之要多措并举，反哺农业，关爱农村，重塑农村，促进城乡一体化的发展。

第三，西部必须践行绿色发展理念，以经济社会与人的和谐发展促进新经济高质量发展。众所周知，西部是我国资源富集区，同时也是生态环境脆弱区。西部在发展中突出的生态环境与社会问题日益突出，因此要坚定树立和践行"绿水青山就是金山银山"的理念。一是要资源开发和环境保护并重，转变长期以来过度依赖资源开发和高耗能、高污染的工业化模式，治理由于资源开发、环境保护与社会发展之间的结构性张力导致的突出的环境问题。二是要实现产业升级与环境保护相得益彰。西部的绿色发展主要通过地方政府引导的传统产业转型升级与生态工业和新型产业建设来推动环境治理、生态保护和可持续发展，在满足国家环境治理和生态环境保护政策要求的同时，也保障了地方财政收入，制造了"绿色 GDP"。三是要加强生态环境制度建设，建立长效发展机制。要改革和完善生态环境监管体制，用制度的笼子来约束和规范西部环境保护。同时建立健全政府、企业和公众共同参与的长效机制，需要探索充分反映人民群众现实需求的制度途径，进而带来环境和社会的公平正义，促进西部的可持续发展，逐步形成西部人与自然和谐共生的局面。

第四，西部应不断开创发展新局面，以群众共享发展成果助推新经济高质量发展。经济社会发展的最终目的就是提高人民生活水平。人民共享发展成果度越高，经济社会发展就越好。在新经济背景下，新经济高质量发展水平越高，人民群众就越能实现新经济高质量发展成果的共享。《西部大开发"十三五"规划》强调西部开发要突出持续推进民生改善。一是把精准扶贫和贫困地区开发结合起来，提高脱贫攻坚成效。西部作为脱贫攻坚的"主战场"，应继续采取产业扶持、转移就业、易地搬迁、社保兜底等方式来推进民生改善工作。支持教育、医疗等资源向西部、民族地区倾斜，继续提高重点高校西部招生比例，增加基本公共服务供给。二是西部要不断改善基础设施建设，提升西部互联互通的程度。西部在"一带一路"建设中具有重要的和独特的区位优势，应借着"一带一路"的东风，统筹推进铁路、公路、航空、油气管道、城市轨道交通等多元化运输手段。

‖第十四章‖

西部城镇高质量发展研究报告

改革开放以来，我国经历了全球历史上转移规模最大、速度最快的城镇化进程，中国城镇化进程带动了整个社会经济快速发展，城市建设成为现代化建设、扩大内需的重要动力之一。按照世界银行统计口径来看，我国城市化率从改革开放初期的 17.9% 发展到 2013 年的 53.01%，首次超过全球平均水平。2014 年国家发布了《国家新型城镇化规划（2014～2020）》，规划提出，不应一味追求大城市的发展转而注重中小型城市的培育，要通过调整不同规模城市的比例来优化城市布局。2016 年国务院下发《关于深入推进新型城镇化建设的若干意见》，在国家新型城镇化规划的框架下，进一步明确新型城镇化发展道路要以人为核心。截至 2018 年末，我国城镇化水平升至 59.15%。新型城镇化强调以人为核心、以提高质量为目标，是经济转型升级的重要平台和支撑载体。新型城镇化集"扩内需、聚产业、促创新"于一体，为农业现代化提供有力支撑，也为工业化和信息化发展提供空间，是新旧动能转化的必由之路。党的十九大报告明确指出，新时代的核心问题是社会主要矛盾发生了根本性的变化，概括起来就是发展的"不充分"和"不均衡"，新型城镇化不仅是经济社会发展的主引擎，也是着力解决发展不平衡不充分问题的主阵地。当前我国城镇化从区域分布上看，整体表现出东部地区城镇化高于中部，中部地区城镇化率高于西部的区域分布特征。西部作为我国城镇化发展水平最低、城镇化潜力巨大的地区，其城镇化进程是否顺畅对于实现西部全面迈入小康社会、带动消费升级具有重要意义。因此，对西部城镇化发展历程进行系统总结，对西部城镇高质量发展水平进行评估，进而提出适合于西部发展特点的城镇化可持续健康发展路径具有重要的理论与实践意义。

一、西部城镇化发展历程及现状分析

（一）西部城镇发展历程

1. 改革开放至西部大开发战略阶段（1979～1998 年）

改革开放后，随着工业化进程的快速推进，1984 年国家出台《关于调整建制镇的标准》，极大地激发了各地撤乡建镇的积极性，全国城镇化速度空前提升。在强力推进建设特大城市、大中城市的同时，建制镇、小城镇也快速发展。这一时期，西部城镇化与全国一样，经过一段时间的恢复性增长后，开始逐步进入与经济发展水平相适应的合理增长轨道。1978～1999 年，西部城市数量由 40 座快速增至 120 座，占全国比重达到 18%，城镇化率为 20.7%，低于全国 30.4% 的平均水平。

2. 西部大开发战略至新型城镇化阶段（1999～2012 年）

1999 年以后第一轮西部大开发期间，国家将经济发展的战略重心向西部转移，在西部布局了一系列基础设施、产业开发等大项目，加快了西部城镇化发展。党的十六大后，中央明确推进城镇化发展思路，2010 年 6 月出台《关于深入实施西部大开发战略若干意见》，加大对西部的投入，为西部发展城镇化提供政策保障，这一时期西部城镇化取得丰硕成果。截至 2012 年末，西部地级市 86 个，占全国 30.2%；县级市 84 个，占全国 22.8%；县 651 个，占全国 44.8%。西部总人口规模 3.64 亿，城镇人口规模 1.62 亿，人口城镇化率为 44.7%，低于全国平均水平 52.6%。

3. 推进新型城镇化阶段（2013 年至今）

党的十八大将推进新型城镇化上升至国家发展战略。2014 年，李克强总理在政府工作报告中提到"三个 1 亿人"的问题，其中一项重要内容就是引导 1 亿人在中西部就近城镇化。同年，《国家新型城镇化规划（2014～2020 年）》出台，明确未来城镇化的发展路径、主要目标和战略任务，为西部城镇化发展提供了良好机遇。截至 2018 年末，西部地级市 94 个，占全国 32.1%；县级市 101 个，占全国 26.9%；县 598 个，占全国 33.8%。西部总人口规模 3.79 亿，城镇人口规模 2 亿人，人口城镇化率为 52.9%，低于全国平均水平 59.6%。

（二）西部城镇化现状分析

1. 西部人口城镇化率情况

截至 2018 年末，全国城镇常住人口 83137 万人，城镇常住人口比重为 59.58%，较上年末提高 1.06%。东、中、西部常住人口城镇化率分别为 67.8%、56.1% 和 52.9%，西部常住人口城镇化水平偏低。从西部内部看，西藏、云南、贵州、甘肃的人口城镇化水平低于 50%，西藏人口城镇化率仅 31%；重庆、四川和陕西的人口城镇化水平较高，其中重庆人口城镇化水平达 65.5%，高于全国平均水平（见图 14 – 1）。

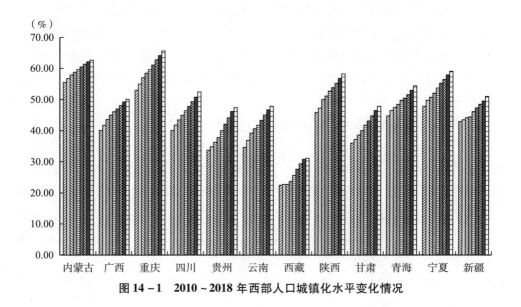

图 14 – 1 2010～2018 年西部人口城镇化水平变化情况

2. 西部人口受教育情况

抽样调查数据显示，2018 年末全国 6 岁以上人口中，初中以上人口占比 69.3%，其中，东、中、西部初中以上人口占比分别为 73%、70%、62%；高中以上人口占比 31.6%，其中，东、中、西部高中以上人口占比分别为 34.8%、30.5%、27.7%；专科以上人口占比 14.0%，其中，东、中、西部分别为 16.1%、12.3%、12.8%。从西部内部看，西藏、广西、贵州、云南的人口受教育程度相对较低，高中以上人口占比较低；内蒙古、陕西、重庆和新疆高中以上人口占比相对较高，高于全国平均水平（见表 14 – 1）。

表 14 - 1　　　　　　　　**2018 年西部人口受教育程度所占比例**　　　　　　单位：%

区域	高中（中专）	大学专科	大学本科	研究生
全国	31.6	14.0	6.6	0.6
内蒙古	36.1	19.3	8.7%	0.7
广西	23.2	7.1	2.4	0.2
重庆	32.7	15.2	6.7	0.6
四川	27.4	12.9	5.7	0.5
贵州	21.3	9.3	4.5	0.1
云南	22.3	9.9	4.3	0.2
西藏	14.4	8.0	4.4	0.1
陕西	34.6	17.4	9.9	0.6
甘肃	28.2	12.6	5.8	0.2
青海	26.3	14.4	7.4	0.3
宁夏	29.5	13.3	5.3	0.2
新疆	32.9	17.2	6.5	0.4

资料来源：抽样调查数据来自《中国统计年鉴》（2019）中的 2018 年全国人口变动情况抽样调查样本数据，抽样样本为 0.082%。

3. 西部人口年龄结构和抚养比情况

抽样调查数据显示，2018 年末全国 15～64 岁适龄劳动人口规模占比 71.2%，总抚养比 40.44%，其中少年儿童抚养比为 23.68%，老年人口抚养比为 16.77%。从区域看，东、中、西部的总抚养比分别为 38.4%、41.8%、42.1%，其中，东中西部的儿童抚养比分别为 21.2%、25.1% 和 25.8%，老人抚养比分别为 17.1%、16.7% 和 16.3%，西部的总抚养比和儿童抚养比高于全国和东中部地区，老人抚养比低于全国和东中部地区。从西部各省（区、市）看（见表 14 - 2），可以得出以下结论：贵州、广西、四川和重庆的总抚养比相对较高，其中贵州和广西的总抚养比高的主要原因在于少年儿童抚养比相对较高，四川和重庆主要是老年人口抚养比相对较高；贵州、西藏、广西、新疆的儿童抚养比相对较高，均在 30% 以上，明显高于西部其他省（区、市），这反映出这 4 个西部省（区、市）的年龄结构相对更为年轻化，未来劳动力的供给相对更为充足；重庆、四川的老年人口抚养比较高，明显高于西部其他省（区、市），也高于全国平均水平（16.77%），这反映出重庆和四川的人口老龄化问题相对更为突出，劳动人口供给的压力也更大。总抚养比越高，社会抚养负担就越重，如果是老龄化突出意味着未来经济发展劳动力缺口大，及经济发展缺乏活力。

表 14 - 2　　　　　　　2018 年西部年龄构成抚养比构成情况　　　　　　单位：%

区域	15～64 岁人口占比	总抚养比及构成		
		总抚养比	少年儿童抚养比（0～14 岁占比）	老年人口抚养比（65 岁及以上占比）
全国	59.56	40.44	23.68	16.77
内蒙古	69.92	30.08	17.27	12.81
广西	53.19	46.81	32.09	14.72
重庆	54.23	45.77	24.68	21.09
四川	54.33	45.67	23.84	21.83
贵州	49.44	50.56	33.49	17.08
云南	61.77	38.23	24.99	13.24
西藏	58.73	41.27	33.23	8.04
陕西	65.70	34.30	19.31	14.99
甘肃	59.34	40.66	24.74	15.92
青海	62.75	37.25	26.83	10.42
宁夏	59.04	40.96	28.29	12.67
新疆	57.58	42.42	32.22	10.19

（三）西部城镇化发展基础条件分析

1. 资源禀赋基础

我国区域地理条件迥异，地势、地形、气候等自然地理条件和土地、水、矿产等各类自然资源的空间差异形成了我国经济社会和城镇化发展的基础条件，决定了城镇化的区域差异。我国东部地区区域条件优越，多平原和丘陵且占据沿海地缘优势；中部地区以山地为主；西部大部分是高山和高原且气候恶劣。这种地理自然环境决定了东部地区比中西部更适宜人类生活和生产。

我国东部地区降水充沛，地势平坦，以丘陵和平原为主，拥有丰富的水产品、铁矿、石油、盐等资源。由于东部地区海外贸易便利，改革开放以后，我国优先发展东部地区，资源都往该地区流动，使现在东部地区经济发展水平较高，城镇化率较高，吸引了大量高素质劳动力在此集聚，提高了该区域的技术创新能力。但是，东部地区人口稠密，能源、矿产和土地资源相对短缺，人地关系紧张，依托城市用地缺口大，并且污染相对严重。

中部地区在地理位置上连接东、西部，具有桥梁地位。它的地形主要以低山丘陵为主，并且能源丰富，人口众多，劳动力充足，市场较广阔，交通较便利，是我国的生态大区、重要的粮食生产基地、能源与原材料供应基地。其自然资源丰富度优于东部，逊于西部。中部地区资源人均拥有量低于西部，但在资源密度上高于西部，主要以能源、有色金属、贵金属为主，其铜、铝、金、银、煤的保有储量在东、中、西三个地区中居首位，但石油、天然气不足。

西部地域辽阔，总面积超过全国 2/3，拥有全国著名的四大牧场，占有全国54%的水资源，是全国能源、金属、非金属等矿产资源的重要储藏地区。其最丰富的资源为地下资源，其中，石油、煤炭、天然气的储量较丰富，石油储量占全国的45%，煤炭储量占全国的43%，天然气探明储量占全国的92%。此外，铬的保有储量占全国的98%，锰的保有储量占全国的80%，锌的保有储量占全国的79%，铅的保有储量占全国的72%。西部不但有丰富的自然资源，还拥有丰富的旅游资源，分布范围广且极具特色，可通过开发特色旅游城镇来促进城镇化发展。但是，西部深处大陆内部，气候资源恶劣，地广人稀，水资源极缺，有一半以上的土地为不适宜人类居住的高原、丘陵、沙漠、戈壁等地带，地形条件复杂，是我国生态环境最脆弱的地区，限制了城镇化持续发展。我国东中西部在资源禀赋及资源约束方面的种种差异都是导致我国城镇化发展存在明显空间差异的原因。

2. 经济发展基础

经济发展水平是导致城镇化差异的直接原因，这是由于经济发展水平高的地区更容易吸引生产要素集聚，进而推动城市发展，区域经济的发展差异进一步导致人口由中、西部向东部流动，与此相应的资金和技术也更多地投向东部。对东、中、西部三大区域的经济发展水平进行比较，从规模看，2018 年我国东部地区 GDP 为 506311 亿元，占全国比重 55.35%；中部地区为 224094 亿元，占全国比重 24.5%；西部地区为 184302 亿元，占全国比重 20.1%。西部 GDP 总值不足东部地区的一半。从人均 GDP 看，2018 年东部地区人均 GDP 为 87131 元/人，中部地区人均 GDP 为 51411 元/人，西部人均 GDP 为 48556 元/人，可以看出中西部与东部地区的差距较大（见表 14-3）。

表 14 - 3　　　　　　　　2018 年东、中、西部经济整体情况

区域	常住总人口（万人）	比重（%）	GDP（亿元）	人均 GDP（元/人）
东部地区	58109	41.6	506311.19	87131.3
中部地区	43588	31.2	224094.14	51411.9
西部地区	37956	27.2	184302.13	48556.8
全国总计	139653	100.0	914707.46	65498.6

3. 城市设施基础

城市基础设施与人民生活密切相关，是体现一个城市综合发展实力和城镇化水平的重要标志，也是影响城镇化差异的重要原因，一般基础设施建设完善的地区投资硬环境相对较好，容易吸引企业来此投资，可以为农村富余劳动人口提供更多岗位，有效解决就业问题，从而提高城镇化水平。

在城市道路建设、城区建设、绿化建设等城市基础建设方面，东部地区无论是道路长度还是道路面积均有明显优势，综合交通网络体系建设相对完善，而中、西部特别是西部交通基础设施和城市基础建设方面远落后于东部地区。东、中、西部建成区道路长度的密度为 8.15 公里、6.85 公里和 6.37 公里；而西部的西藏、青海、甘肃、宁夏和贵州道路密度偏低。2018 年东、中、西部城市建设情况如表 14 - 4 所示。

表 14 - 4　　　　　　　　2018 年东、中、西部城市建设情况

区域	年末实有道路长度（公里）	年末实有道路面积（万平方米）	城区面积（平方公里）	建成区面积（平方公里）	城市道路照明灯（千盏）	城市绿地面积（公顷）	城市公园面积（公顷）	建成区绿化率（%）
东部地区	238765.41	447248.48	116568.3	29262.2	14613.108	1764290.3	268160.81	41.75
中部地区	105150.21	222420.53	39956.8	15344.22	6110.83	638082.33	108241.02	40.37
西部地区	88315.5	184599.17	44371.4	13849.24	6659.507	644735.33	117825.89	38.63

在城市用水普及率、城市燃气普及率以及生活垃圾处理率等方面，2018 年我国城市居民用水普及率达 98.4%，城市燃气普及率达 96.7%。从东、中、西部对比来看，中、西部低于全国平均水平，其中西部最低（见表 14 - 5）。从西部各省（区、市）看，西藏、陕西、四川的城市用水普及率低于西部平均水平，其中西藏的城市用水普及率仅 85.9%；西藏、云南、贵州、甘肃的燃气普及率偏

低，西藏的燃气普及率仅 55.05%。

表 14－5　　　　　2018 年东、中、西部城市公共事业基本情况

区域	人均道路长度（公里/万人）	城市人口密度（人/平方公里）	人均城市道路面积（平方米）	人均公园绿地面积（平方米）	城市用水普及率（%）	生活垃圾处理率（%）	城市燃气普及率（%）
东部地区	4.11	2733.61	16.17	13.61	99.30	99.25	98.86
中部地区	2.41	3639.80	17.04	12.82	97.81	96.11	95.55
西部地区	2.33	2544.76	17.00	14.11	96.55	96.00	89.77

从城市基础设施建设情况看，不论是城市综合基础设施体系，还是单一的城市基础设施，我国东、中、西部在空间分布上都呈现明显的阶梯差异，东部地区城市基础设施明显优于中西部，西部略低于中部地区，城市基础设施的空间差异直接影响城镇化的空间差异。

4. 社会发展基础

截至 2018 年末，全国人均居民收入水平为 28228 元，其中城镇居民和农村居民的人均收入水平分别为 39250 元、14617 元。对比东、中、西部的人均收入情况看，东、中、西部的城镇居民人均收入分别为 46432 元、33803 元、33388元，近五年东中西部城镇居民人均收入的增速分别为 8.31%、8.32%、8.35%，城镇居民人均收入有缩小的趋势；东、中、西部的农村居民人均收入分别为 18285 元、13954 元、11831 元，近五年东中西部农村居民人均收入的增速分别为 9.05%、9.21%、9.73%，西部的农村居民收入增速要高于东中部地区，也高于城镇居民收入增速。从西部内部看，贵州、西藏、青海、甘肃的居民人均可支配收入增速较快；西藏、新疆、青海的城镇居民可支配收入增长较快；西藏、重庆、贵州、青海的农村居民可支配收入增长较快。具体如表 14－6 所示。

表 14－6　　　　　2018 年西部城镇和农村人均可支配收入及增速情况

区域	居民人均可支配收入		城镇居民可支配收入		农村居民可支配收入	
	金额（元）	增速（%）	金额（元）	增速（%）	金额（元）	增速（%）
内蒙古	28376	8.71	38305	8.05	13803	8.97
广西	21485	8.82	32436	7.41	12435	9.80

续表

区域	居民人均可支配收入		城镇居民可支配收入		农村居民可支配收入	
	金额（元）	增速（%）	金额（元）	增速（%）	金额（元）	增速（%）
重庆	26386	9.75	34889	8.64	13781	10.17
四川	22461	9.56	33216	8.37	13331	9.73
贵州	18430	10.71	31592	8.97	9716	10.50
云南	20084	9.81	33488	8.32	10768	9.88
西藏	17286	11.16	33797	10.63	11450	11.81
陕西	22528	9.41	33319	8.32	11213	9.59
甘肃	17488	9.81	29957	8.55	8804	9.52
青海	20757	9.90	31515	9.14	10393	9.97
宁夏	22400	8.99	31895	8.23	11708	9.03
新疆	21500	9.48	32764	9.21	11975	8.82

二、基于新型城镇化内涵的
西部城镇化高质量评价分析

（一）评价指标体系构建的基本原则

新型城镇化是一个涵盖经济、社会、生态、空间等多维视角的复杂系统，对其进行评价和测度的内容涵盖了城镇发展的很多方面，包括经济发展水平和生活水平的提高，居住在城市的居民生活方式的城镇化，科教文卫、社会保障以及生态环境保护和自然资源约束等方面，同时受其他外部环境和数据采集范围的影响，使得对新型城镇化综合水平的测度具有一定的复杂性、多样性和区域特殊性。

我们在梳理和总结自新型城镇化提出和实施以来国家层面出台的城镇发展政策的基础上，参考近年来国内外相关学者对新型城镇化发展的研究内容，并遵循以下原则构建指标体系：

（1）科学性原则：衡量新型城镇化综合水平体系的选取要以目前研究领域的主要经济理论基础作为理论支撑。同时，注重体现新型城镇化的内涵。指标选取时尊重客观事实，符合西部新型城镇化推进的实际情况，同时，要确保数据来源的可靠性，注重数据发布单位的权威性，研究中涉及数据以统计年鉴、统计公报、政府网站定期公布的数据为数据获取的主要渠道，确保数据源的可靠性和真实性；在数据处理过程中，要科学严谨，根据研究需要选择适当的计量、数理模型，注意模型应用的有效性检验。

（2）系统性原则：城镇化综合水平评价指标体系由经济、社会、人口、地理、环境等不同维度的子系统和相关要素构成，是基于新城市化内涵的不同层次和不同维度的结合。评价指标体系的不同层次指标体系反映有助于阐释和表达新型城镇化的多重内涵。

（3）代表性原则：新型城镇化综合水平体系是基于新型城镇化内涵的具体反映，由于新型城镇化内涵涉及的领域和层面较为广泛，其评价指标体系构建的选择范围较广泛，评价指标的筛选应在遵循代表性和主导性的原则前提下，以对核心要素的反映为主，同时也需要兼顾指标体系构建的全面性。

（4）可操作性原则：新型城镇化综合水平体系的构建着眼于经济理论基础上的指标选择，结合城市化推进工作实践，重点关注评价指标的可操作性。研究工作的重要目的之一是为实践工作提供有价值参考和可操作性的建议，评价结果具备可操作性的前提是评价工具具有可操作性即实用性。

（二）评价指标体系的构建及数据来源

结合西部发展新型城镇化所需考虑的特殊区情，构建反映新型城镇化内涵、适合西部特殊情况、符合新型城镇化发展方向的评价指标体系。体系共分 3 个层级，一级指标包括人口、经济、空间、社会和资源五个准则层。其中，一级指标5 个，二级指标 12 个，三级指标 36 个。其中，人口城镇化包括人口规模、人口密度、人力资本 3 个要素层共 7 个指标；经济城镇化包括经济质量和经济结构两个要素层共 6 个指标；空间城镇化包括空间覆盖程度和空间密度两个要素层共 7 个指标；社会城镇化包括基本医疗、基本养老和城市生活 3 个要素层共 11 个指标；生态城镇化包括资源约束和资源消耗两个要素层共 5 个指标。具体如表 14 - 7 所示。

表 14－7 　　　　　　　　　西部城镇化高质量综合评价指标体系

准则层 （第一层）	要素层 （第二层）	指标层（第三层）	单位
高质量城镇化指标体系	人口城镇化	人口规模	城镇人口占总人口的比重	%
		人口密度	每平方公里面积的人口数量	人/平方公里
		人力资本	万人拥有教师数	人
			万人拥有在校学生数	人
			每个专职教师负担学生数	人
			6 岁以上人口中高中以上人员占比	%
			人均教育经费	元/人
	经济城镇化	经济质量	人均 GDP	元
			人均财政收入	元
			人均社会零售总额	元
			城镇居民人均可支配收入	元
		经济结构	第二、第三产业产值占 GDP 比重	%
			第二、第三产业地均产值密度	元/平方公里
	空间城镇化	空间覆盖程度	建成区面积占比	%
			建成区绿化覆盖率	%
			建成区绿地率	%
			人均公园绿地面积	平方米/人
		空间密度	人均道路长度	公里/万人
			人均城市道路面积	平方米/人
			城市人口密度	人/平方公里
	社会城镇化	基本医疗	万人拥有医生数	人
			万人拥有病床位数	个
			基本医疗保险覆盖率	%
		基本养老	基本养老保险覆盖率	%
			每千人老年人口养老床位数	个
			老年人口抚养比	%

续表

准则层 （第一层）	要素层 （第二层）	指标层（第三层）	单位
社会城镇化	城市生活	城市燃气普及率	%
		用水普及率	%
		污水处理率	%
		生活垃圾无害化处理率	%
		每万人拥有公厕数量	个
生态城镇化	资源约束	人均水资源量	立方米/人
		森林覆盖率	%
		自然保护区面积占比	%
	资源消耗	人均电力消费量	千瓦时/人
		人均日生活用水量	升/人

（高质量城镇化指标体系）

资料来源：《中国统计年鉴》（2019）、《中国城市统计年鉴》（2019）及西部2018年国民经济统计公报。

（三）评价方法选择的说明

评价指标体系的指标权重主要受赋权客观性和准确性的影响，指标赋权一般采用的方法主观赋权和客观赋权法。主观赋权一般采用德尔菲法或层次分析法。客观赋权法的原理均是通过指标内在的变化趋势和特征，结合变化对整个评估系统的重要程度来客观赋权，一般常用的方法有熵值法，均方加权法，主成分分析法、因子分析法、TOPSIS法和灰色关联法等。客观赋权法对所构建指标体系中的指标数据完整性等方面有较严苛的要求，但赋权更加科学和客观。城镇化综合评价水平测度采用均方差权值法进行城镇化综合水平评价赋权和数据处理。

均方差权值法的主要原理为：如果指标 X_J 对所有决策方案而言能够使其属性值之间具有较大的差异，则它将在方案的决策与排序中起到重要作用，应该赋予较大的权重系数；反之，如果指标使属性值之间均无差别，那么指标对方案策略与排序不起作用，就可将此类评价指标的权重赋值下调，极端情况即赋值为0。也就是说，在多指标评估系统中，某个指标下的每个属性值的相对分散度决定了每个指标的相对权重系数，数据分布相对离散，数据所涉的指标权重赋值就相对大，反之权重系数相对小。如果该索引下的每个方案的属性值为0，则指标的权重系数也为0。因此，假设每个 J（J = 1，2，…，m）都是一个 X_J 随机变量，索引下无量纲处理后的每个方案的属性值是随机变量的值；反映随机变量的离散程度的指标可以用最大离散或均方误差表示，因此，可使用离散系数或均方误差法来获得多指标中指数的权重系数。均方差权值法计算步骤如下。

第一，极差标准化：

$$X'_{ij} = \frac{X_{ij} - minX_j}{maxX_j - minX_j} \quad （正向指标）$$

$$X'_{ij} = \frac{maxX_j - X_{ij}}{maxX_j - minX_j} \quad （负向指标）$$

第二，计算各指标标准差：

$$\sigma(G_j) = \sqrt{\frac{1}{m-1} \sum_{i=1}^{m} (X'_{ij} - \bar{X}'_j)}$$

式中，m 为样本个数。

第三，计算指标 j 在子系统中的权重系数 W_j：

$$W_j = \frac{\sigma(G_j)}{\sum_{j=1}^{I} \sigma(G_j)}$$

式中，I 为子系统所包含的指标数。

第四，计算样本第 j 个指标的得分 F_{ij}。

$$F_{ij} = W_j * X'_{ij}$$

（四）评价结果的解释

从总体上看，西部各省（区、市）城镇化水平差异较大。城镇化质量的平均值为 2.503。其中，陕西最高，综合值为 3.387，其次是内蒙古，然后是重庆。西部的陕西、重庆、内蒙古和宁夏四个省（区、市）城镇化水平高于西部平均，西藏的城镇化综合值最低，为 1.931，西部城镇化综合值最高水平和最低水平的极差为 1.35 倍。具体如表 14 - 8 所示。

表 14 - 8　　　　　　　　2018 年西部城镇化高质量综合评价

序号	区域	人口城镇化	经济城镇化	空间城镇化	社会城镇化	生态城镇化	城镇化质量
1	陕西	0.724	0.678	0.632	0.740	0.614	3.387
2	内蒙古	0.484	0.778	0.733	0.691	0.513	3.199

序号	区域	人口城镇化	经济城镇化	空间城镇化	社会城镇化	生态城镇化	城镇化质量
3	重庆	0.686	0.904	0.429	0.602	0.539	3.159
4	宁夏	0.510	0.506	0.716	0.532	0.473	2.736
5	新疆	0.349	0.302	0.674	0.522	0.561	2.408
6	四川	0.404	0.443	0.501	0.564	0.485	2.397
7	贵州	0.363	0.192	0.436	0.692	0.573	2.255
8	甘肃	0.381	0.116	0.411	0.695	0.644	2.246
9	云南	0.267	0.196	0.499	0.676	0.521	2.158
10	青海	0.359	0.315	0.318	0.678	0.480	2.149
11	广西	0.322	0.193	0.525	0.551	0.416	2.007
12	西藏	0.281	0.478	0.210	0.388	0.574	1.931
13	西部平均值	0.427	0.425	0.507	0.611	0.533	2.503

从西部城镇化各子系统得分情况分项来看：

（1）人口城镇化程度。从总体上看人口规模较大、人口密度较高的地区人口城镇化程度相对较高。西部人口城镇化平均值为0.427，高于平均水平的地区有4个，分别是陕西、重庆、宁夏和内蒙古；人口城镇化水平较低的省（区、市）是云南、西藏、广西。根据人口城镇化子系统各细项得分，人口城镇化水平最高的陕西在城镇人口比例及人口密度方面并没有显著优势，但在人力资本方面，特别是万人拥有教师数、万人拥有学生数以及专职教师负担学生数等教育资源方面有显著的优势；重庆在城镇人口占比、人口密度方面有显著优势，教育资源仅次于陕西；宁夏和内蒙古城镇人口占比水平在西部省（区、市）属于较高水平，其他指标相对均衡。人口城镇化水平较低的省（区、市）中，云南在教育资源方面相对薄弱，教师及教育经费投入等方面在西部中相对靠后；西藏在城镇人口比例及人口密度方面为西部最低水平，但西藏的教育投入特别是经费投入水平在西部中为最高；广西的人口城镇比例及人口密度指标居中，但在教育资源方面相对薄弱。

（2）经济城镇化程度。从总体上看人均GDP、城镇居民可支配收入水平较高的地区，经济城镇化水平总体上较高。西部经济城镇化平均值为0.425，高于平均水平的地区有重庆、内蒙古、陕西等；排名靠后的地区有甘肃、贵州、广西等。从经济城镇化水平较高的地区看，重庆人均 GDP、人均财政收入、人均社会零售总额等指标均为西部较高水平，尤其是二三产业地均产值密度，远高于西部其他省（区、市）；内蒙古人均 GDP、人均财政收入、城镇居民人均可支配收入、人均社会零售总额等指标均为西部最高水平；陕西的二三产业产值比重较高，人均 GDP 和二三产业地均产值密度仅次于重庆。排名靠后的地区中甘肃人均 GDP、人均财政收入、城镇居民人均可支配收入在西部均排末位；贵州人均零售总额、二三产业产值比重等指标在西部排名较靠后。

（3）空间城镇化程度。从总体上看人口密度较高、人均道路等空间密度指标较高的地区空间城镇化水平相对较高。西部空间城镇化平均值为 0.507，其中，内蒙古、宁夏、新疆的空间城镇化水平排名靠前，西藏、青海、甘肃的空间城镇化水平排名靠后。具体来看，排名靠前的内蒙古在建成区绿化程度、人均道路长度和面积等指标均属西部首位；宁夏的人均公园绿地面积、人均道路面积等指标均属西部前列。排名靠后的西藏、青海和甘肃在城市人口密度、建成区绿化水平等方面均排名较靠后。

（4）社会城镇化程度。从总体上看医疗养老、城市生活等方面较完善的地区社会城镇化程度相对较高。西部社会城镇化平均值为 0.611，其中，陕西、甘肃、贵州和内蒙古的社会城镇化水平较高，西藏、新疆、宁夏的社会城镇化程度靠后。具体来看，排名靠前的陕西在万人拥有医生数、基本医疗保险覆盖率、基本养老保险覆盖率、城市燃气普及率、每万人拥有公厕等代表城市生活保障和基础设施的指标排名较靠前；甘肃的养老保险覆盖率为西部最高水平，其他指标相对均衡；内蒙古的基础医疗条件排名靠前，反映城市生活的各项指标排名较好。社会城镇化水平较低的地区中西藏在基本医疗、基本养老、城市生活等多项指标均为西部最低水平；新疆在基本医疗设施和人员配备方面较好，但基础医疗保险养老保险以及城市生活方面的指标相对靠后，其中污水处理率、生活垃圾无害处理率等指标在西部较靠后。

（5）生态城镇化程度。西部生态城镇化平均水平为 0.533。其中，排名靠前的地区是甘肃、陕西、西藏，排名靠后的地区是广西、宁夏、青海。具体来看，排名靠前的甘肃的自然保护区面积、人均日生活用水量及人均电力消费量均排在西部靠后；陕西的人均水资源量排名仅高于宁夏，但人均日生活用水量等资源消耗指标较低；西藏由于人口少，人均水资源量在西部最高，同时，资源消耗水平较低。从排名较靠后的地区来看，广西的森林覆盖率为西部最高水平，由于森林面积为禁止开发区域，对城镇化发展具有一定的限制；宁夏的人均水资源量为西部最低水平，人均电力消费量水平为西部最高，整体资源城镇化水平较低。

三、西部高质量城镇化的协调性分析

高质量城镇化所体现出的以人为本的发展核心是其与城镇化发展前期阶段发展理念差异的主要内容，并且不片面强调城乡间人口的迁移数量、城镇化率的提高和城市空间面积的过度扩张，新型城镇化旨在实现人们生活方式的城市化和注重城镇化质和量的协调发展。研究以前计算的 2018 年 12 个西部省（区、市）新型城镇化综合水平的各子系统得分为对象，采用耦合协调度模型测算以各子系统中人口城镇化水平作为基准和参考系，使用耦合协调度模型分别分析人口与经济、空间、社会和生态等子系统的协调发展程度。最后根据各地区城镇化子系统间的协调发展水平，划分不同的类型，为后续提出有针对性的对策建议提供实证依据。

协调性研究大多借鉴物理学范畴中的耦合系统模型进行研究，也有学者使用协调度模型和象限图法。协调度应具有耦合程度和发展程度两个方面的内涵。为解决上述问题，选择使用耦合协调度模型：

$$C = \left\{ \frac{f(x) \times g(y)}{\left[\frac{f(x) + g(y)}{2} \right]^2} \right\}^k$$

$$D = \sqrt{C \times T}, \quad T = \alpha f(x) + \beta g(x)$$

式中，D 为协调发展度；C 为耦合度，T 分别为人口、经济、社会、空间以及生态城镇化的综合评价指数生态环境质量综合评价指数。k 为调节系数（$2 \leqslant k \leqslant 5$），在此取 $k = 2$，α 和 β 分别取 1，说明 $f(x)$ 和 $g(x)$ 分别为人口城镇化与其他子系统城镇化水平同等重要；耦合度 C 的取值范围根据公式的界定取值介于 0 ~ 1 间，计算所得的样本值越大，则说明所研究的观测对象之间发展越协调。耦合度 C 只能反映城市化水平与生态环境质量之间的协调程度，但并不能反映两者协调发展中高低层次的协调。耦合发展度 D 可以准确反映每个子系统的协调发展水平。

在此，以 2018 年西部各地区测算的新型城镇化评价综合水平中各系统里的人口城镇化为基准和参考对象，耦合协调度模型用于衡量和分析人口与经济、人口与空间、人口与社会、人口与生态的协调发展，包括耦合与发展程度的测度（见表 14 - 9）。

表 14－9　　　　　　西部人口城镇化与其他子系统的协调度

区域	人口与经济		人口与空间		人口与社会		人口与生态	
	C	D	C	D	C	D	C	D
陕西	0.9978	1.1811	0.9999	1.2068	0.9997	1.2096	0.9867	1.1412
重庆	0.9627	1.2137	0.9991	1.1827	0.9917	1.1255	0.9714	1.0750
内蒙古	0.8942	1.0045	0.9470	1.0187	0.9387	1.0175	0.9983	0.9967
宁夏	1.0000	1.0077	0.9772	1.0441	0.9991	1.0197	0.9972	0.9884
四川	0.9958	0.9161	0.9663	0.9312	0.9457	0.9305	0.9833	0.9271
甘肃	0.5136	0.3620	0.9630	0.9041	0.8362	0.8672	0.8724	0.8828
青海	0.9915	0.8136	0.9472	0.8771	0.8195	0.8342	0.9585	0.8778
贵州	0.8186	0.6099	0.9837	0.8792	0.8156	0.8377	0.9022	0.8729
新疆	0.9900	0.7907	0.9789	0.8630	0.9221	0.8604	0.8939	0.8525
西藏	0.8707	0.7584	0.9314	0.7746	0.9500	0.7770	0.7793	0.7207
云南	0.9544	0.6493	0.9847	0.7527	0.6584	0.6391	0.8025	0.7120
广西	0.8801	0.6315	0.9144	0.6668	0.8663	0.8093	0.9675	0.8308

根据 2018 年度各地区人口与经济、空间、社会、生态的耦合度和协调度计算的结果，以各地区人口与经济、空间、社会和生态耦合度的平均水平将各省（区、市）划分为高度协调和低水平协调，再结合协调发展水平值来判断各省（区、市）处于低水平协调还是高水平协调。从总协调发展水平来看，陕西、宁夏、重庆、四川、新疆、内蒙古的人口与经济、空间、社会和生态耦合度较协调，其中，陕西、宁夏、重庆为高水平协调。

具体看，各项子系统的协调度判断分析如下：

根据人口与经济城镇化耦合度值判断，西部人口与经济耦合度平均水平为 0.906。耦合度高于平均水平的地区有宁夏、陕西、四川、青海、新疆、重庆，其中，宁夏和陕西处于高水平协调。

根据人口与空间城镇化耦合度值判断，西部人口与空间耦合度平均水平为 0.966。耦合度高于平均水平的地区有重庆、陕西、宁夏，其中，重庆和陕西处于高水平协调。

根据人口与社会城镇化耦合度值判断，西部人口与社会耦合度平均水平为 0.895。耦合度高于平均水平的地区有陕西、宁夏、重庆、西藏、四川、内蒙古，其中，陕西、宁夏和重庆处于高水平协调。

根据人口与生态城镇化耦合度值判断，西部人口与生态耦合度平均水平为0.926。耦合度高于平均水平的地区有内蒙古、宁夏、陕西、四川、重庆，其中，陕西和重庆处于高水平协调。

四、促进西部城镇高质量发展的对策建议

西部城镇化建设虽然起步较晚，与东部沿海地区、中部地区有一定的差距，但是，可以从东、中部地区的发展历程中总结经验教训，从与东、中部地区的比较中判断城镇化发展的合理性，以此提出西部城镇化布局调整、特色打造等方向，从而把着力点放在完善城市功能、增强产业支撑、优化人居环境、优化空间布局上，积极稳妥地推进城镇高质量发展。

（一）高标准建设城镇基础设施

多年来，尽管西部投向城镇基础设施投资保持较快增长，但不少西部的城镇仍面临基础设施短板问题。西部的城镇主要面临交通设施、环保治理、环卫设施、电缆通信等配套基础建设相对滞后的问题。对于西部正处在起步阶段的城市群而言还面临中观尺度的基础设施建设缺乏统一规划建设管理的问题。因此西部城市为完善提升基础设施、提升城镇化质量应做好以下几点：一是加强高标准建设城镇配套基础设施。适应新型城镇化的发展新要求，加快完善道路、供排水、电力燃气、通信电缆、污染防治、防灾减灾等基础设施的规划、布局和配套建设，提高城镇基础设施建设水平和质量，提升城镇人口、产业、环境承载能力，改善城镇生产生活生态环境。二是积极争取中央财政对基础设施的投入。要多方筹集资金，加大对基础设施建设的投入力度，提升投向生态建设、环境保护和环境治理方面投资占全部基础设施的比例，坚决打赢三大污染治理攻坚战，提升城镇生态环境质量和宜居性。三是加快推进西部各省（区、市）内部的支线机场和快速铁路建设，尽快实现县县通高速快速公路，提高乡镇公路等级，加快推进村村通公路的黑化工程。四是推进城镇密集地区（城镇发展轴带）的轨道交通、高速公路、环保治理、生态工程等基础设施共同规划建设、共管共治。加快推进城市群内部的中心城市与次级城镇、一般乡镇的交通基础设施建设，打通乡镇与大中城市的快速通道，缩短城镇之间的时空距离，通过交通设施高效便捷联系来充分发挥中心城市的引领带动作用，为城市群内部各城镇的合作共担、共同发展、

有机衔接奠定基础。五是做好城镇内部多种交通运输方式的有机衔接，加快发展公共交通，提升公共交通对城镇居民日常出行的分担率，这样既有利于节省城镇交通用地、减轻交通拥堵，还有利于减轻交通环境污染，降低城镇能耗，更能方便居民出行，提升城市的宜居性。

（二）优化西部城镇空间布局

城镇空间布局优化内容主要包含城镇的外部空间和内部空间，对于总体上城镇化进程正处在快速提升阶段的西部来说，应以人的城镇化为中心，以提升城镇化质量为导向，实现城镇内部的生产空间集约高效、生活空间便捷宜居、生态空间山清水秀，城市多种空间相互融合、有机衔接。一是对于西部各省（区、市）城镇宏观尺度的空间而言，要求统筹划定落实城镇的生态保护红线、永久基本农田、城镇开发边界三条控制线，严格实施城镇建设用地的增量管控。加快推进城市群建设，做好城市群的产业、基础设施、公共服务配套等方面的共同规划、共同建设、相互协作、共建共治。二是城镇化发展政策重点既要覆盖城市群、都市圈等宏观尺度，还应包含产业发展轴带、生态走廊、科创走廊等中观尺度，以及新城新区、产业功能区、居住社区、科研教育、特色小镇等微观尺度，以促进城镇高质量发展为导向合理施策。三是根据国家发改委发布的《2019年新型城镇化建设重点任务》，当前优化城镇内部空间主要任务之一是促进城镇的工业区、商务区、文教区、生活区、行政区、交通枢纽区等有机衔接套，推动城镇产城融合、职住平衡。对于西部的超级大城市和大城市而言，应以提升城镇化质量为导向，以人的城镇化为核心，有机疏解城市非核心功能，顺势而为、合理施策，推动中心城市的生产功能、居住、（高等、职业）教育、批发、物流等向周边城镇有机疏解、有效集聚；中心城市尤其是大都市周边的城镇要打造职住平衡、产城相融的新型城镇，为承接中心城市疏解的功能做好充分准备。四是有序推进城镇空间的有机更新，高标准规划、高标准建设，前瞻性做好城镇存量用地的地上地下空间规划，严格控制增量土地，充分利用旧城改造机会前瞻性、高标准地做好城镇发展空间规划，促进各个功能区有机顺畅衔接，中等城市要前瞻性做好轻轨和地铁的空间预留规划。

（三）依托丰富资源发展特色旅游城镇

旅游资源是"无烟产业"，对关联产业带动能力强，能够就近吸纳大量农村剩余劳动力，助农增收作用突出。西部拥有高原、盆地、草原、雪山、沙漠等独特地貌地质景观，以及深厚的文化历史、多样化的民族宗教等人文特色的旅游资源，还有特有的红色文化等丰富的旅游资源。西部已有成功案例，如陕西省城固县柳林镇、四川省的剑门关镇、贵州省的万达丹寨小镇等。一是立足比较优势，策划包装一大批典型特色旅游城市，把这些城市的文化旅游做成"商品"、当成城市的知名品牌（如以运动和休闲为主题的体育城镇，健康疗养型城镇，文化民俗型城镇，科技教育型城镇，商贸物流型城镇，特色产业功能城镇），进而通过特色旅游资源的高质量开发利用，带动与旅游关联的基础设施和公共服务设施同步发展。二是通过大力发展西部生态旅游业，促进当地基础设施完善，强化城镇的发展产业支撑，利用旅游发展带来的大量的人流、信息流、资金流活跃经济，增强经济发展活力，通过生态旅游产业的带动作用有利于推动城镇的商贸服务、交通物流、住宿餐饮、电商服务、房地产、居民生活服务业的加速发展。同时通过生态旅游业发展提高地方就业水平和劳动力吸纳能力，吸纳农村剩余劳动力及相关人口聚集，推动农业人口有序向非农业人口的转化，促进旅游资源富集区城镇规模扩张和城镇化水平的提高。三是依托西部的青山绿水，着力打造一大批康体养生、森林康养、山地运动、激流探险等精品景区景点，加快完善旅游基础设施建设，改善旅游服务环境，提高旅游服务质量与水平，把西部建成各具特色的自然风光旅游和民族文化旅游目的地，以特色城镇作为重要节点，形成点线面的效能集聚作用，从而推动西部各省（区、市）服务业的高速健康持续发展。

（四）全力培育城镇产业发展新动能

城镇化发展需要产业的支撑与带动，只有建立起牢固的产业发展基础，才能解决新转移的人口的就业问题，才能为新增市场主体提供良好的营商环境，增强城镇经济发展的活力和基础。因此，加快西部城镇化进程，提升城镇化发展质量，最关键的是要解决部分城镇的产业支撑不足问题。一是将城镇化与工业化进程有机结合起来。要以建设职住平衡、产城相融的产业新城为导向，着力打造产业生态圈，实现城镇化和工业化同步发展和双向互动，筑牢城镇化进程的产业之基。二是西部的工业发展，要立足自身比较优势，做粗延长产业链，向产业链的高附加值环节延伸，将产业关联度强的产业作为主导产业，大力培育先导产业、新兴产业，推进传统产业的信息化、绿色化生产。资源型城市的发展定位，要围绕旅游兴服务业，发展与旅游相关的商贸服务、交通服务、文体休闲、养老康养等服务业。三是把城镇化与农业现代化有机结合起来。农业发展占有重要地位的城镇，以农业供给侧改革为主线，围绕农业兴工业，大力发展特色农产品、特色食品、绿色食品、工艺品等加工产业，推动农业发展特色化、高端化、集约化、规模化，建设农业产业功能区，以农业的高质量发展推动城镇高质量发展。发展农业休闲综合体，打造集赏花、避暑、采摘、休闲等农事体验休闲为一体的近郊乡村旅游，增强产业支撑能力，通过发展产业来聚集人气、提振商气，辐射带动周边城镇，形成特征鲜明的区域经济。四是加快发展城市服务业。坚持市场化、产业化、社会化方向，加快发展现代物流、现代金融、科技服务、咨询服务、商务服务等生产性服务业，促进社区服务、文化旅游、社区商业、住宿餐饮、休闲娱乐、家政服务等生活性服务精细化发展，积极培育电子商务、健康服务、养老服务、文化创意等新兴服务业，审慎对待新业态、新经济、新模式，选择发展前景好、发展优势突出的企业进行孵化培育，培育新的独角兽企业，深度融入全球产业链和价值链，强健城镇化的产业发展基础。

（五）推进城镇基本公共服务均衡化

近年来西部财政支出在社会保障和就业、城乡社区事务等领域的支出有所提升，但从区域分布、城镇户籍人口和常住人口分布上看却呈现出一定的不平衡性。积极推进西部各省城镇户籍人口和常住人口在就业、教育、医疗和社会保障等基本公共服务领域享受同等待遇。一是以人口迁入地行政管辖为主，将城市迁入人口的公共卫生、医疗服务、子女教育、文化体育、社会保障纳入迁入地的基本公共服务和社会保障规划及财政保障范畴，确保人口迁入地的基本公共服务在承受范围内，既能够保障新迁入人口享受同等的公共服务待遇，又能够保证原有城市居民享受的公共服务质量不降低、供给数量不减少，还能使享受到的公共服务质量和数量不断提升。二是以人口迁入地为主，建立迁入城市人口的市民化成本分担机制。目前，西部城镇人口的增长除了城镇人口自身的自然增长，一半以上是农村人口迁入，应通过公共服务支出加大对城市迁入人口特别是农业迁入人口的劳动就业、保障性住房、市政设施等方面的财政性公共投入，提升迁入人口融入城市的社会生活保障能力。三是注重就业、医疗、教育和社会保障资源分布的均衡性，在加大公共服务领域投入的同时，优化投资结构，加大投向学前教育、基础教育、公共卫生、文化体育、全民健康等基本民生服务的投入力度，确保基本公共服务共建能力、共享水平全面提高。

（六）完善健全城镇住房保障体系

党的十九大提出"加快建立多主体供给、多渠道保障、租购并举的住房制度，让全体人民住有所居"。截至 2018 年末，我国城镇化水平已达到 59.15%，因此城镇承担了我国大部分人口的居住功能，健全城镇住房保障体系也是提升城镇化质量的重要内容之一。一是深化住房制度改革，建立完善购租并举的城镇住房制度。加快建立完善购房与租房并举、市场配置与政府保障相结合的住房制度，支持二手房市场持续健康发展。对具备购房能力的城镇常住人口，鼓励和支持其通过市场购买商品住房，改善居住条件；对不具备购房能力或没有购买意愿的城镇常住人口，支持其通过住房租赁市场租房居住；对中低收入住房困难家庭又符合条件的常住城镇人口，通过提供公共租赁住房保障其基本住房需求。二是坚持尽力而为、量力而行的原则，适度加大共有产权房、人才房、公共租赁房的投入建设力度，不断完善公租房小区的基本公共服务配套。三是有序推进棚户区、旧城、城中村的改造，严格把握改造范围和标准，加强质量安全管理，逐步改善老旧城区、城中村居民的住房条件，完善基础设施、市政设施和基本公共服务，提升城镇的宜居性。四是加快发展专业化住房租赁市场，在现行土地规划、金融、税收等政策体系框架下，培育专业化市场主体，支持房地产企业将持有的住房房源用于租赁经营，引导住房租赁企业和房地产开发企业联合发展租赁住房。五是着力推进城镇住房保障领域信用体系的建立与完善，建立完善守信联合激励和失信联合惩戒机制，严格审查申请租购保障性住房的资格条件，强化保障性住房分配管理，确保分配公开公平公正。

第四篇

区 域 篇

‖第十五章‖

重庆经济高质量发展研究报告

　　重庆地处中国内陆西南部，是我国中西部唯一的直辖市，是国家中心城市、超大城市、国际化大都市，是长江上游地区的经济、金融、科创、航运和商贸物流中心，西南地区重要的综合交通枢纽，西部大开发重要的战略支点、"一带一路"和长江经济带重要联结点以及内陆开放高地。重庆不仅工业在西部处于领先地位，还是我国西南地区最大的商贸中心、物流中心、金融中心、科教中心。重庆经济的良好发展态势吸引了世界关注的目光，近年来，重庆紧密围绕建设内陆开放高地、推动形成全面开放新格局，助推两江新区、重庆自贸试验区、中新（重庆）战略性互联互通示范项目、中欧班列（重庆）、"渝黔桂新"南向铁海联运通道等重大项目建设，拓展开放通道，提升开放平台，努力推动形成对外开放新局面。适应产业深度调整，促进工业提质增效，推动产业生态重构，努力推动制造业高质量发展。强化科技创新，深化科技改革，培育创新主体，鼓励发展创业投资，努力推动经济发展从要素驱动加快转向创新驱动。统筹推进乡村振兴发展，激发乡村振兴动力活力，提升城市功能品质，促进区域协调发展；坚定推进绿色发展，集中整治环境突出问题，努力提升人居环境质量。

一、重庆推进经济高质量发展的主要举措

　　在习近平新时代中国特色社会主义思想的指导下，重庆紧紧围绕习近平总书记对重庆提出的"两点"定位、"两地""两高"目标和营造良好政治生态、做到"四个扎实"的重要指示要求，贯彻执行中央和全市经济工作会议精神，保持定力、增强信心，沉心静气、埋头苦干，聚焦重点领域，注重精准施策，抓好推动重庆经济高质量发展的重点任务。

（一）深入细化"一圈两翼"区域发展战略，推进五大功能区域发展

2013 年以来，重庆在"一圈两翼"区域发展战略基础上，科学划分功能区域、明确区县功能定位，深入推进五大功能区域发展战略，各区域、各区县着力推动特色发展、差异发展、协调发展，全市一体化科学发展格局初步形成。2014年 11 月，重庆政协召开四届十次常委会议，就"推进五大功能区域发展"专题进行协商。针对在推进长江经济带建设和五大功能区建设中存在的困惑，提出"抓住国家'一带一路'倡议和长江经济带战略给重庆发展带来的新机遇、加强规划引导和五大功能区分类指导、加快完善以交通为主的基础设施网络、强化特色产业发展和生态环境保护"等建议。[①] 重庆围绕"十三五"规划编制工作和全面贯彻中央"一带一路"倡议、长江经济带战略部署做好五大功能区分区域的总体规划，把功能区规划上升到国家战略层面，实现有效衔接，在国家发展大局中找准定位、积极作为。重庆强化交通规划引领，统筹考虑主城区、大都市圈、全域发展需要，超前谋划城市交通基础设施建设，积极融入国家交通干线网络，着力补齐国际化大都市和国家中心城市对外交通的短板制约。加快推进主城区到五大功能区的干线公路建设，增强主城区辐射引领带动作用。加快推进乡村振兴的"进村入户"交通基础设施建设，补齐农村发展的交通短板。近年来重庆的对外对内交通设施和条件明显改善，这有利于更好地发挥交通基础设施对重庆经济高质量发展的基础支撑作用，为重庆在推进新时代西部大开发中发挥支撑作用打下坚实基础。重庆五大功能区域按照功能定位发展要求，差异发展、联动发展、协调发展，有力支撑了重庆经济稳定发展。随着制定的各项政策措施逐步落实到位，重庆各区域将继续保持持续、协调、健康发展的良好态势。

（二）贯彻落实"八字方针"，深入推进供给侧结构性改革

2018 年底的中央经济工作会议明确指出，我国经济正在发生深刻变化，深化供给侧结构性改革要更多采取改革的办法，更多运用市场化、法治化手段，在巩固、增强、提升、畅通上下功夫。近年来，重庆全面落实中央决策部署，主动把握供给需求规律，破解供给结构性难题，抓住环境变化中的发展机遇，全面贯

---

① 刘卫红：《经济高质量发展的时代背景与着力点》，载于《党政论坛》2018 年第 12 期。

彻落实供给侧结构性改革，取得显著成效，主要体现在以下几个方面：

一是深入推进供给侧结构性改革，为优质产能腾挪空间。近年来，重庆采取多种办法深入推进船舶、煤矿等行业化解过剩产能，推动商投集团、化医集团、能源集团、粮食集团等优化重组，加强对金融风险的管控。2018 年，重庆工业化解 5 万载重吨船舶、245 万吨水泥、87 万吨煤炭产能；处置"僵尸企业"48 户。① 二是增加有效供给，强化培育新动能。在工业优化转型升级中充分利用大数据、数字化、智能化等现代信息技术手段推动，全面拓展民生、交通、旅游等领域信息化、智能化应用，加快发展现代服务业和战略性新兴服务业，加快推动农业向现代化方向发展，特色农业发展取得显著成效。三是实施科技创新为核心的全面创新，着力在创新主体、创新平台、创新环境、军民融合等方面取得新突破。利用自贸试验区和自主创新示范区的制度创新优势，深入推进科技研发创新改革，集聚国内外高端创新资源要素，加大科技创新研发投入，重点突破行业共性技术和关键技术，抢占大数据智能化产业技术创新制高点。

（三）积极融入"一带一路"发展倡议，加快建设内陆开放高地

重庆积极融入"一带一路"，加快建设内陆开放高地，围绕"两点"定位和"两地""两高"目标，深度融入西部大开发、"一带一路"建设和长江经济带发展，加快建设内陆开放高地，以高水平开放推动经济高质量发展。2018 年底，重庆已构建三条骨干国际贸易大通道：向东方向，利用长江黄金水道优势，在融入长江经济带建设的同时，通过上海出海口与世界联通；向西方向，积极融入丝绸之路经济带，2018 年 10 月，中欧班列（重庆）再创纪录，成为首条单年开行超过 1000 班的中欧班列线路；向南，培育对接 21 世纪海上丝绸之路的中新互联互通项目陆海贸易新通道。重庆从东西南三个方向形成的"Y"字形开放大通道，成为"一带一路"与长江经济带联结点。同时，两江新区、中新互联互通项目、自贸试验区、保税港区等开放平台加速发展，为全球先进生产要素聚集培育沃土。

---

① 重庆工业化解产能和本段中的工业企业负债率下降和民生领域投资增长速度数据来自 2018 年重庆统计公报。

（四）着力提升产业链站位，抢占产业技术创新制高点

重庆围绕国家战略，积极筹办国际交流活动，聚焦重点领域，分层次、有定位，分国别、有目标地选择合作伙伴。锁定重点招商区域和牧宝企业，拟定专门招商举措，重庆商务委制定了《赴境内外招商引资工作方案》，锁定美国、德国，以及港台、长三角、珠三角等重点招商区域，提前锁定目标企业，拟定好招商举措。重庆建立起重大项目联席会议制度，解决重大引资项目推进中的困难和问题，形成招商协同机制。重庆出台了《关于促进全市开放平台协同发展的工作方案》，推动开放平台联合招商常态化。2018年初，重庆市政府与紫光集团、华芯投资三方共同发起设立的注册资本高达1000亿元的国芯集成电路股份有限公司签订合作协议，该项目将与重庆力推的亿台级全球智能终端基地相衔接，助力重庆培育数千亿级战略产业集群及集成电路发展高地。该项目包含的紫光芯云产业城，包括"智能安防＋AI"、数字电视芯片、紫光云服务总部及研发中心、移动智能终端先进芯片设计、金融科技、工业4.0智能工厂、集成电路总部基地和高端芯片制造基地等7个项目。

重庆正积极建设内陆开放高地，为重庆经济高质量发展增添活力。一是培育智能化产业。目前，重庆已培育起千亿级的电子信息产业，有望成为全球重要的智能终端生产基地。聚焦大数据、人工智能、集成电路、智能超算、汽车电子、智能机器人、软件服务、物联网等领域，加大培育智能产业集群力度。二是实现传统产业转型升级。围绕产业链布局创新链、安排资金链，加快解决关键核心技术"卡脖子"问题，巩固提升汽车、电子制造两大支柱产业和装备制造、生物医药等产业集群智能化转型。三是推进产业深度融合。大力发展与制造业紧密相关的生产性服务业，促进生产型制造向服务型制造转变，加强现代服务业和先进制造业深度相融。

二、重庆经济高质量发展取得成效分析

近年来，重庆围绕新发展理念，通过狠抓创新驱动、产业转型、污染防治等重大举措，其产业结构在不断优化、转型发展的内生动力在不断积蓄、支撑高质量发展的条件得到持续改善。从效益效率、结构优化、动能转化、绿色生态和民生共享五个层面构建重庆经济高质量发展测度指标体系，重庆经济高质量发展的

测算结果如表 15 – 1 和表 15 – 2 所示。

（一）重庆经济高质量发展指数总体情况

总体上，重庆经济高质量发展指数总体呈波动上升状态。2018 年重庆经济高质量发展指数为 0.790，较 2013 年略有提升，较前两年微幅下降（见表 15 – 1）。这反映出尽管重庆的经济发展面临多种挑战和压力，但重庆经济高质量发展态势不断向好。重庆的经济高质量发展综合指数仍保持西部排名第 1 位，但综合指数与陕西和四川之间的差距越来越小。尤其是自 2015 年供给侧结构性改革深入实施以来，重庆通过积极推进"三去一降一补"，不断优化制造业、钢铁、汽车、化工等工业企业去产能、去库存、去杠杆，有效降低运行成本，并不断调整和优化结构，补足短板，促进技术创新和"两化融合"，加快扶持民营企业及小微企业发展，经历"改革阵痛"后经济发展提质增效取得实质性进步。另外，近年来重庆深入细化"一圈两翼"区域发展战略，大力推进五大功能区域协调发展，全面贯彻落实"八字方针"，成效也逐渐凸显，其经济结构不断优化，产业转型升级明显，新旧发展动能转化迈出新步伐，创新能力稳步提升，生态环境明显改善，民生福祉不断增进，一系列举措为重庆经济高质量发展注入了强大动力。

表 15 – 1　　　　2013～2018 年重庆经济高质量发展综合指数及分项指数

年份	效益效率	结构优化	动能转化	绿色生态	民生共享	综合指数
2013	0.087	0.186	0.199	0.113	0.186	0.771
2014	0.096	0.168	0.185	0.112	0.191	0.752
2015	0.103	0.172	0.188	0.116	0.179	0.758
2016	0.106	0.182	0.216	0.109	0.196	0.809
2017	0.106	0.192	0.205	0.110	0.184	0.797
2018	0.103	0.186	0.220	0.109	0.172	0.790

从五个维度的分项指数在西部排名的变化来看（见表 15 – 2），重庆的效益效率指数和民生共享指数排名位次变化相对较大，由于 2018 年西部各个省（区、市）的民生共享指数相互之间的差距进一步缩小，重庆与排在其前面的陕西、四川和内蒙古的最大差距不超过 0.007，重庆的结构优化指数、动能转化和绿色生态指数的排名位次分别基本保持在第 1、第 2 和第 2 位。从五个维度指数在西部

的排名先后位次来看，2018 年，重庆的结构优化指数、动能转化指数和绿色生态指数均在西部排名前两位，效益效率指数和民生指数相对其他维度的指数来说排名靠后，是重庆经济高质量发展短板。

表 15 - 2   2013 ~ 2018 年重庆经济高质量发展综合指数及分项指数在西部的排名

年份	效益效率	结构优化	动能转化	绿色生态	民生共享	综合指数
2013	5	1	2	1	1	1
2014	2	1	2	1	1	2
2015	1	1	2	2	1	1
2016	1	1	2	2	1	1
2017	1	1	2	2	1	1
2018	3	1	2	2	4	1

（二）重庆经济高质量发展子层面指数分析

2013 ~ 2018 年，重庆经济高质量发展综合指数的动能转化指数呈现出波动上升，民生共享指数略微下降，效益效率、结构优化、绿色生态等指数均表现为小幅上升的态势。

重庆在经济发展的协调性、创新性方面提升较为明显。由表 15 - 1 可见，重庆结构优化、动能转化指数与经济高质量发展指数整体上趋势一致，表明 2013 ~ 2018 年结构优化和动能转化提升对重庆经济发展质量提升起到重要作用。

1. 效益效率指数缓慢提升

2013 ~ 2018 年，重庆的效益效率指数比总体呈现出缓慢上升且趋于平缓的趋势，在西部的排名从 2013 年的第 5 上升到 2017 年的第 1 位，在 2018 年又下滑到第 3 位，但在西部仍排在前三位。就效益效率具体指标而言，2018 年，重庆的经济同比增长 6.0%，较 2017 年明显回落，在西部也仅高于内蒙古，这也是重庆效益效率指数在西部排名下降在重要原因；重庆的人均地区生产总值达 63442 元，在西部仍排在第 1 位；重庆的人均地方一般公共预算收入增为 7304 元，在西部排在第 1 位，明显高于其他西部省（区、市），比近六成的西部省（区、市）高出 2000 元以上。2018 年重庆的效益效率指数有所下降，与重庆经济转型进入"阵痛期"有一定关系，也说明在高质量发展进程中，重庆在降低发展成本、提升发展效益效率方面还存在较大提升空间。

2. 经济结构优化指数排名持续领先

2013～2018 年，虽然重庆结构优化指数微幅波动，但在西部仍保持了排名首位的领先优势。从产业结构看，2013 年重庆三次产业结构比为 14.7∶56.7∶28.6，而 2018 年的产业结构比为 6.8∶40.9∶52.3。西部大开发战略实施以来，重庆第二产业成为推动经济增长的主要动力。随着经济逐渐向后工业化阶段发展过渡，重庆加快供给侧结构性改革，适时进行产业转型，大力发展服务业，产业结构得到持续调整优化。2018 年，重庆服务业增加值占 GDP 比重较 2013 年提高了 23.7 个百分点。这标志着曾经作为重工业城市的产业发展的成功转型，服务业占比大幅提升并超过 50.0%，重庆的服务业占比在西部排名第 2 位。在城镇化进程方面，2018 年，重庆城镇化率达 65.0%，较 2013 年提高了 6.66 个百分点，年均提高 1.1 个百分点。2018 年，重庆的民生财政支出占一般财政预算支出的比重达到 76.12%，在西部排第 3 位，较 2013 年提高 16.3 个百分点，这体现出近年来重庆财政支出大幅向社会民生领域倾斜。总体上看，近年来重庆经济结构调整效果显著，但在深化改革、扩大开放程度上有待进一步提升。

3. 动能转化驱动效应显著

2018 年，重庆动能转化指数为 0.220，较 2013 年明显提升。2014 年以来，动能转化提升相对明显，表明重庆高质量发展更具活力。重庆在西部保持排名第 2 位的领先优势。具体来看，消费对经济增长的拉动率从 2013 年的 6.31% 上升到 2017 年的 7.36%，但在 2018 年明显下降；2018 年的投资拉动率也较 2017 年下降了 2.62%，2018 年重庆的投资和消费拉动率均较 2017 年明显下降，这是 2018 年重庆的动能转化指数在西部排名下降的重要原因之一。重庆的科研经费投入强度在西部具有领先优势。从全社会科研经费投入来看，2018 年重庆 R&D 经费投入 410.2 亿元，在西部排第 3 位。R&D 经费投入同比增长 12.5%，较全国同期高出 0.7 个百分点。研发经费投入强度（R&D 经费支出与 GDP 之比）为 2.01%，同比提高 0.14 个百分点，科技研发投入力度逐年递增。从企业科研经费投入强度来看，重庆的规模以上工业企业研发经费支出占销售收入比重为 2.71%，较 2017 年提高了 1.36 个百分点。在科技人才方面，2018 年重庆的科技研发人员数量和万人在校大学生数量均在西部排名第 2 位，人力资源的教育支撑基础力量雄厚。科技成果转化方面，2018 年重庆技术市场成交额达到 188.35 亿元，在西部排第 3 位。重庆每万人发明专利授权量较 2013 年明显提升，在西部排第 2 位。可见，2013 年以来重庆在科技创新方面不断取得成就，经济动能转化驱动能力提升较大。在科技研发创新、转换经济动能方面，重庆多年来坚持人才强区和创新驱动发展，建立健全产学研合作机制，聚焦科技创新、企业创新、人才创新等重点领域，使科技创新成为重庆经济发展的核心竞争力。

4. 绿色生态指数排名保持相对稳定

2013～2018 年，重庆绿色生态指数及在西部的排名虽然有一定波动，但基本上保持排名前两位的领先优势。从反映绿色生态指标来看，2017 年，重庆环境污染治理投资总额占 GDP 比重为 1.14%，工业固体废弃物综合利用率为66.38%。2018 年森林覆盖率和建成区绿化覆盖率分别达到 43.11% 和 40.43%，空气质量优良天数占比持续提升，达 86.58%。在能耗方面，每万元 GDP 能耗、工业增加值能耗均有所下降，绿色生态发展是贯彻新发展理念的内在要求，生态文明建设是构建经济高质量发展体系的必由之路。对重庆而言，虽然近年来在工业污染治理上积极采取淘汰和改造落后产能、依托科技创新降低工业污染物排放等措施，在生态保护和修复工程方面均取得一定成效，但距离经济高质量发展要求仍存在差距，建设"天蓝、地绿、水美的美丽重庆"的生态文明之路依然任重道远。

5. 民生共享指数保持排名靠前

社会民生是经济发展之基，重庆不断转变经济增长方式，促进经济高质量发展，归根结底是为保障和改善民生。2013～2018 年，虽然重庆的民生共享指数有所回落，但 2013～2017 年均保持了在西部排名第一，只是在 2018 年排名下降了三个位次。2018 年重庆的民生共享指数为 0.172，比排在前三位的陕西、四川和内蒙古分别低了 0.007、0.005 和 0.003，说明重庆的民生共享指数与在西部排名前三位的省（区、市）差距极小，这也反映出西部各个省（区、市）更加重视社会保障与民生发展，相互之间的差距进一步缩小。从反映社会民生共享的指标来看，重庆的贫困发生率从 2013 年的 6.0% 降低到 2018 年 0.6%。城乡居民人均可支配收入自 2013 年以来呈现稳步增长状态，城乡居民收入增速均高于同期的经济增长速度。2013 年以来重庆人均个人储蓄存款余额呈逐年递增状态；城镇职工基本医疗保险、养老保险参保率、每千人拥有卫生技术人员和医疗机构床位数均逐年提升。2018 年，重庆每百户固定互联网宽带接入用户数达 88.56%，在西部排名第一，也高于全国平均水平。

三、重庆经济高质量发展存在的问题

2013 年以来，重庆经济发展质量不断提升，在结构优化和动能转化方面取得良好成效，表明重庆已进入经济高质量发展新阶段。定量评价数据显示，重庆在效益效率、绿色生态、民生共享方面发展相对缓慢，甚至存在下降趋势。重庆经济高质量发展存在以下几个亟待解决的问题。

（一）经济高质量增长动力下滑

2013～2018年，重庆的投资和消费对经济增长拉动率均下降，说明在新的经济增长阶段，地区结构性阻力日趋加重。2018年，重庆的地区生产总值增速为6.0%，在西部排名第11位，较增速最高的西藏要低3个百分点左右，较2013年下降了6个百分点；此前重庆的地区生产总值增速连续15年保持两位数增速，排名在全国保持领先优势，2018年重庆的地区生产总值增速明显下降，增速首次低于全国（6.6%），在全国的排名也靠后，在西部排第11位。与此同时，2013～2018年，规模以上工业企业单位产值利润率和规模以上工业企业成本费用利润率在西部的排名多数年份处在中位偏后的位置；2018年，重庆反映效益效率的6个指标中，规模以上工业企业单位产值利润率和规模以上工业企业成本费用利润率在西部均排第8位，是重庆效益效率的短板指标，说明重庆的企业利润相对偏低，未来重庆应以问题为导向，切实解决发展中存在的困难问题，促进企业更好的发展。

（二）高质量发展短板制约依然突出

重庆经济高质量发展短板制约突出，主要表现为：一是基础设施短板较为突出。目前，重庆的高铁建设进度相对滞后，对外通道建设不足，与东部地区相比，重庆单位面积的铁路和高铁通车里程仍有较大差距。二是新动能培育亟待提高。战略性新兴产业占重庆工业比重不足1/4，尚未形成支撑经济发展的主力增长点；传统产业智能化水平不高，核心智能制造装备和系统集成能力不足。三是创新短板仍然突出。2018年，重庆的R&D经费投入为410.2亿元，虽然在西部排第3位，但在全国排第17位；研发经费投入强度仅为2.01%，在西部排第2位，但在全国排第11位。略低于同为直辖市的天津R&D经费投入492.4亿元；研发经费投入强度为2.01%，明显低于北京（6.17%）、上海（4.16%）。重庆的研发创新平台偏少，高端要素资源平台紧缺，研发型企业不多。2018年重庆拥有高技术企业2504家，在全国排第21位，高技术企业数远低于邻近的四川省（4200家）。高端创新资源、高层次创新人才总量不足。四是实体经济负担依然较重。中小企业融资难、融资贵，企业普遍税费负担仍然偏重，中小企业发展活力还未充分释放。

（三）绿色生态形势依然严峻

2013~2018 年，重庆绿色生态水平虽然相对稳定，但绿色生态指数在 2016 年出现下降，且在各相关数据中也有所体现。工业固体废弃物综合利用率不升反降。虽然近年来重庆的空气质量优良天数占比持续提升，但与西藏、云南等西部较高省（区、市）还有较大差距。近年来，重庆的每万元 GDP 能耗、工业增加值能耗有所下降，在西部最低，但在 2018 年，重庆万元 GDP 能耗为 0.412 吨标准煤明显高于同期的北京（0.254 吨标准煤/万元），略高于上海（0.382 吨标准煤/万元）的能耗水平。2018 年，重庆的森林覆盖率明显低于云南、贵州和广西，与东部地区的福建（66.80%）、浙江（59.43%）、广东（53.32%）和中部地区的江西（61.16%）和湖南（49.69%）等还有较大差距。绿色生态发展是贯彻新发展理念的内在要求，生态文明建设是构建经济高质量发展体系的必由之路。对重庆而言，虽然近年来在工业污染治理上积极采取淘汰和改造落后产能、依托科技创新降低工业污染物排放措施，生态保护和修复工程均取得一定成效，但与经济高质量发展的要求相比还有距离，与东部经济发达省市相比也可以找到差距。

（四）各地区经济发展差距明显

由于受各地的发展基础、发展历史、区位条件、自然禀赋等多方面因素的影响，重庆各区县之间的经济、公共服务等差距明显。从经济总量来看，2018 年，重庆各区县经济总量上千亿元的共有 5 个，经济总量最大的渝北区（1543.09 亿元）是最小区的武隆区的 8.50 倍。在 12 个县中，经济总量最大的垫江县是最小的城口县的 5.68 倍。从人均 GDP 来看，渝中区和江北区的人均 GDP 超过 10 万元，有 5 个区县的人均 GDP 在 8 万~10 万元之间，有 18 个区县在 5 万~8 万元之间，共有 14 个县低于 5 万元，人均 GDP 最低的 2 个县低于 3 万元。从城乡居民人均可支配收入来看，2018 年，城镇居民人均可支配收入最高的渝中区达到 40484 元，重庆共有 31 个区县在 3 万~4 万元之间，最高的渝中区是最低的巫溪县的 1.6 倍；农村居民人均纯收入最高的南岸区是最低的巫溪县的 2.3 倍。从每千人拥有卫生机构床位数来看，2018 年，重庆的渝中、江北区、九龙坡区、沙坪坝区和大渡口区的每千人拥有卫生机构医疗床位数在 10 张以上，最高的渝中区达到 28.6 张/千人，是最低的巫溪县的 9.1 倍。重庆的平均水平是 6.5 张/千人，只有 13 个区县高于重庆的平均水平，有 12 个区县低于 5 张/千人，最低的巫溪县只有 3.1 张/千人。从财政收入来看，2018 年，人均一般公共预算收入最多的江北区达到 12498.84 元，明显高于其他区县，有 5 个区县处在 7001～10000 元之间，有 9 个区县处在 4001～7000 元之间，有 11 个区县处在 2001～4000 元之间，有 12 个区县处在 1001～2000 元之间，各区县的人均财政预算收入差距明显。

四、促进重庆经济高质量发展的对策建议

在经济转型发展新时期，重庆要积极推进经济发展质量变革、效率变革和动力变革，并以动力变革促进质量变革和效率变革，走出一条欠发达地区高质量发展的示范性道路，把重庆打造成西部转型发展的先行示范区。结合对重庆经济高质量发展情况的评价结果，在此提出对促进重庆经济高质量发展的几点建议。

（一）强化创新提升，增强中心城市辐射带动力

围绕习近平总书记对重庆工作提出的"两点"定位、"两地""两高"目标和营造良好政治生态、做到"四个扎实"的重要指示要求，稳步推进重庆经济高质量发展。

增强城市发展影响力。利用重庆地处我国"一带一路"发展战略和长江经济带发展联结点的区位优势，依托开放载体支撑、开放服务平台体系，聚集高质量外资优质产业、优质高端人才和制造技术等要素，将重庆打造成为国际化的高质量要素聚集地。依托便捷高效、综合化、立体化、多式联运交通运输网络化，推进对外贸易便利化，发展对外贸易；加快丝绸之路经济带、长江经济带、中新陆海贸易新通道等对外贸易通道建设，进一步完善对外贸易通道建设。以重庆自贸试验区和中新（重庆）战略性互联互通项目为主要载体，带动成渝双城经济圈节点城市共同加快打造内陆开放经济示范城市带，加强对外投资、贸易、金融等领域创新，争取对外贸易服务先试先行，扩大对外贸易腹地范围，对西部的城市外向型经济发展形成示范带动效应。

推动城市发展动力转换。把握好数字化、智能化、网络化时代机遇，依靠智能信息技术推动传统产业改造，充分发挥汽车、电子信息两大核心产业引领示范

带动作用，促进数字经济与实体经济深度融合，推动人工智能、大数据、互联网与制造产业深度融合，推动产业高质量发展，加快打造成渝城市群智能型产业集群。全力推动大数据、数字经济、智能化企业集中集聚发展，借助入驻的腾讯、阿里巴巴、华为等知名独角兽企业，全力打造具有重庆特色的智能型产业体系。以智能型产业园区为载体，加快完善主要产业生态圈建设，建设一批智能化、信息化、柔性化工厂，数字化生产车间，绿色化、低碳化产业园区，全方位提高企业生产效率，提升生产智能化水平。加大对科技创新型企业的引进与培育，完善智能产业项目投融资体系建设，推动风险资本深度融入高端制造发展，搭建好产学研合作联盟，推进智能领域研发创新的成果加速转化。

（二）以一域发展助推全局，提升经济高质量发展

习近平总书记视察重庆时指出，重庆要更加注重从全局谋划一域、以一域服务全局，努力在推进新时代西部大开发中发挥支撑作用、在推进共建"一带一路"中发挥带动作用、在推进长江经济带绿色发展中发挥示范作用。这是习近平总书记在新时代赋予重庆的重大使命和战略任务，也是重庆未来工作的基本遵循。

营造好国际化营商发展环境。坚持以供给侧结构性改革为主线，巩固"三去一降一补"成果，降低企业营运成本，鼓励市场主体加大科技研发创新、产品创新研发投入，激发市场经济主体创新发展活力。加大系统性金融风险和政府债务风险防控力度，完善金融系统性风险防范机制，严格控制金融杠杆风险累积，完善问题倒查和责任追究机制，严控政府债务风险。以项目带动、政策引导助力经济高质量发展，抢抓国家政策机遇，精心组织规划一批投资项目，积极落实各项优惠政策，推动高质量项目建设又好又快发展。

推动产业发展优化升级。加快制造业智能化发展步伐，强力推动汽车、电子信息、生物医药、装备制造、新材料等产业集群化发展，推动上述产业的智能化改造投入。通过政府引导、金融风险资本参与、企业为主体的方式，共同促进智能领域的基础性研究、科技攻关与研发创新。支持现代服务业做大做强，推动数字经济与实体经济融合发展，加大人工智能、大数据、5G、云计算等产业培育力度，力争培育出更多重庆本地新经济类型的独角兽和瞪羚型企业。瞄准居民消费升级需求方向，推动生活性服务领域精细化发展，满足多层次、多元化的消费升级需求。围绕柑橘、中药材、榨菜、茶叶、调味品等特色农业产业，延伸发展农产品加工业，提升农业信息化、商务化水平，衍生发展以田园综合体为载体的乡

村旅游业，促进农业与工业、文化旅游、商贸服务、电子商务等融合发展，推动农业实现高质量发展。

（三）进一步推进供给侧改革，促进产业结构不断优化

巩固供给侧结构性改革成效。继续推动化解船舶、煤矿等过剩产能，减少无效供给。切实增加有效供给，培育发展新动能。推进商投集团、粮食集团、能源集团、化医集团等优化重组，为优质产能腾挪空间。通过推动大数据、智能化与产业融合发展，深化拓展民生、交通、旅游等领域智能化应用，培育发展战略性新兴服务业，增强主城区生产性服务业发展的辐射范围与影响深度。实施创新驱动，激发创新创业活力。重点培育新增科技型企业，引进高校和企业高端研发平台和资源，深入实施军民融合；加大创新投入，加快培育创新平台，持续改善创新环境，不断提升区域创新能力。综合施策降低企业成本，减轻实体经济负担；聚焦基础设施、精准扶贫、环境整治和社会民生等领域精准发力，补齐发展短板。

强化消费对经济高质量发展的支撑。推动商圈提档升级，发展高端商贸服务综合体，完善商圈市政服务设施配套，满足中高端消费品居民需求；促进生活性服务业精细化发展，规范发展学前教育、教育培训、医疗健康等，满足居民从生存型消费向发展型消费升级需求。加大对公共安全、医疗卫生、教育、公共交通、环保设施、环卫设施等领域的投资力度，提升公共服务和基础设施服务供给能力，推动公共服务和基础设施均衡化布局。深入推进跨境电子商务综合试验区建设，鼓励跨境电商企业发展。

（四）抓住成渝双城经济圈机遇，提升节点城市的示范效应

2020年1月的中央财经委员会第六次会议提出成渝地区双城经济圈的战略布局，重庆成为西部培养高质量发展的重要增长极的核心双城城市之一。重庆应加强与成都在产业协作、基础设施、公共服务、对外开放、城市管理、环境治理等方面的协作协同推进，共同推动形成西部高质量发展高地。

推进成渝主轴带区域产业协作发展。优化成渝主轴带①区域产业结构和空间布局，加强各城市各产业的协同发展。加快重庆、成都等主轴带城市建设，研究

---

① 廖祖君：《以成渝主轴带为重点推动成渝城市群协同发展》，载于《重庆日报》2019年7月23日。

打造重庆都市圈、成都都市圈和资阳—内江三大产业集群。整合主轴带城市产业优势，构建汽车、IT零部件配套企业和都市消费品产业走廊。依托主轴带上的重点城市，将城市规划、城镇化发展、乡村振兴和产业集聚有机结合，发挥核心城市对成渝城市群节点城市的扩散效应。整合成渝两地丰富的旅游资源，发挥各自旅游特色，实现旅游线路整合，现在旅游资源整体营销。加强产业协作分工和资源整合，形成优势互补、分工合理、各具特色的成渝城市群产业集聚发展体系。推动成渝双城经济圈市场管理部门的产业发展管理信息共享、资质互认、执法互助，促进各城市间产业互动关联，为城市群和产业集聚发展营造好良好的环境。

增强成渝主轴经济辐射带动力。中心—外围理论和增长极理论等认为经济要素是在一种非均衡的条件下发生作用的，经济增长首先出现在一些增长极上，然后通过这些极点的极化和扩散效应带动周边区域的梯度发展，其发展速度以乘数倍增带动其周边区域的增长。因此，应强化与成渝主轴带上节点城市产业合作、产业协作，与节点城市一起共同推的优势产业和特色产业做大做强。充分发挥两江新区的改革引领示范作用，推动支柱产业、主导产业和战略性新兴产业的加快发展，加大对大数据、人工智能、5G、区块链、物联网等数字经济的培育力度，推动数字经济、智能经济、流量经济等实现快速发展。以重庆、成都在科技研发方面的优势，推动制造业向高端装备制造、智能制造转化，推动核心城市非城市功能服务和配套企业向成渝双城经济圈的节点城市转移，发挥成渝城市群核心城市的扩散效应，也发挥主轴带上各乡镇特色产业，使城市群内产业集聚的发展得到城镇基础设施、生产要素及市场的支撑。

强化成渝双城经济圈节点城市的交通基础设施建设。经过多年发展，成渝双城经济圈的两大核心城市之间形成了便捷的以高速公路、高速城铁、城际铁路等等为主导的路网，但与东部地区相比，成渝之间，尤其是成渝双城经济圈的多数节点城市之间铁路、高速铁路和高速公路路网密度还有较大差距。为推动形成西部经济高质量发展高地，并为产业协作提供基础支撑，成渝双城经济圈应加快推进成渝铁路、成渝高速和成渝城际客运专线建设，推动节点城市与核心城市之间形成便捷、高效、无缝衔接的交通基础设施，提升沿线大中小节点城市与核心城市的通达度和便捷度，将交通线打造成经济流、信息流、资金流、人才流的汇集渠道，以交通轴线为通道推动成渝城市群协同发展。

（五）加强生态建设，全面提升经济和社会效益

将生态建设和环境保护融入经济社会全过程。把绿色生态贯穿在城市规划和

建设、产业发展、生活的全过程，凸显绿色生态对经济发展的影响。严格落实产业门槛准入制度，提升引入产业环保门槛，鼓励引进"三高三低"企业。在长江经济生态屏障保护带内，严格落实"共抓大保护，不搞大开发"方针，严厉禁止生态屏障保护带内发展有污染产业，严厉禁止企业排放不达标废水。筑牢长江上游生态屏障，全力做好辖区内长江干支流的水土保持、岸线整治保护、生态环境整治等，强化生态环保工程设施建设。全面开展绿色车间、绿色工厂、绿色园区、绿色机关、绿色乡镇/社区、绿色区县等广泛的绿色试点示范创建活动，推动绿色生产逐步实现全领域覆盖。全面推进城市立体化绿化工程建设，加快推进交通绿化带、沿河生态绿化带建设，将绿化带建设成网络化、景观化的生态绿道网，加快推进城市绿肺和生态湿地公园建设。强化城市的大气环境、水环境整治，城市生态修复，推进农村地区面源性污染、土壤污染治理、水土保持。强力推进区域性的生产、生活资源循环利用，市政环卫设施共建共管共治。

发展绿色低碳循环经济。严格落实产业准入生态门槛，推动产业发展绿色转型；实施循环发展计划，推动绿色企业、绿色产业、绿色园区创建，引导支持企业实施绿色化、低碳化、清洁化改造，从源头上降低工业废水、废气、固废的产生；强力推动资源节约集约高效利用，推广清洁能源使用范围，推动生态优势转变为资源优势。加大对企业技术改造的支持力度，推动传统工业加快向绿色低碳、智能制造转型升级；加大对循环农业和设施农业的补贴力度，推动特色高效农业、立体种养结合、农畜结合的设施生态农业和观光生态农业发展，推动农业与生态文化旅游融合发展。

（六）推动社会民生改善，全民共享改革发展成果

强化社会保障和民生改善。2020年是我国全面建成小康社会和完成脱贫攻坚任务的最后一年。在完成全面建成小康社会后，群众对教育、医疗、卫生、安全、保险、养老等方面的要求提升，推动教育、医疗、文化、体育等公共事业提质发展，拓宽优质公共服务资源的覆盖面，推动优质公共服务资源均衡化布局。加大民生工程的投入力度，强化民生工程的前期调研策划和财政资金审计，满足群众提升生活品质需求及对公共卫生安全和社会治安安全提升的需要。深化社会保障制度改革，实现高质量发展向高品质生活的转变，彰显高质量发展成果。充分发挥现代服务业就业吸纳能力强的优势，加快推动现代产业体系建设，增加就业岗位容量和就业质量。开发公益性岗位，保障就业困难群众就业。加大对创新创业的支持力度，鼓励创业创新活动，充分发挥小微企业对就业的吸纳作用，给

予创业人员财政补贴和支持，扩充就业岗位数量，扩大就业新增供应量。

巩固脱贫攻坚成效。全面落实中央脱贫攻坚专项巡视反馈意见整改要求，对脱贫攻坚中的"两不愁、三保障"项目，要把解决好"两不愁三保障"的突出问题作为脱贫攻坚的主要目标任务。着力改善深度贫困地区的基础设施和基本公共服务，使贫困地区群众享有优质教育、医疗资源。对服务民生，在现行政策范围内，最大限度支持解决。探索建立产业扶贫、消费扶贫、就业转移扶贫、基础设施扶贫的长效机制，构建稳定脱贫长效机制。强化对贫困摘帽县和贫困出列村的考核，建立完善的脱贫帮扶长效机制，坚持开展脱贫户群体的后期长期跟踪回访，确保贫困户真正实现脱贫；将脱贫攻坚与乡村振兴相结合，推动贫困村基础设施和公共服务设施的完善。坚决杜绝因病返贫、因残返贫、因灾返贫等现象发生，贯彻落实好扶贫先扶志，加大教育扶贫、生态扶贫、职业技能扶贫力度，提升贫困户依靠自身实现长期脱贫的能力。

第十六章

陕西省经济高质量发展研究报告

陕西是中华民族的重要发祥地之一，横跨黄河和长江两大流域中部，是中国为数不多的跨越南北的省（区、市）之一。陕西地处亚欧大陆中心，不仅是古丝绸之路起点、中国地理几何中心，也是"一带一路"倡议经济带的重要区域之一，在西部的区位、科教、经济、文化、资源等方面优势突出。改革开放以来，作为西部大开发和"一带一路"倡议等国家多重战略的叠加之地，陕西推动经济发展与国家各项战略深度融合，在推进国家战略深入实施过程中充当了重要角色。

党的十九大报告首次提出"我国经济已由高速增长阶段转向高质量发展阶段"的论述，同年《2017年中央经济工作会议公报》又提出了有关高质量发展的重要论述，这为当前和今后一个时期陕西经济高质量发展指明了道路和方向。近年来，陕西省坚持以习近平新时代中国特色社会主义思想为指导，以供给侧结构性改革为主线，按照新发展理念，大力发展枢纽经济、门户经济、流动经济"三个经济"，统筹推进调结构、惠民生、稳增长、促转型、防风险、保稳定等各项工作，保障经济持续健康和高质量发展。

一、陕西推进经济高质量发展的主要举措

（一）推进能源工业转型升级，提升产业发展动力

陕西是我国的能源大省，能源工业是陕西省的传统支柱产业。2018年，陕西省的能源生产总量为56391.63万吨标准煤，其中，原煤、原油、天然气分别为44838.89万吨标准煤、5031.53万吨标准煤和5713.23万吨标准煤，分别占全

国的 16.9%、18.6% 和 27.7%，原煤产量在国内排第 3 位，仅低于内蒙古和陕西，天然气年产量在国内排名第 1。近年来，陕西省以供给侧结构改革为主线，深入贯彻落实能源"四个革命、一个合作"战略，按照新发展理念，坚持淘汰落后产能与发展先进产能并重，促进能源工业产业链、创新链、资金链和政策链有机融合，推动能源产业结构调整优化，推动能源工业实现高端化、绿色化、集群化发展，进而推动能源工业实现高质量发展，全省能源产业发展趋于提质增效的良好态势。2018 年，陕西全能源工业增加值增长 10.4%，非能源工业增加值增长 8.1%。[①] 陕西省推进能源工业发展的部分相关政策文件如表 16-1 所示。

表 16-1　　　　　　　陕西省推进能源工业发展的部分相关政策文件

序号	相关政策文件
1	《陕西省人民政府办公厅关于进一步促进石油行业加快发展的意见》
2	《陕西省人民政府办公厅关于进一步推动煤炭产业平稳健康发展的意见》
3	《陕西省人民政府办公厅关于工业稳投资促增长的意见》
4	《陕西省人民政府办公厅关于促进非能源加快发展的意见》
5	《工业稳增长促投资 21 条措施》
6	《2018 年工业稳增长促投资推动高质量发展的若干措施》

　　近年来，面对原油、煤炭价格持续低迷状态，陕西省采取相关措施着力推动实现煤向电转化、煤电向载能工业品转化、煤油气盐向化工产品转化，促使能源企业从单纯能源开发向化工产业延伸。[②] 近期，为增加原煤产量规模，陕西深入实施"一保一扩三补"政策，推动部分煤矿复产复工。2019 年 6 月，陕西原煤产量同比增长 12.5%。陕西省积极发展清洁能源，改善能源结构，不断增加天然气产量规模。2019 年上半年，规模以上工业天然气产量、发电量分别同比增长 11.2%、4.2%。加强控制高耗能行业能耗增长，积极加强燃煤消减力度。2018 年，陕西规模以上工业综合能源消费量同比增长 0.7%，增速与上年相比回落了 0.9 个百分点，其中，非金属矿物制品业、有色金属冶炼及压延加工业、电力、热力的生产和供应业三种高耗能行业能耗增速相比去年同期分别下降 0.2%、2.9%、2.6%，增速有所收窄或回落，同时石油加工、炼焦及核燃料加工业、化

---

① 数据来自 2018 年陕西省《国民经济和社会发展统计公报》。
② 程靖峰：《资源加速转化　产业迈向高端》，载于《陕西日报》2018 年 1 月 11 日。

学原料及化学制品制造业、黑色金属冶炼及压延加工业三种高耗能行业耗能增速也保持着低速增长，增速较上年同期加快点数均少于 5 个百分点；规上工业煤炭消费量同比下降 1.1%，终端煤炭消费量同比下降 3%。①②

（二）大力推动民营经济发展，激发经济市场活力

陕西省委、省政府一直重视民营企业的成长与发展，近年来全省各地、各部门制定出台了一系列政策措施支持民营企业和民营经济的发展，如《陕西省人民政府关于进一步促进民间投资健康发展的若干意见》《陕西省人民政府关于促进民营经济加快发展的若干意见》《国家税务总局陕西省税务局关于印发支持和服务民营经济发展 30 条措施的通知》《陕西省知识产权局关于印发知识产权服务民营经济高质量发展的若干措施的通知》《中共陕西省委 陕西省人民政府关于推动民营经济高质量发展的若干意见》等，从政府财政、民间投资、民企转型、产业转型、税收改革、民企融资、民企权益等多方面为推动陕西民营企业和民营经济发展"保驾护航"。

近年来，陕西推动民营经济发展的做法主要包括建立创业孵化体系。截至目前，全省已建立的众创空间和"双创"示范基地 353 家、科技企业孵化器 99 家、星创天地 73 家、孵化基地 420 个。加速发展军转民、军民融合、科技型民营企业。2018 年，全省建有"军转民"企业 300 余家、"民参军"企业 700 余家，认定的科技型中小企业 3440 家。通过财政扶持、融资担保、人才引进等方式缓解中小企业发展面临的资金和人才短缺困难。近年来，陕西省扶持中小企业发展投入的各级财政资金达 20 多亿元，融资担保资本金规模扩大到 200 多亿元，引进各类人才 1.3 万人。快速发展县域工业集中区，提高产业集聚力。2018 年，全省重点建设的县域工业集中区内入驻的企业总数已超过 1 万家，实现的工业总产值和营业收入均超 1 万亿元，利润总额、固定资产投资、缴纳税金等指标同比增速均在 10% 以上。③ 数据显示，2018 年，陕西非公经济发展对全省经济增长的贡献率达到 53.4%，拉动全省经济增长 4.4 个百分点；民间投资增长 22.3%，拉动

---

① 陕西省统计局：《2018 年全省能源产业运行分析》，陕西省人民政府网，2019 年 3 月 19 日，http：//www. shaanxi. gov. cn/info/iList. jsp? cat_id = 18001&info_id = 136194&tm_id = 166。

② 陕西省统计局：《2018 年规模以上工业能源消费情况分析》，陕西省人民政府网，2019 年 4 月 2 日，http：//new. shaanxi. gov. cn/sj/tjbs/137052. htm。

③ 沈谦、殷誉玮、秋雨：《我省多措并举推动民营经济实现高质量发展"保驾护航"加速发展"轻装上阵"激发活力》，载于《陕西日报》2019 年 4 月 9 日。

全省投资增长 9.1 个百分点。① 数据可见，陕西民营企业的创新发展水平、经营水平和市场竞争力水平不断提升，民营经济的拉动贡献率不断提高。

（三）积极有效利用外资投资，扩大市场对外开放

对外开放是我国的一项基本国策。陕西省委省政府高度重视对外开放，为加强对外资的利用效率，促进扩大对外开放程度，陕西省先后制定出台了《陕西省人民政府关于扩大对外开放积极利用外资的实施意见》《陕西省人民政府关于积极有效利用外资推动经济高质量发展的实施意见》《陕西省人民政府办公厅关于印发聚焦企业关切进一步推动优化营商环境政策落实实施方案的通知》等系列政策文件，为全省各地、各部门在"一带一路"倡议下进一步扩大利用外资规模、营造优良营商环境等提供政策指导意见。

近年来，陕西省通过放宽市场准入、深化"放管服"改革、加大外资招商、拓宽融资渠道、打造国际合作园区、建设自由贸易试验区、建设境内外利用外资平台、引进高层次人才等措施吸引外资企业在陕设企、增加外资投资规模。从外资企业新设情况看，数据显示，2019 年上半年，陕西新设外商投资企业 127 家，同比增长 7.63%。其中，第三产业新设外商投资企业 98 家，新设外商独资企业 80 家，自贸试验区新设外商投资企业 46 家。从外资实际利用情况看，数据显示，2019 年上半年，陕西实际利用外资 43.91 亿美元，同比增长 214.22%，实际利用外资规模位居全国第十位。其中，外商直接投资同比增长 44.82%，第三产业实际利用外资同比增长 18.2%，外商独资企业实际利用外资同比增长 71.22%，自贸试验区实际利用外资同比增长 324.03%，陕西国家级经开区实际利用外资同比增长 414.95%。② 从外资企业经济贡献情况看，截至 2019 年 2 月，陕西外资企业累计完成营业额超过 3000 亿元，对陕西的税收贡献占 10%，提供就业岗位 20 万个。③ 数据可见，近几年在陕西新设的外资企业类型比较多样，外资投资方式和投资结构比较多元，外资对经济增长的拉动贡献显著。

---

① 陕西省统计局：《2018 年陕西非公经济发展情况分析》，陕西省人民政府网，2019 年 3 月 7 日，http://www.shaanxi.gov.cn/sj/tjbs/135373.htm。

② 崔春华、王嘉：《上半年陕西省营商环境持续优化 外商投资快速增长》，载于《陕西日报》2019 年 7 月 29 日。

③ 郝荣娇：《陕西省多举措利用外资推动经济高质量发展》，中国网，2019 年 2 月 21 日，http://sl.china.com.cn/2019/0221/57046.shtml。

（四）深入推进生态文明建设，改善环境发展质量

生态文明建设对于推动经济高质量发展、改善人民幸福生活、促进人与自然和谐相处等具有重要意义。党的十八大以来，陕西省牢固树立"绿水青山就是金山银山"的理念，制定了各项行之有效的政策措施文件，深入贯彻落实绿色发展举措，大力推动环境污染整治行动，不断加大生态系统的保护力度，建立完善的生态环境监管督查机制，深入推进生态文明建设，坚持走绿色高质量发展之路，生态环境持续改善。初步划定的陕西省生态红线面积占全省总面积的24.43%。在全国率先完成污染源普查入户调查，已累计调查五大类源67245家，其中工业源（除工业园区）27100家、集中式污染处理设施1820家、规模化畜禽养殖场8467家、生活源26458家、移动源3336家。① 陕西省推进生态文明建设制定出台的部分相关政策措施文件如表16-2所示。

表16-2　　　　　　陕西省推进生态文明建设制定出台的部分相关政策措施文件

序号	相关政策措施文件
1	《陕西省人民政府关于印发"十三五"生态环境保护规划的通知》
2	《陕西省环境保护厅、陕西省人民政府外事办公室、陕西省发展和改革委员会、陕西省商务厅关于印发〈陕西省推进绿色"一带一路"建设实施意见〉的通知》
3	《陕西省环境保护厅办公室关于印发全面加强生态环境保护坚决打好污染防治攻坚战宣传工作方案（2018~2020年)》
4	《中共陕西省委、陕西省人民政府关于全面加强生态环境保护坚决打好污染防治攻坚战的实施意见》
5	《陕西省生态环境厅印发〈关于提升全省生态环境治理能力　助推高质量发展的若干措施〉的通知》
6	《陕西省人民政府关于印发铁腕治霾打赢蓝天保卫战三年行动方案（2018~2020年）的通知》

---

① 《2018陕西生态环境保护工作十大亮点》，搜狐网，2019年1月29日，https：//www.sohu.com/a/293097525_120029436。

近年来，陕西省通过开展"蓝天、碧水、净土、青山"四大保卫战行动、优化污染物排放总量管控、调整产业结构转型升级、强化环保科技成果转化、深化环评审批制度改革、统筹规范监督检查考核、宣传生态环境政策等多项措施统筹推进陕西生态环境保护工作，持续加强生态文明建设，助力三秦大地天蓝水清山绿。2018 年，陕西投入省级环保资金 10.47 亿元，争取到中央环保专项资金为 13.37 亿元，投入的大气治理财政资金 15.3 亿元，与去年相比增长 65.7%。深入开展环境治理和污染物减排行动，不断改善环境质量。2018 年，全省优良天数比 2017 年增加了 4.6 天，重污染天数减少 3.7 天，全省国考 10 个设区市 PM2.5 浓度均值与去年相比同比下降 9.1%。细颗粒物（PM2.5）、二氧化硫（SO_2）、二氧化氮（NO_2）等主要污染物排放量分别同比下降 10.5%、20.0%、4.8%。2018 年，陕西省 50 个国考断面 Ⅰ~Ⅲ 类优良比例比国考指标高 12 个百分点；完成营造林 749.6 万亩、沙化土地治理 105.5 万亩，森林覆盖率提高到 43.06%。2018 年，全省城市污水处理厂集中处理率、城市生活垃圾无害化处理率比 2017 年分别提高 0.82 个百分点、0.17 个百分点。全面开展产能淘汰、过剩产能减压、"散乱污"企业、工业炉窑等各项专项整治行动。2018 年，陕西省完成拆改燃煤锅炉近 3800 台、天然气锅炉低氮燃烧改造 3000 余台，综合整治"散乱污"企业 22000 余户，关停 42.7 万千瓦落后煤电产能，淘汰 3.2 万辆老旧营运柴油货车以及"油改气"车。深入开展环保督查"回头看"行动，强化督察效果。2018 年，全省共办结 1711 件环境信访问题，责令整改企业 720 家，立案处罚企业 225 家，罚款金额为 2469.4 万元；立案查处环境违法企业共 9361 家，合计处罚金额 3.3 亿元。[1][2]

（五）大力推动乡村振兴战略，解决"三农"发展难题

为助力乡村振兴战略实施，培育乡村振兴新动能，促进乡村产业经济高质量发展，有力解决"三农"问题，陕西省制定出台了一系列相关政策措施文件，包括《陕西省财政厅关于印发支持乡村振兴战略实施意见的通知》《中共陕西省委、陕西省人民政府关于实施乡村振兴战略的实施意见》《中共陕西省委办公厅、

---

[1] 汪曼莉、苏琳：《让天蓝地绿水更清——陕西省大力推进生态文明建设综述》，载于《陕西日报》2019 年 6 月 5 日。

[2] 《2018 年陕西省生态环境状况公报》，陕西省生态环境厅网站，2019 年 6 月 3 日，http://sthjt.shaanxi.gov.cn/newstype/open/xxgkml/state/gb/20190612/41494.html。

陕西省人民政府办公厅〈陕西省农村人居环境整治三年（2018～2020年）行动方案〉》等，从农村改革、农村人居环境、农村贫困户脱贫、农村社会事业等方面助推农村、农业、农民全面发展。

农村改革深入推进。陕西省加快推进农村集体产权制度改革，持续推进"三变"改革千村试点，推动农村集体资产清产核资，全面建立农村产权交易中心，建立农村集体经济组织，不断壮大农村集体经济规模。2018年，全省"三变"改革成效比较显著的试点村有854个，完成清产核资的村占96%，建成农村产权交易中心的县占92.5%，成立集体经济组织的村占60%。

农村人居环境逐渐宜居。陕西省通过开展农村人居环境整治三年行动计划、实施危房改造与异地扶贫搬迁工程、垃圾处理/污水治理工程、农村卫生改厕革命、美丽宜居示范村建设等措施，使农村居民的人居环境持续改善。2018年，全省竣工完成7.9万套危房改造、9.1万套异地扶贫搬迁安置房，农村生活垃圾、生活污水得到有效处理的行政村占比分别为89%、41%，农村无害化卫生厕所普及率达到了40.7%，累计创建了1424个乡村旅游示范区。

农村贫困户脱贫成效显著。陕西省持续通过财政扶贫资金拨付、产业扶贫、项目协助、思想教育等方式对农村贫困户进行精准扶贫，帮助贫困户脱贫。2018年，全省各级财政累计投入扶贫资金30亿元，较上年同比增长30.4%；新改建农村公路完成1.2万多公里；实现贫困地区建制村公路100%硬化，所有贫困村动力电、生活用电通电入户率实现100%，光纤全覆盖，贫困发生率下降到3.2%左右。

农村社会事业发展良好。陕西省通过开展农村就业转移行动、实施健康乡村建设工程、发展农村教育事业、强化农村社会保障体系建设、开展乡村旅游示范区创建等措施助力农村社会事业发展规模不断扩大。2018年，全省农村贫困人口转移就业28.8万人，投入中省补助资金6.4亿元、下达全民健康保障工程中央基建投资资金10.42亿元，分别用于建设村卫生室（基层医疗卫生机构）与县级医院，完成改造1288所农村薄弱学校，创建省级旅游示范县33个、旅游特色名镇130个、乡村旅游示范村231个。①②

---

① 吴莎莎：《陕西推进现代农业高质量发展》，载于《陕西日报》2019年3月1日。
② 崔福红、黄敏：《脱贫攻坚 重在执行》，陕西农村网，2019年3月4日，https://www.sohu.com/a/298899381_374222? sec = wd。

二、陕西经济高质量发展取得的成效分析

（一）陕西经济高质量发展总体情况

1. 陕西经济高质量发展持续保持稳步增长态势

近年来，陕西省聚焦高质量发展，按照新发展理念，深入推进供给侧结构性改革，全面实施创新驱动发展战略，深化科技体制机制改革，注重加速培育新动能产业，全力推进实施关系陕西经济高质量发展和人民福祉的基础设施、能源化工、装备制造、民生保障等重点项目，大力发展"三个经济"，陕西经济高质量发展水平持续稳步提升，体现出的主要特征就是经济运行总体平稳、经济结构持续优化、实体经济不断壮大、新动能发展势头强劲、动能转化效果显著、制造业投资提质增效、减税降负效果显现、民生保障能力持续增强等。由表 16 – 3 可见，在 2013～2018 年间，陕西省经济高质量发展总指数值始终保持在 0.720 以上。从经济发展阶段看，2016 年以前，陕西省经济高质量发展总指数值一直处于上升阶段，总指数值由 2013 年的 0.739 增长到 2016 年的 0.756，在 2017 年下降，总指数值下降到 0.727，2018 年提高到 0.790。具体如表 16 – 3 所示。

表 16 – 3　　　　2013～2018 年陕西省经济高质量发展综合指数及分项指数

年份	效益效率	结构优化	动能转化	绿色生态	民生共享	综合指数
2013	0.100	0.140	0.221	0.100	0.177	0.739
2014	0.101	0.157	0.225	0.090	0.186	0.760
2015	0.095	0.166	0.223	0.090	0.170	0.744
2016	0.089	0.171	0.231	0.093	0.171	0.756
2017	0.102	0.140	0.226	0.091	0.168	0.727
2018	0.122	0.135	0.246	0.098	0.179	0.780

2. 陕西经济高质量发展具有较强的竞争力

近几年陕西省经济发展质量不断提升，经济高质量发展水平在西部 12 个省（区、市）中处于领先地位，基本上排名第 2。从表 16 – 4 可知，在 2013～2018

年期间，除了 2014 年陕西省经济高质量发展总指数排在第 1 位外，其余年份陕西省经济高质量总指数均排在西部的 12 个省（区、市）中第 2 位，排名仅次于重庆。数据表明，在整个西部中，陕西省经济高质量发展情况比较好，经济高质量发展水平比较高，推动进程比较快，相对西部其他省（区、市）具有较强的竞争力。

表 16 - 4　　　　2013～2018 年陕西经济高质量发展综合指数及分项指数在西部的排名

年份	效益效率	结构优化	动能转化	绿色生态	民生共享	综合指数
2013	1	3	1	4	4	2
2014	1	2	1	5	3	1
2015	2	2	1	6	3	2
2016	2	2	1	5	5	2
2017	2	3	1	5	3	2
2018	1	3	1	6	1	2

（二）陕西经济高质量发展具体情况

主要从效益效率、结构优化、动能转化、绿色生态、民生共享 5 个方面来看陕西省经济高质量发展情况。表 16 - 3 数据显示，2013～2018 年，"动能转化"指数值最高，其次是"民生共享"、"结构优化"和"效益效率"指数值，"绿色生态"指数值最低。数据显示，动能转化、结构优化、民生共享是陕西省实现经济高质量发展的核心内容，陕西省需要加快新旧动能转化、经济产业结构优化、经济改革发展成果共享等进程，要进一步加强效益效率变革，重视绿色生态环境建设和绿色产业发展。

1. 效益效率水平稳中有升

2013～2018 年，陕西省效益效率指数保持稳中有升的态势，在西部的排名保持前两位的领先优势。具体来看，近年来受经济下行压力的影响，陕西省经济增速有所放缓，GDP 增速由 2013 年的 11% 下降到 2018 年的 8.3%，但陕西的经济规模总量和经济发展质量效益持续提高，GDP 总量由 2013 年的 16205.45 亿元增长到 2018 年的 24438.32 亿元，人均 GDP 由 2013 年的 42692 元增长到 2018 年的 63477 元。同时，近年来由于陕西省持续着力推动效率变革，以变革提升运行效率，全省的发展质量效益改善显著。全社会劳动生产率不断提升，2018 年较

2013 年提高 49.86%；规模以上工业单位产值利润率年均值和规模以上工业成本费用利润率年均值分别为 8.79% 和 10.85%。由数据可见，陕西省效益效率还有很大的提升空间，陕西要持续加大供给侧结构性改革，通过持续不断的效率变革、科技创新、结构调整来提高经济质量、产业产值效率、劳动生产率，坚持贯彻落实"三去一降一补"措施，不断降低工业企业的经营成本，提高生产企业的利润率。

2. 经济结构优化不断调整

2013～2018 年，陕西省的结构优化指数虽然呈现出先增后降的特点，在西部的排名保持在前三位。具体来看，陕西产业结构不断优化，服务业增加值占 GDP 比重不断提高。税收对财政收入的贡献不断提升，2018 年税收占一般公共预算收入比重为 79.10%，比 2013 年提高了 7.25 个百分点。城镇化水平和民生保障能力不断提高。2018 年常住人口城镇化率为 58.13%，比 2013 年提高了 6.82 个百分点；民生财政支出占一般财政预算支出的比重为 69.81%，比 2013 年提高了 5.56 个百分点。城乡居民收入差距不断缩小。2018 年城乡居民收入比为 2.97，比 2013 年下降了 0.18。高技术产业快速发展。随着陕西省全力实施创新驱动发展战略，深入推进科技体制机制改革，积极打造促进高技术产业发展的平台和环境，2018 年，陕西省高技术产业增加值占工业增加值同比增长 14.2%，较全省规模以上工业增速高出 5.0 个百分点。

3. 动能转化效果持续显著

近年来，通过持续推进动能变革，加快新旧动能转化，陕西省的动能转化指数不断提高，保持了在西部排名第 1 的绝对领先优势。具体来看，科技研发能力不断提升。2018 年，陕西技术市场成交额达 1125.29 亿元，在西部排名第一，在全国排名第 5；投入研究与试验发展经费（即 R&D 研究经费）532.4 亿元，位居全国第 13、西部第 2；科研经费投入占 GDP 比重呈波动增长，基本上保持在 2.0% 以上；规模以上工业企业研发经费支出占销售收入比重比 2013 年提高了 0.39 个百分点；每万人发明专利授权量比 2013 年提高了 1.20 个；2018 年，陕西省地方登记的科技成果共 3152 项。根据《中国区域科技创新评价报告 2018》，陕西已成为西部的三个区域科技创新中心之一，2018 年的综合创新科技水平指数为 66.58，在全国排名第 9，在西部排名第 2。实际利用外资成效显现。2018 年，陕西实际利用外资 68.48 亿美元，与 2013 年相比增长了 86.19%；实际利用外资占 GDP 的比重比 2013 年提高了 0.29 个百分点。由数据可见，科技研发、外资利用、投资消费等对陕西经济发展有着重要的影响，持续推动的动能变革提高了科技创新能力和实际外资利用效率，为促进陕西经济高质量发展提供了动力支撑。

4. 绿色生态发展有待加强

2013～2018 年，陕西省的绿色生态指数保持相对稳定，在西部的排名处在中间水平。数据表明，陕西省生态文明建设依然任重道远，需要全省各方力量协同推进环境生态保护。具体来看，能源产值能耗不断降低，节能降耗工作成效显著。万元 GDP 能耗、工业增加值能耗、亿元工业产值二氧化硫排放量三个指标均较 2013 年明显下降。环境污染治理投资力度不断加大，取得较好效果。环境污染治理投资占 GDP 比重保持在 1.40% 左右。但陕西省的空气质量状况、建城区绿化状况改善效果不明显。数据可见，陕西省在推进生态文明建设工程中，取得了一些成效，但空气质量改善、绿化覆盖率提高等工作有待进一步加强。

5. 民生共享红利进一步释放

2013～2018 年，陕西民生共享指数一直保持平稳增长态势，在西部的排名基本处于前三位。具体来看，居民收入和储蓄水平不断提高。城镇居民人均可支配收入、农村居民纯收入年均增速分别为 8.65% 和 9.94%，其中城镇居民人均可支配收入年均增速与同期的 GDP 年均增速（8.67%）基本相当，农村居民人均纯收入增速则高出 1.27 个百分点；人均个人储蓄存款余额比 2013 年增长了 65.08%。医疗卫生教育基础保障能力不断提升，2018 年，陕西省每千人拥有卫生技术人员、每千人拥有医疗机构床位数比 2013 年分别提高了 2.15 人、1.65 个。互联网普及程度不断提高，2018 年，陕西每百户固定互联网宽带接入用户数比 2013 年提高了 33.93 个百分点。脱贫攻坚效果愈加显著。近年来，陕西省采取各项有效措施持续加强脱贫攻坚力度，越来越多的贫困人口实现了脱贫，享受到了扶贫红利，2018 年陕西贫困发生率比 2013 年减少了 13.4 个百分点。社会养老保障覆盖面进一步扩大。2018 年，陕西省城镇职工基本医疗保险参保率比 2013 年提高了 24.6 个百分点。数据显示，陕西省社会民生发展始终坚持把经济改革发展成果共享给人民，不断努力提高居民收入、医疗卫生、社会保障、教育等民生水平，保障老百姓能享受到更多的民生福祉。

三、陕西经济高质量发展中存在的问题

（一）科技创新能力需进一步提高

近年来，陕西省通过实施创新驱动战略，有效提升了全省科技创新能力，但与西部相关省（区、市）以及全国平均水平相比仍有待提高。一是科研人员储备力量相对较弱。2018 年，陕西的 R&D 研发人员数量比四川、重庆少。二是科研经费投入相对不足。2018 年，陕西规模以上工业企业 R&D 经费投入强度较重庆要低 0.66%；陕西省 R&D 经费投入总额低于四川省；陕西省的研究与试验发展（R&D）经费投入强度在西部排名首位，但在全国排名第 7 位，不仅明显低于北京（6.17%）、上海（4.16%）两个科研经费投入强度在全国最高的地区，也低于广东（2.78%）、江苏（2.70%）、天津（2.62%）和浙江（2.57%）三是科研专利拥有量相对较低。2018 年，陕西每万人发明专利授权数虽然在西部领先，但与在国内排名前列的天津（35.05 件/万人）和北京（22.28 件/万人）有很大差距，与山东（13.18 件/万人）、湖北（10.08 件/万人）、上海（8.80 件/万人）和湖南（7.12 件/万人）、江苏（5.22 件/万人）、浙江（5.75 件/万人）和广东（4.70 件/万人）等省（区、市）还有较大差距，全国排名在 10 名以后。

（二）对外开放程度有待加强提升

近年来，陕西紧抓国家西部大开发和"一带一路"倡议机遇，大力发展"门户经济"，对外开放水平进一步提高。但与西部部分省市、全国平均水平相比，陕西对外开放的程度有待进一步加强提升。一是陕西货物进出口总额较低。2018 年，陕西货物进出口总额为 3513.2 亿元，在西部排名第 4，在全国的排第 15 位，与广东、浙江、江苏、上海等差距巨大。二是陕西省外贸依存度处于较低水平。2013~2018 年陕西省进出口总额占 GDP 比重年平均值为 10.74%，明显低于西部的重庆、四川、广西和新疆等。2018 年，陕西的外贸依存度为 14.38%，较全国同期水平低 19.63 个百分点，这主要与陕西长期受产品竞争力较弱、加工贸易发展水平较低以及外商投资规模偏小等多种因素的影响。三是陕西省高技术产品进出口总额占全部商品进出口总额的比重处于较低水平。2018 年，陕西高技术产品进出口总额占全部商品进出口总额的比重也明显低于重庆、四川和贵州三个西部省（区、市），与浙江、上海等的差距更大。

（三）绿色生态环境建设任重道远

近年来，陕西省通过环境污染整治、产业结构调整转型升级、环保宣传等方式推动生态文明建设，生态环境进一步改善，但仍存在着能源产值能耗高、空气质量差、绿化覆盖率低等问题。2013~2018 年陕西省的绿色生态指数的西部排名在 4～6 名徘徊，明显低于综合指数排名。主要表现在以下几个方面：一是陕西能耗产值仍处于较高水平。2018 年，陕西万元 GDP 能耗为 0.518 吨标准煤，虽然在西部排名第 4 位，但与国内能耗较低是省（区、市）相比，仍然较高，陕西省 2018 年的万元 GDP 能耗明显高于北京和上海同期的值，分别是 2.04 和 1.36 倍。二是陕西空气质量有待加强改善。虽然从纵向上来看，陕西省城市空气质量优良天数占比逐年小幅提升，但截止到 2019 年，全省的城市空气质量优良天数占比也只有 72.68%，离 80.0% 还有一定距离。2018 年，陕西省的城市空气质量优良天数占比为 66.50%，在 12 个西部省（区、市）中排最后一位，不但与西部排名前三位的云南（98.90%）、西藏（98.20%）和贵州（97.20%）差距明显，与四川和重庆也还有近 20.0% 左右的差距。三是陕西森林覆盖率相对偏低。虽然从纵向上来看，2018 年的森林覆盖率较 2013 年提高了 1.64 个百分点，但与西部和国内部分森林覆盖率较高的省（区、市）还有较大差距。2018 年，陕西森林覆盖率为 43.06%，在西部排第 5，较西部最高的要低 17.0% 左右；陕西森林覆盖率在全国排第 13 位，与东部地区的福建（66.80%）、浙江（59.43%）、广东（53.32%）和中部地区的江西（61.16%）等森林覆盖率较高且在全国排名靠前的省（区、市）要低 20.0% 以上。

四、促进陕西经济高质量发展的对策建议

（一）深入实施创新驱动发展战略，提升科技创新能力

实施创新驱动发展战略，对陕西转变经济发展方式、提升经济质量效益、提高资源利用效率、增强内生发展动力、优化多元产业结构、改善绿色生态环境、建设美丽幸福陕西具有重要意义[1][2]。加大科研经费投入力度，提高创新驱动发展动力。一是构建稳定的财政科技投入增长机制，结合陕西科技发展实际，多元化、多渠道将财政科技经费用于不同的科技创新产业及项目建设中，切实增强科技经费的使用效益。二是制定完善的科研经费财政补贴或税费减免政策。对于

---

[1] 黄鹏飞、黄玲：《创新驱动发展系统动力机制研究》，载于《西部经济》2019 年第 6 期。
[2] 张贵孝、李永红：《在创新驱动中推动陕西发展实现新的跨越》，载于《陕西日报》2017 年 5 月 19 日。

每年投入大量经费用于科技创新的企业，陕西省应根据企业科技经费投入的比重适当给予税费减免或财政补贴等优惠政策，以充分调动企业投入科技创新的积极性，增强社会企业进行科技创新的信心。三是充分发挥企业创新的主体能动作用，提升企业依靠技术创新提高生产力和竞争力的意识，引导鼓励各类企业投入经费用于科技创新。

加大科技人才队伍建设，提高科技创新智力支撑水平。一是加强科技人才的培养。陕西是科教大省，要充分挖掘和利用省内现有的高水平大学、科研院所和企业等优质资源，加快培养各产业、各领域紧缺的高科技人才。二是建立产学研人才合作模式。建立高校、科研院所、企业、其他社会科技资源之间的科技交流合作机制，搭建起现有科技人才交流的平台模式，通过科技课题或科研项目的研究合作，进一步提高各方科技人才综合创新的能力与水平。三是加大科技人才的引进。加快建立健全完善的高科技人才引进机制，制定相关政策，强化政策保障，提高薪资待遇，简化落户条件，提升高科技人才入陕的引进率，为陕西科技创新发展提供强有力的智力支撑。

优化完善专利政策导向，全面提高专利质量。一是建立以专利授权率为导向的财政投入政策，根据申请专利的转化成功率给予相应的财政投入，实行差别化的投入政策。二是注重加强对专利质量的考核，将专利转化率纳入目标考核的体系中，进一步健全完善以专利申请数量作为主要考核指标的考核体系。三是加强对专利代理行业的监管以及培训力度，全面规范代理机构行为，优化服务内容和流程，提升专利服务质量水平。同时，加大对非正常申请的专利代理机构的执法检查与惩戒力度，从源头上提高专利申请质量。

（二）持续推进"一带一路"倡议，提高对外开放水平

作为国家多重战略的重要叠加之地，陕西正紧抓西部大开发和"一带一路"倡议大力发展"门户经济"，提高对外开放的水平，内外改革开放的新高地正在加快建设形成。深入贯彻落实《陕西省人民政府关于积极有效利用外资推动经济高质量发展的实施意见》中关于推进外资领域"放管服"的改革意见，进一步落实简政放权的措施，简化外资准入流程，提高审批办事效率，强化有关部门服务意识，做好监督审核工作，为外商投资营造良好的"软环境"，为助力陕西利用外资提高对外开放水平和经济高质量发展水平奠定扎实基础。抢抓"一带一路"机遇，加强与沿线周边国家、地区开展围绕高技术产业、战略性新兴产业以

及文化、体育、旅游、教育、科技等行业领域①的合作交流力度，加大对外开放、招商引资以及境外投资力度，吸引外资企业"走进来"到陕投资、建企、办厂，同时鼓励本土企业"走出去"在境外办厂、建分支机构，通过投资合作模式不断增加陕西高技术产业、新型战略性产业等进出口总额。巩固提升陕西省已建立的开发区、综保区、工业园区、产业园区等平台对外开放的格局，优化完善陕西省纳入《中国开发区审核公告目录（2018年版）》中56家国家级和省级开发区的产业空间布局，加大对外开放合作交流的力度，以吸引更多的国内外知名企业入驻平台中，提高实际利用外资的力度，助推陕西经济高质量发展。同时，依托陕西自由贸易试验区、开发区、综保区、工业园区、产业园区等对外开放平台的区位条件、资源优势、产业基础等发展优势，根据不同平台的主导产业功能，分别将国内外企业分类集聚到相关平台中，发展形成高技术产业、能源化工产业、现代物流、电子商务、传统产业等不同的产业集聚圈，并充分发挥各集聚圈的协同发展功能，带动和辐射更多产业发展。

（三）加快推进生态文明建设，推动绿色陕西发展

生态文明建设是中华民族永续发展的千年大计，既是社会问题，也是民生问题和政治问题。认真践行"绿色青山就是金山银山"发展理念，加大推动生态系统保护和修复，深入推进生态文明建设对改善陕西存在的空气质量差、绿化覆盖率低、能源消耗大等问题具有重要意义。大力发展环保节能产业，从源头上减少高污染源的排放。一方面，深入推进供给侧结构性改革，加快淘汰落后产能和化解过剩产能的步伐，加大对违法违规建设项目清理整顿的力度，持续依法取缔污染严重、达标无望的企业，加快完成"僵尸企业"的处置。另一方面，大力发展新能源、新材料、互联网、生物科技、新一代信息技术等具有低碳、环保特征的新兴产业，大力支持与环境基础设施建设、环境综合治理、环保产业等有关的环保建设项目，通过发展优质产业和环保项目提升生态环境水平。多元化、多渠道推进生态文明宣传与建设。一方面，加强引导企业不断进行技术创新改革，通过技术更新改造不断取代传统工艺和落后产能，提高生产效率和能源利用率，降低生产成本，减少污染排放。同时通过宣传，提升企业生态文明建设的意识，监督和鼓励企业坚持做好节能减排工作，在兼顾企业经济效益的同时切实做到绿色、低碳、循环发展。另一方面，加大社会动员力度，号召全民参与生态文明建设。

---

① 刘晓斌：《加快对外开放　陕西需要回答好三个问题》，载于《西部大开发》2019年第4期。

通过生态文明宣传教育进社区、进学校、进机关、进工厂、进办公楼、进商场等活动方式，切实提升全民生态文明建设意识，引导全民积极践行绿色生活，养成生态环保的良好行为习惯。健全完善环保督察"回头看"机制。不定期对陕西生态环境保护工作进行多次抽查、再复查，根据复查结果对问题进行整改、对相关部门和工作人员问责，充分发挥督察的震慑与推动作用，切实加强各部门推动环境污染治理、生态文明建设的力度。

‖第十七章‖

四川省经济高质量发展研究报告

四川简称"川"或"蜀",是中国重要的经济、工业、农业、军事、旅游、文化大省。四川省是我国一个人口和经济大省,在全国经济格局中占有重要地位。在四川省提出的"一干多支、五区协同"区域发展战略中,省会成都是"主干",成都是我国九个国家中心城市之一,是国务院确定的国家重要高新技术产业基地、商贸物流中心和综合交通枢纽,是我国重要的经济中心、科技中心、文创中心、对外交往中心、金融中心,综合交通讯枢纽。四川省通过做强"主干",进而发挥"主干"全省的引领带动作用,带动全省经济持续健康发展,推动区域内各市州协同发展。随着我国经济社会发展进入新时代,四川经济从高速增长转向高质量发展阶段,正处在转变发展方式、优化经济结构、转换增长动能的攻关期。了解并掌握四川省经济发展高质量发展状况,为四川省探寻一条从新常态、新需求到新动能、新供给的新发展之路十分必要。

一、四川推进经济高质量发展的主要举措

改革开放40多年来,在四川省委、省政府的正确领导下,四川省始终坚持以经济建设为中心,不断加快发展步伐,努力提高发展水平,综合实力显著增强,经济增长跃居全国前列,进入了新中国成立以来经济增长最快、持续时间最长、运行质量最佳的时期。近年来,四川省通过制定出台推动经济高质量发展的政策措施、实施方案等为高质量发展提供制度保障,注重推动产业绿色发展,推动发展与生态环境相适应,提出打造"一干多支、五区协同"的区域发展新格局,推动区域协调协同发展,这对四川建设经济强省意义重大。

(一)完善促进高质量发展的制度环境

完善推动经济高质量发展的政策体系是促进经济高质量发展的内在要求。对

任何区域而言，谁能率先转变发展方式、优化经济结构、提升发展质量和效益，谁就能在竞争激烈的舞台上，占据经济发展的制胜先机。近年来，四川省加快完善推动经济高质量发展的政策体系、政绩考核、绩效考核体系，这既是对中央提出的建立完善的高质量指标体系、政策体系等的积极回应，也为四川经济高质量发展提供了支撑、发展导向与实施路径。出台的政策体系主要分为三个方面：一是推动经济、产业高质量发展，如四川省委十一届三次会议通过《中共四川省委关于全面推动高质量发展的决定》《关于加快构建"5+1"现代产业体系推动工业高质量发展的意见》《四川省人民政府办公厅关于国有企业高质量发展的指导意见》等。2018年，四川省出台了《四川省人民政府办公厅关于国有企业高质量发展的指导意见》，提出的目标是质量效益进一步提升、企业体系进一步精干、资本功能进一步放大、现代企业制度进一步完善，提出了优化资本布局结构、推动混合所有制改革、强化创新和人才支撑、完善治理管控体系、扩大开放合作、转变职能提升效能等六大任务，为四川省国有企业实施高质量发展提供了行动指南和制度保障。二是出台促进区域协调发展的指导意见，2018年，四川省出台了《关于实施"一干多支"发展推动全省区域协同发展的指导意见》，这既是贯彻落实国家区域协调发展战略，也是立足比较优势，突出功能定位，有利于通过主干的引领带动作用来推动区域协调发展。近年来四川省相关部门出台的促进经济高质量发展的政策措施及发展规划如表17-1所示。

表17-1　　近年来四川省相关部门出台的促进经济高质量发展的政策措施及发展规划

年份	政策措施及发展规划
2013	四川省委省政府把创新驱动列为全省"三大发展战略"之一，并出台《关于实施创新驱动发展战略增强四川转型发展新动力的意见》，明确提出要进入以创新驱动为主的发展阶段
2015	《中国制造2025四川行动计划》
2016	《四川省推进供给侧结构性改革总体方案》
2016	《四川加快推进生态文明建设实施方案》
2018	四川十一届三次会议通过《中共四川省委关于全面推动高质量发展的决定》
2018	四川省出台了《关于实施"一干多支"发展推动全省区域协同发展的指导意见》
2018	《四川省人民政府关于加快构建"5+1"现代产业体系推动工业高质量发展的意见》
2018	四川省人民政府印发了《关于优化区域产业布局的指导意见》
2018	《四川省全面加强生态环境保护坚决打好污染防治攻坚战的实施意见》
2019	《四川省人民政府办公厅关于四川省国有企业高质量发展的指导意见》
2019	《关于推动县域经济高质量发展的指导意见》，提出26条措施推动县域经济高质量发展

（二）推动县域经济向高质量转型

县域经济是国民经济的基本单元，四川省委、省政府高度重视县域经济发展。2019 年，四川为推动县域经济高质量发展，形成各具特色、竞相发展的新格局，出台了《关于推动县域经济高质量发展的指导意见》。2019 年，四川省按照"我国将加快形成推动高质量发展的指标体系、政策体系、标准体系、统计体系、绩效评价、政绩考核等六大指标体系"要求，为促进县域经济高质量发展，出台了 2019 年县域经济考核办法，按照统一指标、分类赋权原则，选择了包含经济发展、城乡发展、民生改善、生态环境、风险防控五个维度 24 个指标的县域经济高质量发展考核指标体系，将四川省的 183 个县域分成四大类来考核。对四川省的 183 个县域，根据生态功能定位、经济发展开发强度、地理区位、自然条件、未来发展导向与重点等差异，分成城市主城区（33 个）、重点开发区县（57 个）、农产品主产区县（35 个）、重点生态功能区县（58 个）。为鼓励各县域根据发展定位、发展基础条件推动经济高质量发展，四川省提出将对县域经济发展"强县""先进县""进步县"给予一定额度的一次性财政奖励，并在项目建设、土地指标、招商引资方面给予激励。截至目前，四川省是我国为数不多的专门出台推动县域经济高质量发展的省（区、市）。同时，这是对中央提出推动高质量发展的指标体系、绩效评价和政绩考核要求所作出的有益尝试。

（三）注重生态与经济和谐发展

近年来，四川省出台了生态文明建设实施方案等十多个生态文明建设制度与方案，建立健全了生态文明建设的基本制度体系。2016 年 7 月 28 日，四川省委第十届委员会第八次全体会议通过《中共四川省委关于推进绿色发展建设美丽四川的决定》。推进绿色发展、建设美丽四川，是落实"五位一体"总体布局和"四个全面"的战略布局、践行新发展理念的重大举措，是满足四川人民对良好生态环境新期待、全面建成小康社会的责任担当，是筑牢长江上游生态屏障、维护国家生态安全的战略使命。牢固树立"保护生态环境就是保护生产力，改善生态环境就是发展生产力"的理念，四川省共有 56 个县域纳入国家重点生态功能区，占全省面积的 60% 以上。划定生态保护红线面积 14.8 万平方公里，占四川省总面积的 30.45%。① 全省以成都平原为重点打响蓝天保卫战，以沱江、岷江水系为重点打响碧水保卫战。经过多年的发展，四川省的生态建设和环境治理取得明显成效，截至 2018 年，四川省的森林面积达到 2.83 亿亩，在全国排第 4位，森林覆盖率为 38.83%，高出全国平均水平十多个百分点。通过加大生态环保治理投入，打响蓝天、碧水和长江保护修复攻坚战等环保攻坚战，生态环境质量进一步改善，2018 年，四川省的城市污水处理率达到 87.5%，87 个国考断面水质优良率为 88.5%，空气质量优良率达到 84.8%。② 同时，四川省还将生态建设与脱贫攻坚结合起来，自 2016 年开始，四川省整合生态管护资金，启动建档立卡贫困户生态护林员选聘工作，通过帮助贫困人员就业来提高贫困家庭的收入，护林员在完成护林工作的同时还可以从事家里的农业生产，就近照顾家庭。从 2018 年开始推广的造林专业合作社，至今已在四川省共设立 1080 个合作社，吸纳社员 4 万人以上，75% 以上为建档立卡贫困人口，入社贫困劳动力人均每年获得劳务收入 2000 元以上。③ 通过合作社的推动作用，既增强了植树造林的专业性，扩大了人工林的面积，还极大地促进了当地农民家庭增收，同时结合当地实际进行精准扶贫。

（四）稳定增加投资刺激消费

根据《关于四川省 2018 年国民经济和社会发展计划执行情况及 2019 年计划草案的报告》。2018 年，四川省基础设施对投资增长的贡献率超过 50%，民间投资增长 10.2%，同比提高 2.4 个百分点，处于近四年的最高水平。2019 年第一和第四季度四川省集中开工重大项目 3113 个，计划总投资 1.4 万亿元。重点项目扎实推进，700 个重点项目完成投资 7004 亿元。成都轨道交通续建项目、中电子 8.6 代线等项目顺利投产，宜宾市大学城及科创城项目、普光微玻纤新材料、攀钢高炉渣提钛产业化等项目加快推进，极深地下极低辐射本底前沿物理实验设施获得立项批复。加大项目储备，纳入国家重大项目储备库亿元以上项目 2910个、总投资 4.4 万亿元。规范有序推进政府和社会资本合作项目。优化提升市场

---

① 四川省环境生态厅：《关于四川省 2018 年度环境状况和保护目标完成情况的报告》，四川省环境生态厅网站，2019 年 5 月 13 日，http://sthjt.sc.gov.cn/sthjt/c103958/2019/5/13/9edfb2f04bda46bbaeb811269698f2e6.shtml.

② 数据主要来自 2018 年四川省《国民经济统计公报》和《环境统计公报》。

③ 蒲香琳、王成栋：《我省（四川）已提供生态公益管护岗位近 10 万个》，载于《四川日报》2019年 12 月 26 日。

拓展"三大活动",聚焦重点地区推动川货"六进",组织 9.7 万余家企业积极参与。当前,四川居民消费形态加快向多样化服务需求转变,教育培训、信息服务、旅游休闲、养身康体等服务消费成为新的消费增长点。为迎合消费需求变化,四川省深入推进供给侧结构改革。提升产品质量。为拓展消费市场,提振消费活力,四川省持续促进餐饮、文化、家政等服务消费发展,加大川菜国际推广力度。通过建设天府旅游名县来助推旅游高质量发展,完善旅游基础及配套服务设施。四川加大网络消费、体验消费、智能消费等新业态新模式培育发展力度,2018 年,四川省电子商务交易实现总额为 32986.9 亿元,同比增长 19.6%;其中,网络零售额为 4269.21 亿元,同比增长 28.6%,[1] 网络零售额在全国排名前 10 位。新华文轩创建"供应链云平台"模式,成为行业发展模式的标杆。[2] 实施外贸优进优出"三大工程",对外贸易创新高。2018 年,四川省外贸进出口规模近 6000 亿元。民营企业进出口总额增长超过 50%,年新增外贸企业 500 余家。其中,成都、眉山、南充、攀枝花、绵阳获批"国家级外贸转型升级基地",自贡获批"国家文化出口基地"。

(五) 推动工业产业绿色发展

2017 年 7 月,四川省在《四川省"十三五"工业发展规划》中明确提出聚焦建设全国重要的产业创新基地和先进制造基地,以实施"万千百亿工程"为抓手,到 2020 年建成中西部领先的制造业发展高地,工业增加值目标超 1.5 万亿元。构建现代工业体系,壮大提升传统优势产业,坚持以数字化、绿色化、智能化为方向,加大汽车制造、油气化工、能源电力、饮料食品等传统优势产业技术改造力度;突破发展先进制造业,加快布局高端制造业和制造业高端领域,着力推进新一代信息技术、航空航天、轨道交通、新能源汽车、生物医药、节能环保、新材料等十大重点领域突破发展;推动电子商务、科技服务、商务咨询、文化创意、养老健康等新兴服务业优先发展,推动研发设计、现代物流、现代金融、服务外包等服务领域加快发展。为贯彻落实《中国制造 2025 四川行动计划》和《四川省"十三五"工业发展规划》,推动工业绿色低碳循环发展,促进生态文明建设,四川省制定了《四川省"十三五"工业绿色发展规划》,将节能环保

---

① 唐泽文:《四川电商交易额突破 3 万亿元 同比增长 19.6% 中西部第一》,四川新闻网,2019 年 1 月 21 日,http://scnews.newssc.org/system/20190121/000938181.html。

② 袁城霖、李欣忆:《从三个改变看四川消费 70 年繁荣发展》,载于《四川日报》2019 年 9 月 16 日。

产业作为重点培育产业，绿色产业加快发展壮大。在大气污染防治装备和高效清洁节能环保等领域具备相对领先优势，重点打造成都、德阳、绵阳、自贡、宜宾等节能环保装备基地。"十二五"以来，累计淘汰落后过剩产能2707户企业，为培育发展绿色产能腾出环境资源空间和容量。①

二、四川经济高质量发展成效分析

（一）四川省经济高质量发展综合指数稳步提升

2013～2018年，四川省经济高质量发展综合指数保持持续提升态势，在西部保持排名第3的比较优势。从五个维度看，四川省的结构优化、动能转化及民生共享维度对经济高质量发展的贡献度较大；在效益效率方面，四川省保持在较稳定的水平。2017年，习近平总书记在党的十九大上指出："我国已由高速增长阶段转向高质量发展阶段，正处在转变发展方式、优化经济结构、转换增长动力的攻关期。"表17-2和表17-3是2013～2018年四川省总体经济高质量发展综合指数和上述五个维度分项指数的测度结果及在西部的排名。

表 17-2　　　　　　　2013～2018 年四川省经济高质量发展综合指数及分项指数

年份	效益效率	结构优化	动能转化	绿色生态	民生共享	综合指数
2013	0.087	0.146	0.152	0.093	0.181	0.658
2014	0.087	0.154	0.148	0.091	0.190	0.671
2015	0.091	0.148	0.159	0.095	0.177	0.669
2016	0.088	0.166	0.157	0.087	0.191	0.689
2017	0.096	0.170	0.165	0.087	0.175	0.692
2018	0.089	0.177	0.210	0.103	0.177	0.756

---

① 戴璐岭、李慧颖：《双赢！四川推进工业绿色发展工业经济发展与生态环境保护并重》，四川新闻网，2019年9月9日，http://scnews.newssc.org/system/20190909/000993868.html。

表 17 - 3　　　　2013～2018 四川省经济高质量发展综合指数及分项指数在西部的排名

年份	效益效率	结构优化	动能转化	绿色生态	民生共享	综合指数
2013	6	2	3	5	2	3
2014	5	3	3	4	2	3
2015	4	3	3	3	2	3
2016	3	3	3	6	2	3
2017	3	2	3	6	2	3
2018	7	2	3	3	2	3

从五个维度的分项指数在西部排名的变化来看，四川的效益效率指数和绿色生态指数排名位次变化相对较大，结构优化指数、动能转化和民生共享指数的排名位次分别基本保持在第 2、第 3 和第 2 位。从五个维度指数在西部的排名先后位次来看，2018 年，四川的效益效率、动能转化和绿色生态指数相对其他维度的指数来说排名靠后，效益效率指数排第 7 位，是四川经济高质量发展短板与不足之处。

（二）四川省高质量发展子层面指数总体向好

由表 17 - 2 可见，四川省经济高质量发展综合指数从 2013 年的 0.658 增长至 2018 年的 0.763，总体上呈现出上升态势，在西部的排名一直保持在第 3 位，这六年来，四川省经济发展质量逐年稳步提升。从分项维度评价来看：

1. 效益效率指数小幅波动

2013～2018 年，四川省高质量发展的效益效率指数整体呈现上升的态势，其间有所波动，前三年四川省高质量发展的效益效率指数稳固上升至 0.091，2016 年略有下滑，随后 2017 年继续上升至 0.096，但 2018 年下降至 0.089。四川省的效益效率指数在西部的排名从 2013 年的第 6 位上升至 2017 年的第 3 位，但在 2018 年又下降至第 7 位。数据也反映出四川省的效益效率指数提质增效的幅度略好于同期西部的其他省（区、市）。从反映效益效率的分项指标来看，2013～2018 年，四川省的地区生产总值增长率虽从 2013 年的 10% 下降至 2018 年的 8%，经济增速的放缓与全国的经济增长进入新常态基本保持同步，人均地区生产总值逐年稳步增加，从 2013 年的 32617 元上升至 2018 年的 48883 元，增长了 49.87%；四川省的全社会劳动生产率和人均一般公共预算收入也保持较快增长态势，随着政府助力企业高质量发展的进程加快，四川省的规模以上工业企业单位产值利润率逐年提高，与之对应的规模以上工业企业成本费用利润率呈现出先下降后上升的趋势，未来的发展态势可观。

2. 结构优化保持相对领先

2013～2018 年，四川省的结构优化指数除 2015 年有所下滑外，其他各年度都处于提升态势；四川省的结构优化指数在西部的排名基本上保持在前三位。从效益效率的各分项指数来看，2013～2018 年，四川省第三产业增加值占 GDP 比重逐年稳固上升，从 2013 年的 40.30% 上升至 2018 年的 51.4%，提升近十个百分点，说明随着四川省经济高质量发展的结构优化系统逐步健全，以供给侧结构性改革为主线，坚持抓好项目建设，优化升级工业经济，提质增效现代农业，加快推进第三产业，促进产业转型升级，使得经济高质量发展的效益效率逐年提高，由此有利于加快四川省未来经济高质量发展的进程。随着税收政策减免力度的加大，税收收入占一般公共预算收入的比重从 2013 年的 75.55% 持续下降至 2018 的 72.10%，居民的税收压力逐年递减。常住人口城镇化率、城乡居民收入比都在逐年下降，这与四川省近年来放宽落户政策、着力改变城乡不平衡现状等一系列举措紧密相关。同时，民生财政支出占财政总支出的比重大幅上升，这说明政府对于民生工程的支持力度加大。

3. 动能转化指数排名保持稳定

较 2013 年相比，除 2014 年略有下降外，其余年份均有所上升，随后基本上呈现出稳定状态小幅提升。反映动能转化的指标有投资拉动率、实际利用外资占 GDP 比重、每万人发明专利授权数、每万人在校大学生数量、技术市场投资额等 9 个指标。2013～2018 年，四川省每万人发明专利授权数和在校大学生数量迅速上升，在校大学生人数从 2013 年的 156.76 万人上升至 2018 年的 240.90 万人，增长了 53.67%。技术市场投资额增长迅速，从 2013 年的 160.61 亿元逐年上升至 2018 年的 996.70 亿元，增长率达 520.57%。实际利用外资占 GDP 比重逐年下降，在 2018 年略有回升。投资拉动率呈逐年下降趋势。以上数据说明，近五年来，随着四川省资源禀赋结构的不断变化，经济增长旧的动能逐渐减弱，在新的发展阶段新动能逐渐产生，以产业支撑为核心，招商引资为关键，规划引领新旧动能的转换。

4. 绿色生态指数排名保持稳定

2013～2018 年，四川省绿色生态指数呈现先升后降再升的态势。这说明随着经济高质量发展的稳步上升，四川省生态环境代价在显著提高，四川作为我国的重点旅游省（区、市），对环境问题的重视程度较高，各地区生产模式也向着集约化的发展方向稳步前进。从分项指标来看，2013~2018 年，四川省森林覆盖率和建成区绿化覆盖率虽总体上升，但上升比较缓慢，且在中间年份有所下滑。工业固体废弃物综合利用率 2013~2017 年呈现先提高后下降的态势，但整体利用率相对偏低，2018 年又提升为 36.81%。

5. 民生共享指数排名保持稳定

六年间，四川省民生共享指数呈现波动态势，从各分项指标来看，2013~2018 年，城镇居民人均可支配收入、农村居民纯收入呈现稳定上升趋势。城镇居民人均可支配收入从 2013 年的 22368 元上升至 2018 年的 33216 元，提高了 48.50%；农村居民人均纯收入从 2013 年的 7895 元上升至 2018 年的 13331 元，提高了 68.85%，涨幅较高。随着城乡一体化进程加快，四川省城乡居民收入差距逐年缩小，对贫困地区帮扶政策落实效果显著。贫困发生率从 2013 年的 8.60% 降至 2018 年的 1.10%。四川省民生财政支出占财政总支出占比由 2013 年的 64.41% 增长至 2018 年的 71.0%，提高了近 7 个百分点。每千人拥有的卫生技术人员从 2013 年的 5.26 个增加至 2018 年的 6.70 个，每千人所拥有的医疗机构床位数从 2013 年的 5.26 个增加至 2018 年的 7.18 个。人均个人储蓄存款余额呈逐年上升趋势，表明人们生活保障全面，生活质量显著提高。

（三）四川省经济高质量发展取得的成效

1. 四川省经济总量不断扩大，经济持续快速增长，结构不断优化

改革开放 40 年来，四川地区生产总值（GDP）由 1978 年的 186.6 亿元，增加到 2018 年的 40678.1 亿元，跨越 4 个万亿元大台阶。1991 年，四川经济总量迈上第一个千亿元台阶，为 1016.31 亿元。进入 21 世纪之后，四川经济增长速度明显加快，2001~2006 年，几乎每年跨过一个千亿元台阶，实现 8 个千亿的突破；2006 年达 8690.2 亿元；2007 年首次突破万亿元大关，达 10562.4 亿元；2011 年迈上 2 万亿元台阶；2015 年迈上 3 万亿元台阶。2018 年，全省经济总量达 40678.1 亿元，经济总量继续位居全国第六、西部第一。

2. 四川坚定走生态优先、绿色发展之路，绿色发展取得新成效

四川省坚持走工业经济发展和生态环境保护的"双赢"道路，强化资源节约利用、加强工业污染防治，工业绿色发展水平取得长足进步，主要是污染防治更加有力。坚持将抓好污染防治工作，坚决打好工业领域污染防治攻坚战。2013~2018 年，森林覆盖率逐年上升，由 35.5% 上升至 38.83%，环境污染治理投资总额占 GDP 的比重保持在 0.80% 左右。自 2017 年以来，四川省全面淘汰地级及以上城市建成区 612 台燃煤小锅炉，完成全省 4299 座加油站和储油库油气回收治理改造，加快推进工业园区集中污水处理设施建设，完成 9 家城镇人口密集区危化品生产企业搬迁改造，其余 26 家企业也在积极推进过程中，成功创建一批绿色工厂、绿色园区、绿色产品和绿色供应链，"十二五"以来 490 户企业实施自愿性清洁生产审核，推动 3.1 万余户"散乱污"企业完成整治，工业经济发展与生态环境保护协调性显著提升。

3. 四川省工业科研发展迅速，重"速度"也重"质量"

四川省是全国科教大省和军工大省，也是全国三大动力设备制造基地和四大电子信息产业基地之一，全球约 50% 的笔记本电脑芯片在四川封装测试，发电设备产量连续多年居世界第一。近年来，四川着力构建以电子信息、装备制造、食品饮料、先进材料、能源化工为支柱和以数字经济为引领的"5 +1"现代产业体系，推动数字经济与实体经济融合发展。2018 年，四川省高新技术产业主营业务收入达 1.75 万亿元，科技对经济增长贡献率为 56%，初步走出了一条具有四川特色的创新发展之路。四川省科研经费投入占 GDP 比重由 2013 年的 1.52% 升至 2018 年的 1.81%。以国家级新区天府新区为例，以人工智能、数字经济等为代表的新经济产业，正在为四川经济高质量发展注入新动能。

4. 四川省部署新兴产业发展，重视特色产业发展

近年来，四川牢固树立和贯彻落实新发展理念，保持专注发展、转型发展定力，一方面重点培育壮大五大高端成长型产业、五大新兴先导型服务业、七大战略性新兴产业，推进经济结构加速战略性调整，推动产业加快向中高端迈进；另一方面主动适应经济发展新常态，以提高经济发展质量和效益为中心，不断转变经济发展方式，在转方式调结构的过程中推动新旧动能成功转换。如今，四川越来越多的高技术产业试点示范已纳入国家布局，四川经济新动能加快汇聚壮大。可以预见，随着创新驱动发展战略深入实施，四川的高技术和战略性新兴产业将继续保持稳中向好的增长势头。从空间布局来看，成德绵地区是新兴产业核心布局区，南充、宜宾、泸州、内江等地均被列为重点拓展区。以新兴产业和特色、优势产业为带动，四川省全社会劳动生产率从 2013 年人均 54785.91 元增至 2018 年的人均 83340 元，经济发展效率大大提升。

三、四川经济高质量发展存在的问题

2013~2018 年，四川省经济高质量发展总体上稳固上升，发展过程中民生工程开展顺利，国民经济不断发展。进一步深入分析 5 个维度的具体指标可见，四川省在新阶段的转型过程中存在不可忽视的发展约束效应，指标之间还有待优化互动促进形成长效、合力驱动的状态，从而进一步促进提升四川省经济高质量发展的水平。

（一）技术创新驱动经济高质量发展效益效率的提升效果不甚明显

2013～2018 年，四川省的效益效率指数小幅振动，在西部的排名明显低于其他分项指数，也低于其综合指数在西部的排名。综合考虑经济高质量发展效益效率指标的变动，如地区生产总值增长率、全社会劳动生产率等指标，说明要实现经济高质量发展，不是依靠一味提高投资或拉动消费，更要依靠技术进步、技术变动以及技术效率变动促进经济转型发展。四川省反映效益效率的 6 个指标在西部的排名均明显低于综合指数在西部的排名，是四川省经济高质量发展的短板指标。2018 年，四川省的地区生产总值增长率和人均地区生产总值在西部排第 5 和第 6 位，社会劳动生产率、人均一般公共预算收入、规模以上工业企业单位产值利润率和规模以上工业企业成本费用利润率 4 个指标均在西部排第 7 位。经验表明，资本的合理配置能在一定程度上促进经济向现代化转型。根据 2020 年 1 月中央财经委员会第六次会议提出成渝地区双城经济圈的战略布局，将以国家中心城市成都、重庆为核心，以"一带一路"和长江经济带为依托，在西部培养高质量发展的重要增长极。这凸显出成都的重要意义，四川应强化成都市的"主干"责任担当，依托成都的科技研发服务优势、开放型现代产业体系、高能级对外开放平台等打造高质量发展示范区，对全省的高质量发展形成引领示范效应，提升高质量发展的效益效率。

（二）产业结构调整的总体效益目前还处于低水平阶段

产业结构的协调合理与否，反映了要素配置效率的高低，影响着经济高质量发展水平。2013～2018 年，结构优化评价指数在波动中上升，对经济高质量发展的贡献较大，说明经济转型的方向是在不断改善与优化，对经济发展质量提升带来了积极影响。在结构优化评价指数的多个分项指标中，规模以上工业企业单位产值利润率在波动中呈上升趋势、服务业增加值占 GDP 比重逐年上升、常住人口城镇化率从 2013 年的 44.90% 升至 2018 年的 52.29%；城乡居民收入比、投资拉动率呈现下降态势、实际利用外资占 GDP 比重从 2013 年至 2017 年逐年下降，

2018 年略有回升，如投资拉动率从 2013 年的 5.04% 降至 2018 年的 4.14%。总的来说，第一、第二、第三产业对 GDP 的贡献有小幅波动，第三产业所占比重逐年持续上升，这也表明近年来产业结构的调整正在由低层次向高层次逐步过渡。

（三）区域经济发展不平衡问题依然突出

数据显示，四川省近年来经济发展持续向好，逐年稳步上升，但是，四川省各市州之间经济发展不均衡，各经济区块间也存在着较大差异。例如，经济水平居于首位的是"成都经济区块"，代表城市成都 2018 年地区生产总值为 15342.77 亿元，其中，第一产业 522.59 亿元，第二产业 6516.19 亿元，第三产业 8393.99 亿元，人均地区生产总值为 94782 元；居全省第二位的市州为绵阳市，地区生产总值为 2303.82 亿元，其中，第一产业 301.27 亿元，第二产业 929.40 亿元，第三产业 1073.15 亿元，人均地区生产总值为 47538 元，与成都市相比，地区生产总值相比差近 7 倍，人均地区生产总值相差更大。2018 年，绵阳市实现历史性跨越，实现完成"冲刺两千亿"的目标，成为四川省除成都外首个跨过 2000 亿门槛的地级市，同时该年度与绵阳市经济发展比较接近的德阳市的生产总值为 2213.87 亿元。"成渝经济区"的地级市也不容忽视。该经济区内排名靠前的市州有宜宾市（地区生产总值 2026.37 亿元）、南充市（地区生产总值 2006.13 亿元）、泸州市（地区生产总值 1694.97 亿元）。处于攀西经济区的城市有西昌市、攀枝花市，其中，攀枝花市的 GDP 总量虽不靠前，但人均 GDP 却长期名列攀西地区之首、全省第一，攀枝花市经济极大地带动了攀西地区的发展。即便如此，2018 年地区生产总值低于 1000 亿元的市州仍有 5 个，即广元市、巴中市、雅安市、甘孜州、阿坝州，表明四川经济协调发展的压力依然存在。

（四）重视环境建设与治理成效有待进一步提升

2013～2018 年，虽然四川省绿色生态指数在西部排名上升，但四川部分绿色生态指标在西部排名低于综合指数排名。2018 年，四川省的城市空气质量优良天数占比为 84.80%，虽然较前几年小幅提升，但是与西藏、云南、贵州、广西和青海等超过 90.0% 的西部省（区、市）等相比还有一定差距。2018 年，四川省的森林覆盖率为 38.03%，较区域位置相近的重庆和陕西要低 5 个百分点左右，在西部排第 6 位，与东部地区的福建（66.80%）、浙江（59.43%）、广东

（53.32%）和中部地区的江西（61.16%）和湖南（49.69%）等森林覆盖率差距明显。四川的环境污染治理投资总额占 GDP 比重从 2013 年的 0.89% 下降至 2017 年的 0.83%，在全社会都非常重视和关注环保治理的情况下，四川省也提出了坚决打好环保攻坚战，但是环保治理投资却没有明显增加。2017 年，四川的工业固体废弃物综合利用率虽然较 2013 年提高了 3.04 个百分点，达到 36.81%，但在西部仅排名第 7 位，较贵州、重庆、陕西三个西部最高的省（区、市）要低 20.0%。2018 年四川省的万元 GDP 能耗和单位工业增加值能耗均要高于重庆、陕西、广西和云南；其 2018 年万元 GDP 能耗为 0.544 吨标准煤，明显高于国内能耗相对较低的北京（0.254 吨标准煤/万元）和上海（0.382 吨标准煤/万元)。这也表明四川省还应加强对现存的高耗能、高污染企业的节能降耗、清洁生产改造，提升经济发展的"绿色含量"。

四、促进四川经济高质量发展的对策建议

根据对经济高质量发展内涵的界定与对经济高质量发展指标测度体系的构建，对 2013~2018 年四川省经济高质量发展水平进行了测度和评价。测度数据表明，四川省经济发展质量总体上稳步上升，经济发展的重心已逐步从快速增长过渡到高质量发展的阶段。这一时期，四川省经济高质量发展水平的提升很大程度得益于新旧动能的转换、民生工程的建立与完善以及经济结构的不断优化。由于地域面积大、各市州经济发展基础、区位条件、自然条件等差异明显，各市州之间发展不平衡、不充分、不协调的问题突出。四川经济高质量发展全面转型要继续强化内生动力、进一步注重发展质量，同时加大对生态环境问题的重视力度。"十三五"期间是四川省进行全面深化改革、深入实施创新驱动发展战略的关键时期。因此，在经济高质量发展水平逐年提升的同时，还需要不断提升发展的效益效率，保持稳定性，加速新旧动能转化的进程，落实经济发展过程中人们所享受的福利水平与成果分配，重视伴随经济高质量发展可能付出的生态环境代价，大力提高资源利用效率和经济发展的可持续性。为此，提出以下对策建议：

（一）以创新驱动经济效率的提升，激发经济长期发展的内生动力

创新是第一生产力，以往经济发展过度依赖大量的要素投入，然而在当前要素红利式微和资本效率边际递减的现实背景下，如果仍然单单利用"重大项目投

资"等要素驱动方式，可能会造成产出过剩，不仅不利于产业结构的优化与转型升级，还会付出生态环境代价的成本。因此，必须切实实施创新驱动发展，[1] 以创新来驱动经济高质量水平的提升，形成内在的根本动力，从而使经济由有数量的增长转换为有质量的增长。加大科技进步和企业研发的支持力度，具体应该做到：围绕提升自主创新能力和产业核心竞争力，大力推进集成创新和引进、消化、吸收再创新；积极引导创新要素向企业集聚，形成以企业为主体、市场为导向、产学研相结合的技术创新体系；完善科技发展机制，建立健全多渠道、多元化的科技投入体系；加强高技术和产业关键共性技术开发，大力开展科技经济服务，加快建设创新转化服务平台，着力打造特色鲜明的区域创新体系。

（二）调整优化经济结构，推动经济在更高层级协调发展

调整和优化经济结构对于推进四川省高质量发展具有重要作用。首先，根据产业结构客观演进的规律，合理分配生产要素在不同产业的投入，在充分满足社会需求结构的目标下，以最小的社会整体成本，发挥生产要素最大的增长潜能。其次，在内外需求结构上，加快调整进出口贸易结构，转变外贸增长方式，大力支持、鼓励有条件的企业走出去，积极拓展国际市场，在稳定扩展外需的同时，扩大内需，逐步提高居民消费占内需的比重，发挥消费对优化投资结构的引导作用。最后，要统筹城乡协调发展，加大以城带乡力度，实行新型城市化和新农村建设"双轮驱动"，推进城乡一体化。

（三）支持特色产业，培育区域特色经济

四川省各市州经济发展过程中应秉承"扬长避短、因地制宜"原则，结合自身资源优势，培育区域特色经济，壮大优势经济，全面推进区域经济健康、持续、快速发展。成都经济社会发展程度最高，但仍需通过多种措施促进其发展。首先，要充分发挥其经济优势、区位优势、市场优势和西南地区科技中心的有利条件，依托成都市高新技术产业开发区、天府新区和绵阳高新技术开发区，立足科技创新，把科研优势转变为产业和技术优势，加快发展轨道交通、智能装备、航空与燃机、人工智能、新能源与智能汽车、新材料、清洁能源、节能环保等产业。其次，把劳动力密集型产业向四川省其他经济区转移，要发挥地区经济增长

---

① 崔忠平：《区域经济发展的创新驱动作用实证研究》，辽宁大学博士学位论文，2019 年。

极的辐射和带动作用，加快落后地区的工业发展步伐，攀西经济区的攀枝花是典型的资源型城市，是近十几年来政府重点建设的工业基地，城市化和经济发展速度相对较快，在开发和输出资源的过程中要依靠科学技术，坚持走新型工业化道路。最后，要瞄准川西北经济区，定位特色产业，缩小与成德绵经济区存在的经济差距。川西北地区要注重教育优先，引进人才，鼓励当地人员到经济发达地区学习交流新技术、新思想等，建立与成都等经济较发达地区的连接通道，协调多方资源和机遇、促进经济高质量发展。

（四）加强对资源环境的保护，推动产业发展绿色化

首先，应降低工农业对资源能源的依赖，大力发展循环经济，加强工农业资源的循环与重复利用，以技术研发带动节能降耗工程，利用试验示范区、生态工业园，促进可再生资源的发展，同时制定全行业节能减排的具体措施，推广节能减排关键技术，制定高耗能高污染企业的环境准入规范，在钢铁、煤炭、化工等产业推进应用；其次，要全面监管落实征收环境税或环境保护税，在国家政策指导下，积极反馈征收环境税的具体成效，探索完善环境税制，如增加对可再生资源的税收优惠、提高不可再生资源能源的税率等；最后，政府机构应积极宣扬绿色环保理念，注重利用不同机构对理念进行传播，引导公众增强绿色环保意识，如利用大众媒体、教育机构、环保协会等进行宣传，让公众感受到绿色发展不应只是政府或企业关注的重点，更是每个人自身应履行的职责所在。

（五）着力培育发展新经济，抢占发展先机

坚持把发展新经济作为四川省创新驱动发展的突破口，健全数字经济、智能经济、绿色经济、创意经济、流量经济、共享经济等新经济形态和服务实体经济、智慧城市建设、科技创新创业、人力资本协同、消费提档升级、绿色低碳发展、现代供应链创新应用等应用场景培育机制，培育发展大数据、云计算、人工智能、5G、物联网、大健康等产业，进一步完善健全"城市机会清单"机制，强化场景创新运用，组织开展应用场景沙龙、未来场景创新大赛等主题活动，提升场景供给在招商引资、资源配置等方面的质量效益。同时，推动大数据、区块链、人工智能等前沿技术或创新模式在政商民用、基础设施等多个领域运用，开展应用场景试点示范，以场景示范带动新兴产业发展、消费提档升级、社会治理创新。

‖第十八章‖

甘肃省经济高质量发展研究报告

　　甘肃是华夏文明和中国古文化的发祥地之一，历史上，甘肃无论在我国对外经济文化交流还是军事政治地位上均具有重要意义。甘肃省境内绵延数千里的古丝绸之路是当时中国与欧洲、中亚和西亚各国经贸往来、文化交流的重要交通要道，伴随我国与各国经贸往来和文化交流，佛教文化逐步发展起来，留下了长城关隘、塔碑楼阁、古城遗址、石窟寺庙等具有很高价值的历史文化遗产。改革开放以来，尤其是实施西部大开发战略以来，甘肃省经济社会发展取得较好成效，1978～2017年全省经济年均增速为9.63%。西部大开发以来，全省经济年均增速为10.31%，经济增速有所提升。近年来，甘肃紧抓"一带一路"建设和新一轮科技革命重大机遇，立足于解决当前及今后发展中的主要矛盾和突出问题，以深化供给侧结构性改革为主线，加快推进新旧动能转化，着力发展十大生态产业，践行建设国家生态安全屏障建设重任，深入推进绿色发展，加强城乡生态建设与环境综合治理，打响脱贫攻坚战，促进区域协调发展，推动经济高质量发展的有利因素不断增多，开启了经济高质量发展的新时代。

一、甘肃推进经济高质量发展的主要举措

　　党的十九大以来，甘肃省按照中央的统一部署，围绕"一带一路"建设、培育经济新动能、促进区域协调发展、全面打响三大攻坚战，在完善经济高质量发展的制度环境、坚持经济发展与生态保护并重、深入推进供给侧结构改革、促进区域协调发展、实施精准脱贫攻坚等方面采取有效措施，全力推动甘肃经济走向高质量发展之路。

（一）完善促进高质量发展的制度环境

　　完善推动经济高质量发展的政策体系是促进经济高质量发展的内在要求，要

在经济高质量发展上取得重大成效和突破，需要建立完善有利于推动经济高质量发展的制度环境。截至目前，甘肃省已初步构建了促进经济社会文化生态持续发展的相对完善政策体系、规划体系以及相应的考核督查机制，助推全省绿色生态产业持续向好发展。近年来，甘肃政府相关部门结合自身职责出台了促进经济高质量发展的政策意见、发展规划等（见表 18 - 1）。如《甘肃省推进绿色生态产业发展规划》提出培育发展清洁生产、节能环保、清洁能源、先进制造、文化旅游等十大产业，着力构建生态产业体系。甘肃将通过切实放宽市场准入、深入推进"放管服"改革、加大吸引外资力度、改善综合营商环境、发挥开发区利用外资重要平台作用等方式来提高利用外资规模和质量。

表 18 - 1　　　　近年来甘肃相关部分出台促进经济高质量发展的政策措施、发展规划

序号	政策措施和发展规划
1	《中共甘肃省委　甘肃省人民政府关于推进供给侧结构性改革的意见》
2	《甘肃省省属企业供给侧结构性改革实施方案》
3	《甘肃省推进绿色生态产业发展规划》
4	《关于构建生态产业体系推动绿色发展崛起的决定》
5	《甘肃省先进制造产业发展专项行动计划》
6	《甘肃省促进中小微企业高质量发展若干措施》简称"58 条措施"
7	《关于创新管理优化服务培育壮大经济发展新动能加快新旧动能接续转换的实施方案》
8	《甘肃省人民政府办公厅关于积极有效利用外资推动经济高质量发展若干措施》
9	《优化税收营商环境、服务全省经济高质量发展的有关税收措施》
10	《甘肃省绿色化、信息化、智能化推进传统产业转型升级实施方案》
11	《甘肃省规模以上工业企业高质量发展分类管理办法（试行）》
12	《甘肃省人民政府关于推动创新创业高质量发展打造"双创"升级版的实施意见》
13	《新时代甘肃融入"一带一路"建设打造"五个制高点"规划》

（二）发展经济与生态环境保护并重

2013 年底，国务院批复在甘肃建设我国第一个国家级生态安全屏障综合试验区。这充分体现了甘肃在全国生态安全建设中的重要性，也说明了甘肃具有生态安全屏障的重要作用。近年来，甘肃把生态文明建设放在更加突出的位置，将生态文明建设融入经济、政治、文化、社会建设各方面，着力推进国家生态安全

屏障综合试验区建设。

为贯彻落实习近平总书记建设山川秀美幸福美好新甘肃重要指示精神，坚决打好生态环保攻坚战，甘肃正在努力探索实践生态保护与经济高质量发展的双赢之路，着力推动产业结构调整和发展方式转变，深入践行绿水青山就是金山银山。2018 年发布的《甘肃省推进绿色生态产业发展规划》明确提出今后将重点发展节能环保、清洁生产、清洁能源、循环农业、中医中药、文化旅游、通道物流、军民融合、数据信息、先进制造等十大类绿色生态产业。截至 2018 年末，甘肃省十大生态产业增加值增速比地区生产总值高 0.4 个百分点，占全省的地区生产总值的 18.3%。根据甘肃省统计公报，2019 年甘肃省的十大生态产业增加值为 2061.9 亿元，同比增长 7.8%，占全省地区生产总值的 23.7%，较 2018 年提高了 5.4 个百分点。按照规划，到 2020 年，甘肃将通过发展十大类绿色生态产业，在产业结构优化升级方面取得明显进展，生态产业体系初步形成，最终使绿色产业成为全省经济的重要增长极。甘肃全力推进农业供给侧结构改革，加快推进以千万亩优质林果基地为重点的林业产业建设，加快发展经济林果、林下经济、种苗花卉、木本油料、森林生态旅游、沙产业等为主的六大林业产业，为消费者提供高品质的农产品。这明确释放出甘肃未来将坚定不移走绿色发展崛起之路，将加快实施一系列重点生态工程，使甘肃的天更蓝、水更清、山更绿、环境更优美，进一步筑牢国家西部重要生态安全屏障。

（三）深入推进供给侧结构改革

在 2015 年底的中央经济工作会议提出供给侧结构改革后，为全面贯彻落实党中央的部署，2016 年，甘肃省出台了《甘肃省人民政府关于推进供给侧结构性改革的意见》。为全面提升供给质量和效率，甘肃省坚持问题导向、有的放矢，以重点领域、关键环节为突破口，继续巩固"三去一降一补"成果，在发展实体经济、优化结构、转变发展方式、补齐短板和防控风险等方面取得了阶段性成效。后来，甘肃陆续制定了《中国制造 2025 甘肃行动纲要》《甘肃省推进绿色生态产业发展规划》《甘肃省促进中小微企业高质量发展若干措施》等规划措施。政府加大对企业加强节能减排、清洁生产、危废物处理等方面技术改造的支持力度，关闭了一批煤窑、钢铁企业，鼓励和支持企业加大对科技研发的投入力度，进行技术创新和新产品、新技术研发，加快推进科技成果转化和产业化，加大新业态、新经济、新产业的培育力度，提升产业发展和企业竞争能力，为实现转型跨越发展发挥基础支撑和引领示范作用。2017 年，全省关闭退出煤矿 10 处、产能 240 万吨，取缔 15 家"地条钢"企业。支持省内 4 户企业与 9 家银行签订 1380 亿元市场化债转股协议，到位资金 150 亿元。开展收费清理规范工作，全年减轻企业费用负担约 30 亿元。[①] 截至 2018 年末，甘肃关闭退出煤矿 28 处，退出产能 538 万吨；2018 年末甘肃省规模以上国有及国有控股的工业企业资产负债率较 2017 年年末下降了 0.3 个百分点，规模上工业企业百元主营业务收入费用降低 0.2 元。

（四）积极促进区域协调发展

甘肃省地域面积辽阔，由于地处青藏高原、黄土高原和内蒙古高原交会处，境内各市州的经济发展基础、自然地理环境、先天的资源禀赋差距大，境内的各个市州、城乡之间和农村之间的经济发展水平、基础设施、公共服务设施等差距大。全省各市州经济发展差距大，兰州的经济总量占全省的 33.52%，户籍人口数占全省人口数的 14.20%。兰州、酒泉、张掖等少数经济发展相对好的市州的经济总量占全省的比重均高于户籍人口占比。全省共有 5 个市州的户籍人口总数占比较经济总量占比高出 3 个百分点以上；嘉峪关、兰州和金昌等的城镇人口占比均在 70.0% 以上，其中嘉峪关为 93.45%，甘肃省约半数市州的城镇人口比重在 40.0% 以下，最低的陇南市只有 32.48%。甘肃省还有不少的县市（自治州）属于我国集中连片特困地区，农村地区和经济发展相对落后区域的发展问题是全省经济高质量发展的短板。

甘肃省充分发挥其在丝绸之路经济带上的区位优势，深度融入国家"一带一路"建设，围绕创新驱动、绿色发展、集聚发展，积极推动大兰州、河西走廊、陇东南三大经济区组团发展，希望通过三大组团的发展形成的辐射引领和示范带动作用，促进区域协同发展。甘肃省积极推进乡村振兴，出台了《甘肃省乡村振兴战略实施规划（2018~2022 年）》，明确提出在乡村振兴第一个五年规划期间，突出脱贫攻坚战底线性任务，继续围绕脱贫攻坚和巩固脱贫成效来开展工作。同时，甘肃省将按照城乡融合、一体设计、多规合一的理念，坚持乡村振兴和新型城镇化双轮驱动，尽力而为、量力而行、科学规划、循序渐进，分类梯次有序推进乡村振兴，推进农村地区逐步走向高质量发展之路。

---

① 沈丽莉、杜雪琴、曹立萍：《甘肃经济工作回顾与展望综述之二　优化结构提升经济"含金量"》，载于《甘肃日报》2018 年 1 月 13 日。

（五）聚焦深度贫困地区克难攻坚

甘肃省的贫困人口数量多、贫困程度深，是我国脱贫攻坚的主战场之一。近年来，全省聚焦深度贫困地区，积极改善贫困地区基础设施、公共服务设施，加大产业扶贫力度，转变扶贫方式（从"大水漫灌"到"精准滴管"），借助东部城市和社会力量参与脱贫攻坚工作，全省脱贫攻坚取得阶段性成效。2017 年，包含皋兰等 6 个片区县和民勤等 12 个插花县顺利摘掉贫困县帽子，减少贫困人口 67 万人。2018 年，全省共有 6 个国家集中连片特困地区贫困县以及七里河区、凉州区等 12 个省列插花型贫困县率先脱贫摘帽。[①]

甘肃扶贫工作的主要经验是：一是聚焦深度贫困区加大扶持力度。甘肃把纳入国家深度贫困地区的"两州一县"和 18 个甘肃省定深度贫困县作为脱贫攻坚重点，2018 年甘肃安排到"两州一县"的中央和省级财政专项扶贫资金比 2017 年增加 17.56 亿元；安排到"两州一县"中央和省级财政专项扶贫资金增速是甘肃全省财政扶贫资金增幅的 3.6 倍。二是发挥产业扶贫的带动作用。甘肃省旅发委下发的《甘肃省乡村旅游助推脱贫攻坚实施方案》，提出 2018～2020 年每年从省级旅游产业发展专项资金中安排 1 亿元，扶持 500 个村发展乡村旅游，创建 206 个旅游示范村，新建 1 万户标准农家乐。积极推广乡村旅游、电商扶贫、光伏扶贫等产业扶贫方式。甘肃坚持以牛、羊、菜、果、薯、药等特色产业为主攻方向，坚持"外引"和"自建"相结合，推广"庄浪模式""宕昌模式"等扶贫模式。三是借助外力实施协作扶贫。2018 年，参与甘肃东西协作扶贫的四市（天津、厦门、福州、青岛）投入甘肃的财政帮扶资金达到 19.78 亿元，是 2017 年近 4 倍，实施脱贫项目 944 个，直接带动 25.64 万建档立卡贫困人口脱贫。[②] 四是将脱贫攻坚与生态建设有机结合。到 2017 年底，全省累计兑现退耕还林政策性补助资金 240 多亿元，728.5 万农村人口从中受益，户均收益在 1 万元以上。自新一轮退耕还林启动以来，全省 85% 的退耕还林任务分配主要向贫困乡镇、贫困村和贫困户倾斜。[③]

---

① 宋振峰：《全省 18 个县市区率先脱贫摘帽——摘穷帽，得过几道关?》，载于《甘肃日报》2018 年 10 月 15 日。

② 赵万山：《2018 年东部协作四市投入甘肃省帮扶资金 19 亿元 带动 25 万建档立卡贫困人口脱贫》，载于《兰州日报》2019 年 1 月 3 日。

③ 宋振峰：《退耕还林成为我省投资最多规模最大生态工程》，载于《甘肃日报》2018 年 4 月 15 日。

二、甘肃经济高质量发展取得的成效分析

依据构建的甘肃经济高质量发展测度指标体系，从效益效率、结构优化、动能转化、绿色生态和民生共享五个层面测度和反映 2013～2017 年甘肃省经济高质量发展情况如下：

（一）甘肃省经济高质量发展总体波动下降

2013～2018 年，甘肃经济高质量发展综合指数略有上升，但在西部 12 个省（区、市）的排名较为稳定，基本上排在后三位。具体看，2018 年甘肃经济高质量发展综合指数较 2013 年略有上升，2013～2017 年微幅下降，在 2018 年较 2017 年略有上升，这与西部绝大多数省（区、市）的综合指数变化总体趋势基本一致，主要原因可能在于，我国在 2015 年底的中央经济工作会议提出供给侧结构改革，2016 年开始甘肃出台供给侧结构改革实施意见，全面施行"三去一降一补"，带来部分地区，部分行业企业的利润和运行效率的阶段性微幅回落。2013～2018 年甘肃高质量发展综合指数及各分项指标指数及排名详如表 18－2 所示。

表 18－2　　　2013～2018 年甘肃经济高质量发展综合指数及分项指数

年份	效益效率	结构优化	动能转化	绿色生态	民生共享	综合指数
2013	0.053	0.097	0.098	0.066	0.152	0.460
2014	0.050	0.096	0.098	0.066	0.123	0.467
2015	0.043	0.104	0.103	0.069	0.125	0.460
2016	0.041	0.111	0.119	0.067	0.124	0.487
2017	0.045	0.107	0.086	0.066	0.122	0.443
2018	0.055	0.118	0.091	0.073	0.168	0.505

资料来源：历年统计年鉴和各省（自治区、直辖市）的公报，并建立评价指标体系综合测算所得。

从五个维度的分项指数在西部排名的变化来看，甘肃的结构优化指数、动能转化排名位次变化相对较大，效益效率指数、绿色生态指数和民生共享指数的排名位次变化要小些。从五个维度指数在西部的排名先后位次来看，2018 年，甘

肃的效益效率和绿色生态指数均排在最后一位（见表 18 - 3），动能转化和民生共享指数分排第 8 位和第 9 位，这反映出甘肃省的经济高质量发展短板与不足之处比较多。

表 18 - 3　　　　2013 ~ 2018 年甘肃省经济高质量发展综合指数及分项指数在西部位次

年份	效益效率	结构优化	动能转化	绿色生态	民生共享	综合指数
2013	11	9	5	11	11	11
2014	12	9	5	11	11	10
2015	12	7	5	10	11	10
2016	12	5	5	11	11	12
2017	12	9	8	10	11	12
2018	12	5	8	12	9	10

（二）甘肃省分项指标指数排名保持相对稳定

1. 效益效率指数排名保持相对稳定

2013 ~ 2018 年，甘肃省的效益效率指数呈现出先降后升的特点。2013 年，甘肃省的效益效率指数与云南省并列排第 11 位，其余年份在西部的排名基本排在最后一位。2018 年的效益效率指数较 2017 年略有提升，总体反映出甘肃省供给侧结构改革初见成果，取得了阶段性成效。经过供给侧结构改革，企业平均税负、涉企行政性收费、社保缴费比例等均有不同程度下降，企业经营压力和成本得到缓解，盈利能力逐步增强。

从反映效益效率的分项评价指标来看，甘肃省 6 个反映效益效率的评价指标总体保持持续增长的态势。具体看，2013 ~ 2018 年，除甘肃省的地区生产总值增长率与全国绝大多数省（区、市）一样持续小幅回落外，甘肃省的人均地区生产总值、全社会劳动生产率和人均一般公共预算收入均明显增加，规模以上工业企业单位产值利润率和规模以上工业企业成本费用利润率在 2015 年明显下降后开始逐步回升，并保持在 4.0% 左右。这些数据印证了甘肃省企业经营效益逐步好转。随着促进中小微企业高质量发展"58 条措施"和《关于进一步支持非公有制经济发展的若干意见》（"非公经济发展 19 条"）的出台，促进企业增效作用的逐步显现，可见，甘肃省的经济效益效率有望继续保持小幅提升趋势。

2. 结构优化指数排名稳中有升

2013～2018 年，甘肃省结构优化指数呈现出不断微幅提升的特点，预计未来发展趋势将持续向好。甘肃省的结构优化指数在西部第 5 到第 9 之间波动，在 2018 年提升到第 5 位。

从反映结构优化的 7 个评价指标来看，2013～2018 年，甘肃有 6 个指标持续向好，服务业增加值占 GDP 比重、常住人口城镇化率、民生财政支出占一般财政预算支出的比重和高技术产业进出口占地区进出口总额的比重 4 个指标持续提升，城乡居民收入比和外贸依存度持续下降。具体看，2018 年服务业占 GDP 比重较 2013 年提高了 11.6 个百分点，常住人口城镇化率从 2013 年的 40.13% 提高到 2018 年的 47.71%；民生支出占财政总支出比重在六成以上，且呈现出小幅提升态势；出口产品的技术含量有所提升，高技术产业进出口占地区进出口总额的比重从 2013 年的 3.50% 提升到 2018 年的 26.70%。与此同时，城乡居民收入比保持稳定微幅下降趋势，反映出近年来甘肃的农村居民人均纯收入增速基本上高于城镇居民人均可支配收入增速。相对不理想的指标是税收占一般公共预算收入比重呈现出先小幅提升后下降，好在 2016 年较 2015 年明显下降后，2018 年较 2016 年提升了 3.47 个百分点。

3. 动能转化指数排名波动相对较大

2013～2018 年，甘肃省动能优化指数呈现"先稳后降"的特点，甘肃省动能优化指数是其分项指标在西部排名相对较高的指标，2013～2016 年均排名第 5 位，2017～2018 年均排名第 8 位。

从反映动能优化的 9 个评价指标来看，2013～2018 年，甘肃的经济增长动能指标总体上持续向好，有 6 个指标保持增长态势，3 个指标保持相对稳定。具体表现为，2013～2018 年，甘肃省的投资对经济增长拉动率和消费对经济增长拉动率均持续下降，分别由 2013 年的 6.74% 和 6.52%，下降至 2018 年的 2.68% 和 3.62%。其中，消费对经济增长的拉动率在 2017 年超过投资对经济增长的拉动率。科研经费投入占 GDP 比重和规模以上工业企业研发经费支出占销售收入比重保持相对稳定，科技研发人员数量和每万人在校大学生数量均有所提升，这反映出全省的劳动力素质的提升。甘肃省技术市场成交额和每万人发明专利授权量保持稳步增长，这反映出甘肃的科研成果转化效率提升，科研成果只有转化为生产应用才能发挥其对经济生产的作用。实际利用外资占 GDP 的比重保持相对稳定，只有 2017～2018 年全省实际利用外资占 GDP 的比重较前几年下降。

4. 绿色生态指数排名保持相对稳定

2013~2018 年，甘肃的绿色生态指数总体上呈现微幅提升。甘肃绿色指数在西部的排名基本上是第 10 和第 11 位，主要原因在于甘肃省特殊的地理位置和气候特点，加上历史发展时期对生态环境建设和环境保护的重视程度不够。今后甘肃将全面推进国家生态安全屏障综合试验区建设，大力发展十大类绿色生态产业，力争初步形成生态产业体系，最终让绿色成为甘肃发展的"底色"，预计未来甘肃的绿色生态发展将持续向好。

从反映绿色生态的 9 个评价指标来看，2013~2018 年，甘肃的城市空气质量优良天数占比、森林覆盖率、建成区绿化覆盖率、环境污染治理投资总额占 GDP 比重持续提升。数据表明这几年甘肃的生态建设取得明显成效，城市空气质量优良天数占比从 2013 年的 78.20% 提升到 2018 年的 82.80%。生产过程中的能耗虽然还比较高，但总体上全省的万元 GDP 能耗和单位工业增加值能耗呈下降趋势；排放的二氧化硫（SO_2）和二氧化氮（NO_2）等逐年下降，亿元工业产值二氧化硫排放量自 2016 年开始明显下降，单位耕地面积化肥施用量微幅下降。值得重视的是全省的工业增加值能耗保持消费增长态势，工业固体废弃物综合利用率从 2013 年的 49.43% 下降到 2017 年的 38.29%。数据反映出甘肃省在工业生产过程中的能源利用效率偏低，原有工业企业的能耗保持高位，新增的工业产能能耗也比较高，而工业生产对废弃物的综合利用不足，这是甘肃未来发展绿色产业需要解决的突出问题。

5. 民生共享指数排名保持相对稳定

2013~2018 年，甘肃的民生共享指数呈现"先稳后升"的情况，预计未来发展趋势将持续向好。甘肃的民生共享指数在西部排名相对稳定，2013~2017 年均排名第 11 位，2018 年排在第 9 位。

从反映民生共享的 12 个评价指标来看，2013~2018 年，甘肃除城镇职工基本医疗保险参保率小幅下降外，其余 11 个评价指标均持续向好。2013~2018 年，甘肃的城乡居民收入保持较快增长，均略高于同期的地区生产总值和财政收入增速。居民财富积累保持较快增长，人均个人储蓄存款余额从 2013 年的 25779 元提高到 2018 年的 37611 元。贫困发生率大幅下降，2018 年较 2013 年下降了 20.9 个百分点。公共服务与基础设施配置逐步改善，其每千人拥有卫生技术人员、每千人拥有医疗机构床位数和每百户固定互联网宽带接入用户数均小幅提升，每个中学老师负担学生小幅下降，镇职工基本医疗保险参保率和养老保险参保率保持相对稳定，每百户固定互联网宽带接入用户数在西部排名第 2 位。

三、甘肃经济高质量发展存在的主要问题

（一）经济增长乏力与质量提升的双重压力

甘肃省经济发展相对落后，"原"字号产品占比高，"初"字号产业比重大，产业链条短。2018 年甘肃省的地区生产总值增速为 6.3%，较 2013 年下降了 4.6 个百分点，较 2016 年下降 1.39 个百分点。经济增速明显下降的主要原因是投资和消费对经济增长的拉动率均 2016 年出现下降。2017 年，甘肃省的固定资产投资和制造业投资同比下降 40.3%，其中工业和服务投资分别下降 54.9% 和 26.8%，各产业投资均大幅下滑。2018 年，甘肃省的固定资产投资和制造业投资同比下降 3.9%，其中工业和服务投资分别下降 10.9% 和 3.6%。甘肃省的固定资产投资连续两年持续下降。2018 年，甘肃省的工业企业单位产值利润率和规模以上工业企业成本费用利润率在西部排名第 11 和第 12 位。这反映出甘肃省的企业利润率不高。在经济增长所依赖的固定资产投资增速连续两年明显下降、企业利润较低的情况下，甘肃保持较快增长面临严峻挑战。而新动能的培育成效显现时间漫长，依靠传统要素驱动经济增长短期内难以根本改变。甘肃省面临深入推进供给侧结构改革过程中对原材料工业、传统能源工业、钢铁、建材的减产压力。2018 年，甘肃省石化、有色、食品、冶金、建材等五个重点行业完成工业增加值占全省规模以上工业增加值的 67.6% 左右，机械、医药和电子等工业合计占比只有 8.0%。从经济高质量发展评价结果看，甘肃省的经济高质量发展综合指数和分项指标指数基本上排在后三位，这反映出甘肃省要实现经济高质量发展还有面临着较多的困难和挑战。

（二）生态建设和环境治理面临形势严峻

在《全国主体功能区规划》中，甘肃被确定为"青藏高原生态屏障"、"黄土高原—川滇生态屏障"和"北方防沙带"的重要组成部分，区域内绝大部分国土面积被纳入限制开发区和禁止开发区。甘肃省大部分地区长年干旱少雨，山地和沙区占土地总面积的 90% 以上，生态环境比较脆弱，经济发展方式较为粗放，生态建设和环境保护历史欠账多。2018 年甘肃省的森林覆盖率为 11.33%，

只有全国森林覆盖率的 50% 左右，要能够承担起我国西部的生态屏障的重任，还需要在生态建设上花大力气。从反映绿色经济的万元 GDP 能耗和工业增加值能耗来看，2018 年甘肃省的工业增加值能耗和万元 GDP 能耗均较高，在西部分别排名第 3 位和第 5 位。2017 年甘肃省工业固弃物综合利用率只有 38.29%，较西部的平均值低 2.03 个百分点，较西部最高的贵州低 26.31 个百分点。甘肃经济发展要达到最终使绿色产业成为全省经济的重要增长极，让绿色成为甘肃发展的"底色"的发展目标，还有相当长的路需要走，还需进一步协调平衡好经济发展与生态建设和环境保护之间的关系，解决好当前面临的各种困难和挑战。

（三）新动能转化培育需要经历较长时间

经济发展新动能的培育需要新经济、新产业、新业态的快速成长，需要创新创业型高层次领军型人才，良好的营商环境带来大量具有创新创业精神的企业家群体，拥有数量充足的较高素养的劳动力。综合来看，甘肃省的经济总量和企业的经济实力相对薄弱，使得科研经费投入不足。"原"字号产品占比高，"初"字号产业比重大，产业链条短，产业发展基础与产业协作配套欠缺。由于甘肃省的地理位置、经济基础、产业协作配套、交通基础设施等与东部和中部地区相比相对较差，加上经济发展程度或者产业结构的提升程度相对滞后，不但对外来高层次人才的吸引力不足，要留住本地高层次人才和较高劳动素养的劳动力难度大，人才流失问题突出。因而，甘肃省要培育和激发新的增长动能需要进一步挖潜，同时，也需要经历一个相对比较漫长的过程。

（四）民生改善和社会保障水平亟待提升

2013～2018 年，甘肃省城乡居民收入保持较快增长，均略高于同期的地区生产总值和财政收入的增速；居民人均个人储蓄存款余额从 2013 年的 2 万多元提高到 2018 年的 3 万多元；每年都有较多的贫困县和贫困村"出列"，贫困发生率逐年下降。但是与西部其他省（区、市）相比，2018 年甘肃省城镇居民人均可支配收入为 9957 元，农村居民人均纯收入为 8804 元，均排在西部最后一位，其城乡居民人均可支配收入只占西部最高省份的 78.2% 和 63.8%。甘肃省人均个人储蓄存款余额在西部排第 6 位；2018 年，甘肃省的贫困发生率为 5.60%，是西部贫困发生率高于 5.0% 的三个省（区、市）之一，在西部排第 3 位，贫困发生率明显高于其他西部省（区、市）。甘肃省城镇职工基本医疗保险参保率排在西部第 9 位，城镇职工基本养老保险参保率排在西部第 10 位。说明与西部其他省（区、市）相比，甘肃省城乡居民收入水平较低，贫困发生率相对较高，社会保障水平有待于进一步加强，民生共享等综合反映社会发展成效的指标有待于提升。

四、促进甘肃经济高质量发展的对策建议

（一）全力推动生态产业体系发展壮大

前文分析可见，当前甘肃省面临经济增长乏力和经济发展质量提升的双重挑战。经济保持稳定增长是实现经济高质量发展的前提。甘肃今后如何结合自身实际情况，处理好"稳增长"与"提质量"的关系，找准经济高质量发展的瓶颈制约，以及推动经济高质量发展的突破口和发力点，确保经济在实现量的持续增加的同时实现质的稳步提升，是当前和今后相当长时期内甘肃推动经济高质量发展的重要任务之一。

当前甘肃经济高质量发展的核心任务之一是稳增长，稳增长的核心是阻止投资下滑。甘肃省应打造好营商环境，在保持投资稳定增长的同时，优化投资结构，将投资投向加快发展的十大生态产业，促进绿色产业加快崛起。将投资转向重大基础设施、"三农"建设、易地扶贫搬迁、保障性安居工程等领域，加快弥补农村基础设施和公共服务设施短板。加大环保治理和生态建设的投入力度，尽快补齐城乡污水处理、垃圾处理处置等环境基础设施的欠账，坚决打好污染防治攻坚战。

推动经济高质量发展的基础在于实体经济和产业发展，甘肃省未来应紧扣国家产业发展政策导向，根据自身的资源要素禀赋优势、现有产业发展基础，培育壮大特色优势产业，重点发展节能环保、清洁生产、清洁能源、循环农业、中医中药、文化旅游、通道物流、军民融合、数据信息、先进制造等十大类绿色生态产业，促进十大绿色生态产业做大做强做优。创新产业发展体制机制，运用现代信息技术和先进适用技术推动产业发展智能化、绿色化、数字化，夯实经济高质量发展的基础。推动农业高质量发展，全面落实"牛羊菜果薯药"六大特色产业实施意见，聚焦"一带五区"，即沿黄农业带，河西灌溉农业区、陇东雨养农业区、中部旱作农业区、陇南及天水南部山地特色农业区和甘南高寒牧区，促进农

业特色产业加快发展。狠抓农产品品种、品质、品牌和标准化生产，全面推进无公害农产品、绿色食品、有机农产品和农产品地理标志产品的建设与培育力度，培育地区公共农业品牌，促进"老字号""陇字号"品牌创新发展，提升农产品品质，满足城乡居民消费转型升级需求。

（二）承担起国家生态安全屏障的重任

人类的生产生活都必须以尊重自然、顺应自然、保护自然为前提。甘肃省建设国家级生态安全屏障综合试验区对我国整体生态安全具有重要意义，有利于构筑阻挡荒漠化最为坚固的生态安全屏障，保障了东部地区和中部地区的农田、城市和乡村。在《全国主体功能区规划》中，甘肃省被确定为"青藏高原生态屏障"、"黄土高原—川滇生态屏障"和"北方防沙带"的重要组成部分，作为自然生态类型复杂、生态系统承载能力弱，国土面积大部分被划定为限制开发区域和禁止开发区域甘肃来说，正确认识和处理好生态环境保护与经济高质量发展的关系显得非常重要。

总体来看，甘肃省应借助甘肃生态安全综合屏障试验区和循环经济示范区建设的平台，经济发展和经济质量的提升应以生态环境保护为前提，在生态红线硬约束的条件下，坚持绿色引领，树立大局观、长远观、整体观和生态观，把不破坏、不损害生态环境作为发展底线，寻求经济欠发达地区的绿色转型之路。根据《甘肃省加快转型发展建设国家生态安全屏障综合试验区总体方案》，应"树立绿色发展理念，实现生态安全目标，构筑西部生态屏障，实施'四屏一廊'工程，建设生态文明社会，保障人民健康生活"。在生态文明建设和生态立省战略背景下，充分发挥生态功能，承担起国家生态安全屏障之重任。

（三）着力打造我国向西开放的新高地

甘肃省是我国古丝绸之路的黄金通道，是我国承东启西、连接欧亚的重要战略通道，是维护民族团结的重要纽带，是确保军事和生态安全的战略屏障，曾在促进东西方文明交流，促进不同民族、不同文化相互交流和经贸合作中作出了重要贡献。在新的历史条件下，作为我国实施"一带一路"倡议和西部大开发的重要区域之一，应坚持"和平合作、开放包容、互学互鉴、互利共赢"丝路精神，继续拓展对外开放的深度广度，积极融入国家"一带一路"倡议，打造特色鲜明的丝绸之路"黄金段"。

　　"一带一路"沿线国家能源资源丰富、市场需求广阔、与我国经济发展互补性强，是我国开拓市场需求空间、培育经济增长点的最佳战略选择。甘肃应充分利用与"一带一路"沿线经贸合作的重大历史机遇，加大从要素开放向制度开放转换的步伐，加大向中亚、西亚、南亚、东南亚出口特色农产品和优势工业产品，全面提升外向型经济发展层次和水平。推动省域内的企业加快"走出去"步伐，支持外贸企业在中亚地区设立海外营销网络点和商务代表处，鼓励有条件企业到"一带一路"沿线国家建立健全服务贸易促进体系，推动贸易便利化，开拓沿线国家市场。继续推动开放型战略平台建设。以丝绸之路（敦煌）国际文化博览会和华夏文明传承创新区、中国兰州投资贸易洽谈会等三大战略平台为重点，加快推进"一带一路"节点城市外向型功能建设，充分发挥区域中心城市经济的辐射引领带动作用，以点带面，从线到片，加快形成对外开放新局面。推动与中亚和西亚国家的能源资源合作开发。支持甘肃省资源加工型骨干企业加快"走出去"步伐，围绕我国与中亚、西亚、俄罗斯的油气资源战略合作，建成石油储备库和天然气调峰储气设施，开辟稳定的能源合作开发市场。

　　过去吸引外来投资的最大优势优惠政策"洼地"，现在应转为打造法治化、国际化、便利化的营商环境，通过良好的营商环境来激发市场活力，这是发展理念、发展模式的深刻变革。真正把"一窗办""一网办""放管服"改革措施落到实处。学习借鉴发达地区"四个到"做法，真正当好企业的办事员和服务员，主动服务，真正帮助企业排忧解难。切实落实已出台的、促进中小微企业发展的各项措施，激发其创业创新的活力。以丰富的历史文化资源、独具特色的优美风光、良好的宜居创业环境，吸引珠三角、长三角、京津冀以及国外的资金、技术、人才等创新型要素聚集，加强与国内外的高等院校、科研院所和研发型企业合作。

（四）加快促进区域协调协同发展步伐

　　区域协调发展是推动经济高质量发展的重要任务之一。甘肃省促进区域协调发展的重要着力点是突出解决好区域发展不平衡、乡村振兴和深度贫困地区的脱贫攻坚问题。甘肃省兰州新区、各类国家级和省级开发区与工业园区已成为全省经济发展的重要增长极，临夏、甘南等民族地区的脱贫攻坚任务仍然很重，广大乡村地区发展不充分，县域经济的低弱散等问题是制约甘肃省经济高质量发展的短板。因此，要解决区域发展不平衡问题应充分发挥好区域经济增长极的重要作用，推进以人为核心的新型城镇化，加快发展县域经济，做好乡村振兴工作，打赢扶贫攻坚战。

加快推动中心城市的发展，根据国务院批复的《兰州—西宁城市群发展规划》，兰州—西宁城市群是我国西部重要的跨省区城市群，"兰西城市群"规划提出构建"一带双圈多节点"空间新格局。甘肃省应加快发展兰州新区和66个开发区，将这些重点区域打造成全省经济增长的重要引擎，重点加快兰白、平庆、天水、定西、金武、张掖、酒嘉、敦煌等八大沿线节点城市建设，通过增长极带动、轴带引领和带动作用，带动次级城镇发展带节点城镇发展。

城镇化是现代化的必由之路，是保持经济持续健康发展的强大引擎，是加快产业结构转型升级的重要抓手，是推动区域协调发展的有力支撑。以城市群为主体构建大中小城市和小城镇协调发展的城镇格局，加快农业转移人口市民化。解决好进城农民工的住房、教育、医疗等问题，推进以人为本的城市化进程，释放新型城镇化的巨大动力。优化城镇布局，充分发挥区域中心城市的辐射引领作用，做大做强以县城为主的中小城市，加快发展特色城镇，增强城镇综合承载能力，促进城乡一体化发展，以城乡融合促进区域经济的协调发展。

促进县域经济做大做强。甘肃省各市州的区域差距和城乡差距都很大。习近平总书记在2015年会见全国优秀县委书记时指出："郡县治，天下安。"因此，甘肃省城乡区域协调发展，离不开县域这个重要载体的发力。推进甘肃经济高质量发展，基础在县域，难点在县域，潜力也在县域。应大力发展县域经济，坚持因地制宜，突出规划先行、创新驱动、产业支撑、要素集中、全链推动，打造一批特色鲜明、辐射范围广、发展潜力大的产业集群，壮大县域经济总量，提升经济发展质量，努力走出一条城乡统筹、产城融合、各具特色的富民强县之路。

打赢深度贫困地区脱贫攻坚战。首先要把解决好"两不愁三保障"的突出问题作为脱贫攻坚的主要目标任务。坚决兜住保障好困难群众基本生活的底线。着力改善深度贫困地区的基础设施和基本公共服务，使贫困地区群众享有优质教育、医疗资源。坚持乡村旅游、电商扶贫、光伏扶贫等产业扶贫方式，选准适宜带贫的产业项目，实施致富带头人培育工程，鼓励致富带头人与贫困户依托产业项目构建利益共同体。对于生态环境极度脆弱、生产生活环境自然条件恶劣的区域，加大易地扶贫搬迁推进力度，充分尊重群众的意愿，合理确定搬迁规模，有序组织实施，确保能够搬得出、稳得住、能致富。发挥东西部扶贫协作和中央单位定点帮扶的示范引领作用，继续做好对口帮扶模式，充分发挥消费扶贫的拉动作用，动员社会各方面力量，共同参与扶贫。

（五）奖惩结合以考评促进高质量发展

当前，追求经济高质量发展已成为全社会发展共识，国内各级地方政府都在全力以赴推进高质量发展。经济高质量发展还需要配套的政策体系、统计体系、考核体系和绩效评价体系的有力支撑。推动甘肃省经济高质量发展，关键在于精准施策、强势出击、打好组合拳，从根本上保护和提高市场主体发展的内生动力。

为充分发挥评价指标体系对高质量发展的目标引领、考核督促、导向激励作用，甘肃省应结合自身实际，借鉴其他省（区、市）促进经济高质量发展的经验，探索分类设置以县域为基本单元的经济高质量发展的考核评价指标体系，建立完善的经济高质量发展统计监测制度，并作为各级政府绩效考核评价的重要依据，引领甘肃省经济实现高质量发展。分期出台促进经济高质量发展的系列政策体系、标准体系、统计体系、绩效评价、政绩考核办法等。

建立完善绩效评价考核制度和考核办法，紧扣促进经济高质量发展的目标任务，谋划和设计科学的考评方法与制度，细化经济高质量发展的实施方案细则，创新工作举措，以公平、公正、公开的考评方法引领经济高质量发展，促进各层级干部推动实现经济高质量发展的自觉性，严格督查检查，切实促进各项工作落到实处。

建立与推动经济高质量发展相匹配的利益激励、政绩考核机制，有利于激发广大基层干部推动经济高质量发展的自觉性、主动性和积极性。对考核达到优秀县域实行正向激励，对在同类县域考核中持续处在前列的先进县域和排名提升的进步县域，在项目建设、土地指标、招商引资等方面予以激励，并作为干部考核、评先评优、干部培训的重要参考；对在经济高质量发展考核中，连续两年处于同类县域后面的县域，要开展全面研究，找准存在的问题与短板，提出全面整改计划与意见措施。

‖第十九章‖

云南省经济高质量发展研究报告

高质量发展是以人民为中心、满足人民日益增长的美好生活需要的发展，是解决发展不平衡不充分矛盾、体现新发展理念要求的发展。闯出一条跨越式发展的路子，是习近平总书记对云南的谆谆嘱托，是云南省各族人民的强烈愿望，也是云南缩小区域差距的现实需求。习近平总书记 2015 年初考察时要求云南"主动服务和融入国家发展战略，闯出一条跨越式发展的路子来，努力成为我国民族团结进步示范区、生态文明建设排头兵、面向南亚东南亚辐射中心，谱写好中国梦的云南篇章"。习近平总书记同时要求云南"加大产业优化升级力度，加快推动产业结构由中低端向中高端迈进"。但云南经济基础薄弱、短板突出、结构不优、质量效益偏低，既要保持一定发展速度，更要提高经济发展质量。贯彻中央经济工作会议精神，实现高质量发展，对云南而言，就是要推动经济高质量跨越式发展。

近年来，云南省委、省政府坚决贯彻落实习近平总书记重要指示精神，经济发展呈现良好态势，提质增效方面出现积极变化。要进一步实现高质量跨越式发展，任务依然繁重，还要付出艰苦努力。推动经济高质量发展，是云南实现跨越式发展的必由之路。云南要处理好经济发展量与质的关系，做到优化现有存量、确保高质量的增量，在质的大幅提升中实现量的增长。未来，云南应坚持新发展理念，坚持以供给侧结构性改革为主线，坚持深化市场化改革、扩大高水平开放，加快建设现代化经济体系，继续打好三大攻坚战，着力激发微观市场主体活力，增强经济发展内生动力，推动经济加快转向高质量发展，为决战脱贫攻坚、决胜全面建成小康社会打下决定性基础。

一、云南推进经济高质量发展的主要举措

改革开放四十多年来，云南为推动经济实现持续健康发展做了许多有益的探

索与实践，梳理汇总相关举措，为促进云南经济迈向高质量发展积累一些好的经验，提供有益借鉴。

（一）促进产业转型升级，推动制造业高质量发展

2018 年，云南提出要全力推进经济高质量跨越式发展年，出台了《云南省人民政府关于促进经济持续健康较快发展 22 条措施的意见》。2018 年，云南省先后出台了一系列促进经济高质量发展的政策意见，推动云南经济加快转向经济高质量发展的道路，促进产业向高端化、数字化、绿色化发展，提升经济发展的质量效益，平衡好"稳增长"与"提质量"的关系，协调经济发展与生态保护的关系，处理好区域之间、城乡之间协调发展的关系。近年来，云南省坚持深化供给侧结构性改革，推动传统产业加快转型升级，推动传统优势产业发展的动能转化，全力推动工业经济高质量发展。云南推动生物医药、高端装备制造、新材料、电子信息、绿色环保集群集约发展，推动装备制造向"智造"发展，占领微笑服务端高附加值环节。充分利用互联网、大数据等现代化技术，推动制造业发展的信息化、智能化，继续提升制造业的核心竞争力。加快培育新技术、新业态、新产业，增强服务业发展新动力，促进服务业优质高效发展。推动现代服务业、生产性服务业向专业化和价值链高端延伸，推进生活性服务业向精细和高品质转变。加快构建"大健康＋全域旅游＋康养＋特色小镇"产业链条，推动产业绿色化发展。深化农业供给侧结构性改革，加快"三区三园"建设，强化农业"小巨人"等新型经营主体培育。突出发展优势特色产业聚焦云茶、云咖、云花、云菜、云果等特色产业品牌发展规划，积极推进绿色农业品牌发展。根据 2018 年云南省人民政府工作报告，过去五年，云南省全面实施"三去一降一补"，累计压减生铁产能 156 万吨、粗钢产能 426 万吨，取缔"地条钢"产能 600 万吨，退出煤炭产能 3876 万吨，处置"僵尸企业"118 户，累计为实体经济减负 1700 亿元。

（二）大力实施创新驱动发展战略，加快创新型云南建设

以创新推动数字经济高质量发展，助力"数字云南"建设，数字经济为云南省经济高质量发展提供了基础支撑。制定出台了《云南省贯彻深化"三评"改革意见实施方案》和《云南省关于优化科研管理提升科研绩效的措施》等，为创新型云南建设提供制度依据，逐步完善创新型云南建设的创新生态。云南省以

大数据和区块链技术为依托，引入多方主体共治，强化质量基础设施建设，为推动云南农业产业高质量发展注入新能量。近年来，云南省推进科技创新体制机制改革，在打通科技与经济结合、科技与金融融合、军民融合通道上取得新突破，向科技体制机制改革要活力，促进现有科技研发机构、大学的科技成果与市场化需求接轨，加大培育和引进高新技术企业、科技型中小企业、研究机构力度，强化科技创新研发主体的科研实力，截至 2018 年，云南省高新技术企业总数达到1362 家，新增 4 个认定省级科技企业孵化器，20 个众创空间。在科技创新平台和科技创新人才建设方面，新增 2 个国家农业科技园区，新认定 14 个省级重点实验室，2 个工程技术研究中心。19 人入选第三批国家"万人计划"科技创新领军、科技创业领军人才，新遴选省"万人计划"科技领军人才 5 人、省"千人计划"高层次科技人才 12 人、高层次科技创新团队 10 个。①

（三）加快推进绿色发展，改善生态环境质量

云南是生态资源大省，如何努力有效地将生态优势转化为绿色发展优势是云南省经济高质量需要思考好的重要问题之一。近年来，云南省围绕建设中国最美丽省（区、市），继续实施生态系统治理与修复工程，开展森林城市创建，推进森林乡村建设，大力发展林下经济、森林生态旅游、森林康养等绿色富民林草特色产业。截至目前，云南省的昆明、普洱、临沧、曲靖和景洪五个城市被国家林业和草原局批准为国家森林城市。2018 年，全省森林覆盖率达到 60.3%，生态环境质量不断改善。云南省全面开展蓝天保卫、碧水青山、净土安居专项行动，打响保护治理等"8 个标志性战役"，九湖保护治理项目完成投资 65.8 亿元，主要出境、跨界河流断面水质达标率为 100%。② 2013～2018 年，云南省的万元GDP 能耗和单位工业增加值能耗持续下降。当前，云南省提出打好绿色食品、绿色能源和健康生活目的地这"三张牌"，这正迎合了人们对高质量美好生活的需求。云南省正努力开展绿色生产推进行动、农产品加工业提升行动和绿色品牌创建行动，努力打造"绿色食品牌"。云南正全力打造"健康生活目的地"，发展全产业链的"大健康产业"，吸引海内外游客到云南来旅游、定居、生活。近年来，云南省加快发展木本油料、林下经济、观赏苗木、森林旅游等特色林产业。2018 年，云南省林业总产值 396.9 亿元，在全国排首位。特色经济林是贫困地区

---

① 季征：《创新型云南建设迈开新步》，载于《云南日报》2019 年 3 月 11 日。
② 胡晓蓉：《云南采取"三项行动"助力环境质量改善》，载于《云南经济日报》2018 年 3 月 12 日。

的"绿色银行",经济林的发展助力脱贫攻坚和服务全省经济社会发展成效明显,2017 年,云南省的贫困地区群众来自林业的人均年收入突破 2000 元。①

(四)深入推进经济体制改革,进一步优化营商环境

近年来,云南省坚持向改革要动力、向开放要活力。以完善资源要素市场化配置为重点深化经济体制改革,优化政务服务环境,构建亲清新型政商关系,激发内生活力和发展动力。"放管服"改革"六个一"行动计划成效明显,"一部手机办事通"正式开通运行。打好沿边和跨境"两张牌",主动融入国家"一带一路"建设和长江经济带发展,全面加强云南自贸试验区建设,积极主动参与中缅、中老、中越经济走廊以及中国东盟自贸区、澜湄合作机制建设,全力抓好"五通"和会展平台、公共事务平台、"走出去"平台、开放型经济载体建设。全面贯彻落实《关于进一步优化营商环境的若干意见》和《云南省营商环境提升十大行动》,着力打造务实高效的政务环境、竞争有序的市场环境、充满活力的创新创业创造环境。努力建设法治化、国际化、市场化、便利化的优良营商环境,以良好营商环境激发市场活力和社会创造力。坚持问题导向,切实解决好政务服务的"堵点""痛点""难点"问题,全面改善提升营商环境。全面推进"一网通办",加快"一部手机办事通"迭代升级,实现更多政务服务事项"掌上办""指尖办"。全力减轻企业负担,落实减税降费政策措施,努力降低企业用地、物流、用能成本。2018 年外贸进出口总额达 298.95 亿美元,同比增长27.5%。其中出口总额 128.12 亿美元,增长 11.7%;2018 年的外贸依存度为10.49%,较 2013 年提升了 5.34 个百分点。

(五)强化保障和改善民生,促进民族团结进步

近年来,云南省的城乡居民人均可支配收入增速均略高于地区生产总值增长速度,通过做好乡村振兴和脱贫攻坚工作来促进区域协调发展,强化保障和改善民生。云南省认真践行以人民为中心的发展思想,将财政支出的 70% 以上用于民生保障社会支出,聚焦重点群体和困难群众,坚持做好对云南当前和未来都是非常重要的民生社会保障工程,群众的获得感、幸福感、安全感进一步增强。2017 年,出台了《云南省乡村振兴战略规划(2018~2022 年)》,农村生产生活

---

① 张珂:《云南林业的 2018 新愿景》,载于《云南经济日报》2018 年 1 月 16 日。

条件持续改善。云南省所有建制村通硬化路，建制村通客车率在90%以上，光纤宽带网络基本实现全覆盖，农村办学条件不断改善，医疗卫生和社会保障水平持续提升。全面开展农村人居环境整治，推进乡村绿化，提升村容村貌，80%以上的乡镇镇区和村庄实现生活垃圾收集处理，48%的乡镇镇区生活污水实现收集处理。云南省以退耕还林为主要抓手，着力推进林业生态治理脱贫。"十三五"以来，云南林业共投入贫困地区项目资金221.8亿元，增加生态扶贫资金，新增资金向曲靖、迪庆、红河、昭通等深度贫困地区和特殊贫困群体倾斜，通过全面实施退耕还林还草、陡坡地生态治理、天然林保护等重点生态工程，提高贫困人口的参与度和受益水平。2018年全省88个贫困县完成营造林626.7万亩，占云南总营造林面积的76.16%。[①] 2013～2018年，云南省共有707万贫困人口实现脱贫，48个贫困县实现"摘帽"，5068个贫困村实现"出列"，贫困发生率从2012年的21.7%下降到2018年的5.4%，[②] 脱贫攻坚取得了决定性进展。

二、云南经济高质量发展取得的成效分析

依据构建的云南经济高质量发展测度指标体系，从效益效率、结构优化、动能转化、绿色生态和民生共享五个层面测度和反映2013～2018年云南省经济高质量发展情况如下。

（一）云南经济高质量发展水平总体上升明显

云南经济高质量发展综合指数总体呈波动上升状态。2013～2018年云南经济高质量发展指数整体上呈现出上涨的态势，2018年较2013年的0.483提高了0.088（见表19-1）。数据显示，云南省在经济总量保持稳步增长的同时，经济发展的质量效益也在同步改善，生态环境建设和生态治理取得了较好成效，经济高质量发展综合指数呈现出向好的态势。

---

① 胡晓蓉：《"十三五"期间云南累计投入贫困地区林业项目资金221.8亿元》，云南网，2019年4月26日，http：//yn.yunnan.cn/system/2019/04/26/030263600.shtml。

② 李雨昕：《云南省五年来707万人脱贫 48个贫困县脱贫摘帽》，中国新闻网，2019年8月12日，http：//www.chinanews.com/gn/2019/08-12/8924097.shtml。

表 19 - 1 　　　　　2013～2018 年云南经济高质量发展综合指数及分项指数

年份	效益效率	结构优化	动能转化	绿色生态	民生共享	综合指数
2013	0.052	0.108	0.082	0.091	0.155	0.483
2014	0.054	0.100	0.079	0.090	0.130	0.479
2015	0.061	0.103	0.091	0.093	0.126	0.491
2016	0.064	0.110	0.099	0.096	0.132	0.528
2017	0.067	0.113	0.103	0.098	0.127	0.526
2018	0.082	0.111	0.103	0.103	0.172	0.571

资料来源：历年统计年鉴和各省（自治区、直辖市）的公报，并建立评价指标体系综合测算所得。

从五个维度的分项指数在西部排名的变化来看，云南的效益效率指数、结构优化指数和民生共享指数的排名位次变化均较大，动能转化和民生共享指数的排名位次变化要小些。从五个维度指数在西部的排名先后位次来看（见表 19 - 2），2018 年，云南的效益效率、结构优化指数分别排在第 9 位和第 7 位，是云南经济高质量发展的重要短板。

表 19 - 2 　　　　2013～2018 年云南经济高质量发展综合指数及分项指数在西部排名

年份	效益效率	结构优化	动能转化	绿色生态	民生共享	综合指数
2013	12	4	6	6	8	9
2014	11	5	7	6	9	9
2015	11	9	6	5	9	8
2016	11	6	8	4	9	7
2017	10	6	7	4	9	5
2018	9	7	5	4	4	5

注：2014 年，云南与广西、西藏、新疆 4 个西部省（区、市）的结构优化指数在西部并列排第 5 位；2018 年云南省的民生共享指数与重庆并列排第 4 位。

（二）云南高质量发展分项指数总体向好

1. 效益效率指数持续上升

2013～2018 年，尽管云南的效益效率指数在西部排名相对靠后，但是其指数有微幅提高，从 2013 年的 0.052 增长到 2018 年的 0.082，在西部的排名提高了两位。这说明云南经济发展基础较好，已经在经济总量、产业成熟和市场发育方面，具备了推进经济高质量发展的基础条件。总体上反映出供给侧结构改革初见成果，取得阶段性成效。2018 年，云南经过供给侧结构改革后，企业平均税负、涉企行政性收费、社保缴费比例等均有不同程度下降，企业经营压力和成本得到缓解，盈利能力逐步增强。

从反映效益效率的分项评价指标来看，云南的 6 个反映效益效率的评价指标总体保持持续提升的态势。具体看，2013～2018 年，云南省的地区生产总值增长率、人均地区生产总值、全社会劳动生产率和人均一般公共预算收入均保持较快增长，其工业企业成本费用利润率保持持续上涨态势，规模以上工业企业单位产值利润率除在 2014 年和 2015 年较 2013 年下降两三个百分点外，从 2016 年开始基本上回升到 2013 年的水平。这反映出云南的供给侧结构改革成效显著，在保持总量较快增长的同时，经济增长的效益效率也得到同步提升。

2. 结构优化指数波动回升

2013～2018 年，云南的结构优化指数呈现出波动回升的态势，其间的 2014 年和 2015 年的结构优化指数在西部的排名有所下降，尤其是 2015 年的排名出现明显下降，但 2016 年和 2017 年排名回升，2018 年提升到第 7 位，在西部处在中间位置。

从反映结构优化的分项评价指标来看，云南 6 个反映结构优化的评价指标总体保持持续提升的态势。具体看，2013～2018 年，云南反映结构优化的 7 个评价指标中有 6 个指标持续向好，服务业增加值占 GDP 比重、常住人口城镇化率、民生财政支出占一般财政预算支出的比重和高技术产业进出口占地区进出口总额的比重 4 个指标持续提升，城乡居民收入比和外贸依存度持续下降。具体看，服务业占 GDP 比重从 2013 年的 43.30% 提升到 2018 年的 47.80%，常住人口城镇化率从 2013 年的 40.13% 提高到 2018 年的 47.81%；民生支出在财政总支出比重在六成以上，且呈现出小幅提升；出口产品的技术含量有所提升，高技术产业进出口占地区进出口总额的比重从 2013 年的 3.50% 提升到 2018 年的 10.49%。与此同时，城乡居民收入比保持稳定微幅下降趋势，反映出近年来云南的农村居民人均纯收入增速基本上高于城镇居民人均可支配收入增速。唯一相对不理想的是其税收占一般公共预算收入比重呈现出先小幅提升后下降，但好在 2016 年较 2015 年明显下降后，其 2018 年较 2016 年提升了 6.61 个百分点。

3. 动能转化指数持续提升

2013～2018 年，云南省的动能转化指数呈现出较快增长态势，在西部的排名有微幅波动，基本上处在中间位置。一定程度上反映了云南近年来积极推动新旧动能转化，在推动经济高质量发展方面取得一定成效。从反映结构转换的分项评价指标来看，云南9个反映动能转化的评价指标总体保持持续提升的态势。具体看，2013～2018年，云南省反映动能转化的9个评价指标中有7个指标持续向好，其中，技术市场成交额、每万人发明专利授权量和每万人在校大学生数量保持较快增长，投资拉动率、消费拉动率、科研经费投入占GDP比重保持小幅增长态势。科技研发人员数量和规模以上工业企业研发经费支出占销售收入比重保持相对平稳，只有实际利用外资占GDP的比重略有下降。

4. 绿色生态指数排名持续提升

2013～2018年，云南省的绿色生态指数整体呈现上升的态势，绿色生态发展略有提升，从2013年的0.091增加到2018年的0.103。绿色生态指数在西部的排名从2013年的第6上升到2018年的第4位。近年来，云南启动建设中国最美丽省份，省委、省政府围绕争当全国生态文明建设排头兵，全面推进蓝天、碧水、净土"三大保卫战"，云南在绿色经济作为产业发展的重点方面和打造世界一流的绿色能源、绿色食品、健康生活和生态环境方面取得了初步成效。从具体指标看，云南省反映绿色生态的9个评价指标中有8个指标持续向好，其中，空气质量优良天数占比、森林覆盖率和建成区绿化覆盖率三个指标在保持高位的基础上不断提升，万元GDP能耗、工业增加值能耗和单位耕地面积化肥施用量逐年明显下降，环境污染治理投资总额占GDP比重保持微幅提升，亿元工业产值二氧化硫排放量在2014年明显增加后下降，2018年又基本上回升到2013年的水平。其中，工业固体废弃物综合利用率与全国的总体趋势一样明显下降，在今后的经济发展过程中应引起重视。

5. 民生共享指数排名明显上升

2013～2017年，虽然云南的民生共享指数总体上呈下降趋势，但在2018年上升为0.172，比2017年明显提升。从西部的民生共享指数差距较小、相互之间的差距也变小、有好几个西部省（区、市）的民生共享指数均排名相同的情况来看，反映出西部这几年在民生领域均取得较好成效。云南的民生共享指数在西部有4年排在第9位，2013年和2018年分别为第8和第4位。从反映民生共享的12个指标中，城乡居民收入及增长、人均个人储蓄存款余额和城镇职工基本养老保险参保率保持较快增长，每千人拥有卫生技术人员、每千人拥有医疗机构床位数、每百户固定互联网宽带接入用户数保持相对稳定小幅提升，城镇职工基本医疗保险参保率保持相对稳定，2018年贫困发生率为6.51%，较2013年的21.60%下降了15.09个百分点，中学老师负担学生数也略有下降。

三、云南经济高质量发展存在的问题

（一）经济发展效益效率相对偏低

2013～2018 年，虽然云南省的经济发展效益效率分项指数在西部的排名有所提升，但总体上在西部基本上处在后三位，明显低于云南省的经济高质量发展综合指数在西部的排名。反映经济发展效益效率的几个指标中，2018 年，云南省只有地区生产总值增速在西部排第三位，规模以上工业企业单位产值利润率在西部排第 5 位，其余指标均明显低于西部的平均值。因此，2018 年云南省的效益效率指数在西部排第 9 位。从具体指标看，2018 年，云南省的人均地区生产总值、全社会劳动生产率和人均一般公共预算收入分别在西部排名第 11 位、第 9 位、第 9 位，明显低于综合指数在西部的排名，是云南省效益效率的短板指标。2018 年，云南省的人均地区生产率总值只相当于西部平均值的 75.2%，最高值内蒙古的 54.4%，全社会劳动生产率只相当于同年西部最高值的 46.6% 左右。这三个指标综合体现了云南省经济发展水平相对滞后，生产效率亟待提升，由于经济发展相对滞后，相应的人均一般公共预算收入也偏低。云南未来的发展还需要加快发展经济，促进经济做大做强，与此同时要注重提升经济发展质量。

（二）发展中有待进一步优化结构

2013～2018 年，云南省的结构优化指数在西部的排名整体上是下降的，2015 年的结构优化指数排名最低，2018 年的结构优化指数在西部的排名较 2013 年下降了三个位次。服务业增加值占 GDP 比重、常住人口城镇化率、城乡居民收入比和高技术产业进出口占地区进出口总额的比重 4 个指标是云南省的结构优化短板指标，2018 年这四个指标分别在西部排名第 7 位、第 9 位、第 3 位和第 7 位，云南的城乡居民收入比为 3.11，是西部的城乡居民收入比高于 3.0 的四个省（区、市）之一，与城乡居民收入比相对较低的四川（2.50）、重庆（2.53）和广西（2.61）差距明显。其常住人口城镇化率和高技术产业进出口占地区进出口总额的比重偏低的重要原因在于经济发展相对滞后，工业现代化水平偏低。具体看，云南省的传统产业比重大，制造业中烟草、能源、有色、钢铁、化工产业占据着排名前 5 位，重工业对资源依赖性大，轻工业靠烟草的发展模式没有根本扭转。云南省的工业发展有待扭转曾经引以为傲的"资源优势、成本优势"，迫切需要寻找和培养新的竞争优势。云南省拥有丰富多彩的民族文化和民风民俗、四季如春的自然气候、地处边境的良好区位，森林覆盖率高且号称"植物王国"，但云南并未利用好旅游业的发展优势，带动相关服务业发展，并没有发展好森林康养、民风民俗体验游。

（三）经济高质量发展的创新要素支撑不足

从科研经费投入来看，2018 年，云南省的科研经费投入强度在西部处在中等水平，较西部的平均值要低 0.1 个百分点左右。专业化的人力资本积累是现代经济增长和创新驱动的主要源泉。2018 年，云南省的科技研发人员数量低于西部的平均值，每万人在校大学生数量较西部的平均值少 34.4 人，云南省技术市场成交额和每万人发明专利授权量分别只有西部平均值的 48.3% 和 52.8%。主要原因在于云南省高层次创新型人才相对匮乏，高层次人才总量相对不足，人力资源结构和分布不尽合理，人才创新创业能力还有待于进一步提升。科技创新体制分隔，科研人员创新创造活力不够，科技成果转化率不高，产学研合作浮在表面流于形式，优质企业对研发投入比率不高，科技创新总体水平与国内发达省区相比仍有较大差距。

（四）社会民生保障水平有待提升

高质量发展的落脚点是满足人民对美好生活需要，发展是为了让人民安居乐业，因此包含丰富内涵的民生共享（社会民生保障和城乡居民收入、享受的社会提供的公共服务等）是衡量经济发展是否迈向高质量的一个重要维度。云南省的民生共享指数 2014~2017 年在西部均排第 9 位，2013 年为第 8 位，2018 年提升至第 4 位。虽然从纵向来看，云南的民生共享指标都是持续向好的，但与西部其他省（区、市）相比，部分指标的排名相对靠后。如 2018 年云南省的农村居民人均纯收入和人均个人储蓄存款余额均在西部排第 10 位，每千人拥有卫生技术人员和每千人拥有医疗机构床位数在西部分别排第 9 和第 8 位，每百户固定互联网宽带接入用户数在西部排最后一位。部分单项民生保障指标在西部处于靠后位置，说明云南省在经济带动民生保障事业发展方面还有待突破。

四、促进云南省高质量发展的对策建议

云南省要实现经济高质量发展就必须把握好高质量发展的要求，以供给侧结构改革为主线，抓住重点全力补短板强弱项，强化现代产业体系建设，推动云南省经济持续稳定健康高质量发展。

（一）以科技创新引领云南制造业高质量发展

紧紧围绕高质量发展要求，研判科技创新和产业演变趋势与规律，聚焦科技体制机制改革，推出系列与云南制造业高质量发展要求相适应的具有创新性、突破性的政策措施，研究出台促进科技创新若干政策措施，加快完善创新创业生态。以供给侧结构性改革为主线，坚持"两型三化"产业发展方向，逐步转向智能制造、绿色制造，引领云南制造业实现质量变革、效率变革、动力变革。围绕先进装备制造、新材料、生物医药和大健康、信息等重点产业，重点培养和引进一批自然科学、工程技术、管理咨询以及其他急需紧缺人才，为云南制造业高质量发展提供可持续的智力支撑。

深入推进制造业的集约集群发展。聚焦汽车制造、电力装备制造两大传统产业，做强轨道交通制造、机床制造、电子信息设备制造、农业机械制造四大特色产业，培育智能装备制造、增材制造、通用航空及相关装备制造三大新兴产业，形成"2+4+3"的产业发展格局。推动产业集约集群发展，根据各地特点，明确各地制造业特色产业园区的发展定位，以龙头企业为引领，围绕全产业链在昆明、大理、红河、德宏、文山等地区打造一批主导产业突出、同类企业集聚、配套企业完备的产业集群。做精做强优势主导产业，把创意经济、绿色经济作为产业发展的重点方向，积极推动茶叶、花卉、水果、蔬菜、坚果、咖啡、中药材、肉牛产业等八大优势产业加快发展，生产出满足人们对美好生活方式的追求和转变的绿色食品。

全力促进"三化融合"，推动云南智能制造发展。依托"互联网+"、云计算、大数据、人工智能等新一代信息技术，以智能制造为重点导向，推动制造业加速向数字化、网络化、智能化融合变革，全面推进"三化融合"，促进制造业向高端化、智能化、绿色化方向发展。借助大数据、云计算等新一代信息技术实现制造业数字化转型，依靠数据驱动，推动云端制造与数据制造协同发展，为数字经济的发展打下坚实基础。积极发展"平台经济",放大产业平台的协同效应、集聚效应和辐射效应,逐步推进依托平台发展"服务制造、个性制造、协同制造、社群制造、物联制造、国际制造、共享制造和创新制造"等新模式。推动云南部分制造业先行先试,推动如烟草、高端装备、生物制药等产业"按需定制、个性化定制、智能化生产",构建"大数据+云计算+移动互联网+物联网+人工智能+工业互联网+机器人"的智慧工业体系。

(二)深化供给侧结构性改革,稳中求进促发展

当前,我国经济运行总体平稳、稳中有进,但也面临稳中有变、变中有忧的复杂局势,经济下行压力大。云南应坚持以供给侧结构性改革为主线,落实好"八字方针",更多地采取改革的办法,更多运用市场化、法治化手段,进一步巩固"三去一降一补"成果,推动更多产能过剩行业加快出清,降低全社会营商成本,加大基础设施等领域补短板力度。增强微观主体活力,建立公平开放透明的市场规则和法治化营商环境。健全和丰富产业链,注重利用技术创新和规模效应形成新的竞争优势,畅通国民经济循环,加快建设统一开放、竞争有序的现代市场体系,促进国内市场和生产主体、经济增长和就业扩大、金融和实体经济良性循环。聚焦传统产业转型升级,充分发挥比较优势,积极构建和发展现代化产业体系。全面深化实施供给侧结构改革,继续淘汰落后产能,推动传统高能耗、高污染企业及行业实现清洁化生产,发展成绿色产业,降低对资源能源的消耗。用先进适用技术推动传统产业转型升级,加大对产品研发的科研经费投入,与国内外的研究机构和高等院校加强合作,生产消费者喜欢的适销对路的高品质产品,积极化解过剩产能。

云南省应做好文化旅游和生态大文章,以全域旅游为抓手,以提升旅游质量为核心带动服务业发展,培育发展好新业态、新产业、新经济。统筹谋划、整合资源,凝聚文化和旅游发展新合力,提升旅游业文化内涵,推出新产品、新业态和新活动,创新发展理念,让文化、科技、历史融入景区,提升旅游产品与服务的文化创意。以发展全域旅游为抓手,统筹解决传统景点模式下旅游有效供给不足的结构性问题,打造集研学旅游、主题游乐、民俗体验、生态文化、养生康体为一体的多元化旅游。注重各旅游景点相互衔接与补充、做好旅游服务关联的交通、餐饮、住宿等方面的配套服务。强化旅游从业人员素质提升培训与监管,严格制定旅游行业标准规范,提升旅游管理服务水平,强化旅游市场环境秩序规范与严格管理,依法依规严查严处扰乱旅游市场秩序行为,推动旅游从高速增长阶

段转向优质旅游发展阶段。

（三）统筹推进改革开放和创新发展

以激发微观主体活力、增强内生动力为重点，加快市场化改革，精准发力，深化"放管服"、产权制度、要素市场化配置、国资国企、投融资、金融、土地、市场准入等领域改革，推动相关改革走深走实。强化创造公平竞争的制度环境，把弘扬和保护企业家精神各项政策落到实处，在构建亲清新型政商关系上持续发力，大力支持民营企业发展。

云南经济高质量发展的优势在区位，出路在改革开放。要深度融入"一带一路"建设，以"五通"为抓手，扎实推进与周边国家互联互通。进一步加强开放载体建设，完善各类重点开发开放试验区、边（跨）境经济合作区、综合保税区等开放平台的功能和作用，推进孟中印缅经济走廊、中国—中南半岛经济走廊和中缅经济走廊建设，完善大湄公河次区域合作等对外合作机制，将云南打造成为我国对外开放的新高地。要坚持培养和引进相结合，弥补云南创新人才缺乏短板。加快构建以企业为主体、市场为导向、产学研相结合的技术创新体系，激活企业在创新中的骨干作用。加快创新型云南建设，培育一批具有核心竞争力的千亿级大产业、大企业和科技型"小巨人"。进一步完善人才管理体制、培养引进机制、分配激励机制、人才评价机制和服务保障体系，实行更加积极、更加开放、更加有效的人才政策，营造有利于育才、引才、用才、留才的良好环境。打造积极的企业文化氛围，培育工匠精神，提升竞争力。推动以人力资源为中心的居住、休闲、娱乐、益智、健康体系建设，全面实施"千人计划"和"万人计划"，计划用 5～10 年时间，引进数千名各类型高层次人才，用 10 年时间，培育几万名云南省本土的高层次人才。要逐步完善科技创新生态体系，全面推进体制创新、制度创新、企业创新、人才创新、品牌创新、技术创新等，重点扶持科技型、创新型企业发展，构建良好的科技创新生态体系。深化科技体制改革，建立政产学研深度融合的技术创新体系，联合共建创新平台，积极促进高等院校、科研机构、创新企业等多方创新主体参与创新活动。

（四）全力做好经济高质量发展的补短板强弱项

要实现经济高质量发展，必须找到阻碍高质量发展的问题症结所在，找到云南省经济高质量发展的短板与不足。首先要梳理经济高质量发展的理念导向，将全面发展观和五大发展理念贯彻到生产生活的各个环节，摒弃只追求经济规模和速度的发展导向，树立以质量求发展的新理念，推动经济发展质量变革、效率变革、动力变革。建立健全经济高质量发展评价体系，设定符合云南省地方特点的经济高质量发展指标，鼓励各地区推进经济高质量发展实践。

基础设施特别是交通设施建设滞后，是制约云南部分区域经济高质量发展的重要因素之一。据2019年中国统计年鉴数据，云南省每平方公里的铁路运营里程和等级公路长度在西部分别排第8位和第5位。这反映出云南省的铁路建设相对滞后，云南省每平方公里的铁路运营里程只有西部最高的重庆的35.5%，还不到陕西、广西、宁夏和贵州等省（区、市）的一半；从每平方公里的等级公路长度来看，云南省也只有西部最高的重庆的35.3%，且明显低于接壤的四川省和贵州省。今后，云南应按照功能完善、安全高效、适度超前的要求，加快国际大通道建设步伐，充分发挥其对经济社会发展的拉动作用和乘数效应，形成有效支撑云南发展、更好服务国家战略的综合基础设施体系。全力推动规划建设中的轨道交通、高速公路和快速铁路建设，促进云南与周边省（区、市）的轨道交通和高等级公路保持通畅联系，尽快进入国家的铁路和高速公路骨架网。云南省还应将缓解交通瓶颈制约、填补短板放在重要位置，优先解决和广大农村地区、民族地区、沿边地区的交通、通信、电力、水利、光纤等基础设施问题，从根本上解决这些地区基础设施落后状况，为农村地区和民族地区的农产品打开市场销路、促进农业农民增收提供基础保障。

继续打好决胜全面建成小康社会的三大攻坚战。坚持结构性去杠杆的基本思路，在做大增量、提升质量推动经济增长且防范风险的同时，注重化解存量风险，做到坚定、可控、有序、适度。打好精准脱贫攻坚战，重点解决好实现"两不愁三保障"面临的突出问题，确保贫困县在2020年如期实现"摘帽"，全部贫困村实现"出列"。聚焦保卫蓝天碧水净土，打好污染防治攻坚战，全面推进生态文明建设，促进生态环境质量持续改善，提升云南省的生态宜居，强化生态宜居对高层次人才的吸引力。

（五）提升城镇化质量助力乡村振兴

当前，全省的城镇功能逐步完善，城镇化率明显提升，城镇面貌有明显变化。但是，城镇化发展水平相对滞后于工业化和经济发展，城镇的引领辐射带动能力偏弱，城镇规模结构不合理，城镇功能不完善，大量进城务工人员和农业户口迁入人群难以融入城市社会。云南省要全力提升城镇化发展质量，以昆明区域性国际中心城市和滇中新区建设引领滇中城市群发展，推进滇中城市群高质量发展，加快形成以滇中城市群为核心，以中心城市、次中心城市、县城和特色城镇为依托，大中小城市和小城镇协调发展的城镇格局。前瞻性地规划好城市群内部不同层级的对内对外交通线路，强化城市群内部的便捷交通，加快推进城市公共交通发展，通过完善交通基础设施强化城镇的宜居性。优化城镇化布局与形态，全力实施城乡人居环境提升，以人为本规划城市发展，强化城市生态绿地留白，注重就业、住房、教育、医疗、社会保障等均衡布局，为城市发展绿色产业和高端产业奠定坚实基础。把产业发展与城镇化进程并重并举，培育和壮大产业，为城市居民提供数量充足、多元化的就业机会，促进产城深度融合发展，既繁荣城镇市场和经济，又有利于缩短城市内部的通勤交通。坚持"特色立城、特色建城、特色兴城"的原则，最大限度地发挥云南得天独厚的江河、湖泊、山林、湿地等自然环境，森林覆盖率高的生态优势，打造建成一批森林城市、生态城市、花园城市。

坚持把解决好"三农"问题作为重中之重，按照"产业兴旺、生态宜居、乡风文明、治理有效、生活富裕"的总要求，加快推动农村基础设施建设和城乡公共服务均等化，提升农村人居环境，以土地制度改革为牵引增强发展农业农村新动能。统筹抓好农村的产业振兴，打好"绿色食品牌"，充分利用先天的生态优势，良好的温度、光照条件，积极推动农业供给侧结构改革，以区域为单位，将茶叶、花卉、水果、蔬菜、坚果、咖啡、中药材、肉牛产业等特色优势产业打造成公共的绿色产品、绿色品牌，提升农产品的附加值，推动农户与企业的形成紧密的利益共享关系，通过发展乡村产业实现农村兴旺，农民致富增收，增强农村的发展活力。

‖第二十章‖

贵州省经济高质量发展研究报告

党的十九大报告明确指出，我国已从高速增长阶段转向高质量发展阶段，正处在转变发展方式、优化经济结构、转换增长动力的攻关期。互联网、大数据、人工智能等信息技术正在引发新一轮科技革命，推动人类社会逐步进入智能化时代。从贵州省的区位发展条件看，贵州地处中国西南内陆，境内的高原山地居多，有"八山一水一分田"的说法，地势西高东低，自中部向北、东、南三面倾斜。从贵州省经济社会发展全局看，随着贵州基础设施和公共服务逐步完善，贵州生态文明先行示范区和国家大数据综合试验区的顺利推进，贵州省的生态文明建设取得显著成效；加大推进信息技术在经济社会各个领域融合应用，加快促进"数字贵州"向"智能贵州"发展，是促进实体经济转型升级、政府治理现代化和民生服务普惠化的必然要求，是把握智能化时代新机遇、培育大数据战略行动新动能、构建全省"弯道取直、后发赶超"新支点的必然要求。在这些重大的历史机遇面前，贵州省以习近平新时代中国特色社会主义思想为指导，大力弘扬"团结奋进、拼搏创新、苦干实干、后发赶超"的新时代贵州精神，抢抓历史机遇，加快推动贵州经济高质量发展。

一、贵州推进经济高质量发展的主要举措

党的十九大以来，贵州省按照"五位一体"总体布局和"四个全面"战略布局，牢固树立"创新、协调、绿色、开放、共享"五大发展理念，认真贯彻落实省第十二次党代会精神，按照"守底线、走新路、奔小康"的工作总纲，从实际出发，通过促进实体经济发展、推进大数据融合发展、加强科技创新和人才队伍建设、制定政策文件等方式，把握发展新特征、新导向、新要求，坚持科学发展，坚持以经济建设为中心，加快转变经济发展方式，促进贵州省实现更高质

量、更有效率、更加协调、更加公平、更可持续的发展，主要做法体现在以下几个方面：

（一）企业转型升级高成长，促进实体经济发展

实体经济是经济高质量发展的基础。2016 年，贵州省提出实施"双千工程"作为推进高质量发展的突破口和关键点。① 近年来，持续实施"千企改造、千企引进"工程，促进全省工业集约、高端、绿色、智能、特色发展。厚植发展优势，明确重点、精准发力，推动基础能源、清洁高效电力、优质烟酒、新型建材、现代化工、先进装备制造、基础材料、生态特色食品、大数据电子信息和健康医药等十大重点发展，向产业链中高端迈进、向创新链高端转型、向价值链高端延伸。2018 年，贵州启动了《贵州省十大千亿级工业产业振兴行动方案》，深入推进"双千工程"，大力实施"十百千万计划"，集中力量推动千亿元级产业加快发展。截至 2018 年，贵州已启动实施"千企改造"企业总数达到 3743 个，引进项目个数达到 4291 个，通过千企改造、千企引进工程实施后，有力地推动贵州省的工业提质增效、转型升级、绿色发展。② 许多企业脱颖而出，成为贵州"千企改造"工程龙头企业和高成长性企业。以推进供给侧结构性改革为主线，巩固"三去一降一补"成果，降低实体经济企业成本工作成效明显。推动产业园区转型升级，强化要素保障，不断强链补链增链，推动工业经济高质量发展。

（二）推进大数据融合发展，提升经济发展智能化水平

贵州省按照"四个强化""四个融合"的要求，充分运用大数据、人工智能、物联网、量子计算等新一代信息技术，提升经济社会发展智能化水平，推动大数据产业创新发展。贵州大数据经济实现了后发赶超，整体经济获得整合、带动与改善提高。贵州通过加大财政支持力度，设立大数据产业发展专项资金，大数据产业发展专项投资平台，引入风险投资机构，拓宽大数据企业融资渠道，为发展大数据产业提供资金支撑。贵州省大数据产业发展应用研究院、贵阳大数据产业技术创新试验区的产学研用合作效应逐步显现。建设应用下一代互联网，贵

---

① 郑果：《资源巧配置　工业强筋骨》，载于《贵州日报》2020 年 1 月 15 日。
② 陈白：《贵州：转型升级风正劲，绿色发展再奋蹄》，多彩贵州网，2019 年 3 月 2 日，http://www.gog.cn/zonghe/system/2019/03/01/017141523.shtml。

阳5G实验网综合应用示范项目建设取得新进展；推进华为、苹果、腾讯等大数据项目建设，推动规模以上软件和信息技术服务业营业收入、网络零售额快速增长，推动"万企融合"；推进数字产业化、产业数字化，启动实施大数据新领域百企引领行动。实施省级智能制造试点示范项目，推动大数据开放共享。作为我国第一个国家大数据综合试验区，贵州省大数据产业步入快速发展轨道，进入中国发展的全球前十互联网企业中的8家企业中有7家落户在贵州，2013~2017年，贵州大数据企业数量年均复合增长率达71%。大数据企业数量从2013年不足1000家增加到2017年的8548家。① 根据2019年贵州省政府工作报告，2018年，1625户实体经济企业与大数据实现深度融合，电信业务总量增长165.5%，电子信息制造业增加值增长11.2%，规模以上软件和信息技术服务业、互联网和相关服务营业收入分别增长21.5%和75.8%。

（三）加强科技引领，推动服务业提质增效

贵州省聚焦三大战略行动，加强关键共性技术科技攻关和科技成果运用，充分发挥高等院校和科研院所的作用，深入开展"千企面对面"科技服务，制定了产业转型升级关键技术清单，开展了协同创新。推动服务业提质增效，加强服务业集聚区建设，围绕打造山地旅游升级版，大力发展全域旅游。高品质开发山地旅游业态，培育壮大温泉康养、森林康养等旅游产品；高标准优化山地旅游服务，严厉惩处损害游客利益行为；高水平完善山地旅游设施，加快建设"快旅慢游"体系；高端化发展山地旅游装备制造，开发生产索道、登山、露营等旅游装备。积极发展大健康产业。促进制造业与生产性服务业深度融合，推动现代物流、金融、研发等产业发展壮大。加快发展家政、养老等生活性服务业。保持房价总体稳定，促进房地产业健康发展。

（四）持续推动区域协调发展，提升城镇化发展水平

近年来，贵州省加快推进黔中城市群，推进贵阳、贵安同城化，强化黔中城市群在交通互联互通、产业相互配套、环保联防联治、公共服务设施等方面的共推共建、共用共享。完善市州中心城市和县城功能基础设施功能，实施一批海绵

---

① 张一凡、刘鹏：《自然条件、政策支持：贵州大数据产业发展空间令人心动》，中国新闻网，2018年9月7日，http://www.chinanews.com/cj/2018/09-07/8621252.shtml。

城市、地下综合管廊、排水防涝、垃圾污水处理、停车场、基本公共服务等项目，深入实施城市交通文明畅通提升工程，大力推进老旧小区、棚户区改造。推动产城互动，坚持因地制宜、突出特色，加快形成分工明确、优势互补的城镇产业发展格局。促进特色小镇和特色小城镇高质量发展。加快发展县域经济，培育更多全国百强县，提升县域经济发展特色和质量。在城镇化发展进程中，贵州省积极推进乡村振兴，加快推进农村地区的公共服务和基础设施的完善与均衡化发展，全力推进脱贫攻坚工作，加快缩小城乡之间、农村与农村之间基础发展条件差距。聚焦深度贫困地区，将退耕还林、发展林下果经济与产业扶贫工作相结合，通过多种渠道、多种方式积极推进扶贫工作，力争在 2020 年前完成脱贫攻坚任务，推动贫困地区尤其是深度贫困地区加快发展。推动农业种植业结构优化调整，推进"互联网＋农业"发展，发展适应当地农业生产条件的高效特色农业，培育壮大职业农民，推动绿色优质农产品走出乡村市场，全力推动乡村振兴发展。

（五）出台"1＋6"配套政策文件，支持民营经济加快发展

2018 年，贵州省出台《关于进一步促进民营经济发展的政策措施》共涉及 9 个方面 42 条措施意见，包括降低民营企业经营成本、缓解民营企业融资难题、全面放开民间投资限制、推动民营企业转型升级等九个方面，以支持贵州省民营企业做大做强做优，推动民营经济高质量发展。贵州省通过集中力量打造更优的营商环境，全面贯彻落实税收优惠，切实降低民营企业的运行成本。破除制约民营经济发展的各类壁垒，在市场准入、审批许可、经营运行、招投标、军民融合等方面，为民营企业打造公平竞争环境。构建亲清新型政商关系，用好投资投诉热线和服务民营企业直通车，解决好政府部门和国有大企业、民营企业款项结算等问题，依法保护民营企业家人身安全和财产安全。

（六）深化重点领域改革，高水平地推进改革开放

贵州省积极推进财税体制改革，全面实施零基预算管理和预算绩效管理，稳妥推进省以下分领域财政事权和支出责任划分改革。推进教育领域综合改革和医药卫生体制改革，深化科技、司法、文化旅游等领域改革。深入推进国有企业战略性重组。要求全省国有企业定位定向，聚焦主业做精做强。推动重组的盘江煤电、乌江能源等企业集团加快成长为行业领军型企业。加强与在黔央企的深度合

作和项目对接，实现地方经济与企业发展双赢。大力优化营商环境。按照服务和效率高于周边、成本和负担低于周边的目标，以自我革命精神深化"放管服"改革，对涉及市场准入的行政审批事项按"证照分离"模式进行分类管理。

（七）加强生态文明示范区建设，筑牢产业发展的生态之基

贵州省通过生态文明示范区建设，建立完善绿色制度，培育绿色生产消费文化，建设绿色家园（绿色城镇和美丽乡村），坚持生态优先、绿色发展，推动发展和生态协同共进，进一步筑牢绿色生态屏障。近年来，贵州省先后出台《生态文明体制改革实施方案》《中共贵州省委贵州省人民政府关于推动绿色发展建设生态文明的意见》《国家生态文明试验区（贵州）实施方案》等举措，为推进国家生态文明先行示范区提供制度支撑。贵州是中国石漠化土地面积最大、类型最多、程度最深、危害最重的省（区、市）。近年来贵州通过开展新一轮退耕还林、国土绿化、绿色贵州等生态工程，生态建设成效显著，森林生态优势不断放大。2018 年，贵州省完成植树造林 520 万亩，森林抚育 600 万亩，改造低质低效林100 万亩，全省森林覆盖率达 57.0%，[①] 市（州）中心城市空气质量优良天数占比在 96% 以上。贵州省优越的自然气候条件、地质结构稳定、远离地震带、灾害风险低、森林覆盖率高是贵州大数据产业快速发展的重要基础条件。同时，贵州各市州、区县也具备发展旅游经济的有利因素。贵州在践行"绿水青山就是金山银山"方面，立足现有优势，因势利导地促进产业发展，树立了一个具有示范性的典型。

二、贵州经济高质量发展取得的成效分析

近年来，贵州省围绕新发展理念，经过狠抓创新驱动、产业转型、污染防治等重大举措的扎实推进，其产业结构不断优化，转型发展的内生动力不断积蓄，支撑高质量发展的条件得到持续改善。2013～2018 年，综合指数从 0.500 提升到0.636，保持持续稳定上升态势，这反映出贵州的经济呈现出积极向好的态势。依据构建的贵州经济高质量发展测度指标体系，从效益效率、结构优化、动能转

---

① 刘鹏：《贵州创新义务植树 "互联网＋植树" 助推义务植树常态化》，中国新闻网，2019 年 3 月1 日，http：//www.chinanews.com/gn/2019/03－12/8778413.shtml。

化、绿色生态和民生共享五个维度测评的贵州 2013～2018 年经济高质量发展情况如表 20 - 1 所示。

表 20 - 1　　　　　2013～2018 年贵州经济高质量发展综合指数及分项指数

年份	效益效率	结构优化	动能转化	绿色生态	民生共享	综合指数
2013	0.082	0.087	0.080	0.101	0.152	0.500
2014	0.085	0.091	0.083	0.105	0.131	0.528
2015	0.092	0.105	0.089	0.108	0.116	0.539
2016	0.087	0.108	0.101	0.107	0.128	0.561
2017	0.091	0.132	0.107	0.113	0.129	0.593
2018	0.095	0.125	0.130	0.118	0.168	0.636

资料来源：经中国统计年鉴、各省（区、市）统计年鉴数据计算所得。

从五个维度的分项指数在西部排名的变化来看，贵州的五个维度指数的排名位次变化均较大，都呈现出波动上升的趋势，其中的绿色生态指数上升到在西部排名第一。从五个维度指数在西部的排名先后位次来看，2018 年，贵州的民生共享指数排在第 9 位（见表 20 - 2），是贵州经济高质量发展的重要短板和不足。其次是经济发展动能要从依靠要素驱动转向创新驱动还有较长的路要走，亟待着力培育。

表 20 - 2　　　　2013～2018 年贵州经济高质量发展综合指数和分项指标指数排序

年份	效益效率	结构优化	动能转化	绿色生态	民生共享	综合指数
2013	8	12	7	3	11	7
2014	7	11	6	3	9	5
2015	3	5	7	3	12	6
2016	5	8	7	3	10	5
2017	4	4	4	1	7	4
2018	4	4	4	1	9	4

（一）贵州经济高质量发展水平总体波动提升

2013～2018 年，贵州省经济高质量发展综合指数保持持续上升态势。2018

年的综合指数为 0.636，比 2013 年的 0.500 明显增加，表明贵州经济高质量发展水平运行平稳，在兼顾经济发展的同时，经济发展质量不断提升。综合指数持续上上主要得益于 2015 年贵州省推进生态文明示范区建设，以供给侧结构性改革为主线，在"三去一降一补"方面获得的建设推动力。尤其是随着国家大数据综合试验区建设的加快推进，产业发展转向绿色化、高端化、智能化，促进技术创新和"两化融合"，科技对经济增长的贡献作用不断提升，加快扶持非公经济和小微企业发展，经历"改革阵痛"后经济发展提质增效取得了实质性进步。

（二）贵州高质量发展子层面指数总体向好

从贵州省经济高质量发展包括的效益效率、结构优化、动能转化、绿色生态和民生共享 5 个子层面的分指数，可以进一步揭示影响贵州省经济高质量发展变动的因素及其变动的趋势。2013～2018 年贵州经济高质量发展指数在民生共享方面呈先下降后上升的趋势；在效益效率方面呈小幅波动上升的趋势；在结构优化、动能转化、绿色生态层面表现为上升趋势。贵州经济高质量发展指数整体上与结构优化、动能转化、绿色生态指数上升趋势一致，表明在 2013～2018 年 6 年间贵州省的结构优化、动能转化和绿色生态建设发展对于贵州经济高质量发展起到了主导作用。

1. 效益效率指数排名持续提升

2013～2018 年，贵州效益效率指数有一定波动，指数在 0.090 左右徘徊，在西部的排名波动提升，2018 年较 2013 年提升了 4 个位次。从分指标看，贵州地区生产总值增长率由 2013 年的 12.5% 降至 2018 年的 9.1%，经济进入优结构、降增速、转方式的时期。2018 年人均地区生产总值、全社会劳动生产率和人均一般公共预算分别增长到 41244 元、40452 元和 4797 元，规模以上工业企业成本费用利润率由 2013 年的 7.83% 提高到 2018 年的 12.14%，规模以上工业企业单位产值利润率由 2013 年的 15.71% 降至 2018 年的 9.22%。

2. 结构优化指数持续向好

2018 年贵州结构优化指数比 2013 年提高 0.038，结构优化指数提升较明显，排名从第 12 位提升到第 4 位。产业构成方面，2018 年贵州三次产业结构比例调整为 14.9：40.2：44.9，服务业增加值占 GDP 比重基本变化不大，2018 年为 46.5%。城乡发展方面，2018 年贵州城镇化率为 47.52%，城乡居民收入比为 3.25，高于全国水平。贵州税收占一般公共预算收入比重由 2013 年的 60.63% 提升到 2018 年的 73.31%。民生财政支出占一般财政预算支出的比重由 2013 年的

54.5%增加至2018年的67.33%。

3. 动能转化驱动稳步提升

2018年，贵州动能转化指数为0.136，比2013年提升0.056，动能转化提升较明显。在西部的排名从第7位提升到第4位，提升了三个位次。从分指标看，消费和投资对经济增长的拉动率分别从2013年的6.99%、8.15%下降到2018年的4.05%和5.05%，说明贵州经济发展中消费驱动经济增长还有提升空间。贵州实际利用外资占GDP的比重由2013年的1.19%提升到2018年的1.98%，提升速度较快。科研经费投入强度小幅提升，科研经费投入占GDP比重由2013年的0.58%升至2018年为0.82%，表明贵州的科研经费投入力度逐年递增，但是所占比例还很小。2018年，规模以上工业企业研发经费支出占销售收入比重由2013年的0.61%小幅升至2018年的0.81%；科技研发人员数量达18786人，在西部排第7位；万人在校大学生数量为225.40人，较2013年增加了105.75人。该指标反映出贵州科技人员队伍基础力量逐渐增强，劳动力素质整体较快提升。2018年，贵州技术市场成交额171.10亿元，是2013年的8.83倍。截至2018年末，贵州每万人发明专利授权量为0.58个，较2013年增加0.36个。近两年，中央相继批准贵州建设首个国家大数据综合试验区、首批国家生态文明试验区和国家内陆开放型经济试验区，三大试验区创新驱动贵州经济发展的"乘法"效应逐步显现。贵州立足于加快推进从要素驱动转向创新驱动的创新发展，目标打造成为"中国数谷"。

4. 绿色生态环境获得极大改善

2018年，贵州绿色生态指数为0.118，呈现出稳步微幅提升态势，在西部从排名第3位提升至第1位。数据反映出贵州的绿色生态发展水平日益提高。2018年，贵州环境污染治理投资总额占GDP的比重为1.6%，工业固体废弃物综合利用率为64.6%，森林覆盖率和建成区绿化覆盖率分别为57.0%和32.84%，空气质量优良天数占比持续提升，达到97.2%，生态环境很好。能耗方面。每万元GDP能耗、工业增加值能耗均有所下降，分别下降到0.763吨标准煤、0.117吨标准煤，降幅较大；单位耕地面积化肥施用量基本保持在每公顷0.16吨。绿色生态发展是贯彻新发展理念的内在要求，生态文明建设是构建经济高质量发展体系的必由之路。贵州把握首批国家生态文明试验区建设机遇，在生态文明制度改革、推进国家生态文明试验区建设与高质量发展有机统一等方面不断探索，推行绿色生产生活方式和消费模式，让"懂绿、爱绿、护绿、用绿"的绿色文明行为在贵州大地蔚然成风。

5. 社会民生共享逐步改善

社会民生是经济发展之基，贵州不断转变经济增长方式，促进其经济高质量发展，归根结底是为了保障和改善民生。贵州省 2013～2018 年民生共享指数呈先下降后上升的趋势，排名呈现波动提升的变化，从 2013 年的第 11 位提升到 2018 年的第 9 位。从分指标看，贵州城乡居民收入和居民储蓄存款余额保持较快增长，通信基础设施和医疗卫生、教育服务进一步改善。城乡居民人均可支配收入自 2013 年以来呈现稳步较快增长，高于同期地区生产总值增速。2013 年以来，贵州人均个人储蓄存款余额呈逐年递增状态。2018 年，贵州每百户固定互联网宽带接入用户数达到 51.45 户。医疗教育方面，2018 年，贵州每千人拥有卫生技术人员及医疗机构床位数分别达到 6.82 人和 6.82 个，较 2013 年水平显著提升；每个中学老师负担学生数持续下降，2018 年保持在 14.62 人，反映出教育发展水平持续向好。贵州省坚持精锐出战务求精准，超常规推进脱贫攻坚战，尤其是在 2019 年，贵州全力打好"四场硬仗"，狠抓"五个专项治理"，实施"四个聚焦"，按照"八要素"要求大力推进农村产业革命，深入开展"春风行动""夏秋攻势""秋后喜算丰收账"和"冬季充电"，敲响了脱贫攻坚关键之年的战鼓。从报告年份数据看，贵州省贫困发生率由 2013 年的 21.3% 降至 2018 年的 4.29%。数据表明，贵州省高度重视社会民生事业发展，持续加大公共服务投入力度，科技、教育、文化、卫生、生态文明建设等水平不断提升，民生保障更加全面。

三、贵州经济高质量发展存在的问题

贵州总体经济发展质量不断提升，取得了较好的经济效益和社会效益。在肯定发展成绩的同时，也应该看到经济发展方式和体现质量如效益效率、动能转化、民生共享等方面的发展还相对缓慢，甚至近年来部分指标值出现下降的情况。

（一）经济社会发展还不协调，经济结构失衡仍较严重

2018 年，贵州省的地区生产总值增长 9.1%，增速居全国第 1；固定资产投资增长 15.8%、农业增加值增长 6.8%、金融机构贷款余额增长 18.5%，增速均居全国第 1。目前，贵州属于投资拉动经济增长型经济，而消费对经济增长的拉

动作用尚未充分发挥，消费对经济增长的拉动率从 2013 年的 6.99% 下降到 2018 年的 4.05%，内需结构失衡的状况还客观存在。社会经济发展整体协调度还不够。从反映结构优化方面的指标来看，虽然从纵向上看总体持续向好，但是从横向比较来看，2018 年贵州的常住人口城镇化率、外贸依存度、民生财政支出占一般财政预算支出的比重分别在西部排第 11 位、第 10 位、第 8 位，城乡居民收入比（负向指标）在西部排第 2 位。从当前贵州省所处的发展阶段来看，总体上处于第一次现代化与向第二次现代化的转变过程当中，虽然形成了三二一的产业体系，但 2018 年人均地区生产总值在西部排第 10 位，反映出贵州省的经济发展水平还比较低，第三产业占比较高的主要原因在于工业发展不足、总量规模偏小，对经济增长贡献不足。工业中的传统工业占比偏高，能源、化工、冶金、有色金属、建材面临缩减产能和激烈的市场竞争，新兴产业规模体量还比较小；特色产业与民生工程尚待进一步加强建设；生产性服务发展相对滞后，大数据发展与产业融合还需更进一步加深，从而通过聚合产生新势能；乡村振兴与区域协调发展还有待进一步加强。

（二）对外经济结构不合理，有待进一步转型升级

贵州外贸企业进出口规模还比较小，进出口结构不尽合理。2018 年，贵州省进出口总额 500.77 亿元，同比下降 9.2%。其中，进口 163.33 亿元，比上年增长 2.1%；出口 337.44 亿元，比上年下降 13.8%。进出口规模相比东部地区小，外贸依存度较低，利用外资水平较低；外贸企业规模小、外贸企业数较少。出口贸易仍以一般贸易为主，而加工贸易占比仍然很小，加工贸易增长缓慢。面对复杂的国际环境，国内需求增长放缓，经济下行压力逐步加大，进出口贸易的风险和挑战扩大。受贸易环境影响，贵州产品出口下降；加之部分新经济企业过度依赖于政策扶持，增加了企业发展的不确定性。因此，贵州省加快对外经济贸易发展速度和优化结构、进一步转型升级十分必要。

（三）新兴产业规模较小，新旧动能转化有待加强

从培育产业新增动能来看，近年来，贵州省深入实施工业企业"十百千万计划"，狠抓"千企改造""万企融合"，加快推进传统产业转型升级，虽然新产业培育取得一定成效，但目前贵州省仍以传统支柱产业为主，新兴产业对经济增长的贡献不足。2018 年，贵州省的煤、电、烟、酒四大传统支柱产业合计增加值

比上年增长11.9%，对全省工业经济的贡献率为75.2%，比2017年提高35个百分点。贵州新兴行业虽然发展突飞猛进，但是由于新兴产业规模依然较小，所占比例与传统支柱产业相比仍然不高，还无法填补传统行业增速放缓留下来的空白。2018年，全省规模以上装备制造业、高技术制造业对工业经济的贡献仅分别为9.8%和11.8%。从培育创新动能来看，贵州省来自政府和企业的科研经费投入不足，科技成果转化率不高，具有较高素养的劳动力资源供给不足。从具体指标来看，2018年，贵州省的科研创新经费投入占GDP比重和规模以上工业企业研发经费支出占销售收入比重分别在西部排第7和第5位，技术市场成交额、每万人发明专利授权量则排名第5和第6位，每万人在校大学生数量排名第7位。2018年贵州省的科研经费投入总额为121.6亿元，在全国排第24位；技术市场成交额在全国排第18位，每万人在校大学生数量在全国排第24位。总体上反映出贵州的科研经费投入、科技成果和劳动力素质在全国基本上属于后10位之列，在提升科技对经济发展贡献，推动经济发展要素从要素驱动向创新驱动等方面还需要加强东西合作。

（四）绿色产业体制机制有待进一步健全，环境保护责任依然重大

虽然贵州的绿色生态指数在西部排名领先，生态建设也取得较好成效，但是2018年贵州省亿元工业产值二氧化硫排放量（负向指标）在西部是最高的，达到了64.57吨/亿元；建成区绿化覆盖率在西部排第11位，为32.84%。作为欠发达地区，面临着经济发展和环境保护的双重任务。贵州的生态环境脆弱，石漠化问题突出，水土流失较严重。生态环境一旦遭到破坏，很难进行修复。传统观点把环境保护仅仅看成是一种责任、义务和负担。其实，在以生态产业为标志的第四次产业革命大背景下，环境保护还能带来巨大利益回报，是经济欠发达地区后发赶超的重要依托与支撑，也是发展的新机遇。贵州既面临着加快发展、决战脱贫攻坚、实现同步小康的紧迫任务，又面临着资源环境约束趋紧、城镇发展和农业生态空间布局亟待优化的挑战。在生态文明示范区建设过程中，也面临着机制约束、合力不足、环境保护与经济发展的现实矛盾有待有机协调与平衡等问题。

（五）社会民生共享发展任务艰巨，脱贫攻坚任务艰巨

2013~2018年，贵州省的民生共享指数在西部基本上处在后三位，排名最好的是在2017年排第7位。从反映民生共享的指标来看，虽然多数民生指标都持

续向好，但与西部其他省（区、市）相比还是较大的差距，主要表现为：2018年贵州的城镇居民人均可支配收入、农村居民纯收入和人均个人储蓄存款余额均处在后三位，贫困发生率和每个中学老师负担学生数两个负向指标则分别排第5和第2位，每百户固定互联网宽带接入用户数排最后一位，这反映出贵州省的城乡居民收入偏低，贫困人口占比高，教师数量不够。2018年，贵州省减少贫困人口148万人、贫困发生率下降到4.3%。贵州在"十三五"的剩余两年时间内脱贫攻坚仍有不少"硬骨头"要啃，全省还有51个贫困县未脱贫摘帽，剩余155万贫困人口中有一半以上生活在深度贫困地区，脱贫攻坚难度较大；扶贫产业规模化、市场化水平不高；易地扶贫搬迁存在后续扶持和与当地有机融合等问题。

四、促进贵州经济高质量发展的对策建议

针对贵州省经济高质量发展中存在着的供给质量提升缓慢、现代产业体系和制度体系不健全、产品竞争力和大数据融合发展水平有待进一步提升等问题，在此提出以下几点建议：

（一）在"破""立""降"上下功夫，加快提高供给质量

推动高质量发展，主线是深化供给侧改革，重点在"破""立""降"上下功夫。"破"即大力破除无效低效的供给，要推动煤炭、电力、化工等行业着力化解低效产能。"立"即大力推动传统产业优化升级，要大力培育新动能，推动山地特色农业精品化、工业高端化、现代服务业特色化、一二三产业数字化和融合发展，深入开展质量品牌建设。"降"即降成本，大力推动降低能源、交通物流、融资、税收、制度性交易成本。

（二）在"特""强""优"上下功夫，加快产业提质增效

贵州省仍属于经济落后地区，部分产业技术水平不高，生产方式粗放，要大力构建现代产业体系，重点做特色一产、做强二产、做优三产并推动一二三产融合发展。紧紧围绕特色产业全面提质增效，提高煤炭、化工、冶金等资源型产业精深加工水平，推动现代能源工业健康发展。围绕新兴产业加快成长壮大，重点

推动大数据、大健康、高端装备制造、新材料、新能源、节能环保等新兴产业取得突破。围绕现代服务业优质高效发展，大力发展现代物流等生产性服务业和生活性服务业。围绕实体经济发展环境优化，全面推进依法行政，深化"放管服"改革，强化涉企收费目录清单管理，最大限度降低制度性交易成本和企业税费负担，推动资源资金向优势企业集中，加快壮大实体经济。

（三）在"国际化""品牌化""绿色化"上下功夫，加快提升产品竞争力

贵州省要向国际先进质量标准看齐，牢固树立品牌意识，推动酒、烟、茶、绿色食品、民族医药等特色产业国际化、品牌化，打造高质量的贵州产品品牌。坚持生态优先、绿色发展理念，充分利用丰富的旅游资源优势，推动"旅游＋"多业态融合发展，建设国际知名的山地旅游目的地；充分利用生态优势，推动大健康产业发展，建设国际一流的康养基地。大力推动优势资源向企业集中，逐步形成一批在国际上具有优势竞争力的品牌产品。坚持可持续发展，必须以人与自然和谐相处为目标，牢固树立尊重自然、顺应自然、保护自然的意识，坚持走绿色、低碳、循环、可持续发展之路，构建尊崇自然、绿色发展的生态体系。

（四）在"改革""创新""开放"上深挖潜，加快增强发展动力和活力

在经济发展新时代，我国社会主要矛盾已转化为人民日益增长的美好生活需要和不平衡不充分的发展之间的矛盾。高质量发展意味着改革开放成果能够更多更公平地惠及人民。以增加科技、人才等先进要素支撑为目标，重点增加高素质劳动力的供给、深化科技体制改革、加大科技研发投入、优化创新创业环境。全力增强财政金融保障服务能力，着力提高财政资金使用效益，管好用好财政资金；加快完善区域金融体系，增强金融服务实体经济能力，为高质量发展提供有力的金融支撑。贵州经济转向高质量发展，不但要保持高水平的投资，更要通过提高经济要素的产出效率增强发展动力，重点要以国企国资、能源体制、行政审批、土地制度、户籍制度、产权保护、投融资制度、科技体制等领域的改革为突破，进一步释放经济发展的活力。以扩大对外开放为重点，提升招商引资引智引才的质量，加快形成全面开放的格局。

（五）在"导向""制度""保障"上下功夫，加快构建长效机制

贵州省必须坚持包容性发展，坚持全面保障和改善民生，构建公平公正、共建共享的包容性发展机制，使发展成果更多更公平惠及全体人民，走出一条西部欠发达地区高质量发展的示范性的、不寻常的道路。要考虑从长期与短期、宏观与微观、总量与结构、全局与局部等多个维度继续优化构建高质量发展指标体系，建立健全统计体系、绩效评价和政绩考核机制等。牢牢把握制度保障，围绕处理好政府与市场、政府与企业、企业与市场、市场与要素的关系，构建市场机制有效、微观主体有活力、宏观调控有度的经济体制。要探索建立健全推动高质量发展的长效机制，全力营造市场化法治化国际化便利化的公平市场环境，进一步尊重创新创业精神，坚持包容审慎的监管态度，构建亲清型政商关系。要大力培育引领经济发展的企业集团和产业集群，孵化和扶持更多的"小巨人"、独角兽等高成长企业，提升各类种子企业对贵州的归属感和认同感，强化经济高质量发展的内生动力。

（六）发挥优势力量，以大数据战略助力高质量发展

贵州拥有其他地区不可比拟的自然区位条件（气候条件优越、地质结构稳定、远离地震带、灾害风险低）和良好的绿色生态环境，有高达50%以上的森林覆盖率、96%的城市空气质量优良天数占比。这些要素正成为人们日益向往的、构成稳定、美好生活的基础。贵州省交通建设投入大、成效快，将为经济高质量发展插上腾飞的翅膀。贵州省政府出台《贵州省新时代高速公路建设五年决战实施方案》，提出2022年建成1万公里高速公路目标，加快建设交通强国西部示范省，形成"6横7纵8联"及4个城市环线的高速网。在高铁建设上，贵州从2014年起建成贵广高铁联通珠三角和北部湾，就正式进入高铁时代。而后相继建成开通贵阳至长沙、贵阳至昆明、贵阳至成都等高铁。预计到2022年，贵州省将实现市市通高铁。全省铁路里程将突破4300公里，其中高铁近2000公里。[①] 贵阳市将成为西部交通枢纽。

贵州要集聚优势力量，完善产业配套、投入科技创新要素、优化公共服务环

---

① 骆飞：《贵州计划到2022年实现市市通高铁》，新华网，2019年6月22日，http://www.xinhuanet.com/2019-06/22/c_1124658132.htm。

境、加快智能化应用，深度推进大数据产业融合发展，抢占新经济发展的制高点。按照贵州省提出的"四个强化""四个融合"的要求，充分运用大数据、人工智能、物联网、量子计算等新一代信息技术，提升经济社会发展智能化水平。推动大数据产业创新发展。加快下一代互联网建设应用，加快推进贵阳5G实验网综合应用示范项目建设，推进华为、苹果、腾讯等大数据项目建设。推动"万企融合"，加快推进数字产业化、产业数字化，启动实施大数据新领域百企引领行动，推动实体经济企业与大数据深度融合。探索完善大数据资源流通的法规制度和标准规范，探索建立大数据关键共性标准，推动贵州省大数据产品、技术、标准"走出去"。

参 考 文 献

1. 方印、王明东、李杰：《提升生态产品价值助推高质量发展》，载于《贵州日报》2019年11月13日。

2. 梁青：《在改革创新中实现高质量发展》，载于《当代贵州》2019年第36期。

3. 刘悦：《贵州工业经济高质量发展新动能》，载于《当代贵州》2019年第3期。

4. 马红梅：《把握时代新特征推动经济高质量发展》，载于《贵州日报》2019年8月7日。

5. 本报评论员：《现代化经济体系下的贵州高质量发展》，载于《贵州民族报》2019年6月11日。

6. 吴大华：《大力发展数字经济推进贵州高质量发展》，载于《贵州日报》2019年5月29日。

7. 王秀峰：《基于"三化"的贵州经济高质量发展思考》，载于《贵州日报》2019年5月15日。

8. 王淑宜：《擘画"绿色贵州"美丽画卷》，载于《当代贵州》2019年第17期。

9. 魏霞：《推进贵州农村产业融合促进经济高质量发展》，载于《贵州民族报》2019年4月30日。

10. 颜修琴、王佳尧：《大数据背景下贵州经济发展现状探究》，载于《商场现代化》2019年第5期。

11. 《贵州经济社会高质量发展开新路》，载于《贵州日报》2019年3月12日。

12. 刘悦：《产业航母》，载于《当代贵州》2019 年第 10 期。

13. 刘庆和：《从高速增长到高质量发展》，载于《当代贵州》2019 年第 Z1 期。

14. 岳振：《高质量发展的"贵州密码"》，载于《当代贵州》2019 年第 4 期。

15. 罗亮亮、张丽：《多彩贵州向高质量发展迈进》，载于《当代贵州》2019 年第 3 期。

16. 罗亮亮：《2018 多彩贵州大事记高质量发展这一年》，载于《当代贵州》2019 年第 3 期。

17. 漆明春：《坚持绿色发展建设美丽贵州》，载于《贵州政协报》2019 年 11 月 14 日。

18. 王红霞：《贵州生态文明建设的实践与探索》，载于《新西部》2019 年第 28 期。

‖第二十一章‖

<h1 style="text-align:center">广西壮族自治区经济高质量
发展研究报告</h1>

　　党的十八大以来，习近平总书记赋予广西"三大定位"新使命，提出"五个扎实"新要求，作出"建设壮美广西，共圆复兴梦想"重要题词，这是对新时代广西发展的精准指导，是习近平新时代中国特色社会主义思想的"广西篇"，也是广西践行习近平新时代中国特色社会主义思想的新坐标和路线图。近年来，广西壮族自治区以习近平新时代中国特色社会主义思想为指导，深入学习贯彻党的十九大和十九届二中、三中全会精神，全面落实"三大定位"新使命和"五个扎实"新要求，统筹稳增长促改革调结构惠民生防风险，保持了经济持续健康发展和社会大局稳定，高质量发展迈向新台阶。

　　广西是我国少数民族人口最多的自治区，也是革命老区、边疆地区。既有北部湾沿海等发展条件好、潜力大的地区，又有大石山区等集中连片的贫困地区；既有丰富的矿产、旅游、特色农业等资源，又有制约资源优势转化为经济优势的交通、能源、人才瓶颈；既有参与国际国内区域合作的有利区位条件，又存在深化开放合作的体制机制障碍。改革开放特别是实施西部大开发战略以来，广西壮族自治区紧紧围绕党中央决策部署，突出抓重点、补短板、强弱项、防风险、守底线，各族干部群众团结奋斗、开拓进取，经济社会发展取得巨大成就。

一、广西推进经济高质量发展的主要举措

（一）加快建立经济高质量发展的政策制度

完善推动经济高质量发展的政策体系是促进经济高质量发展的内在要求，要

在经济高质量发展上取得重大成效和突破，需要建立完善有利于推动经济高质量发展的制度环境。截至目前，广西出台了多项推动工业、文化旅游产业、农业方面高质量发展的行动计划/指导意见及提升创新能力、优化营商环境的系列政策文件。2018 年，广西出台了促进产业高质量发展的系列政策措施，如《广西壮族自治区人民政府关于推动工业高质量发展的决定》《广西工业高质量发展行动计划（2018～2020 年）》《广西壮族自治区人民政府关于加快文化旅游产业高质量发展的意见》《广西壮族自治区人民政府关于加快推进广西现代特色农业高质量发展的指导意见》等。为激发市场活力和社会创造力，出台了《高质量发展打造"双创"升级版的实施意见》。广西把优化营商环境作为推动经济高质量发展的突破口，制定出台了《广西壮族自治区人民政府关于进一步有效利用外资推动经济高质量发展的实施意见》等优化营商环境"1＋14"系列政策文件；还出台了《关于建立更加有效的区域协调发展新机制的实施意见》《关于全面对接粤港澳大湾区　加快珠江—西江经济带（广西）发展的若干意见》等文件，以推动区域协同协作发展，通过区域中心城市的引领带动整个区域实现合作共赢发展。

（二）激活改革创新动力开创经济发展新境界

广西深入实施创新驱动发展战略，抓住科技创新这个"牛鼻子"，统筹部署创新链、产业链、价值链，充分激发大众创业、万众创新活力。着力振兴实体经济，全面推进传统优势产业"二次创业"，加快发展战略性新兴产业和现代服务业，培育新业态新模式。大力推进"工业强桂"战略，着力强龙头、补链条、聚集群，做大做强工业规模和总量，着力抓创新、创品牌、拓市场，提升工业质量效益和竞争力，力争到2025 年全区工业发展总体达到全国中上水平，走出一条具有广西特色的工业高质量发展之路。在产业发展方面，着力培育、引进一批符合广西发展定位与导向，能够充分发挥资源禀赋的新兴服务业企业，加快健康养老、健康旅游、健康休闲运动、智慧健康等健康产业发展。

（三）深化供给侧结构改革不断激发活力

2015 年以来，广西坚持深入推进供给侧结构性改革，研究制定基础设施领域补短板、降低企业杠杆率、处置"僵尸企业"等指导性文件，培育经济增长新动能。在深化"放管服"、国资国企改革等重点领域和关键环节深化改革，将改革红利转化为经济发展的动力。根据广西省财政厅发布的"广西财政六个'着力'支持工业高质量发展迈出新步伐"数据显示,2018 年,广西累计关闭煤矿矿井 13 处,减少煤炭行业过剩产能 147 万吨;为企业降低融资成本超过 800 亿元,为企业减轻税费负担超过 800 亿元;一般工商业电价平均下降 10%,减轻企业用电负担 69 亿元。同时,广西还积极促进营商环境显著改善,2018 年,广西制定并出台"1 + 14"系列优化营商环境政策文件,全面完成市县权力、责任清单"两单融合",取消和下放核准事项 67 项,激发了创业创新活力,当年新增市场主体 53.2 万户。

(四)把握"一带一路"机会在经济发展中发挥更大作用

广西坚持把自身的发展放眼全国和面向东盟、面向世界开放的大格局中来思考、谋划、部署、推进,着力构建"南向、北联、东融、西合"的开放发展总体布局。近年来,广西着力推进沿海、沿江和沿边三大区域协调发展。充分释放临"海"的优势,推动北部湾经济区优先发展,舞动起广西高质量发展的龙头。充分激发"江"的活力,积极融入泛珠三角区域经济合作,加快培育形成新的经济增长带。充分做好"边"的文章,充分利用东兴和凭祥国家重点开发开放试验区、防城港边境旅游试验区等对外开放合作平台,做好边境经贸合作,加快形成沿边开发开放新高地。借力中国—东盟博览会、中国—东盟商务与投资峰会、中国—中南半岛经济走廊发展论坛等专业合作平台,推动与"一带一路"沿线国家的贸易和投资便利化。积极参与中国—东盟自贸区建设和泛北部湾、大湄公河、中越"两廊一圈"等次区域合作,扎实推进中马"两国双园"、中越跨境经济合作区、中国—印尼经贸合作区、文莱—广西经济走廊等国际合作园区建设,深化与"一带一路"沿线国家和地区国际产能合作。加强与广东、海南两省协作,共同推进北部湾城市群建设,加快打造面向东盟、服务三南(西南中南华南)、宜居宜业的蓝色海湾城市群。

(五)城乡区域发展更加联动协调

广西作为欠发达地区,其经济社会发展水平、城乡居民人均可支配收入与全国平均水平和国内发达地区还有不小差距,区域内的城乡之间、各县域单位(县、县级市、市辖区)之间发展的差距也比较明显。广西正在积极推进区域联动发展,尽量弥补区域之间和城乡之间的差距。近年来,广西贯彻落实国家赋予广西的新定位、新使命,全面部署实施北部湾经济区、珠江—西江经济带、左右江革命老区、桂林国际旅游胜地四大发展战略，区域发展协同性增强。2019 年，广西出台《关于建立更加有效的区域协调发展新机制的实施意见》《关于全面对接粤港澳大湾区 加快珠江—西江经济带（广西）发展的若干意见》等文件，为促进广西区域协调发展提供制度支撑。广西加快构建"两区一带"发展新格局，有利于充分发挥区域的积极性和能动性，促进区域优势互补、互利共赢、协调发展，从而逐步缩小差距，推动广西的发展由"重点突破"逐步向"多点支撑"转变。广西把以交通为重点的基础设施互联互通放在优先位置来推动区域间协同发展。根据《广西综合交通运输发展"十三五"规划》提出的目标，到 2020 年基本实现"高速县县通、高铁市市通、民航片片通、内河条条通"的建设目标，强力推动区域之间高速公路和铁路建设，有效改善区域对外交通基础设施条件。

（六）三大攻坚战扎实有效推进

坚决打好污染防治攻坚战，聚焦突出环境问题，稳扎稳打，深入实施水污染防治行动计划，全面落实土壤污染防治行动计划，持续推进"美丽广西"乡村建设和宜居城市建设，让良好生态环境成为人民生活质量的增长点，成为展现广西美丽形象的发力点。坚决抓好中央环保督察反馈意见和环保督察"回头看"指出问题的整改落实，有效防范生态环境风险。全面推动绿色发展，加快调整经济结构、能源结构和区域流域产业布局，积极倡导简约适度、绿色低碳的生活方式，推进资源全面节约和循环利用，打好生态文明建设持久战。积极发展生态工业、生态农业、生态服务业，构建完整生态产业链。继续完善自然资源资产产权制度、国土空间开发保护制度、资源有偿使用和生态补偿制度等长效机制建设，全面落实河长制、推行湖长制，为推进生态文明建设和绿色发展提供有力保障。把打赢打好脱贫攻坚战作为最大的政治责任和第一民生工程。2018 年，全区财政用于民生领域支出 4274.3 亿元、占比达 80.5%。聚焦深度贫困地区和特殊贫困群体，既扶贫更扶志、扶智，既"输血"更"造血"，全力打好产业扶贫、易地扶贫搬迁、村集体经济发展、基础设施建设、粤桂扶贫协作"五场硬仗"。坚持把脱贫攻坚与边境建设、民族团结、革命老区发展等有机结合起来，2018 年，广西实现 1452 个以上贫困村出列和 14 个贫困县摘帽。①

---

① 韦继川：《广西 14 个贫困县区脱贫摘帽》，载于《广西日报》2019 年 5 月 7 日。

二、广西经济高质量发展取得的成效分析

依据构建经济高质量发展评价指标体系，从效益效率、结构优化、动能转化、绿色生态和民生共享五个层面测度广西 2013～2018 年经济高质量发展情况如下，数据表明，这五年间，广西经济高质量发展总体取得较大进展，呈现小幅波动性上升，分项评价指标发展变动情况呈现出一定差异。

（一）广西经济高质量发展总体波动提升

2013～2018 年，广西经济高质量发展综合指数总体上保持上升态势，在西部 12 个省（区、市）的排名有所提升，从第 8 位提升到第 7 位。具体看，2013～2016 年广西经济高质量发展综合保持微幅上升态势，2017 年较 2016 年有所下降，这与西部绝大多数省（区、市）的综合指数变化总体趋势基本一致，主要原因可能是，我国在 2015 年底的中央经济工作会议提出供给侧结构改革。2016 年开始广西出台供给侧结构改革实施意见，全面施行"三去一降一补"，带来部分地区，部分行业企业的利润和运行效率的阶段性微幅回落。2013～2018 年广西高质量发展综合指数及各分项指标得分及排名如表 21－1、表 21－2 所示。

表 21－1　　　　2013～2018 年广西经济高质量发展综合指数及分项指数

年份	效益效率	结构优化	动能转化	绿色生态	民生共享	综合指数
2013	0.065	0.096	0.071	0.107	0.154	0.489
2014	0.066	0.100	0.076	0.117	0.138	0.521
2015	0.073	0.110	0.088	0.119	0.126	0.529
2016	0.069	0.114	0.087	0.117	0.132	0.545
2017	0.072	0.115	0.083	0.108	0.123	0.519
2018	0.075	0.116	0.096	0.101	0.158	0.546

资料来源：统计年鉴和各省（自治区、直辖市）的公报，并建立评价指标体系综合测算所得。

表 21 - 2　　　　2013～2018 年广西经济高质量发展综合指数及分项指数在西部排名

年份	效益效率	结构优化	动能转化	绿色生态	民生共享	综合指数
2013	10	10	9	2	10	8
2014	10	5	8	1	6	6
2015	8	4	8	1	9	6
2016	10	4	9	1	7	6
2017	9	5	8	3	10	7
2018	10	6	6	5	11	7

注：2014 年，广西与云南、西藏、新疆 4 个西部省（区、市）的结构优化指数在西部并列排第 5 位。2016 年，广西的民生共享指数与云南并列第 9 位；2017 年，广西的民生共享指数与云南和青海并列第 7 位。

从五个维度的分项指数在西部排名的变化来看，广西的五个维度指数的排名位次变化均较大，其中结构优化和动能转化指数都呈现出波动上升的趋势，效益效率和民生共享指数均是先提升后波动下降；动能优化指数相对较为稳定。从五个维度指数在西部的排名先后位次来看，2018 年，广西的效益效率和民生共享指数排在后三位，是广西经济高质量发展的主要短板和不足。

（二）广西经济高质量发展子层面指数总体向好

1. 效益效率指数排名波动上升

2013～2018 年，广西的效益效率指数及在西部的排名均呈现出波动上升的态势。2018 年的效益效率指数较 2013 年提微幅提升。2018 年，广西的效益效率指数在西部排第 10 位，最好的排名是 2015 年排第 8 位。2017 年的效益效率指数较 2016 年略有提升，总体上反映出供给侧结构改革初见成果，取得阶段性成效。从反映效益效率的分项评价指标来看，广西 6 个反映效益效率评价指标中的 5 个均保持着提升态势。具体看，2013～2018 年，除广西地区生产总值增长率与全国绝大多数省（区、市）一样持续小幅回落外，广西的人均地区生产总值、全社会劳动生产率和人均一般公共预算收入均明显增加，规模以上工业企业单位产值利润率和规模以上工业企业成本费用利润率保持稳定提升态势，这进一步印证了广西企业经营效益的逐步好转。

2. 结构优化指数排名明显提升

2013～2018 年，广西结构优化指数呈现出持续微幅提升态势，在西部的排名从 2013 年的第 10 位提升到 2018 年的第 6 位，排名明显提升，反映出广西经济结构得到进一步优化。从反映结构优化的分项评价指标来看，2013～2018 年，广西结构优化的 7 个评价指标均持续向好，服务业增加值占 GDP 比重、常住人口城镇化率、民生财政支出占一般财政预算支出的比重和高技术产业进出口占地区进出口总额的比重 4 个指标持续提升，城乡居民收入比持续下降，外贸依存度有所提升，这反映出广西对外贸易发展水平有所提升、与全球经济的联系更加紧密。具体看，服务业占 GDP 比重从 2013 年的 37.50% 提升到 2018 年的 45.5%，常住人口城镇化率从 2013 年的 44.81% 提高到 2018 年的 50.22%；民生支出在财政总支出比重在八成以上，从 2013 年的 71.17% 提升到 2018 年的 81.84%；出口产品的技术含量有所提升，高技术产业进出口额占地区进出口总额的比重微幅提升。同时，城乡居民收入比从 2013 年的 3.43 下降到 2018 年的 2.61，农村居民人均纯收入增速高于城镇居民人均可支配收入增速。税收占一般公共预算收入比重呈现出先升后降的态势，但年均比重保持在 65.0% 以上，是广西财政收入的重要来源。

3. 动能转化指数排名波动提升

2013～2018 年，广西动能优化指数总体上呈现出逐渐上升的态势，其动能优化指数在西部排名略有提升。从反映动能优化的分项评价指标来看，2013～2018 年，反映广西经济增长动能优化的 9 个指标中，有 4 个指标总体上向好，3 个指标保持相对稳定。具体看，2013～2018 年，广西投资和消费对经济增长拉动力持续下降，投资对经济增长的拉动率下降明显，消费对经济增长的拉动率下降幅度相对略小，投资和消费对经济增长的拉动率差距明显缩小。科研经费投入占 GDP 比重和规模以上工业企业研发经费支出占销售收入比重保持相对稳定，科技研发人员数量和每万人在校大学生数量均有所提升，反映出全区劳动力素质有所提升。虽然广西技术市场成交额在西部还比较小，却也保持持续较快增长态势；广西每万人发明专利授权量保持稳步增长，说明广西的科研成果比较丰硕。如果转化效率加以提升的话，则对经济生产将持续发挥带动作用。广西实际利用外资占 GDP 的比重呈现出先微幅增加后微幅下降的态势。广西实际利用外资占 GDP 的比重仅为 0.29，说明外资利用不高。这与广西靠近沿海、与东南亚隔海相望的区位不相符合。同时，这也指明广西在未来的经济发展过程中需要着力改变的一个方向，就是要积极融入泛珠三角区域经济合作，承接好与周边地区尤其是广东省的产业转移任务，做好产业配套，加强与东南亚国家的产业合作、经贸合作。

4. 绿色生态指数排名保持领先优势

2013～2018 年，广西绿色生态指数在西部排名有一定下滑，是广西所有分项指数中排名最靠前的分项指标，2013～2017 年保持了排名前三位的领先优势，在

2018 年的排名较前几年下降了两位，但广西 2018 年的绿色生态指数与排在前面的云南、四川和贵州的差距很小。2015 年和 2016 年广西的绿色生态指数为西部的最高，且排名第 1 位，表明绿色生态是广西经济高质量发展的优势指标，受广西所处的特殊地理位置和气候特点，加上历史发展时期对生态环境建设和环境保护的重视而取得的实效。2018 年，广西的森林覆盖率达 62.37%，在全国排第 4 位，在西部排第 1 位，比全国森林覆盖率（23.0%）高近 40 个百分点。从反映绿色生态的分项评价指标来看，2013～2018 年，广西的森林覆盖率、建成区绿化覆盖率、环境污染治理投资总额占 GDP 比重持续提升；尽管广西城市空气质量优良天数占比有所下降，但最低年份的占比也在 88.50%；2013～2018 年，广西的万元 GDP 能耗和单位工业增加值能耗不断下降，亿元工业产值二氧化硫排放量每年保持快速下降态势，2018 年的亿元工业产值二氧化硫排放量较 2013 年下降了 7.52 吨，单位耕地面积化肥施用量保持微幅下降态势。数据表明广西拥有良好的自然生态，同时更增强了对生态环境的治理力度，因而空气污染小、大气环境优。其中，广西对工业固体废弃物综合利用率从 2013 年的 53.29% 下降到 2018 年的 43.46%，反映出广西工业生产过程中对废弃物的综合利用不足，这是广西未来发展绿色产业需要解决的问题之一。

5. 民生共享指数排名先升后降

2013～2018 年，广西民生共享指数呈现出波动下降的态势，在西部的排名是先升后降。其中，2018 年的民生共享分指数在西部排名第 11 位，是所有分项指数中排名最差的。从反映民生共享的分项评价指标来看，各项评价指标均持续向好。2013～2018 年，广西城乡居民收入保持较快增长，均略高于同期的地区生产总值和财政收入增速。居民财富积累保持较快增长，人均个人储蓄存款余额从 2013 年的 20200 元提高到 2018 年 30962 万元。贫困发生率大幅下降，2018 年为 3.3%，较 2013 年下降了 13.5 个百分点。公共服务与基础设施配置逐步改善，其每千人拥有卫生技术人员、每千人拥有医疗机构床位数和每百户固定互联网宽带接入用户数均小幅提升，每个中学老师负担学生数保持稳定。广西城镇职工基本养老保险参保率和城镇职工基本医疗保险参保率均明显提升，分别较 2013 年提高了 16.35 个和 4.24 个百分点。

三、广西经济高质量发展存在的问题

近年来，世界形势错综复杂，地缘政治冲突、贸易保护主义愈演愈烈，外部环境发生明显变化；国内经济下行压力有所加大，经济保持平稳较快增长压力客观存在；内生动力不足，结构性矛盾依然较多，经济持续回升向好的基础仍不牢固，要全面实现广西经济高质量发展的任务仍十分艰巨。主要表现在以下几个方面。

（一）新旧动能的转化培育力度需加强

总体上看，广西的传统产业对经济拉动力减弱，先进制造业、战略性新兴产业、现代服务业等新动能正在培育，新旧动能转化还需时间来培育，还需要采用更多的方法，加大培育力度来推动。具体看，广西的投资和消费对经济增长的贡献持续下降，2013~2018 年，广西的投资和消费对经济增长的拉动率分别下降了3.38 和 2.26 个百分点。但广西由于糖、铝、机械、冶金等传统优势产业均需要"二次创业"，冶金和铝属于供给侧结构调整需要缩减产能、转型升级发展的产业，同时广西的文化旅游、电子商务大健康、大数据、人工智能等新兴产业培育成效还不突出，对经济增长的贡献还不足。广西的科研创新投入和企业的研发经费投入不够，科技成果转化不足。2018 年，广西的科技研发经费占地区生产总值的比重在西部排第 10 位，规模以上工业企业研发经费支出占销售收入比重排第 4 位，技术市场成交额排第 8 位，这些指标均反映了创新对广西经济发展和经济质量提升的贡献有待加强。

（二）经济发展效益效率相对偏低

2013~2018 年，广西的效益效率指数在西部的排名基本上排在第 8、第 9 和第 10 位，经济发展效益效率相对较低。作为经济欠发达地区，广西面临经济总量做大和质量提升的双重压力，需要平衡好经济稳定增长与经济增长质量提升的关系。从反映经济效益效率的评价指标来看，2018 年，广西的地区生产总值增速、人均地区生产总值、全社会劳动生产率和人均一般公共预算收入分别在西部排第 8、第 9、第 8 和第 10 位。这些均反映出广西的经济发展总量规模偏小，生产效率偏低，广西在未来发展过程中既需要提升经济发展质量，还要做大做强经济规模。2013~2018 年，广西的固定资产投资增速从 2013 年的 21.4% 下降到2018 年的 10.8%，2018 年的工业和服务业投资增长分别为 12.2% 和 9.9%，低于全社会固定资产投资增速，其中邮政业、金融业、居民服务业和其他服务业、公共管理和社会组织的投资均大幅下降。

（三）开放型经济发展水平不高

广西毗邻东盟，发展开放型经济先天条件得天独厚，但目前"通道经济"色彩仍比较明显，在开放型经济发展方面存在着产业落地少、口岸基础设施欠缺、通关效能低等问题，尚未形成高水平的开放型经济。主要原因在于营商环境亟待改善，基础设施尤其是道路交通设施发展相对滞后，南向通道建设通关问题有待改善等问题亟待解决，企业经营要素成本仍然居高不下。其次是产业发展相对滞后，导致虽然地理位置上靠近珠江三角洲，与东南亚国家隔海相望，有非常长的海岸线，但经济发展与广东和福建沿海还有较大的差距。外向型经济发展不足的表现为，2018 年，广西的外贸依存度为 20.20%，在西部仅次于重庆，实际利用外资占 GDP 的比重为 0.29%，在西部排第 8 位。

（四）民生改善和社会保障水平亟待提升

2018 年，广西的民生共享指数在西部排第 11 位。尽管近年来广西的城乡居民收入保持较快增长，均略高于同期的地区生产总值和财政收入的增速；每年都有较多的贫困县和贫困村"出列"，贫困发生率逐年下降。但是，值得关注的是，与西部其他省（区、市）相比，广西的城乡居民收入水平还比较低，社会公共服务发展相对滞后，社会保障水平相对较低。2018 年，广西的城镇居民人均可支配收入排在西部排第 8 位，农村居民纯收入排第 4 位，每千人拥有医疗机构床位数排第 11 位，每百户固定互联网宽带接入用户数排第 4 位，城镇职工基本医疗保险参保率和城镇职工基本养老保险参保率排名分别排第 10 位和第 8 位。近年来，广西的脱贫攻坚取得较好成效，2013～2018 年，贫困发生率下降了 13.5 个百分点，但是目前还未脱贫的贫困地区由于致贫原因复杂交织，贫困程度深，是脱贫攻坚难啃的硬骨头。目前广西还未脱贫的贫困村多处在广西的边境山区和革命老区等边缘地带，既有自然环境相对恶劣，基础设施建设相对滞后，经济发展严重滞后等原因，还有贫困户自身的教育水平偏低，以及因病、残疾、缺少劳动力等多种原因交织交错，这些都增加了脱贫的难度。

四、促进广西经济高质量发展的对策建议

在决胜全面建成小康社会、实现第一个百年奋斗目标的历史关口，面对世界

百年未有之大变局，面对推进新一轮高水平开放、全面对接粤港澳大湾区发展、建设西部陆海新通道、打造面向东盟的金融开放门户等新的历史性机遇，广西要树牢"四个意识"、坚定"四个自信"、坚决做到"两个维护"，持续深入贯彻落实习近平总书记对广西工作的重要指示精神，感恩奋进、埋头苦干，攻坚克难、勇创佳绩，奋力开启建设壮美广西、共圆复兴梦想新征程。

（一）做强产业，筑牢高质量发展的支柱引擎

推动广西高质量发展，应按照"强龙头、补链条、聚集群"的发展思路，提升产业发展质量。一是培育服务业发展新动能。深入实施现代服务业发展三年行动计划，推进科技服务、软件信息、金融服务、商务服务、会展服务等生产性服务业向专业化高端化发展，加快培育平台经济、分享经济、体验经济，推动文化旅游、文化体育、健康养老、教育培训、家政服务等生活性服务业品质化发展，精细化管理。二是加快推动工业高质量发展。支持柳钢、柳工、玉柴、南南铝、上汽通用五菱等龙头企业发展壮大，补齐完善产业链条，促进产业链发展成长为产业网，聚焦打造一批特色产业集群，加快推动工业现代化进程，建立现代产业化体系。三是着力推动旅游业高质量发展。旅游业作为广西重点培育的战略性支柱产业，发展势头强劲，2013～2018年旅游收入年均增速为29.7%，国内旅游收入占全国比重从2014年8.2%提高到2018年的14.5%，接待入境过夜游客在全国排第4名，国际旅游收入在全国排第10名。下一步，广西应借助丰富的旅游资源和优越地理位置，高标准推进全域旅游建设，做好旅游配套服务，推动旅游业高质量发展，并通过旅游业发展带动关联服务业实现提质增效的发展。四是加快推进大健康产业发展。构建大健康产业发展体系，以健康医疗、健康养老、健康旅游产业为核心，辐射带动健康医药、健康食品、健康养老、健康运动产业联动发展。充分利用森林覆盖率高、气候条件好的先天优势，争创国家级健康养老服务业示范区，创建一批自治区级养生养老小镇，大力推进巴马长寿养生国际旅游区和贺州、百色国家医养结合试点建设。

（二）促进投资，夯实高质量发展的后劲支撑

提升投资有效性、优化投资结构是当前和今后一个时期促进广西经济发展最有效、最有力的手段之一。为此，广西应牢固树立抓项目就是促发展的理念，统筹抓好投资和项目建设工作：一是强力做好投融资工作。狠抓中央预算

内投资申报下达，提前做好储备项目的开工前准备工作，强化中央预算内投资项目全过程的监管，确保建设质量和资金安全投入。打造好营商环境，积极促进民间投资，加大基础设施和公用事业领域开放力度，积极引导民营企业参与补短板重大项目投资建设。二是加强基础设施领域补短板工作力度。聚焦脱贫攻坚、交通设施、能源设施、水利设施等重点领域补短板重大项目建设，加快推进建设一批铁路专线支线、深水航道和泊位等项目，突破海铁联运"最后一公里"瓶颈。加快推进南宁—玉林—深圳、南宁—桂林—衡阳、南宁—合浦、河池—柳州—贺州高铁等一批轨道交通建设重大项目纳入国家规划。三是做好项目储备工作。统筹推进新开工南宁至玉林城际铁路、贺州至巴马高速公路的象州至来宾段等重大交通基础项目；加快续建贵阳至南宁客运专线（广西段）、钦州华谊化工新材料一体化基地等重大项目；确保贵港至隆安高速公路等重大项目竣工投产。

（三）深化改革，释放高质量发展的动力活力

习近平总书记指出，要坚定不移抓好各项重大改革措施，既抓重要领域、重要任务、重要试点，又抓关键主体、关键环节、关键节点，以重点带动全局。要在以下几个方面着力：一是深化供给侧结构性改革。坚决贯彻中央和自治区去产能各项工作部署，严防"地条钢"死灰复燃，持续推动降低企业杠杆率，落实好降成本"41条""28条"和电改"15条"等措施，创新和完善促进绿色发展的价格机制。二是开展"优化营商环境攻坚突破年"活动。开展优化营商环境重点指标百日攻坚行动，贯彻落实国家营商环境评价实施方案，制定激励奖惩问责办法，做好营商环境第三方评估，加快推进营商环境立法工作。三是深化"放管服"改革。抓好"减证便民"等措施落实，深化"一事通办"改革，实现90%以上的依申请政务服务事项"最多跑一次"；全面推进"证照分离"等改革，全面实施市场准入负面清单制度。四是狠抓投融资改革。落实好项目建设"五个优化""五个简化"措施，加快社会信用体系建设，制定支持民营企业改革发展的实施意见，统筹推进军民融合深度发展。五是加快推进电力油气改革。将电力市场交易范围扩大到自治区级以下的34个工业园区10千伏用电用户及服务业龙头企业，实施水电与火（核）电发电权交易，推动主电网与区域电网融合；推动增量配电业务改革试点；启动"气化广西"两年攻坚战，合理制定天然气管输价格。

（四）扩大开放，拓宽高质量发展的平台空间

习近平总书记视察广西时强调，广西发展的潜力在开放，后劲也在开放，有条件在"一带一路"建设中发挥更大作用。为此，自治区发展改革委将按照自治区党委、政府部署，围绕加快构建"南向、北联、东融、西合"全方位开放发展新格局，开展助力对外开放的四项建设任务：一是积极融入"一带一路"建设。深入贯彻习近平总书记在中央推进"一带一路"建设5周年座谈会上的重要讲话精神，统筹实施好广西参与"一带一路"建设重点项目，筹建广西"一带一路"建设促进中心。二是务实推进西部陆海新通道建设。畅通高效运输走廊，提升陆路干线运输能力，加快推进黄桶至百色铁路、湘桂铁路南宁至凭祥段、南昆铁路威舍至百色段等货运通道规划建设。加强通道物流枢纽建设，着力提升北部湾港陆海联运和国际中转等功能。完善现代化交通集疏运体系，强化港口与高速公路、公路枢纽、铁路站场衔接，加快推进北海铁山港至石头埠支线、铁山港至啄罗等铁路"最后一公里"项目建设。三是深化以东盟为重点的国际合作。参与办好中国—东盟博览会、中国—东盟商务与投资峰会，加快推进中马"两国双园"、中越跨境经济合作区、中国·印尼经贸合作区等园区升级发展。加快沿边开发开放，大力推进东兴和凭祥重点开发开放试验区建设。全力推动建设面向东盟的金融开放门户。四是拓展国内多区域合作。全面对接融入粤港澳大湾区发展，承办好泛珠三角区域合作行政首长联席会议，推进桂港、桂澳、桂台合作和CEPA先行先试示范基地、海峡两岸产业合作区建设；建立完善跨省合作机制，深化与海南自贸区在旅游、港航、产业等领域合作，推动与周边省市共建产业合作园区和出口加工基地。

（五）攻坚脱贫，补齐高质量发展的短板弱项

广西贫困人口多、贫困面广、贫困程度深，脱贫攻坚任务艰巨。2018年，广西脱贫攻坚取得较好成效，全区有14个贫困县"摘帽"，1452个贫困村"出列"，贫困发生率下降到了3.7%。截止到2019年底，广西还有151万建档立卡贫困人口，应把打赢脱贫攻坚战作为最大的政治任务，力争在2020年全面完成脱贫攻坚：一是加大对深度贫困地区的政策倾斜力度。统筹各类资金给予深度贫困县专门支持，在安排财政资金、用地指标、就业等方面，加大对都安、大化、隆林、那坡4个极度贫困县和100个极度贫困村的倾斜支持力度。二是继续打好

"五场硬仗"，全面完成易地扶贫搬迁工作。细化易地扶贫搬迁后的后续产业和就业配套措施，促进推进后续扶持、后续管理和拆旧复垦等工作的精准管理，确保搬迁入住率全面达标。三是切实推进贫困县和贫困村的基础设施和公共服务设施完善工作，通过加大财政收入，引进爱心社会组织和爱心企业结对帮扶，完善提升贫困村的基础设施、产业发展、基本公共服务等短板制约。充分利用广西生产农产品丰富多样且地域特色鲜明的特点，加大扶贫消费扶持力度，与电商平台建立利益共享责任共担合作机制，充分发挥电商平台销售渠道广和本地农产品特色优势，拓宽销售渠道，扩大销售范围。四是扎实推进教育扶贫，加大基础教育投入，强化控辍保学，加大对进行职业教育的支持力度和覆盖范围，真正实现学有所教，增强贫困户自我脱贫能力。

第二十二章

青海省经济高质量发展研究报告

青海是我国的长江、黄河、澜沧江等河流的发源地，被誉为我国的"江河源头""中华水塔"，因此青海的经济发展、生态建设与我国的生态安全紧密相关。改革开放 40 年来，青海省顺应时代潮流，解放思想、改革创新、与时俱进，推动青海产业发展从无到有，产业结构加速优化调整，经济从封闭走向开放，社会面貌发生了翻天覆地的历史巨变，人民生活从过去的总体贫穷走向逐步富裕。党的十八大以来，在习近平新时代中国特色社会主义思想指引下，青海经济社会朝着更有质量的发展方向迈进，人民生活阔步迈向全面小康社会，经济发展质量效益稳步提升，生态文明建设取得卓著成果，青海发展站在了新的历史起点上。

高质量发展是满足人民群众对美好生活需要的发展，是体现新发展理念的发展，涉及发展方式、经济结构、增长动力等诸多方面的系统性重大变革，推动经济从"规模增加"转向"质量提升"，发展方向从"数量追赶"转向"质量追赶"，发展动能从"要素驱动"转向"创新驱动"，呈现出更有效率、更加公平、更可持续的发展。谋划好青海的经济高质量发展，就要以习近平新时代中国特色社会主义思想为引领，全面贯彻落实省委十三届四次全会精神，着眼于在新的起点上建设更加富裕文明和谐美丽新青海，按照坚持生态保护优先、推动高质量发展、创造高品质生活的要求，进一步打开眼界、拓宽思路。

一、青海促进经济高质量发展的主要举措

2000 年 10 月，中共十五届五中全会通过的《中共中央关于制定国民经济和社会发展第十个五年计划的建议》，把实施西部大开发、促进地区协调发展作为一项战略任务，强调："实施西部大开发战略、加快中西部发展，关系经济发展、民族团结、社会稳定，关系地区协调发展和最终实现共同富裕，是实现第三步战

略目标的重大举措。"党的十八大以来，面对复杂多变的国际国内形势，青海省委省政府在习近平新时代中国特色社会主义思想指引下，以改革创新的勇气与智慧，积极适应和引领经济发展新常态，推动青海基本形成了经济结构逐步优化、发展动力加快转换、发展方式积极变革的良好态势，开创了青海经济发展的良好局面。

（一）政策扶持促进经济高质量发展

完善推动经济高质量发展的政策体系是促进经济高质量发展的内在要求，要在经济高质量发展上取得重大成效和突破，就需要建立完善有利于推动经济高质量发展的制度环境。从国家层面看，新一轮促进西部开发的战略的优惠政策成效将陆续显现，国家在西部实施的重大基础设施和生态环境修复项目、东西协作扶贫等效果正逐步显现，这为青海地区经济高质量发展奠定较好的基础支撑。青海省结合实际出台了推动经济发展转向高质量发展的系列政策措施意见。2019 年，青海省出台《进一步促进民营经济和中小企业高质量发展的若干措施》，在引导中小企业发展壮大、鼓励创新活动等方面提出了 18 条举措，有利于促进民营经济和中小企业高质量发展。青海先后还出台了《青海省人民政府关于深化供给侧结构性改革促进实体经济发展的若干意见》《中国制造 2025 青海行动方案》《青海省关于推动创新创业高质量发展，打造"双创"升级版的实施意见》等。在农村地区加快推进农牧区土地草场林权流转、户籍制度、财税金融、文化体制、地勘和矿产资源管理等各项改革，实现了重点领域和关键环节改革的新突破。青海省已起草完成了《青海以国家公园为主体的自然保护地体系示范省建设总体方案》，编写了《青海自然保护地调查评估整合及以国家公园为主体的自然保护地体系建设总体规划工作方案》《青海以国家公园为主体的自然保护地体系建设制度标准体系研究项目工作方案》《青海省人民政府办公厅关于青海省加快推进新时代水利高质量发展的若干意见》等，为加快推进国家公园示范省建设，在发展经济的同时保护好生态环境提供了有力的政策支撑。《青海省循环经济发展评价指标体系分工方案》强化任务落实，明确责任分工，建立健全循环经济统计评价方法制度体系，推动国家循环经济发展先行区建设。

（二）产业升级助推经济高质量发展

近年来，青海围绕高原特色资源能源产业、特色农牧业、文化旅游业等，着力推动青藏高原原产地特色产业集聚发展，以绿色产业助推青海经济实现高质量发展。青海省的三次产业比重由 2011 年的 9.2∶57.5∶33.0 调整优化成 2018 年的 9.4∶43.5∶47.1。2018 年，青海新型工业化实现了由初级阶段向中级阶段的重大转变。突破锂盐高纯化、铝镁合金深加工等一批关键技术，加快建设盐湖资源、太阳能、锂电池等创新集群。① 目前，青海省正处于产业结构转型换挡的关键时期，坚持实施"双百"工程，推动盐湖资源开发上升为国家战略，培育发展铝、铜、铅、锌等产业向下游精深加工延伸，提升产品附加值，推进现有产业向高质化、高端化、绿色化转型。全力推动大数据在企业研发设计、生产制造、经营管理、销售服务中的综合集成应用，促进工业结构整体优化升级。服务业扭转了十多年来占比下降的局面，有所上升。2018 年金融业增加值近 300 亿元，比上年增长 15%，成为国民经济支柱产业之一。青海依托草原、冰川、雪山、沙漠、湿地等独特丰富的自然和人文景观，积极发展文化旅游产业，2018 年，青海省旅游总收入达 466.3 亿元，增长 22.2%，农牧民收入中来自旅游的收入保持较快增长。农业生产结构不断优化，高原特色现代农牧业框架基本形成。青海的油菜种植超过小麦成为全省第一大农作物，2018 年，枸杞产量达 8.56 万吨，有机枸杞认证面积和产量全国居首，枸杞产业带动就业人数超过 10 万人；冷水鱼产量达到 1.7 万吨，约占全国总量的 1/3。②

（三）实施创新驱动发展提升经济发展质量

党的十九大吹响了加快建设创新型国家的强劲号角。青海省作为经济后发地区，作为我国重要河流源头，更加重视培育创新发展动力，增强创新对经济增长的贡献作用。在此背景下，推动工业经济实现高质量发展就必须落实创新驱动发展战略，从而推动经济实现跨越式发展。人类发展历程无数次证明，只有抓住创新这个"牛鼻子"，才能更好地促进生产力的发展。推动经济高质量发展，优秀人才和科技创新是不可缺少的要素。近年来，青海加快构建了以企业为主体、需求为导向、产学研深度融合的技术创新体系，支持鼓励新材料、新能源、盐湖化工、特色生物等行业企业建立一批国家级和省市级企业技术中心、工程研究中心、重点实验室、检验检测等创新平台。青海加大人才引进力度，强力推动领军

---

① 黄灵燕、王伟才：《创新驱动：引领青海经济高质量发展》，载于《青海日报》2019 年 1 月 17 日。
② 孙发平、杜青华：《新中国成立以来青海经济发展的成就、经验与启示》，载于《青海日报》2019 年 11 月 4 日。

人才、创新人才、高技能人才计划，加大引才引智工程推进力度，全力引进和培育工业领域高端领军人才、顶尖技能人才，不断提高企业的自主创新能力，推动工业经济发展由要素驱动向创新驱动转变。坚持人才强省战略，推进"高端创新人才千人计划""青海学者计划"，引进和培养一批急需高素质人才，为企业持续高质量发展引进与培育高精尖人才，为加快推进经济发展从要素驱动转向创新等高端要素驱动提供强有力的人才支撑。围绕新兴产业，坚持绿色技术创新方向，持续开展"百项创新攻坚"，以企业为主体、产学研深度融合、基础设施和服务体系完备、资源配置高效、成果转化顺畅的绿色技术创新体系建设步伐明显加快。

（四）绿色发展助力青海经济高质量发展

青海省牢固地树立生态保护优先理念，努力探索以绿色发展为导向的高质量发展之路，让良好的生态环境成为高质量发展和高品质人居环境的支撑点。青海省坚持以生态保护优先理念协调推进经济可持续发展，经济呈现绿色有为的发展态势，生态资源正成为青海高质量发展的"绿色动力"。据估计，青海的生态资源总价值达18.39万亿元，每年向下游输送600多亿立方米的源头活水，生态服务总价值为7300亿元，① 其气候调节和物种保有等功能性价值不可估量。党的十八大以来，青海的三江源生态保护综合实验区建设一期工程圆满结束，二期工程正有序推进，三江源头的生态环境建设取得显著成效，重现千湖美景。三江源、祁连山国家公园体制试点工作统筹推进，各项工作有序推进，青海省正稳步推进国家公园示范省建设。青海省正在加快推进清洁能源示范省建设，根据《青海省建设国家清洁能源示范省工作方案》，预计到2020年，青海省的清洁能源开发利用水平达到全国前列，清洁能源生产比重达到51%，消费比重达到41%。2019年3月，青海省与农业农村部签署《共建青海绿色有机农畜产品示范省合作框架协议》，绿色有机农畜产品示范省创建全面启动。先后组织实施"三江源区'黑土山'退化草地生态系统修复技术研究与示范""祁连山高寒草地生态试验站二期"等生态项目，加强退化草地修复治理、沙漠化防治、水资源综合利用，着力筑牢国家生态安全屏障。

---

① 潘旭涛：《保护"三江之源""中华水塔" 青海：建设国家公园省》，载于《人民日报海外版》2019年9月5日。

（五）营造良好营商环境激活市场主体活力

近年来，青海营造优质高效便利的营商环境促进创业，激发市场主体活力，培育经济发展新的支撑动力。青海围绕提升市场发展动力，综合运用优化审批、减税降费、信贷支持等措施，加大对各类市场主体特别是初创期企业的扶持服务力度。2019 年 6 月初，青海省政府印发《青海省开展"市场主体发展促进年"实施方案》，制定 38 条具体措施，积极促进青海市场主体快速增加。实施以来，青海省新登记市场主体 7.54 万户，同比增长 6.7%。全面落实小微企业普惠性税收减免政策，累计减税降费 52.4 亿元，25 万户纳税人和 94 万人享受到政策红利。① 综合运用资金支持、知识产权保护等优先措施，持续提升市场主体发展质量。自 2013 年开始，青海积极融入"一带一路"国家发展战略，加强对外交流合作平台建设，强化与沿线国家和地区的贸易往来，在土耳其、尼泊尔、吉尔吉斯斯坦、巴基斯坦等"一带一路"沿线国家和地区相继建设了丝绸制品、穆斯林用品、藏毯等青海特色商品国际商城和保税仓库。2018 年，开行了首列国际陆海贸易新通道铁海联运班列，举办了哈萨克斯坦商品展"青海品牌商品推介活动"，自营产品出口增长 21%，与援青六省市和广东省、深圳市签订战略合作协议。与中亚、南亚、西亚各国的交流合作不断深化，青海逐步由内陆省（区、市）逐渐变为我国向西开放的重要门户，为全省经济社会发展增添了动力和活力。

（六）统筹城乡区域协调发展并取得新进展

党的十八大以来，青海省东部城市群和海西城乡一体化建设快速推进，柴达木循环经济产业链建设扎实推进，青海湖环湖地区旅游文化等特色产业迅速发展，青海对外交通条件明显改善，城乡基本公共服务均等化发展全面推进，高原美丽乡村建设成效明显。2018 年，青海新建成 16 个美丽城镇和 300 个高原美丽乡村，城乡区域差距明显缩小，发展的协调性不断增强，发展的均衡性得到明显提升。以"一带一路"、兰西城市群、长江经济带等重大战略为引领，统筹推动

---

① 马玉金、谭梅：《营造良好营商环境 助推全省经济高质量发展》，载于《青海日报》2020 年 1 月 3 日。

东部地区、特色环湖地区、柴达木地区和绿色三江源地区等四大板块相互融通、相互协作发展，推动这些地区成为区域发展的引领示范地区。加快推动兰西城市群发展，按照"两核一轴一高地"区域协调发展总体布局，加快构建"一群两区多点"省域城镇化空间体系。①统筹推进农村地区和欠发达地区加快发展，把青海东部地区率先协调发展作为新时代全省区域协调发展战略中心，充分发挥东部地区在推动全省高质量发展方面引领示范作用。加快推动欠发达地区特别是藏区六州经济社会发展，尽快弥补在产业发展、基础设施、公共服务、生态环境建设等方面的短板，全力做好藏区六州的脱贫攻坚工作，努力使贫困县实现"摘帽"，贫困村实现"出列"，为全面建成小康社会作出应有贡献。统筹民族地区融合发展，创建民族团结进步示范省，扎实推进民族团结进步创建工作"十进"活动，强化省内外民族地区的经济、文化、商贸、产业、人员等方面双向协作交流，促进民族地区加快发展。

二、青海经济高质量发展取得的成效分析

（一）青海经济高质量发展总体评价

从经济高质量发展综合指数来看（见表22-1），青海经济高质量发展综合指数从2013年的0.458提升到2018年的0.460，在西部的排名也从2013年的第12位提升到2018年的第11位。表明青海省经济高质量发展水平取得了提位增效的好成绩。从贡献水平来看，2013～2018年，青海的民生共享指数对经济质量发展的权重最高，为0.328；绿色生态指数和结构优化指数次之，分别为0.172和0.200；而动能优化和效益效率两个指数的权重相对较低，分别为0.147和0.153。这说明动能转化、民生共享以及结构优化三方面的提高是2013年以来全省经济高质量发展的重要驱动因素；绿色生态和效益效率相对不足是全省经济高质量发展的两大突出短板。

---

① 《青海省关于建立健全区域协调发展新机制和城乡融合发展体制机制的若干措施》，青海省政府网站，2020年1月9日，http://zwgk.qh.gov.cn/zdgk/swwj/202001/t20200109_161577.html。

表 22-1　　　　2013~2018 年青海经济高质量发展综合指数及分项指数

年份	效益效率	结构优化	动能转化	绿色生态	民生共享	综合指数
2013	0.087	0.092	0.069	0.058	0.152	0.458
2014	0.078	0.091	0.065	0.060	0.164	0.458
2015	0.065	0.097	0.057	0.063	0.144	0.426
2016	0.073	0.097	0.070	0.068	0.160	0.468
2017	0.077	0.095	0.080	0.064	0.146	0.462
2018	0.071	0.093	0.064	0.080	0.152	0.460

资料来源：统计年鉴和各省（自治区、直辖市）的公报，并建立评价指标体系综合测算所得。

从五个维度的分项指数在西部排名的变化来看（见表 22-2），青海的效益效率指数和民生共享指数的排名变化位次大，总体上呈现出波动下降的趋势，尤其在 2018 年排名下降明显；结构优化指数、动能转化指数和绿色生态指数的排名相对较为稳定。从五个维度指数在西部的排名先后位次来看，2018 年，青海有四个维度的分项指数基本上排名后两位，这反映出青海经济高质量发展需要改善、提升的问题和短板制约较多。

表 22-2　　　　2013~2018 年青海经济高质量发展综合指数及分项指数在西部位次

年份	效益效率	结构优化	动能转化	绿色生态	民生共享	综合指数
2013	7	11	10	12	7	12
2014	9	12	10	12	7	12
2015	10	11	11	12	8	12
2016	8	12	11	11	6	11
2017	7	12	10	12	8	10
2018	11	12	11	9	12	11

（二）青海经济高质量发展分项指标评价

1. 效益效率指数波动回升

2013~2018 年，青海的效益效率指数呈现出先微幅波动下降后微幅波动上升然后再下降，在西部的排名也在 2017 年回升到 2013 年的最高排名后在 2018 年下跌至第 11 位。从效益效率的指标权重来看，人均地区生产总值对效益效率和规模以上工业企业成本费用利润率的指数权重最高，分别为 0.032 和 0.026，反映出西部这两个指标在整个效益效率指标中的相互差距最大；地区生产总值增长率的权重最低，为 0.016，反映出西部经济增长速度的相互差距相对其他效益效率指标略小。分具体指标来看，2013～2018 年，青海省的地区生产总值增长率由 12.1% 下降到 7.20%，说明青海省经济由高速增长阶段转向中高速增长阶段转变，更注重经济高质量发展。2013～2018 年，青海省的人均地区生产总值由 36727 元增长到 47689 元，年均增长 5.97%；全社会劳动生产率年均增长 5.77%；青海的人均一般公共预算收入逐年提升，表明经济增长的同时政府的税收保持较快增长；规模以上工业企业单位产值利润率由 5.87% 下降到 2.81%，规模以上工业企业成本费用利润率由 7.46% 下降到 3.45%，表明工业企业的经营效益还略有下降。初步判断，这一时期，我国经济总体步入新常态，深入推进供给侧结构改革与传统工业转型、调整后的结果有一定关联。随着经济高质量发展的各项促进政策措施进一步贯彻落实到位，企业的利润率和经营效益会稳步回升，成效将逐步显现。

2. 结构优化指数保持稳定

2013～2018 年，青海的结构优化指数总体上保持相对稳定。分具体指标来看，2013～2018 年，青海省服务业增加值占 GDP 比重由 36.10% 提高到 47.1%，提升了 10 个百分点，表明青海省第三产业发展较快，经济结构进一步优化；税收占一般公共预算收入比重在 73%～77% 左右，基本保持稳定，是西部 12 省（区、市）税收占一般公共预算收入比重较高的省（区、市），表明青海省一般公共预算收入主要来源于税收；常住人口城镇化率逐年提高，2018 年较 2013 年提高了 5.97%；城乡居民收入比呈下降趋势，反映出青海省城乡居民收入逐渐缩小，城乡二元经济结构逐步弱化对经济高质量发展的提升作用明显；民生财政支出占一般公共预算支出比保持相对稳定，基本上保持在 65% 以上。

3. 动能转化指数小幅提升

2013～2017 年，青海省动能转化指数保持小幅提升态势，2018 年有所回落，在西部的排名从 2013 年的第 10 位下降到 2018 年的第 11 位。青海的动能转化权重为 0.147，在五个维度中位列最后，表明该指数对经济高质量发展指数的贡献最小。动能转化的 9 个指标半数指标不断提升，其余指标保持相对平稳。主要是技术市场成交额、实际利用外资占 GDP 的比重、每万人发明专利授权量和每万人在校大学生数量持续提升。分指标来看，2013～2018 年，青海省投资拉动率呈下降趋势，投资拉动率在西部 12 个省（区、市）中较高，消费对经济增长的拉动率较低，反映出青海省主要依靠投资拉动经济发展，但投资和消费拉动经济呈较快增长。科研经费投入占 GDP 比重和规模以上工业企业研发经费支出占销售收入比重比较小，在西部也相对较低，但总体上保持稳定；科技研发人员数量保持总体稳定，每万人在校大学生数量、每万人发明专利授权量和技术市场成交额逐年提升，每万人在校大学生数量的提升对青海的一般劳动力素质提升有好处；每万人发明专利授权量和技术市场成交额逐年提升反映出青海的科技成果转化提速，科技发明成果的增多，有利于提升科技研发对经济增长的贡献。加强对这些因素的投入均有利于提升青海经济发展质量。

4. 绿色生态指数微幅提升

2013～2018 年，青海绿色生态指数保持上升态势。从反映绿色生态的 9 个指标来看，基本均保持总体向好的趋势，其中，城市空气质量优良天数占比大幅提升，提升 30% 以上；万元 GDP 能耗和工业增加值能耗呈下降趋势，表明青海省在经济总量不断提升的同时，能源利用效率不断提升，对能源的消耗不断下降；森林覆盖率和建成区绿化覆盖率保持相对稳定，森林覆盖率前几年保持在 6% 左右，2018 年提升至 7.26%，建成区绿化覆盖率在 31% 左右；环境污染治理投资总额占 GDP 比重保持相对稳定，基本上维持在 1.50%，在西部地区排名处在中等水平；亿元工业产值二氧化硫排放量较高，在西部仅低于贵州，但呈现出波动下降的态势，经历了 2014 年和 2015 年明显上升的情况下，自 2016 年开始出现明显下降；工业固体废弃物综合利用率波动较大，呈现出先下降后波动上升的态势，自 2016 年开始逐步提升；2013～2017 年单位耕地面积化肥施用量基本保持在 0.44 吨/公顷，2018 年下降至 0.15 吨/公顷。数据显示，环境污染治理投入相对不足，对经济高质量发展的贡献相对有限。由此，增加环境污染治理投入有助于提升区域绿色发展水平，进而促进经济高质量发展。

5. 民生共享指数排名总体稳定

2013～2018 年青海的民生共享指数有所波动，总体上保持在 0.150～0.160 之间，2013～2017 年在西部的排名基本上保持排名第 7、第 8 位，2018 年下跌至 12 位。分具体指标来看，民生共享指数的 12 个指标均呈现出总体向好的趋势，2013～2018 年，青海的城镇居民人均可支配收入和农村居民纯收入逐年提高，虽然在西部中属于城乡居民收入相对较低的省（区、市），城乡居民人均可支配收入增速有所减缓，但城乡居民收入增速高于同期的经济增速，农村居民纯收入增速快于城镇居民人均可支配收入增速，城乡居民收入比差距缩小；人均个人储蓄存款余额保持较快增长；贫困发生率逐年减少，从 2013 年的 21.6% 下降到 2018 年的 2.50%，表明青海省脱贫攻坚战取得了极大成效。每千人拥有卫生技术人员、每千人拥有医疗机构床位数逐年增加，在西部中属于较高省（区、市）；每百户固定互联网宽带接入用户数提高到80%以上；城镇职工基本医疗保险参保率和城镇职工基本养老保险参保率逐年提升。

三、青海经济高质量发展存在的问题

（一）生态环境与治理建设任务艰巨

由于青藏高原独特地理环境气候，青海省属于生态脆弱的中高类型，生态环境十分脆弱，自然灾害频发。青海省是我国重要的江河发源地，被誉为"中华水塔"，因此保护和治理好江河源头的生态环境，与全国生态安全和可持续发展的大局紧密相关，多年来青海在环境治理投入不足带来生态建设历史欠债多，加上部分地区由于人类活动带来的土地风蚀沙化日益扩大，河流水量减少，水土流失加剧，珍稀野生动植物资源急剧减少，因此青海省的生态建设和污染治理任务依然十分艰巨。根据经济高质量发展评价结果，青海省的绿色生态指数基本上在西部排名最后，从反映绿色生态指数的具体指标来看，除了城市空气质量优良天数占比（90.9%）具有比较优势外，青海省的森林覆盖率和建成区绿化覆盖率分别在西部排名第11位和第12位；环境污染质量投资总额占GDP的比重偏低，在西部排在中间位置；生产过程耗能高，万元GDP能耗和工业增加值能耗分别在西部排第3位和第5位，单位产值的工业生产废气排放量大，亿元工业产值二氧化硫排放量在西部排第3位，这三个指标均是负向指标，这与青海工业发展以石油、盐化工、有色金属、建材等产业为主导紧密相关，工业发展能耗高。

（二）经济发展效益效率明显不足

2013～2018年，青海省的效益效率指数基本上在西部排名处在中后位置。从具体指标来看，2018年，青海省的规模以上工业企业单位产值利润率和规模以上工业企业成本费用利润率分别在西部排第12和第11位，人均地区生产总值和人均一般公共预算收入分别在西部排第7和第8位，这些指标均是青海效益效率短板指标。分析主要原因在于青海的经济发展历史基础相对薄弱，经济总量规模小，工业企业主要以资源、原料生产为主，企业利润里相对偏低。与此同时还与青海特殊的地理位置和交通基础设施、人力资源结构等密切相关。青海地处我国特殊的高寒地区，对外交通成本和时间成本均明显较高。由于历史投资发展的基础不平衡，青海省经济基础较为薄弱，工业发展基础相对滞后。西部的四川、陕西、内蒙古、甘肃等省（区、市）的工业均起源于我国的"一五"和"二五"时期，这一时期的工业发展为这些西部省（区、市）的经济发展奠定良好的基础。如内蒙古的钢铁、军工、炼铝行业的发展，陕西的能源、棉纺工业，以及甘肃的石化、军工、有色金属、棉毛纺等行业是"一五"和"二五"计划时期发展起来的。陕西、四川、贵州等省的电子、航空、汽车制造、家电等行业的发展均起步于我国"三线建设"时期，当前，这些行业仍然在这些省（区、市）工业发展中占据重要地位，为这些省（区、市）的现代化工业体系的建立和发展打下了良好基础。在这些西部省（区、市）工业打基础的历史时期，青海几乎没有过国家级的战略性的投资建设。青海省经济发展效益效率与西部和全国的平均水平相比还有较大差距，与东部沿海地区经济发达省（区、市）相比差距更大。

（三）经济结构发展有待优化提升

2013～2018年，青海的结构优化指数在西部基本上排名后两位。从反映发展结构性指标来看，青海省服务业增加值占GDP比重、外贸依存度和高技术产业进出口占地区进出口总额的比重在西部的排名分别是第9、第10和第12位，城乡居民收入比（负向指标）却相对靠前，这些指标是青海省的短板指标。主要原因在于青海的产业结构和经济结构还有待优化升级。具体来看，青海省产业结构中，农业发展主要是传统粗放的农牧业，现代农牧业发展明显不足；工业主要是在资源禀赋的基础上建立起来的，"原"字号产品占比高，"初"字号产业比重大，产业链条短，产业附加值偏低；由于工业发展相对滞后，工业发展所需金融、咨询、会计、法律等商务服务发展相对滞后，由于地广人稀，商贸、居民生活服务，教育、医疗等公共服务，以及交通、通信、电力等基础设施服务等成本明显高于四川、重庆等人口密度相对较高的区域，服务业发展相对滞后。相对于西部其他地区，青海的文化旅游资源是比较丰富、非常具有特色的，但是青海对文化旅游资源的开发不足，主要原因在于发展旅游所需的配套的商贸、交通、住宿、居民生活性服务业等发展相对滞后。旅游业作为绿色产业，也是未来居民消费升级的重点方向之一。

（四）新动能转化培育需要经历较长时间

近几年，青海的动能优化指数基本上在西部排名后三位。经济发展新动能的培育需要新经济、新产业、新业态的快速成长，需要创新创业型高层次领军型人才，良好的营商环境带来大量具有创新创业精神的企业家，拥有数量充足的较高素养的劳动力。综合来看，青海省的经济总量和企业的经济实力相对薄弱，科研经费总量投入偏低，全社会和企业的科研经费投入强度偏低。"原"字号产品占比高，"初"字号产业比重大，产业链条短，产业发展基础与产业协作配套欠缺。由于青海省地处青藏高原特殊的高寒地带，地理位置偏远、对外交通基础设施的运输成本与时间成本明显较高，加上经济发展程度或者产业结构的提升程度相对滞后，不但对外来高层次人才的吸引力不足，要留住本地高层次人才和较高劳动素养的劳动力难度大。在青海许多工业基地和工业园区中，由于效益差、居住条件差，要留住已有的高层次人才难度就比较大，在当前全国各地加大对高层次人才和具有较高素质劳动力资源竞争加剧的背景下，青海省要吸引东部和中部地区等地的高素质的人才难度更加大。因而，青海省要培育和激发新的增长动能需要进一步挖潜，同时，也需要经历一个相对比较漫长的过程。

四、促进青海省经济高质量发展的对策建议

（一）充分发挥特色资源优势促发展

做优做强做大以先进制造业为主的实体经济，这是全面建设现代化经济体系的基础任务。青海省地大物博，具有独特的特色优势产业要素资源，市场前景广、具有持续性和不可替代性。如有特色的绿色畜牧农产品、稀有的矿产品及天然气水电、特殊自然地貌和民族风情的旅游业。青海要充分发挥这些特色资源优势，在保护好这些特色资源的前提下，进行顶层设计，适度开发，通过发展比较优势，促进产业绿色发展，提升经济发展的质量效益。

一是做大做强文化旅游产业。青海旅游资源丰富，类型繁多，既拥有雄奇壮美雪山、青海湖、茶卡盐湖、广袤的草场、苍茫的戈壁等自然风光，丰富多样的特有的青藏高原动植物群落，长江、黄河等河源地众多的湖泊群和小溪流等。还有以古墓群，古寺庙、古岩画、古城堡为特征的众多名胜古迹。拥有汉、藏、回、蒙古、土、撒拉等历史悠久、独具魅力的文化旅游资源，保持相对完整的、独特的、丰富多彩的民族风情和习俗。青海还是我国重要的藏传佛教文化重要地区之一，塔尔寺是藏传佛教格鲁派六大寺院之一，黄教创始人宗喀巴的诞生地。

"万丈盐桥"是格尔木至敦煌的一段从达布逊湖上穿过的公路,都兰县境内有巴隆国际狩猎场,吸引了狩猎爱好者,阿尼玛卿山、昆仑山、新青峰吸引着众多登山、滑雪爱好者。可以说青海每个季节都是旅游旺季,可以充分挖掘乡村民俗风情之旅、非遗文化体验之旅、摄影采风美景之旅、欢乐冬日冰雪之旅,还有暑期亲子游、研学游、体验游、避暑游、红色旅游、民俗风情游、登山狩猎游等等。发挥先天的丰富旅游优势,做好旅游交通、住宿、旅游市场监管督查等基础配套服务,通过大力发展绿色生态的文化旅游,带动关联产业发展,提升经济发展质量。青海还应充分利用先天的雪山、草场、湖泊等丰富的自然风光,以及特有的宗教文化、民族文化等特色资源优势,加快发展具有西部特色的旅游业,创新运用各地产业优势要素,带动电子商务、大数据、新经济、新业态服务业加快发展,从而带动现代服务业的高质量发展,提升服务业对经济增长的贡献。

二是综合开发利用盐湖资源。盐湖资源是青海的第一大资源,盐湖资源的开发利用对青海经济发展具有重要意义。青海应推动盐湖资源开发利用上升为国家战略,打造绿色低碳循环发展金字招牌,将丰富的自然资源优势转换成经济发展优势,建立高端化、绿色化、数字化的现代化盐湖产业体系。青海还要充分利用新技术、新工艺、新材料和新设备,改造提升盐湖化工、有色冶金、能源化工、建筑材料、轻工纺织等传统产业,推进传统产业的智能化和绿色化、清洁化生产,降低能耗,从而推动传统产业转化成现代化产业。引导盐湖化工企业重组整合,按照"走出钾、抓住镁、发展锂、整合碱、优化氯"的战略布局,向系列化、高质化、绿色化、多样化发展,提升盐化工的全产业链竞争力,构建湖资源综合利用生态产业集群。

三是促进特色农牧业高质量发展。青海省草场面积占全省面积一半以上,是我国五大畜牧业生产基地之一。畜牧业是青海省国民经济的重要支柱,也是牧区人民赖以生存和发展的主要经济支柱。畜牧业的高质量发展是在保护生态环境基础上的发展,是满足人民群众对美好生活需要的发展,经济高质量发展要靠产业兴旺来支撑。"十三五"以来,青海的农牧业地区的基础设施、公共服务条件不断改善,现代农业示范区作用逐步显现,畜牧业与工业、旅游、电子商务、商务服务等产业融合程度加深,牧区的品牌培育与保护意识加强,支撑畜牧业逐步走向产业高质量发展之路。青海应充分利用农牧场有机肥资源,发展生态循环产业,国家循环经济发展先行区。开发青稞古法酿酒、青稞酿酒体验、青稞饼干、智慧农牧业等业务,延长农牧业产业链,提高农畜产品附加值。聚焦青海特有的牛羊肉、青稞、枸杞、冷水鱼等特色优势品牌,走特色、绿色、高端、品牌发展的提质增效的兴农富民之路。提高现代科技、信息技术、大数据等对农牧业发展的贡献，努力培育农牧业发展新动能，促进农牧业与关联产业融合发展，推动农村发展、农业增效、农民增收。

（二）重视生态环境建设与保护

作为经济欠发达地区，青海省必须加快发展，经济发展了才能谈得上高质量发展，但是青海省作为生态环境相对脆弱，生态环境建设与保护对全国生态安全至关重要的生态大省，应该要在做好生态保护和环境治理的前提下提升发展质量，在发展中更好地保护好生态环境，确保流出青海出口断面的江河水符合国控断面对水质的要求。青海省经济要实现高质量发展，要用新发展理念统领全局，尊重自然规律、经济规律、产业规律和社会发展规律，以生态保护优先理念协调推进经济社会发展，以深化供给侧结构改革为主线，推进社会各领域改革创新，解决制约发展的结构性、体制性矛盾与问题，创造"有效投入"，提供"有效供给"，协调好产业生产供给与市场需求之间的关系，协调好经济发展与生态保护的关系。

一是营造生态保护优先的社会氛围。通过有效宣传，让青海群众和外地到青海旅游的群众自觉地维护好和保护好青海的生态环境，做合格的青海生态环境建设与保护的践行者和倡导者。尽快组建一支集环保监测、治理、执法、科研为一体的综合性专业团队，支撑青海生态环境保护事业的发展。综合做好污染减排、水、大气、土壤及重金属污染防治、农村环境综合整治、工业固体废物处置、生活垃圾处理与收集等工作。深化改革实践，力争在三江源国家公园试点、排污权交易、环境责任保险等重大改革领域取得新进展，解决好突出的生态环境瓶颈制约，增强生态环境与经济社会发展协调性，为我国生态环境相对脆弱地区提供经济发展与生态环境相互协调的实践借鉴。

二是综合运用环保科技。依托青海湖流域生态保护与综合治理、三江源生态保护与建设、祁连山生态保护与建设工程等重大生态工程，在全国率先初步建立"天地一体化"生态环境监测网络体系。力争在西部开发过程中，加大对西部生态建设的支持力度，力争布局更多的国家级生态建设、环境质量、生物多样性保护、水土保持、沙漠化荒漠化治理等重大工程项目，争取更多的生态建设与环境保护方面专家团队的支持，提升生态建设和环境保护科技人才的支撑力度。在生态建设和环境保护中，基本形成以环保部门牵头，农牧、水利、林业、气象等多部门协作的生态监测工作机制，基本实现部门间的数据互通共享，共商共建共治的协作机制。

（三）抓住西部大开发机遇促进经济发展

我国东部、中部、西部和东北地区由于历史条件、区位条件、发展基础、自然资源禀赋等方面原因，发展差距较大，西部属于发展相对滞后地区，当前，西部大开发战略进入深化阶段，西部大开发有利于东西部优势互补。这一轮西部开发的重点是生态环境、基础设施、开放通道、平台建设、创新协作、市场融合、公共服务。

一是加快西部改革开放的步伐。深度融入"一带一路"建设，推动形成全面开放新格局，进一步提升开放区位优势。研究适应新形势的新思路、新方法、新机制，特别是要采取一些重大政策措施，加快西部改革开放的步伐。面向国际国内两个市场，加快推进国际化营商环境建设，采取多种形式更多地吸引国内外新产业、新业态的产业投资，吸引东部和中部地区适合在青海发展的高附加值、低能耗、低污染的产业转移，深度融入全球产业链。深化国有企业改革、大力发展城乡集体、个体、私营等多种所有制经济，逐步把企业培育成为西部开发的主体。

二是营造良好的营商环境。良好的营商环境需要政务服务的转向，深化行政审批改革，对标先行地区，简化审批流程，提供一体化综合服务，做好项目审批的公示服务。良好的营商环境需要以较好的基础设施硬件条件为支撑，青海应加快修建对外的高快速公路、高速铁路、现代化的通信等基础设施，加快进入国家级高快速公路铁路骨架网，提升青海对外交通的通达度与便捷性。良好的营商环境需要完善的医疗、教育、商贸、文化、养老、便捷的居民生活服务设施为支撑，青海应加快完善提升城镇的公共服务，加快完善农村地区的交通、电力、通讯、环保等基础设施，以及各项公共服务设施，提升城镇的人居环境与服务，充分利用良好生态优势提升城镇和农村的宜居条件，增强对产业投资的吸引力。

三是加强与商贸服务平台建设。青海省的农牧产品具有先天的生态优势，产品具有潜力巨大的市场需求，但是由于农牧民知识和认知的局限性，好的产品对外宣传不足，加上外界对青海特有的农牧产品的认知和了解渠道的限制，青海省相当多的农牧产品还需要打开市场销路，拓展农牧产品的宣传渠道。现代的电商服务平台较好地解决了农产品销售问题，促进电商服务平台与农牧民建立互利共赢的联结机制，加大对农牧地区尤其是贫困地区电商服务发展的扶持力度，打开农牧地区优质产品的销路，通过应用 VR/AR 技术强化对农牧产品生产、管理、施肥、采摘等环节的认知，促进生产者、消费者和中间商实现共赢。

（四）促进经济结构优化调整

近年来，青海省经济由高速增长向中高速增长过渡的同时，青海省经济结构调整持续加快，经济结构出现积极变化，服务业占比超过第二产业，成为经济发展的主导，这也有利于青海产业发展逐步向高端化、绿色化、智能化转向。

一是产业结构优化调整。2018年，青海省三产比重为9.4∶43.5∶47.1，青海省要推动经济结构调整优化，并不是简单地降低第一产业比重，而是要做到加快推进农业的供给侧结构性改革，大力发展特色农牧业，推动农牧业与旅游、文化等关联产业的深度融合，促进特色农牧业的高质量发展。当前，青海省的二产业占比较高，青海省应加快推动工业发展的智能化、信息化、高端化、绿色化，在工业生产过程中降低能源消耗和"三废"的排放，在促进工业高质量发展的同时要高度重视工业项目与生态环境的协调发展。高度重视现代服务业的发展，充分利用第三产业对生态环境影响小，对就业和居民增收贡献突出的特点，充分发挥市场对生产要素的配置作用，促进生产要素加快向优质的服务业市场主体聚集，突出文化旅游对经济高质量发展的突出贡献，加快完善文化旅游发展所需的市场监管、基础设施支撑和公共服务配套，以文化旅游为先导带动关联产业高质量发展。

二是推动消费结构升级。2018年，青海省消费对经济增长的拉动率为2.14%，明显低于同期投资对经济增长的拉动率5.08%，投资是青海经济增长的首要拉动因素。青海省需要积极扩大内需，提高消费率，必须坚持把扩大消费放到更加突出的位置，尽快形成消费、投资、出口协调拉动经济增长的新格局。要继续扩大就业，降低失业率，提升就业质量，加大收入分配调节力度，提高城乡居民收入特别是农民、农民工和城市低收入群体的收入，扩大其消费需求。进一步完善社会保障体系。在建立和完善城乡居民基本医疗保险体系的基础上，建立和完善城乡居民基本养老制度，缓解群众看病贵问题，从各个方面减轻城乡居民的社会负担，为扩大居民消费创造条件，不断拓宽消费领域和改善消费环境。适应社会需求，积极扩大旅游、文化、休闲、健身等消费领域，促进消费结构升级。

（五）实施人才强省战略

人类的发展历史无数次证明，科学技术是国家和地区之间竞争的最核心因素，直接决定了国民经济以何种方式增长以及经济发展的质量与效益，但科技是掌握在人的手中的，科技对经济发展的贡献主要取决于掌握现代科技知识与技能的高素质人才、具有创新创业精神的企业家和数量众多有较高素质的劳动力资源，而人才决定于教育培育以及人才引进的数量与结构，教育是人力资源开发的基础支撑和主渠道。

一是实施人才强省战略。首先确立人才引领发展的战略地位，促进人才发展与经济社会发展相适应，利用好出台的《关于"昆仑英才"行动计划的实施意见》，着力构建"昆仑英才"战略体系。加大对青海省高层次人才培育、引进、使用、留住、评价、激励等方面的支持力度。优化人才政策体系，加大对高层次人才在青海安家、创业、就业方面的支持力度，创造良好的干事创业环境，积极营造良好人才工作氛围，为高层次人才提供方便的家人出入境、上学、入托、医疗、养老、创业指导等方面的服务，用高薪、服务、热情留住和吸引高层次人才。

二是注重高层次人才培育和引进。青海的主要工业大多数都是围绕其自然资源优势逐步发展起来的，这种资源导向性的产业，在工业初期阶段具有一定的合理性，可为经济发展做出贡献。随着工业化不断推进，特别是知识经济时代的到来，自然资源和一般劳动力资源对产业发展的支撑作用相对下降，其局限性也越来越明显，而技术、管理、信息、专利、品牌、网络环境等后天获得性资源和创新人才渐显其重要性。因此青海省在发展中应逐步从要素推动转向创新推动，培育新的经济增长动能和新的增长点，培养和提升市场主体竞争优势，从资源导向型逐步转变为市场导向型，加大高层次人才和高素质、高技能人才的培育和引进力度。

三是重视与东中部地区研究院所合作。高度重视技术的原始创新、集成创新和引进技术消化，在生态建设、环境治理、环境保护、盐化工、藏药、农牧业发展等方面加强与国内的清华大学、兰州大学、青海大学等高等院校和科研院所建立的紧密的合作关系，共同开展产学研活动，强化经济发展战略的顶层设计，不断提高企业自主创新能力和企业产品档次，针对不同的消费群体，开发适销的新产品，提升产业发展层次，通过借助专家团队的智力支撑，促进青海制造业、农牧业、文化旅游等的高质量发展。

||第二十三章||

宁夏回族自治区经济高质量
发展研究报告

党的十九大报告明确指出，我国已从高速增长阶段转向高质量发展阶段，正处在转变发展方式、优化经济结构、转换增长动力的攻关期。2017 年中央经济工作会议多次提及高质量发展，2018 年又进一步强调了高质量发展。迈入 2018 年转向高质量发展，是新时代中国经济发展的鲜明特征。在改革进入全面深化的新阶段，推动高质量发展，是保持经济社会持续健康发展的必然要求。2018 年是宁夏贯彻党的十九大精神开局之年，也是宁夏推动经济迈向高质量发展的元年，对宁夏经济加快转向经济高质量发展意义重大。

改革开放以来，宁夏经济社会取得快速发展，尤其是西部大开发战略实施以来，其地区生产总值一直保持不低于 7% 的速度增长。然而，经济高速发展同时也带来了高污染、高消耗、低效率等问题，过去依靠政府主导的以大规模投资驱动经济增长的发展方式已不再具有可持续性。推动经济实现高质量发展，是适应我国社会主要矛盾变化的必然要求，也是宁夏当前和今后一个时期谋划经济工作的根本方针。2018 年，在宁夏回族自治区成立 60 周年之际，习近平总书记用"建设美丽新宁夏，共圆伟大中国梦"为宁夏勾画美好蓝图，对宁夏寄予殷切希望，对进一步扩大改革发展指明前进方向。近年来，面对经济倚重倚能的发展现状，宁夏以供给侧结构性改革为主线，深入贯彻新发展理念，统筹抓好稳增长、促改革、调结构、惠民生、防风险各项工作，坚持稳中求进工作总基调，全力推动经济转型发展，不断探索高质量发展新路径。

一、宁夏推进经济高质量发展的主要举措

党的十九大以来，宁夏在中央宏观政策和自治区党委政府的统一部署规划

下，深入贯彻落实宁夏回族自治区第十二次党代会精神，围绕"创新驱动、脱贫攻坚、生态立区"三大战略，在科技创新驱动、重点项目建设、中小企业培育和污染防治等方面不断采取措施，积蓄内生动力，优化产业结构升级，推动宁夏经济向高质量转型发展。

（一）推进创新驱动发展，培育经济发展新动能

习近平总书记在宁夏视察时强调"越是欠发达地区，越需要实施创新驱动发展战略"。在迈向高质量发展过程中，创新是引领发展的第一动力，推动高质量发展，科技创新无疑是第一位的。

不断完善科技创新政策机制。为深入实施创新驱动发展战略，宁夏制定了《宁夏沿黄科技创新改革试验区建设总体方案（2016~2020年)》，全力把科技创新放在全区发展的核心位置，为宁夏科技创新提供了良好的政策支持和发展环境。为促进科技成果转化为现实生产力，2018年宁夏修订并颁布了《宁夏促进科技成果转化条例》，财政科技投入资金从2016年的2.7亿元增加到2018年的9.8亿元，全区研究与试验发展（R&D）投入强度由2017年的1.13%提升到1.3%，投入强度增幅居全国首位。[①] 针对科技项目管理机制不够灵活等问题，出台"网上办、不见面"等6项改革措施，推动政府科技管理职能由科研管理向创新服务转变。宁夏科技厅建成的宁夏首个线上线下相结合的技术交易市场，实现与全国技术交易网络的全面接通。

加大企业创新支持力度。宁夏新旧动能转化不断加速，2018年，宁夏为支持科技企业创新发展，安排创新驱动资金30亿元，建立科技金融战略合作联盟，撬动金融资本17亿元，约180家科技企业获得支持。以沿黄科技创新改革试验区为载体，聚焦煤化工、高端装备制造、新材料、大数据、新能源等产业，开展科技型企业培育"五大行动"，实施重大研发计划项目373项，开展产业科技攻关，初步形成了现代煤化工、高端装备制造、新材料等产业集群。此外，宁夏科技厅还开展科技中小微企业风险补偿贷款（简称"宁科贷"），通过设立科技担保基金等方式支持科技型中小微企业创新创业发展。2018年，宁夏积极落实创新驱动30条，全区技术合同成交额首次突破10亿元，同比增长65%。国家级高新技术企业增加到150家，科技进步贡献率达到51.4%。有效发明专利增长

---

① 宁夏分报告数据基于2018年《宁夏统计年鉴》、2018年和2019年宁夏国民经济和社会发展统计公报，以及2018年、2019年政府工作报告整理所得，部分数据来自宁夏相关政府机构官网。

27.3%，每万人有效发明专利数 4.13 件，每万人有效发明专利授权量位列西部前列。

推进农业科技化、现代化。宁夏建设的马铃薯良种三级繁育技术体系奠定了其全国种薯基地地位。农业物联网技术集成示范应用水平全国领先。围绕加快推进"一特三高"现代农业，① 以宁夏国家级和自治区级农业科技园区为抓手，开展现代农业科技创新示范基地建设，积极促进一二三产业融合发展。

强化创新人才队伍。近年来，为解决人才短缺困难，宁夏召开两次"科技支宁"东西部合作推介会。陆续全职引进 2 个创新团队、柔性引进 12 个创新团队。如 2018 年，乌克兰国家工程院和交通科学院两院院士、国际液压与气动专家别拉津斯基·安德烈与宁夏宝塔科技公司签署合作框架协议，与银川大学签订特聘教授协议，成为宁夏引进的首位外籍院士。

（二）推动重点项目建设，推进"三去一降一补"

有序推动重点项目建设。项目是发展的基础，无论是产业转型升级，还是经济高质量发展，都必须通过一个个具体的项目来推动和实现。2019 年，宁夏共安排 80 个重点建设项目，计划投资 513 亿元，涵盖重大产业、基础设施、民生及社会事业等领域。截至 2019 年 7 月，宁夏 80 个重点建设项目中，39 个工业项目已开工 37 个，开工率为 95%，完成投资 115.04 亿元，完成年度投资计划的 49.29%；5 个服务业项目全部开工建设，完成投资 16.86 亿元，完成年度投资计划的 54.73%；18 个重大基础设施项目已开工 16 个，开工率为 89%，完成投资 73.6 亿元，完成年度投资计划的 39.34%；18 个民生及社会事业项目已开工 17 个，开工率为 94%，完成投资 46.18 亿元，完成年度投资计划的 74.79%。②

不断推进"三去一降一补"。面对新时期经济转型压力和困难形势，2018 年，宁夏政府出台稳增长 20 条、服务业 23 条、民营经济 20 条、促进民间投资 30 条等政策措施，降低实体经济成本约 90 亿元。为整合工业园区转型发展，全面增强创新动力，宁夏对全区 33 个工业园区进行"瘦身"，整合优化为 22 个，淘汰化解落后过剩产能 318 万吨，大力为经济高质量发展腾出空间。宁东能源化工基地位列全国化工园区第 8 位，银川经济技术开发区跻身国家级开

① "一特三高"是指宁夏坚持发展优质粮食、草畜、枸杞等特色优势产业，走高品质、高端市场、高效益的现代农业发展之路。
② 杨晓秋：《自治区 80 个重点项目建设推进顺利》，载于《宁夏日报》2019 年 7 月 23 日。

发区百强之列。

（三）积极创造营商环境，鼓励中小企业健康成长

积极创造良好营商环境。习近平总书记曾指出："中小企业能办大事"，宁夏高度重视中小企业发展，把发展中小企业作为扩大就业、推动经济增长的重要力量。2010 年以来，宁夏为鼓励中小企业发展，积极营造有利营商环境，先后出台了《宁夏回族自治区促进中小企业发展条例》（2010）、《关于加快非公经济发展的若干意见》（2013）、《加快非公经济发展行动计划》（2014）、《关于扶持小微企业健康发展的若干意见》（2015）《宁夏中小微企业转贷资金管理暂行办法》（2017）等政策法规。2017 年以来，又先后出台以及降本 30 条、创新 30 条、促进民间投资、推进混合所有制改革、缓解小微企业融资难、促进企业家创业发展、工业对标提升行动等一系列政策措施，对增强中小企业发展活力产生积极影响。2018 年，宁夏全年新注册市场主体增长 5.1%，每天近 300 家。

鼓励中小企业转型发展。近年来，宁夏深入开展扶助中小企业专项行动，不断鼓励中小企业向"专精特新"方向转型发展，努力培育科技小巨人和行业排头兵。建立中小企业成长项目库，积极打造"成长之星""行业之星"企业。2019 年以来，宁夏认定自治区"专精特新"中小企业 122 家、示范企业 59 家、认定自治区技术标杆企业 20 家、成长标杆企业 20 家、配套标杆企业 4 家以及隐形冠军企业 4 家。[1] 此外，宁夏还通过贴息、补偿、保险、担保等多种方式，撬动金融资本 11.36 亿元，支持 176 家科技型中小微企业创新创业；对 27 家自治区科技小巨人企业兑现奖补资金 1080 万元，对 252 家科技型中小企业落实企业研发后补助资金 1.41 亿元，全力支持中小企业提升综合竞争力。数据显示，2018 年，宁夏规模以上工业增加值同比增长 8.3%，规模以上工业企业实现利润总额 174.2 亿元，同比增长 16.0%。[2]

（四）加强污染防治治理，大力推动生态文明建设

生态文明建设是经济高质量发展的内在要求和重要条件。面对生态脆弱现

---

① 宁夏回族自治区工业和信息化厅：《关于认定 2019 年度自治区"专精特新"企业的通知》，宁夏企业公共服务平台，2019 年 7 月 22 日，https://www.smenx.com.cn/zwgk/gzdt/376813.shtml。

② 数据来自《2018 年宁夏回族自治区统计公报》。

状，宁夏十分重视生态环境保护问题，尤其是党的十八大以来，宁夏以构筑西北地区重要的生态安全屏障为目标，扎实推进生态环境建设，开展大规模植树造林、防沙治沙和湿地保护。2018 年，宁夏深入贯彻全国全区生态环保大会精神，落实生态立区 28 条，划定生态保护红线，出台生态环境损害赔偿制度改革方案以及《宁夏回族自治区生态保护红线管理条例》等政策文件，努力实现高质量发展与高水平保护双赢。

大力实施"蓝天碧水净土"三大行动。2018 年，宁夏全区环保投入 30.41 亿元，是 2017 年（8.32 亿元）的 3.66 倍。全区生态环境质量稳步改善，地级城市空气质量优良天数比例为 87.2%，同比增加 5.8%；PM10、PM2.5 平均浓度同比分别下降 8.9%、10.3%，主要污染物排放量和单位国内生产总值二氧化碳排放量进一步下降。在黄河治理上，严格落实五级河（湖）长制，全部取缔黄河干流工业企业直排口，所有园区污水集中收集处理，劣 V 类水体全部清零，黄河干流全年保持在 Ⅱ 类优水质，黄河流域宁夏段 15 个国控断面水质达到或优于 Ⅲ 类比例达到 73.3%。[①] 此外，开展大规模国土绿化行动，完成营造林 150 万亩、荒漠化治理 90 万亩，城市建成区绿地率达 37.2%，森林覆盖率为 14.6%，生态环境持续好转。[②] 2018 年，宁夏银川市荣获全球首批"国际湿地城市"称号。

不断加强污染防治工作。2018 年，宁夏全年财政投入污染防治资金达到 51.3 亿元，比 2017 年增长 74%。全年彻底淘汰城市建成区 20 蒸吨以下燃煤锅炉，建成投运银川"东热西送"一期工程，不断加大老旧车、柴油货车淘汰治理，排查整治"散乱污"企业 1932 家。宁夏依法依规关停 35 家企业，化解落后过剩产能项目 8 个。中能钢铁、启元药业、博宇红星特钢、六盘山水泥等一批企业因环保问题停产整改，泰瑞制药已实施搬迁计划。贺兰山、六盘山、罗山自然保护区生态破坏、城市黑臭水体、药企异味扰民等一批环境突出问题治理成效明显。

认真落实环保执法并督察问题整改。2018 年宁夏生态环境部门实施行政处罚 1028 起，罚款金额 1.2 亿元，涉嫌污染犯罪移送公安机关 16 起，有效打击了环境违法行为。在推进中央环保督察问题整改方面，围绕中央环境保护督察"回头看"反馈的 57 项具体问题，明确当年完成的银川市"东热西送"集中供热、

---

① 《宁夏生态环境状况统计公报》，宁夏回族自治区生态环境厅网站，2019 年 6 月 4 日，http：//sthjt.nx.gov.cn/info/2796/117303.htm。

② 《2019 年宁夏政府工作报告》，宁夏政府网站，2019 年 2 月 3 日，http：//www.nx.gov.cn/zwxx_11337/wztt/201902/t20190203_1275152.html。

固原市清水河综合治理、同心县污水处理厂 3 项任务如期完成。中央第二环境保护督察组转办的 1339 件群众信访投诉件，已办结 1317 件，办结率 98.4%。

（五）统筹城乡协调发展，竭力补齐民生发展短板

积极统筹城乡协调发展，逐步缩小城乡差距，为全面建成小康社会打下坚定基础。截至 2018 年末，宁夏全区城镇化率达到 58.9%。为促进城乡协调发展，打造范围更大、动力更强的高质量发展"发动机"和"稳压器"，宁夏启动银川都市圈建设，设立专项投资基金，推动基础设施互联互通，基本建成银川国际航空港综合交通枢纽，稳步推进西线供水工程等，与石嘴山市、吴忠市、宁东能源化工基地携手共进、融合发展，逐渐形成了"三市一地"一体化发展态势。固原海绵城市和国家新型城镇化综合试点、中卫全域旅游示范市创建步伐逐渐加快。此外，宁夏积极出台乡村振兴战略规划和意见，实施农村人居环境整治三年行动。完成 20 个美丽小城镇、126 个美丽村庄、12 个特色小镇建设。完成农村污水处理及改厕 3.2 万户，实现村村通硬化路，农村自来水普及率提升到 84%。

坚决要打胜脱贫攻坚战，不断改善社会民生。在财政增收压力加大的情况下，2018 年，宁夏将 76% 的财力用于保障和改善民生。积极落实脱贫富民 36 条，如期完成年度脱贫任务，50 个深度贫困村脱贫出列，盐池县实现高质量脱贫退出。坚持以创业带动就业，实现农村劳动力转移就业 78 万人，城镇新增就业 8 万人，城镇登记失业率控制在 3.89%。全面落实全国全区教育大会精神，率先在西部实现县域义务教育基本均衡发展。[①] 深入推进综合医改，建立五级远程医疗服务体系，全区公立医院药占比下降到 30%。连续 14 年调增企业退休人员养老金标准，连续 3 年调高机关事业单位养老金标准，21 万被征地农民按新政策参加养老保险。此外，宁夏全年改造城镇棚户区住房 3 万套、农村危窑危房 3.3 万户，让全区 21.3 万城乡住房困难群众住入新居。

二、宁夏经济高质量发展取得的成效分析

近年来，宁夏围绕新发展理念，通过狠抓创新驱动、产业转型、污染防治等

[①] 《2018 年宁夏近八成财力用于保障和改善民生》，人民网，2019 年 1 月 27 日，http：//nx. people. com. cn/n2/2019/0127/c192493-32581016. html。

重大举措的扎实推进，其产业结构不断优化、转型发展的内生动力不断积蓄、支撑高质量发展的条件持续改善。从效益效率、结构优化、动能转化、绿色生态和民生共享五个层面构建宁夏经济高质量发展测度指标体系，测算的宁夏经济高质量发展情况如表23－1和表23－2所示。

表23－1　　　　　2013～2018年宁夏经济高质量发展综合指数及分项指数

年份	效益效率	结构优化	动能转化	绿色生态	民生共享	综合指数
2013	0.095	0.104	0.077	0.072	0.160	0.508
2014	0.088	0.112	0.072	0.071	0.164	0.508
2015	0.077	0.105	0.079	0.076	0.145	0.483
2016	0.088	0.103	0.102	0.075	0.159	0.527
2017	0.090	0.107	0.105	0.065	0.152	0.520
2018	0.084	0.102	0.096	0.073	0.169	0.526

表23－2　　　　2013～2018年宁夏经济高质量发展综合指数及分项指数在西部排名

年份	效益效率	结构优化	动能转化	绿色生态	民生共享	综合指数
2013	3	6	8	9	6	5
2014	4	4	9	10	6	7
2015	7	5	10	8	7	9
2016	3	10	6	8	7	8
2017	5	8	5	10	6	6
2018	8	11	6	11	8	8

　　注：2015年宁夏与新疆的结构优化指数在西部排名并列第5，2014年宁夏与广西的动能优化指数并列第8，2014年宁夏与新疆、西藏的绿色生态指数在西部并列第8。

（一）宁夏经济高质量发展指数总体情况

　　总体上，宁夏经济高质量发展指数总体呈波动上升态势。2018年宁夏经济高质量发展指数为0.526，比2013年的0.508提高了0.018（见表23－1），表明宁夏经济高质量发展态势不断向好，经济高质量发展水平不断提升。供给侧结构性改革深入实施以来，宁夏通过积极推进"三去一降一补"，不断优化钢铁、煤炭等工业企业去库存、去产能，并不断调整和优化结构，促进技术创新和"两化融合"，加快扶持非公经济和小微企业发展，经历"改革阵痛"后经济发展提质增效取得实质性进步。同时，近年来宁夏大力实施创新驱动、脱贫富民、生态立区"三大战略"，成效也逐渐凸显，其经济结构不断优化，产业转型升级明显，新旧发展动能转换迈出新步伐，创新能力稳步提升，生态环境明显改善，民生福祉不断增进，一系列举措为宁夏经济高质量发展注入了强大动力。

从五个维度的分项指数在西部排名的变化来看（见表23-2），宁夏的效益效率指数、结构优化指数和动能转化指数排名位次变化幅度较大，民生共享指数和绿色生态指数的排名相对较为稳定。从五个维度指数在西部的排名先后位次来看，宁夏的动能转化指数和民生共享指数排名相对靠前，结构优化指数和绿色生态指数排名倒数第2位，是宁夏经济高质量发展的短板所在，需要在未来发展过程中弥补和克服。

（二）宁夏高质量发展子层面指数分析

关注宁夏经济高质量发展总体水平的同时，还应注意到经济高质量发展下效益效率、结构优化、动能转化、绿色生态和民生共享五个子层面的变化趋势。具体而言，2013～2017年宁夏经济高质量发展指数在效益效率、民生共享、绿色生态层面略微下降，在2018年民生共享、绿色生态指数有略有提高。2013～2017年在结构优化、动能转化层面表现为上升趋势，在2018年又略有下降。宁夏在经济发展的协调性、创新性方面提升较为明显。从表23-1和表23-2可以看出，宁夏结构优化、动能转化指数与经济高质量发展指数整体上趋势一致，表明2013～2018年结构优化和动能转化提升对宁夏经济发展质量提升起到重要作用。分析如下：

1. 效益效率指数保持相对平稳

2018年宁夏效益效率指数比2013年略微降低，2015年效益效率指数最低，总体呈现出先下降后上升在下降趋势。经济效益效率水平提升缓慢，甚至出现下降，说明宁夏虽然高质量发展得到巩固，但可持续发展能力不稳定，效益效率发展方面距离经济高质量发展还存在一定差距。具体而言，2018年，宁夏的地区生产总值增长率为7.00%，增速比全国高0.4个百分点，居西北地区第7位；人均地区生产总值突破5万元，达到54094元，增长6.6%；宁夏的地方一般公共预算收入增长8.2%，完成年度预算的102.3%；规模以上工业企业利润总额增长16%，增速比全国高5.7个百分点。全社会劳动生产率和人均一般公共预算分别增长到96507元和6343.75元，规模以上工业实现主营业务收入4305.6亿元。然而受经济形势影响，宁夏的地区生产总值增长率由2013年的9.8%降低为2018年的7.00%，规模以上工业企业成本费用利润率保持在4.50%左右，而规模以上工业企业单位产值利润率明显下降。效益效率不高与宁夏经济转型进入"阵痛期"无不相关，也说明在高质量发展进程中，宁夏在降低发展成本、提升发展效益效率方面还存在较大提升空间。

2. 经济结构优化取得一定成效

2013～2018年，宁夏结构优化指数呈现出波动增长态势。产业结构方面，三次产业结构从2013年的8.1∶49.0∶42.9，调整优化成2018年的7.6∶44.5∶47.9，第三产业占比提高了5个百分点。西部大开发战略实施以来，宁夏工业化进程加快，其第二产业成为推动经济增长的主要动力，三次产业结构中二产占比在2008年高达50.7%。随着经济逐渐向后工业化阶段发展过渡，宁夏适时进行产业转型，大力发展服务业，产业结构得到持续调整优化。城乡发展方面，宁夏2018年城镇化率达到58.88%，虽略低于全国城镇化水平，但从纵向来看，分别较2001年和2013年提高了24.66和5.79个百分点。得益于减税降费政策，宁夏法人税收占一般公共预算收入比重由2013年的77.02%降到2018年的68.34%。民生财政支出占一般财政预算支出的比重基本变化不大，2018年为67.89%。此外，2018年宁夏外贸依存度为6.72%，距离全国平均水平（33.7%）还存在较大差距。总体上，宁夏近年来经济结构调整效果显著，但是在深化改革、扩大开放程度上有待进一步提升。

3. 动能转化驱动效应取得较好成效

2013～2018年，宁夏的动能转化指数提升明显，经济高质量发展更具活力。具体而言，消费以及投资对经济增长的拉动率分别从2013年的5.22%、9.15%下降到2018年的2.50%和4.50%，消费逐渐成为新时期驱动经济增长的重要力量，而实际利用外资比重则由2013年的0.53%下降到2018年的0.38%。科研经费投入方面，2018年，宁夏的科研经费投入占GDP比重为1.23%，比2013年提高0.42个百分点；每万人在校大学生数量较2013年增加了71.2人，为当地经济发展提供了人才资源支撑。技术方面，2018年宁夏的技术市场成交额达到12.11亿元，是2013年的8.47倍。截至2018年末，宁夏每万人发明专利授权量为1.08个，而这数值在2013年仅为0.28，可见，2013年以来宁夏在科技创新方面不断取得成就，经济动能转换驱动能力提升较大。如，宁夏400万吨煤制油项目突破了37项重大技术，成功产出油品，项目国产化率达到98.5%，打破了国外对煤制油核心技术的长期垄断。[①] 创新是经济高质量发展的核心驱动力。在科技研发创新、转换经济动能方面，宁夏坚持人才强区和创新驱动发展，建立健全产学研合作机制，聚焦科技创新、企业创新、人才创新等重点，使科技创新成为宁夏经济发展的核心竞争力。

4. 绿色生态指数保持相对稳定

绿色生态发展是贯彻新发展理念的内在要求，生态文明建设是构建经济高质量发展体系的必由之路。2013～2018 年，宁夏绿色生态指数保持相对稳定，生态文明建设任重道远。宁夏环境污染治理投资总额占 GDP 比重保持在 2.0% 左右。2018 年，宁夏的森林覆盖率和建成区绿化覆盖率分别为 12.63% 和 37.70%，空气质量优良天数占比持续提升，达 75.90%。宁宁夏的万元 GDP 能耗高，2018 年的万元 GDP 能耗超过 2.0 吨标准煤，在西部是最高的，单位工业增加值能耗超过 1.50 吨标准煤。单位耕地面积化肥施用量则基本保持在每公顷 0.83 吨左右。

5. 民生共享指数排名在中间位置

2018 年的宁夏民生共享指数较 2013 年有所上升，但在西部的排名处在中间位置，基本上在第 6～8 位次徘徊，最好名次是排第 6 位。2018 年，宁夏贫困发生率降低到 3.00%，较 2013 年下降了 20.1 个百分点。此外，城乡居民人均可支配收入自 2013 年以来呈现稳步增长状态，但 2018 年增速相对 2013 年城乡居民人均可支配收入增速有所降低，但增速基本上略高于地区生产总值增速。尽管 2013 年以来宁夏人均个人储蓄存款余额呈逐年递增状态，但城镇职工基本医疗保险参保率并未提高，甚至出现下降现象。2018 年宁夏每百户固定互联网宽带接入用户数达到 73.36 户，略高于全国水平。医疗教育方面，2018 年宁夏每千人拥有卫生技术人员以及医疗机构床位数分别达到 7.70 人和 5.96 个，较 2013 年提升显著，而每个中学老师负担学生数则变化不大，基本保持在 14 人左右。

三、宁夏经济高质量发展存在的问题

自 2013 年以来，宁夏总体经济发展质量不断提升，在结构优化和动能转化方面取得良好成效，但在效益效率、绿色生态、民生共享方面发展相对缓慢，甚至出现下降趋势。通过对比，与陕西、重庆等西部省（区、市）相比，宁夏高质

---

① 《辉煌七十载奋进新时代——新中国成立 70 周年宁夏经济社会发展成就系列报告之一》，宁夏回族自治区统计局网站，2019 年 9 月 5 日，http://tj.nx.gov.cn/tjxx/201909/t20190905_1724999.html。

量发展水平还存在一定的差距，还有一些发展中的问题亟待解决，主要表现为：

（一）效益效率不高，经济核心竞争力有待增强

近年来，宁夏通过对传统产业数字化、智能化改造，引进先进技术，促进传统产业向高端化转型，不断焕发新活力、增强竞争力，但由于目前宁夏正处于旧动能衰减和新动能不强的转换过渡时期，实体经济存在转型成本高、转型进度慢以及利润缩减等难题，导致现阶段整体经济发展效益效率水平不高，整体竞争力相对不足。以装备制造业为例，截至 2018 年，宁夏全区的装备制造业形成了以仪器仪表、铸件铸造、高端轴承、数控机床、电工电气、新能源装备、煤矿机械为主的产业结构。在改造提升传统装备制造业的基础上，大力发展高档数控机床、3D 打印设备、智能铸造、智能仪器仪表等高端装备制造业，培育了共享集团、吴忠仪表、小巨人机床、西北轴承、天地奔牛和维尔铸造等一批骨干企业。然而，宁夏装备制造业在发展壮大的同时面临一些严峻挑战，比如装备技术水平低、产业协作配套能力差、行业质量效益低等现实问题。加上尚未形成专业化分工和社会化配套服务体系，宁夏现有装备制造业整体生产效率以及高端化程度不高，整体核心竞争力不强。

（二）产业发展不均衡，经济结构需进一步优化

从结构优化具体指标来看，2018 年，宁夏的税收占一般公共预算收入比重在西部排第 9 位，外贸依存度和高技术产业进出口占地区进出口总额的比重分别在西部排第 7 和第 9 位，是宁夏结构优化的短板指标。宁夏税收占一般公共预算收入比相对偏低的主要原因是宁夏的经济发展相对滞后，经济活力不够。宁夏依靠资源优势建立的倚重倚能工业体系一直对宁夏经济增长起到主导作用。改革开放以来，宁夏不断深化改革，积极推进工业化进程，逐渐形成了以煤炭、电力、化工、冶金、有色、建材、机械为主导地方工业体系，2016 年煤炭、电力、冶金、化工、有色金属、建材六大高耗能产业产值在其规模以上工业增加值中的占比达到51.6%，比全国平均水平高出 23.5%。[①] 2018 年，宁夏三次产业结构中第二产业占比为44.5%，其中，工业结构中重工业所占比重达89.9%，重工业

---

① 李晋红：《宁夏改变依能倚重工业结构的路径选择》，载于《中国集体经济》2018 年第 34 期。

对国民经济增长的贡献率达到 35.1%，[①] 其产业结构倚重倚能问题仍然突出，这不仅会造成投资规模大，而且效率不高，尤其是当经济面临较大下行压力时，倚重型产业工业经济结构受外部冲击影响大[②]。在国家后工业化趋势下，宁夏城乡区域发展不均衡、对外开放水平不高等结构性问题均需要进一步改善。在经济高质量发展新阶段，面对国内外经济形势、地区资源约束和环境承载力要求，进一步优化经济结构是宁夏推进高质量发展需要不断推进的工作。

（三）创新投入力度不够，创新能力有待提升

实施创新驱动发展战略是宁夏转变经济发展方式、提升科技实力、实现转型追赶的有效途径。现阶段，尽管宁夏科技创新取得一定成效，但与其他地区相比还有差距。一方面，科技研发投入还有待加大力度。研发投入是企业进行创新发展的必要前提，当前宁夏部分企业对创新重视程度不够，尚未健全持续性的科技研发投入机制。企业仍偏向于以扩大规模获取短期利润，对长远发展谋划不足。例如，2018 年宁夏全区社会研发（R&D）经费总支出为 45.6 亿元，研发经费投入强度为 1.23%，明显低于全国平均水平 2.19%，研发投入强度位居全国第 19 位。此外，2018 年宁夏有研发活动的规模以上工业企业为 306 家，仅占到规模以上工业企业的 26.6%。规模以上工业企业研发经费投入强度仅为 0.78%。另一方面，创新人才短缺。目前，宁夏 R&D 投入人员仅为 9859 人，人才总体质量相对偏低，产业技术创新领军人才、拔尖人才、高层次人才少，万人拥有研发人员仅 13 人，不到全国平均水平的一半，严重影响宁夏科技创新能力提升。从全国范围看，2018 年宁夏区域创新综合能力在全国排名为第 24 位，比 2017 年降低 2 个名次。[③] 因此，宁夏在保持创新驱动比较优势的同时，需要进一步加大研发投入并提升科技创新能力。

（四）绿色生态形势严峻，环境保护有待加强

近年来，宁夏在建设西部生态文明先行区方面取得一定成效，其生态建设形

---

① 宁夏回族自治区统计局：《七十年砥砺奋进 七十年艰苦创业 铸就宁夏工业经济发展新辉煌——新中国成立 70 周年宁夏经济社会发展成就系列报告之二》，宁夏回族自治区人民政府网站，2019 年 9 月 26 日，http：//www.nx.gov.cn/ztsj/sj1/tjxx/201909/t20190926_1756296.html。

② 李晋红：《基于需求视角下宁夏经济增长的动力分析》，载于《宁夏党校学报》2016 年第 5 期。

③ 中国科技发展战略研究院：《中国区域科技创新评价报告（2019）》，科学技术文献出版社 2019 年版。

势趋向良性发展，但生态文明建设与经济发展的矛盾凸显，生态脆弱性以及承载力低的瓶颈不容忽视。从反映绿色生态的具体指标来看，宁夏的城市空气质量优良天数占比在西部排第 10 位，是西部仅有的城市空气质量优良天数占比低于80.0% 三个省（区、市）之一。宁夏的万元 GDP 能耗、工业增加值能耗和亿元工业产值二氧化硫排放量分别在西部排第 1、第 4 和第 3 位，这三个指标是负向指标。2018 年，在全国的万元 GDP 能耗、单位工业增加值能耗均不断下降的情况下，宁夏的万元 GDP 能耗却出现增加，是全国出现增加的两个省（区、市）之一，也是在全国绝大多数省（区、市）能源消费总量增速均低于 5.0% 的情况下，宁夏的增速为 10.1%，是增速超过 10.0% 的两个省（区、市）之一。宁夏降水稀少，人均占有水量约 200 立方米，仅为全国平均值的 1/12。宁夏森林资源总量不足，2018 年森林覆盖率为 12.63%，是西部五个低于 20% 的省（区、市）之一，只相当于全国同期水平（22.96%）的 55.0% 左右。宁夏的水土流失和风沙危害严重，导致宁夏成为重要的风沙源区和入黄泥沙策源地。宁夏 3665 万亩天然草原中，90% 以上存在着不同程度的退化。同时由于社会经济发展，征用占用草原日益增加，草原保护和持续利用形势严峻。中部干旱地带虽然土地和矿藏丰富，但水土匹配差，荒漠化问题严重。宁夏南部为黄土丘陵和土石山区，水土流失问题突出。宁夏还存在沿黄经济区水体污染、引黄灌区土壤污染和次生盐渍化以及草地退化等生态问题，这些都是制约宁夏生态文明建设的重要影响因素。对宁夏而言，虽然近年来在工业污染治理上积极采取淘汰和改造落后产能、依托科技创新降低工业污染物排放等措施，在环保上积极打造沿黄生态经济带、实施山水林田湖草一体化生态保护和修复工程，均取得了一定成效，但距离经济高质量发展要求，其建设"天蓝、地绿、水美的美丽宁夏"生态文明之路依然任重道远。

（五）民生共享水平低，发展任务依然艰巨

目前宁夏民生共享方面均等化水平较低，社会民生发展任务艰巨。主要原因在于：一是宁夏基础条件较差，民生补短板的难度大。自然条件是阻碍宁夏民生均衡发展的首要因素。宁夏南部为六盘山、中部为黄土高原、北部为平原地带，多样化的地形特征导致与民生关系密切的教育、医疗等方面发展的自然条件不佳，加重了教育、医疗等资源的非均衡配置和不公平发展问题。二是彻底完成脱贫攻坚任务艰巨。党的十八大以来，宁夏前期基础较好的贫困地区（如盐池县、隆德县、泾源县、彭阳县等县）已成功摘掉贫困帽子，而剩下的都是自然环境恶

劣、地理位置偏僻、产业基础差和不易脱贫地区。这些地区是脱贫攻坚中的"钉子"地区，脱贫存在一定难度。是否满足人民日益增长的美好生活需要是当今经济高质量发展的重要评判标准之一，若关乎社会民生的教育公平和脱贫问题得不到妥善解决，人民群众对经济发展质量的认可度将会大打折扣。

四、促进宁夏经济高质量发展的对策建议

在经济转型发展新时期，宁夏要积极推进经济发展质量变革、效率变革和动力变革，并以动力变革促进质量变革和效率变革，坚决走出一条西部欠发达地区高质量发展的示范性道路，把自身打造成西部转型发展的先行示范区。

（一）进一步提高效益效率，增强经济核心竞争力

提高效益效率，推动高质量发展，关键是提供安全要素生产率。宁夏要聚焦聚力"传统产业提升、特色产业品牌提质、新兴产业提速、现代服务业提档"四大工程，不断提升实体经济效益和竞争力，提高全要素生产率，对宁夏经济增长、拉动就业、改善人民生活水平将会产生积极影响。加快淘汰低端落后过剩产能，推动工业升级改造。积极实施重点技改项目，促进煤电、冶金、化工等传统产业向高端化、智能化、绿色化迈进。全面治理"散乱污"企业，依法加速出清"僵尸企业"，推动各类生产要素向优质企业聚集。落实"互联网＋先进制造业"实施意见，启动"千家企业上云"计划，在智能制造、仪器仪表、专用电器等领域培育一批单项冠军。另外，做强特色优势产业，助推小企业"升规上限"，提升实体经济竞争力。积极落实"民营经济"20条，执行国家减税降费政策，推进普惠性税收免除，降低企业养老保险费率和缴费基数，并健全融资担保体系，加大对民营、小微企业资金支持力度。不断减少无效供给、加快补齐经济社会发展短板，降低制度性交易成本。要充分发挥市场对资源配置的决定性作用以及政府的监管服务功能，通过进一步深化市场改革、完善市场机制，避免出现过多依靠行政手段干预资源配置的低效状况。

（二）继续优化经济结构，推动经济转型升级

长期以来，宁夏经济增长的推动力仍主要依靠物质要素投入，全社会固定资

产投资总额已经连续多年超过地区生产总值，并且呈现出进一步差距拉大的趋势，要素、投资驱动仍旧是目前宁夏实现经济增长的主要方式。宁夏经济处于转型升级的关键期，产业结构要由工业主导向服务业主导转型升级，消费结构由物质型向服务型消费升级，城乡结构由规模城镇化向人口城镇化升级，[①] 通过经济结构优化升级，将宁夏打造成西部转型发展先行区，形成可推广的典范经验。继续优化产业结构，推动产业转型升级，加大对绿色产业的支持力度，促进一二三产业融合发展。比如新时期坚持产业园区差异化、集约化转型发展，不断提升园区综合承载能力。改革并完善园区管理体制，支持每市创建一个示范园区，打造一批标杆企业、示范项目，全面提升园区投入产出比和综合效益。紧抓中央鼓励东西部合作共建产业园区的机遇，加快建设苏银产业园，积极打造出中国东西部合建园区的宁夏样本。不断优化城乡发展结构，加大财政支持力度推动地区协调、均衡发展，如不断深化宁夏以中宁县为圆心的枸杞联动发展，以及宁夏与浙江的跨区域联动发展，既能减少贫富差距，又补强了区域经济的协调性。加大改革开放力度，积极参与和融入"一带一路"建设，推动宁夏内陆开放型经济试验区建设，加快构建对内对外开放新格局。经济转型升级蕴含巨大增长潜力，对宁夏改善倚重倚能经济现状、不断优化产业结构、夯实高质量发展基础至关重要。

（三）继续加大创新力度，推动创新驱动发展

习近平总书记曾指出，企业是科技和经济紧密结合的重要力量，应该成为技术创新决策、研发投入、科研组织、成果转化的主体。宁夏要继续坚持创新驱动，发挥企业主体作用，大力推进自主创新、开放创新和特色创新，把高质量发展的基点放在创新上，为高质量发展增强内生动力。宁夏要进一步转变发展观念，以管理创新为突破口，创新服务手段，积极破解政府运行、企业生产经营和社会治理等方面的体制机制约束，推进"放管服"改革，不断激发创新活力，为各类创新主体提供有利创新驱动的政策服务环境。大力培育以高新技术企业为骨干的创新型产业集群，推动与产业链相关联的高校、科研院所与企业开展协同创新，使得各方力量向高新技术企业集聚，把资源优势尽快转化为产业优势乃至产业强势，将创新型产业集群打造成为创新发展的重要驱动力。建立并完善各类创新创业人才引进、培育、使用和流动机制，积极落实2018年出台的人才新政18

---

① 迟福林：《动力变革——推动高质量发展的历史跨越》，中国工人出版社2018年版。

条，深化推进科技兴宁"8 +6"合作体系，① 完善人才股权激励、成果转化和收益分成方面的激励评价机制，最大限度吸引、集聚一批一流科技人才服务宁夏创新发展。加快推进沿黄科技创新改革试验区、现代农业科技创新示范区建设，提供创新支撑力。围绕现代煤化工、生物医药、特色农业等重点领域，在科技项目实施、关键技术突破和先进成果转化方面，推动自主创新和开放创新互融共促、产业创新和特色创新共同发力（如以推进宁东基地现代煤化工产业示范区建设为重点，健全煤电联动市场反应机制，提升宁夏全产业链水平）。积极出台高新产业和科技型企业扶持政策，设立创新基金，强化培育国家级高新技术企业、科技"小巨人"企业力度。与国家自然科学基金委、全国哲学社会科学工作办公室等联合共建科研基金，为解决宁夏经济社会发展中的重大科学问题和关键技术问题提供保障支撑。

（四）进一步加强污染防治，严格实施生态立区战略

面对生态敏感脆弱实际，宁夏要牢固树立"绿水青山就是金山银山"生态理念，大力实施生态立区战略，严守生态保护红线，加快沿黄生态经济带建设。绿色发展是倒逼宁夏产业转型升级的重要推手，环境污染防治问题必须从源头抓起。一方面，对高能耗、高污染企业进行设备更新以及生产工艺技术改造，可以从生产的源头节约资源，降低能源消耗，减少三物排放，实现清洁生产；另一方面，宁夏在进行产业布局时，可立足资源、能源等物质的实际流动状况，布局相应的企业，以便建立循环产业体系，将废弃物的排放量降至最低，进而实现产业的绿色发展。

生态保护方面，宁夏要坚决承担起维护西北乃至全国生态安全的重要使命，大力实施生态立区战略，深入落实蓝天、碧水、净土"三大行动"，努力建设成为西部"天蓝地绿水美"的生态文明建设先行区。严格落实生态环境保护党政同责、"一岗双责"，压实主体责任。认真落实对中央环保督察反馈问题的整改，并吸取教训。打好蓝天保卫战，加快重点行业脱硫脱硝及除尘提标改造，全面淘汰城市建成区不达标燃煤锅炉，有效治理柴油货车污染，从严管控施工扬尘，强力禁止秸秆焚烧。打好新时代黄河保卫战，扎实落实河（湖）长制，加大饮用水水

---

① 近年来，宁夏通过与东部持续对接洽谈和两次召开"科技支宁"东西部合作推进会，形成了以东部8省市和全国6家院校为主体的"8 +6"合作体系，"不求所有，但求所在、所用"的引才理念吸引了近600名国内高层次专家来宁开展创新指导、参与合作研发。

源地保护力度。推进城镇污水处理提质增效，狠抓工业园区污水稳定达标排放。加强重点入黄排水沟和城市黑臭水体综合整治，打造水清河畅、岸绿景美的良好水生态。打好净土保卫战，开展重点行业企业用地土壤污染调查，综合防控农业面源污染，提高工业固废处置和综合利用水平，推进生活垃圾分类收集。改进环境治理方式，充分调动企业和社会公众参与环境治理的积极性。深入推进生态保护修复。加快沿黄生态经济带生态建设，推动建立市场化、多元化生态补偿机制，扩大绿色生态空间，筑牢祖国西北重要生态安全屏障。

（五）进一步决战脱贫攻坚，增进社会民生共享

经济高质量发展意味着改革开放成果能够更多更公平地惠及全体人民。在决战脱贫攻坚上，宁夏要大力实施脱贫富民战略，聚力精准施策，进一步降低贫困率，打造全国脱贫攻坚的宁夏榜样。集中力量攻坚深度贫困，严格落实"三个新增"要求，统筹打好脱贫政策组合拳，大力推进精准扶贫。不断提升农村低保制度与扶贫开发政策衔接水平，精准实施对特殊贫困群体的保障性扶贫措施。加快壮大扶贫产业进程，落实贫困户产业项目、技术培训、小额信贷、帮扶措施和农业保险进家到户。提高金融扶贫的精准度和有效性，让金融普惠到每个贫困家庭。加强扶智扶志教育，倡导脱贫光荣，大力实施就业扶贫培训，切实增强贫困地区内生发展动力和自我"造血"脱贫能力。巩固扩大脱贫成果，严格脱贫退出程序标准，严防数字脱贫、指标脱贫。坚决整改扶贫领域突出问题，规范项目资金管理和绩效评价，提高扶贫资金使用效益。建立巩固脱贫攻坚成果长效机制，切实提高脱贫质量。

在增进社会民生共享方面，宁夏要加快推进农村基础设施、新型城镇化发展，不断扩大优质公共服务资源供给。全力稳就业促增收，大力实施就业优先政策，加强职业培训和就业服务。深化大众创业、万众创新，加大创业担保贷款贴息、补贴和奖补力度。切实提高城乡居民工资性、财产性收入。推进企业工资集体协商，构建和谐劳动关系。积极促进教育均衡发展，加快"互联网＋教育"示范区建设，建好用好大数据平台，促进优质教育资源均衡配置，着力破解"乡村弱、城市挤、班额大、负担重"等难题。大力提升全民医疗水平，加快"互联网＋医疗健康"示范区建设，打造一体化医疗健康信息服务平台，促进跨区域、跨层级医疗资源互联互通。广泛开展爱国卫生运动，加强重大疾病、慢性病防治，构建以预防为主的大健康格局。不断完善社会保障体系，继续实施全民参保计划，调整完善基本医疗保险政策和医保药品目录，推进养老机构医养结合服

务。加强退役军人服务管理，做好社会救助、社会福利、慈善事业，进一步加大农村留守老人、妇女儿童、残疾人关心关爱服务。

参 考 文 献

1. 任保平等：《中国经济增长质量发展报告2019——新时代下中国经济的高质量发展》，中国经济出版社2019年版。

2. 黄庆华、时培豪、刘晗：《区域经济高质量发展测度研究·重庆例证》，载于《重庆社会科学》2019年第9期。

3. 李霞：《宁夏经济高质量发展的现实困境及路径选择》，载于《宁夏党校学报》2019年第3期。

4. 贺姗姗：《打造西部转型发展先行区》，载于《宁夏日报》2017年7月17日。

5. 刘志攀：《实施创新驱动发展战略实现宁夏经济转型升级》，载于《当代经济》2017年第9期。

6. 李喆：《供给侧结构性改革：宁夏实现转型升级的关键》，载于《宁夏日报》2017年1月20日。

‖第二十四章‖

西藏自治区经济高质量发展研究报告

党的十九大明确指出，新时代我国经济已由高速增长阶段转向高质量发展阶段，正处在转变发展方式、优化经济结构、转换增长动力的攻关期。推动高质量发展已成为当前和今后一个时期确定发展思路、制定经济政策、实施宏观调控的根本要求。西藏自治区同全国一样迈向经济高质量发展新时代。西藏位于我国西南边境，其南边和西部与缅甸、印度、不丹、锡金、尼泊尔等国接壤，是我国陆地上通往南亚的战略大通道，是我国西南边陲对南亚开放的重要门户，在"一带一路"倡议和孟中印缅经济走廊中具有重要的战略地位，因此，研究西藏自治区高质量发展具有非常重要的意义。

西藏自治区在2018年经济工作会议中强调，坚持以人民为中心的发展思想，在推进经济、社会、生态、文化建设中坚持新的发展理念，紧抓高质量发展这个根本要求，统筹推进"五位一体"总体布局、协调推进"四个全面"战略布局，加快形成符合西藏实际、具有西藏特色、推动经济高质量发展的政策体系，努力走出一条具有中国特色、西藏特点的高质量发展道路。这是贯彻落实习近平总书记治边稳藏重要战略思想的必然要求，是贯彻落实党的十九大和中央经济工作会议精神在西藏的新实践，是打赢脱贫攻坚战、决胜全面建成小康社会的必由之路，是对新时期中国特色社会主义发展道路、西藏特点发展路子的丰富和延伸。

一、西藏推进经济高质量发展的主要举措

西藏自治区以习近平新时代中国特色社会主义思想为指导，以党的十九大精神为根本遵循，立足自身实际，坚决贯彻新发展理念，坚持以新发展理念引领经济发展新常态，坚持以提升经济发展质量和效益为中心，坚持以供给侧结构性改革为主线，狠抓稳增长、强支撑、促改革、调结构、惠民生、保稳定、防风险等

各项措施，力争经济运行在"稳"的基础更加巩固，"进"的格局更加明显，"好"的趋势不断加强。

（一）立足高质量发展落脚点，持续提升民生保障水平

民生社会保障进一步完善。近年来，西藏坚持以人民为中心的发展思想，把高质量发展要求贯穿于经济社会发展全过程，以高质量发展不断增强人民群众的安全感、获得感、幸福感。2018 年，西藏印发《关于整合城乡居民基本医疗保险制度的实施意见》，农牧区医疗制度政府补贴标准提高到年人均 515 元，城乡居民最低生活保障标准分别上调至每人每月 750 元、每人每年 4450 元。积极推进"医养结合"及养老机构"公建民营"试点，在拉萨、山南开展养老机构标准化建设试点。持续推进全民参保计划，以养老、医疗、失业、工伤和生育五大保险为主体的覆盖城乡全体居民的社会保障体系全面建立。审慎推进机关事业单位社会保障体制改革，基本实现异地就医全国直接结算。

脱贫攻坚取得成效显著。西藏是我国唯一一个省级集中连片特困地区，自 2016 年脱贫攻坚战打响以来，西藏把脱贫攻坚作为重大政治任务和第一民生工程，逐步完善脱贫攻坚的政策制度环境，每年有不少贫困县实现"摘帽"、贫困村实现"出列"，贫困发生率逐年下降。近年来，西藏先后颁布了《西藏自治区"十三五"时期脱贫攻坚规划》《西藏自治区"十三五"时期易地扶贫搬迁规划》《西藏自治区"十三五"时期产业精准脱贫规划》等规划，加强脱贫攻坚顶层设计；制定出台了《西藏自治区"十三五"时期脱贫攻坚相关政策意见》《关于贫困地区发展特色产业促进精准脱贫指导意见》等系列配套政策文件，为打赢脱贫攻坚战提供制度支撑；制定出台了《西藏自治区贫困人口脱贫考核办法》《西藏自治区贫困村退出与贫困县摘帽考核办法》《西藏自治区市地党委、政府（行署）脱贫攻坚工作成效考核办法》等规章制度，明确考核指标办法制度。截至 2018 年底，西藏贫困人口从 2015 年的 59 万人减至 15 万人，贫困发生率从 2015 年的 25.32% 降至 6% 以下，55 个县（区）成功实现"摘帽"。目前，剩余 19 个县（区）正在接受贫困县退出的第三方考核评估。① 西藏累计投资 42.78 亿元，全面解决农村饮水不安全问题；实行 15 年免费教育，着力解决适龄儿童"控辍

---

① 2019 年 12 月 9 日，经西藏自治区人民政研究，批准日喀则市谢通门县、江孜县、萨迦县、萨嘎县、拉孜县、南木林县，昌都市八宿县、左贡县、芒康县、贡觉县、察雅县，那曲市色尼区、巴青县、尼玛县、双湖县、申扎县，阿里地区措勤县、改则县、革吉县共 19 个县（区）退出贫困县（区）。

保学"的问题；启动 0~6 岁儿童学前学会国家通用语言行动。目前，西藏大病集中救治率、重病兜底保障率、慢病签约服务率均超过 95%；易地搬迁已搬迁入住 25.2 万人，完成计划任务的 94.5%；加快危房改造进度，已加固改造危房10130 户，完成鉴定总量的 99%。[①]

（二）强化高质量产业发展支撑，加快推动特色产业发展

2018 年，西藏自治区人民政府出台了《关于印发西藏自治区招商引资优惠政策若干规定（试行）》，鼓励和引导企业重点向高原生物、特色旅游文化、绿色工业、清洁能源、现代服务业、高新数字、边贸物流等产业投资。以优惠的税收、金融、土地等政策向客商"抛出了绣球"。2017 年，西藏自治区出台了《关于加快实施创新驱动发展战略的若干意见》《推进大众创业万众创新三年行动计划》《西藏自治区众创空间认定管理办法（暂行）》等文件，鼓励大众创业，以创新驱动产业发展。

因地制宜推动高原生物产业发展。近年来，西藏立足特色优势资源，加快推动具有高原特色的产业发展。西藏提出着力构建"7＋N"高原特色产业体系，以青稞、牦牛、藏猪、藏羊、奶牛、蔬菜、饲草七大产业为重点，兼顾发展林果茶、藏鸡、藏药材、藏香等 N 个点状优势特色产业，全力打造生态绿色、天然有机的雪域高原品牌，促进农业提质增效、农民致富增收。同时，将"7＋N"高原特色产业体系作为带动贫困户的发展产业和脱贫致富增收的重要产业扶贫带动重点项目。西藏还开展了帕里牦牛品种资源保护，在类乌齐县实施牦牛育繁推一体化示范项目，建设牦牛养殖小区（基地）14 个，并在其他 21 个县（区）开展"牧繁农育"项目试点。在工布江达县开展藏猪遗传资源保护场建设，建立藏猪良种扩繁基地。

提质增效加快推进绿色工业和清洁能源产业规模发展。经济增长质量与产业结构优化调整紧密相关、互相依存。两者之间存在相对稳定支撑、互为促进的内在关系。西藏坚持以高标准、高起点、高技术含量、高附加值的原则引进的工业项目，引进符合国家和西藏产业发展政策和清洁生产要求的产业项目，采用先进的生产技术和自动化、智能化设施设备，不断推进清洁能源产业规模发展，2018年，清洁能源产业实现增加值 13.26 亿元，增长 33.9%。在新增项目选择上优先引进无污染、轻污染的工业企业入驻，严格控制污染排放较为严重的企业生产，

---

① 娄梦琳：《截至去年底，西藏 55 个县（区）脱贫摘帽》，载于《西藏商报》2019 年 10 月 18 日。

2018 年，西藏绿色工业增加值 58.91 亿元，增长 8.8%。[①]

大力发展高新数字产业。2017 年，西藏各地区结合实际出台促进双创发展的相关配套政策措施，打造全国西部"双创新高地"。西藏先后出台了《拉萨高新区科技创新卷实施管理暂行办法》《拉萨高新区企业债券融资风险补偿资金池管理暂行办法》《拉萨高新区创新创业天使投资引导资金管理暂行办法（施行）》等相关政策。2018 年拟制《柳梧新区大中型企业扶持对接双创企业实施办法》等促进高新技术发展的相关文件，为高新数字产业发展提供政策支持和制度保障。截至 2018 年底，西藏高新数字产业增加值 32.27 亿元，增长 9.8%。[②] 高新技术企业增长 55%，组织完成 75 家科技型中小企业入库工作，增长 1.4 倍。信息化投资达 54 亿元，信息消费规模近 60 亿元。12 家企业被列为国家级"两化融合"管理体系贯彻试点企业，其中 3 家企业通过国家级认证。[③]

加快推进现代服务业。西藏受其特殊的地理与社会环境影响，现代服务业发展与经济发达地区相比还明显落后，存在内部结构不合理、生产性服务业发展慢、服务业标准化水平低等一系列问题。[④] 针对这些问题，2018 年，西藏人民政府研究制定边贸物流业协同发展方案，加快教育、养老、医疗、文化等服务业发展。研究制定加快发展健身休闲产业的实施意见和进一步扩大旅游、文化、体育、健康、养老、教育培训等领域消费的实施方案，提升服务品质，增加服务供给，不断释放潜在消费需求。2018 年，其成功举办了西藏自治区第十二届全运会暨第四届民族传统体育运动会、首届环喜马拉雅自行车极限赛、拉萨半程马拉松等重大赛事，通过举办重要体育赛事来提升西藏的知名度，带动相关服务业发展。

大力发展特色旅游文化产业。旅游业属于绿色产业，通过高标准规划、强化管理、减少旅游业发展对生态环境的负面影响，既有利于产业发展，也有利于推动实现旅游产业高质量发展，并带动关联产业和相关配套基础设施和服务设施的完善。西藏具有多样化的地形和独特的气候，独具风情的藏族文化，这是西藏旅游经济高质量发展的重要支撑，是先天性的发展要素之一。当前，西藏以彰显

---

①② 中国日报西藏记者站：《2018 年西藏地区生产总值达 1477 亿元》，中国日报网，2019 年 3 月 2 日，http://ex.chinadaily.com.cn/exchange/partners/80/rss/channel/cn/columns/516a8i/stories/WS5c79b951a31010568bdccdf6.html。

③ 《西藏自治区 2018 年国民经济和社会发展计划执行情况与 2019 年国民经济和社会发展计划草案报告》，载于《西藏日报》2019 年 1 月 28 日。

④ 张燕华、周章金、王娜：《西藏现代服务业发展现状与路径选择》，载于《现代商业》2017 年第 27 期。

"神山、圣湖、草药、宗教、民俗、歌舞、非遗"为主题的文化旅游新格局初步形成，是自然和人文魅力兼具的世界级旅游目的地。近年来，西藏出台了一系列促进旅游良性、持续发展的政策文件。截至 2018 年底，西藏当年接待游客总数达到 3368.73 万人次，实现旅游总收入 490.14 亿元，10 多万农牧民借助旅游业实现增收致富，世界旅游目的地建设使农牧民增收的成效初显，西藏旅游文化特色融合程度进一步深入。以 2018 年"冬游西藏"活动为例，活动吸引大量的游客冬季入藏旅游，活动期间，西藏共接待国内外游客 246 万人次，同比增长 84.2%，实现旅游总收入 2.62 亿元，同比增长 41.1%。①

（三）激发高质量发展活力，全面拓展改革开放空间

稳步推进重点领域改革。西藏自治区全面完成各级党政机构改革任务，积极推进资产经费调配工作。深化"放管服"改革，西藏自治区级政府部门权责事项减少 43 项。深化农牧区改革，推进 21 个县农村集体产权制度改革。曲水县作为国家级农村集体资产股份权能改革试点县和国家级农村集体产权制度改革试点县，已完成试点任务，基本完成承包地确权登记颁证工作，颁证率达 90%。西藏稳步推进电力体制改革，扎实推进电价、水价改革，取消工商业用电枯水季加价政策，调整全区工商业电价，降幅达 11.8%，全国降幅最大。深化医疗卫生体制改革，全面推进公立医院改革。西藏全面落实税收减免降费政策，建设和营造一个税费最低、服务最优的良好政策环境，减轻中小企业负担，充分发挥中小企业对就业、活跃市场经济、增税和促进社会稳定发展的积极作用，促进中小型市场经营主体可持续健康发展。强化制度建设，加快完善知识产权保护法律法规，强化知识产权信用联合惩戒机制，推动中小企业向专精特新发展。

积极扩大开放合作。西藏依托其优势的地理地位，大力发展边境贸易，全方位扩大对外开放与合作。西藏出台了《西藏自治区关于扩大对外开放积极利用外资若干措施的实施意见》，其中包括：扩大开放，积极利用外资；优化服务，促进投资便利化；落实举措，完善知识产权保护以及健全机制，加强统筹协调四方面的主要内容。2015 年，西藏在三部委联合发出《推动共建丝绸之路经济带和 21 世纪海上丝绸之路的愿景与行动》中承担"推进西藏与尼泊尔等国家边境贸易和旅游文化合作"任务。同年 8 月在中共中央召开的第六次西藏工作座谈会

---

① 洪西：《"冬游西藏"期间西藏接待游客 246 万人次》，载于《西藏商报》2019 年 3 月 19 日。

上，将西藏确定为"我国面向南亚开放的重要通道"。2017 年，西藏自治区政府工作报告提出"积极参与孟中印缅经济走廊建设，积极推进环喜马拉雅经济合作带、吉隆跨境经济合作区建设。""紧紧围绕'一带一路'战略构想，构建合作共赢的政策体系，加快推进南亚大通道建设。"同年 8 月，中国吉隆—尼泊尔热索瓦口岸扩大开放为国际性公路口岸。西藏大力推进中尼友谊合作，建立尼泊尔·中国西藏旅游文化产业园区。西藏还启动了自治区开发区发展总体规划编制工作，目前，已有 5 家开发区纳入中国开发区审核公告目录。在外贸发展方面，有 4 家外贸企业被确定为外贸综合服务示范企业和跨境电子商务试点企业。山峰资源是西藏富有特色的自然资源。其中，8000 米以上山峰 5 座，7000 米以上山峰 70 余座，6000 米以上山峰数千座，目前西藏自治区对外开放的山峰已达 46 座。涉外登山有力促进了山峰地区的对外开放，对西藏的文化、旅游、体育经济的发展有重要作用，为增进世界对西藏的了解搭建了一座桥梁。在援藏方面，西藏 2018 年共实施项目 707 个，落实项目投资 44 亿元，超计划完成任务。

（四）营造高质量发展环境，确保社会局势和谐稳定

抓好维护稳定和强化安全生产稳步展开。2018 年，西藏在维护祖国和平统一、加强民族团结、推进依法治藏等方面持续加大监管力度，进一步压实维稳责任，落实维稳措施，着力打造共建共治共享社会治理格局。此外，西藏在安全生产方面落实安全生产责任、管理制度和考核机制，在人员密集场所等重点行业领域加强安全监管，严防重特大安全事故发生，为社会大局持续稳定营造了良好的安全生产环境。在营造良好的营商环境上，西藏自治区党委副书记、自治区主席齐扎拉表示，要像珍视生命一样重视营商环境，像保护心脏一样保护企业，像爱护眼睛一样爱护企业家，为企业发展创造良好的发展环境。要弘扬企业家的创新创业精神，努力营造尊重创业、鼓励创新、审慎对待创新的社会氛围，推动西藏从"打工乐土"向"创新天堂"转变。

改革开放 40 多年来，西藏的交通、能源、水利、通信等基础设施和城乡公共服务配套得到极大改善，这为西藏经济高质量发展奠定坚实的基础。当前，西藏基本建成立体化的综合交通网络，西藏自治区人民政府第五次常委会提出，到 2020 年，西藏的公路总里程将突破 11 万公里，一级以上公路历程超过 1200 公里，80% 的乡镇通柏油路。自 2006 年青藏铁路建成通车后，拉日铁路已建成运营，拉林铁路正在加快建设进程中，同时，正在加快推进青藏铁路电气化改造，川藏铁路的部分路段已开始施工，要加快推进滇藏铁路、新藏铁路、中尼铁路的

前期工作。截至 2019 年 4 月，西藏已开通 96 条国际国内外航线，与 48 个城市相互通航。加快推进城乡全覆盖的通信网络升级改造。西藏基本建成以水电发电为主，地热、太阳能、风能等互补的清洁能源供给体系，在有效满足当地能源消耗的同时实现了能源发展的清洁化、绿色化发展需要。

（五）坚持绿色生态发展理念，筑牢生态安全屏障保障

西藏被称为亚洲水塔，是中国以及南亚、东南亚的部分国家重要的江河源和生态源。西藏自然环境极其脆弱而敏感，因此，其在经济发展过程中的生态建设与环境保护不仅关系到我国起源于此的河流的下游地区水生态安全，还是边境稳定与发展的重要影响因素。多年来，西藏牢固树立"绿水青山就是金山银山，冰天雪地也是金山银山"的理念，高度重视生态环境建设，加大生态领域投资，重视重要河流水源地的生态保护与环境建设，做好防风固沙治理，持续推进国土绿化工程，启动地球第三季国家公园群建设，承担起生态安全屏障建设的重任。2018 年，西藏深入推进国土绿化行动，完成人工造林 311 万亩、新一轮退耕还林 22.9 万亩、封山育林 341 万亩，受保护湿地面积 430.8 万公顷，对 6841 万亩天然草场实施退牧还草工程，防沙治沙面积达到 420 万亩，治理水土流失面积达到 105.14 万亩，森林覆盖率提高至 12.14%。[1] 近年来，西藏逐步健全生态文明高地建设工程措施和政策保障体系，先后出台了系列法律法规、政策措施、意见规划，为生态建设和环境保护提供制度保障和绩效考核依据。深入实施《西藏生态安全屏障保护与建设规划》三大类 10 项工程。西藏严格实行环境保护一票否决制度，坚决不引进三高项目，实行零审批。景区景点的开发建设也要求必须先做环保、林勘、灾评等工作。2018 年，西藏先后制订出台了《西藏自治区生态文明建设目标评价考核工作方案》《西藏自治区生态环境损害赔偿制度改革实施方案》等系列地方性法规和政策规章，生态环境保护制度体系正逐步健全。

二、西藏经济高质量发展取得的成效分析

近年来，西藏贯彻新发展理念，落实高质量发展要求，认真践行稳增长、促

---

① 常丽：《2019 年西藏生态环境保护新目标确定啦》，中国西藏网，2019 年 1 月 24 日，http://www.tibet.cn/cn/news/yc/201901/t20190124_6488522.html。

改革、调结构、惠民生、防风险等各项措施，锐意进取，西藏经济高质量发展取得了一定成效。结合西藏经济发展现状，研究从效益效率、结构优化、动能转化、绿色生态和民生共享五个角度构建西藏经济高质量发展测度指标体系，测算西藏经济高质量发展情况。

（一）西藏经济高质量发展指数总体情况

总体上，西藏经济高质量发展指数总体呈波动下降状态。2018 年，西藏经济高质量发展指数为 0.504，相较于 2013 年（0.470）小幅上升，总体上呈现出先小幅下降再小幅上升的趋势，指数总体变动幅度不大（见表 24-1）。西藏的经济高质量发展综合指数在西部排名靠后，但自 2016 年以来综合指数呈现向好发展的态势（见表 24-2）。从经济发展阶段来看，2013~2015 年西藏经济高质量发展指数处于下降状态。由此看来，西藏进入新时代的发展起点上，着力推动质量变革、效率变革、动力变革，将政策重心和工作着力点向追求更高质量、更有效益的现代化发展。2015~2018 年西藏经济高质量发展综合指数总体为波动上升状态，表明西藏经济高质量发展水平逐步提升，同时也说明西藏在处理好"十三对关系"、着力推进"十大工程"，聚力发展"七大产业"等方面取得一定进展，重点项目不断推进、供给侧结构性改革不断深化，改革开放力度加大，人民生活持续改善。

表 24-1　　　　2013~2018 年西藏经济高质量发展综合指数及分项指数

年份	效益效率	结构优化	动能转化	绿色生态	民生共享	综合指数
2013	0.070	0.107	0.058	0.084	0.154	0.470
2014	0.082	0.100	0.057	0.072	0.118	0.458
2015	0.068	0.104	0.056	0.066	0.128	0.458
2016	0.080	0.107	0.052	0.065	0.124	0.456
2017	0.076	0.113	0.054	0.072	0.122	0.456
2018	0.090	0.104	0.058	0.080	0.171	0.504

表24-2　　　2013~2018年西藏经济高质量发展综合指数及分项指数在西部排序

年份	效益效率	结构优化	动能转化	绿色生态	民生共享	综合指数
2013	9	5	12	7	9	10
2014	8	5	12	8	12	11
2015	9	7	12	11	5	11
2016	7	8	12	12	11	12
2017	8	7	12	8	11	11
2018	6	9	12	8	6	11

注：2014年，西藏、云南与广西、新疆4个西部省（区、市）的结构优化指数在西部并列排第5位；2018年西藏的民生共享指数与新疆并列第6。

从五个维度的分项指数在西部排名的变化来看，西藏的效益效率指数、结构优化指数、绿色生态指数和民生共享指数排名位次变化起伏较大，动能转化指数的排名相对较为稳定。从五个维度指数在西部的排名位次来看，西藏的效益效率指数和民生共享指数排在中间位置，结构优化、绿色生态和动能转化指数均排名靠后，尤其是动能转化指数长期排在最后一位。

（二）西藏经济高质量发展子层面指数分析

关注西藏经济高质量发展总体水平的同时，还可以从评价经济高质量发展的效益效率、结构优化、动能转化、绿色生态和民生共享5个子层面反映其变化趋势。由表24-1可见，2013~2018年西藏经济高质量发展指数在效益效率、结构优化方面呈上升趋势，表明西藏在经济发展的协调性上提升较为明显；在动能转化、绿色生态、民生共享方面呈下降趋势，与经济高质量趋势相同，表明动能转化、绿色生态、民生共享这3个方面下降趋势较大且对经济高质量的影响明显。具体分析如下：

1. 效益效率指数略有提升

2018年西藏效益效率指数比2013年高出0.02，2013年效益效率指数最低为0.070，总体上保持稳定。具体而言，2018年，西藏全区经济增长9.1%，增速比全国高2.5个百分点，居全国1位，西北第1位；人均地区生产总值超过4万元，达43397元，增长7.0%，增速比全国高0.9个百分点。全社会劳动生产率和人均一般公共预算分别增长到49391元和6700元。规模以上工业企业成本费用利润率保持在7.0%以上，规模以上工业企业单位产值利润率虽然由2013年的

8.95%减少到2018年的6.70%，但与同期的西部的工业企业相比仍处在较高的利润水平。从纵向看西藏绝大多数的效益效率指标都呈现持续向好的发展态势。

2. 结构指数波动提升

近年来，西藏的产业结构进一步优化，城镇化率逐步提升，民生支出是财政支出的重点，城乡居民收入比保持在低位的基础上持续下降。2013~2018年，西藏的结构优化指数呈现出波动提升的增长趋势。产业结构方面，2018年西藏的三次产业结构比调整优化为8.8：42.5：48.7，呈现出"三二一"状态。2013~2018年，西藏服务业增加值占比由2013年的57.7%下降到2018年的48.7%，服务业占比仍明显高于第二产业。西藏服务业占比较高的重要原因在于西藏的工业发展不足。从具体指标看，西藏服务业内部结构不合理的问题主要表现为旅游业占比偏高，金融保险、教育科学等发展相对滞后。2018年，西藏自治区城镇化率为31.14%，较2013年高出7.43个百分点。西藏税收占一般公共预算收入比重由2013年的75.28%降到2018年的67.69%。2018年的民生财政支出占财政总支出的比重较2013年提高了6.56个百分点。2018年，西藏的城乡居民收入比相对较高，较2013年增加了0.26，西藏的城乡居民收入比与全国水平基本相当，在西部仅高于四川、重庆、广西和宁夏，这反映出西藏的城乡居民收入差距相对较小。

3. 动能转化指数保持相对稳定

2013~2018年，西藏动能转化指数微幅波动，呈现出先微幅下降在微幅上升的态势。总体上，消费和投资对经济增长的拉动均下降，也是西藏经济增速放缓的重要原因。西藏的消费和投资对经济增长的拉动率分别从2013年的7.70%、13.36%下降到2018年的3.92%和5.18%，消费和投资对经济的推动力不足。研发经费投入强度保持相对稳定，保持在0.20%~0.30%之间；每万人发明专利授权量保持在0.21个。规模以上工业企业研发经费支出占销售收入比重为0.10%左右。科技人才和人力资源方面，科技研发人员数量保持稳定，每万人在校大学生数量为161.60人，虽然与西部其他省（区、市）相比较低，但从纵向上来看，较2013年增加了约54.0人。总体来看，虽然西藏的科研经费投入强度、科技人才投入力度在西部均具有明显的劣势，但从纵向比较来看，均有不同程度的增加。西藏在后续推进经济高质量发展中，要立足实际，积极促进大众创业、万众创新活动，积极发展平台经济、共享经济，新产业、新业态，持续推动新旧动能转化，培育有竞争力的"藏"字号新产业、新产品，不断提高供给体系质量。

4. 绿色生态指数保持相对稳定

2018年，西藏绿色生态指数为0.080，比2013年微幅下降，总体上绿色生态指数保持相对稳定。2018年，西藏环境污染治理投资总额占GDP比重为

2.07%，森林覆盖率和建成区绿化覆盖率分别达到12.14%和37.30%，空气质量良好，优良天数占比达98.20%。近年来，西藏自治区通过实施"两江四河"造林绿化工程，天然林保护、湿地保护修复、防沙治沙、水土保持等重点生态建设工程，生态建设取得明显进展。西藏单位耕地面积化肥施用量基本保持在每公顷0.21吨左右。绿色发展有助于解决高质量发展中的人与自然和谐问题。虽然西藏在近几年重视造林绿化、防沙治沙，不断推进绿色发展，但与西部其他省（区、市）相比，生态建设和环境保护还有待加强，但总体上绿色生态指数波动幅度小，保持相对稳定。

5. 民生福祉逐步改善

2018年，西藏民生共享指数为0.171，虽然较2013年有所上升，但从反映民生共享的分项指标来看，各项具体指标总体上呈现持续向好的发展态势。纵向看各项分指标，2013～2018年，西藏贫困发生率由2013年的19.80%下降至2018年的6.00%，反映出西藏的脱贫攻坚取得良好成效。城乡居民人均可支配收入自2013年以来呈现稳步较快增长态势，多数年份均略高于同期的经济增长速度。就人均个人储蓄存款余额来看，除2015年有所下降之外，总体上都呈现出较快增长趋势，城镇职工基本医疗保险与基本养老保险的参保率也逐年小幅提升。2018年西藏每百户固定互联网宽带接入用户数达到87.53%，在西部排名相对靠前。医疗教育方面，2018年西藏每千人拥有卫生技术人员以及医疗机构床位数分别为5.54人和4.88个，较2013年水平略有提升。社会民生是共享发展、和谐发展的本质要求是高质量经济发展的落脚点。共享发展解决的是高质量发展中的"为什么人、由谁享有"的公平正义问题。近年来，西藏加大扶贫力度，脱贫攻坚取得了一定成效，向深度贫困地区聚焦发力，千方百计增加农牧民群众收入。同时，西藏积极致力于发展公平而有质量的教育，不断健全社会保障体系，推进城乡社会保障水平实现均等化，提升社会保障的覆盖范围和水平，全方位稳步提升群众获得感、幸福感、安全感。

三、西藏经济高质量发展存在的问题

（一）区域经济发展不平衡，对外开放有待于进一步扩大

自改革开放以来，西藏经济发展取得了举世瞩目的成就，GDP从1978年的

7 亿元上升到了 2018 年 1477.63 亿元。但是,西藏地域广阔,各地市由于地理环境、人口密度、人口质量、交通条件等因素差异导致相互之间的经济发展水平差距大。从 2018 年西藏各地市的 GDP 总量来看,依次排序为拉萨市、日喀则市、昌都市、林芝市、那曲市、阿里地区。其中,拉萨市 GDP 总量是日喀则市的 2 倍多,是阿里地区的 10 倍左右。① 各地市经济差距大不仅不利于西藏的经济社会协调和可持续发展,而且还会带来部分地区人口过度集中等问题。从财政收支看,财政是政府主导的经济行为,主要是为了更加合理有效地配置资源,并保证经济能够持续、稳定、健康发展。其中,财政收入与当地经济发展状况直接相关。财政支出是政府合理分配财政资源的重要手段,其规模大小反过来对促进经济发展具有重要影响。2018 年,拉萨市财政收入是日喀则市的 6 倍左右,而财政支出是日喀则市的 1 倍左右。由此看来,西藏各地市财政收入和支出不平衡是导致地区经济发展出现差异的主要因素。从城乡居民人均可支配收入看,2018 年,拉萨市、阿里地区城镇居民人均可支配收入分别是农村居民可支配收入的 2.49 倍、3.35 倍,表明在西藏无论是经济发展较好的拉萨市还是相对较差的地区阿里地区,城镇居民人均可支配收入和农村人均可支配收入的差距都客观存在,表明西藏各地市存在着城乡之间居民收入不平衡的问题。

(二) 科研创新环境较差,创新内生动力不足

综合科技进步水平是反映一个地区科技资源总量和科技创新基础能力的主要指标。总体来看,西藏科技创新发展主要存在着以下问题:一是科技资源总量小,科技进步与创新的环境差。根据中国科学技术发展战略研究院区域综合科技进步水平指数显示,2015 年和 2016 年西藏综合科技进步水平指数分别是 29.54 和 29.43,在全国 31 个省市中位居倒数第一。② 据测算数据显示,2018 年西藏动能转化指数为 0.058,在西部中排名最后,说明西藏在科技资源投入、科技意识的强化和科技环境的营造等方面在西部处于相对较低的水平,与中央提出供给侧结构性改革和创新驱动要求、以科技助推经济转方式调结构稳增长的要求还有差距,同时,这也是当前制约西藏经济高质量发展的最大短板。二是科研机构少,科研经费投入不足。科学研究和试验发展指数是衡量一个地区在科技领域有效知

---

① 李国栋:《西藏自治区区域经济协调发展研究》,载于《西藏发展论坛》2019 年第 4 期。
② 旦真罗布:《新常态下西藏科技创新面临的制约因素和对策建议》,载于《西藏发展论坛》2017 年第 6 期。

识供给量和创造性生产活动的重要指标。2018 年，西藏的科研经费投入总额为3.7 亿元，科研经费投入强度为 0.25%，这两项数据均在全国排名末位。研究与试验发展经费投入不足，成为制约西藏的科技平台发展和产业优化升级的瓶颈问题。这说明西藏在从事科研与试验发展活动所必需的人、财、物方面投入严重不足，反映出西藏在自主创新能力、创新驱动和核心竞争力方面还有待于进一步强化。三是科技人才资源总量少，结构不合理，分布不均。根据《中国科技统计年鉴》数据，2018 年西藏科研研发人员仅 200 多人，且科研机构和科技人才资源主要集中在拉萨，其他地市的科技人才资源更为匮乏。科研工作面临基础差、底子薄等问题，科技人才面临数量短缺、层次较低、知识供给不足等问题，导致西藏经济发展的内生动力不足，由此制约西藏经济高质量发展的成效。

（三）产业结构合理化程度低，经济结构有待加强

泰尔指数高低代表的含义是该地区指数值越小（越接近 0）则产业结构就越合理；指数值越大则经济越偏离均衡状态，产业结构就越不合理。我们采用泰尔指数衡量西藏 2000～2016 年产业合理化程度，得出西藏泰尔指数均值为 35.12，最大值为 2000 年的 41.22，最小值为 2016 年的 26.47。这说明 2000 年产业结构合理化程度低，产业间协调关系薄弱。[①] 泰尔指数计算结果说明西藏产业结构合理化程度仍然较低，各产业间不够协调，资源的利用率也没有达到最大化，要实现经济高质量发展还有很多困难需克服，有很多短板需弥补。对改革开放以来西藏产业结构的演变路径分析发现，西藏产业结构主要存在以下问题：一是西藏工业化水平比较低，产业规模较小，现代工业仍未能有效建立。在第二产业内部结构看，西藏主要依靠建筑业，工业则属于弱势产业。二是旅游产业占第三产业比重较高，其他新兴产业的发展相对落后，第三产业生产型行业较少而消费型产业较多；传统行业的比重过大，而金融保险、教育科学等现代新兴产业比重过小。三是西藏三大产业发展的关联度较低，第三产业的快速发展并不是以第一、第二产业的充分发展为基础的，三大产业相互间难以形成带动和促进作用。

（四）绿色生态形势严峻，环境保护有待加强

多年来，虽然西藏的生态建设和环境保护取得明显成效，但由于西藏地理位

---

① 林圆圆：《泰尔指数——西藏产业结构优化对经济增长的影响》，载于《营销界》2019 年第 16 期。

置、气候、地貌的特殊性，其生态环境极其敏感脆弱，生态环境建设有待加强。西藏农牧业发展由粗放型农业向现代化农业集约生产过渡，在过渡期内农垦地区沙漠化状况比较严重，荒漠化面积达 43 万平方公里，占全区土地面积的 36%；沙化与潜在沙化土地面积占全区土地面积的 18%。目前，西藏自治区可供放牧草原总面积约 12 亿亩，但是，其中有 50% 以上的草场退化问题严重，约有 10% 的草原沙化明显，因此全区可供放牧的草场面积已减至 10 亿亩。西藏工业起步晚，工业企业数量少，对环境的污染程度较低。但是，西藏对于工业生产过程中产生的"工业三废"处理也有待加强，目前工业固体废弃物的利用率只有百分之几，远低于西部其他省（区、市）；此外，西藏工业生产所需的污水处理、污水收集管网设施和城市生活污水收集与处理设施，以及农村生活垃圾收集与集中处理设施等方面还需加强规划、建设和投资。

（五）补齐短板任务重，民生福祉水平有待进一步提升

由于西藏特殊的地理环境与自然环境，其"短板"面广且复杂，"补短板"成为西藏当前及未来相当长一段时间的迫切任务。在贫困治理方面，西藏是全国唯一的省级集中连片贫困地区，贫困地区的经济发展相对滞后，当地自然条件相对恶劣，贫困地区人口受教育水平还相对较低，贫困地区人口居住分散，因此，西藏全面完成脱贫攻坚比西部的扶贫成本高，脱贫难度更大，脱贫任务更艰巨。虽然经过多年建设，西藏的基础设施建设取得显著成效，截至 2018 年底，西藏全区公路通车里程达到 9.74 万公里；新增 34 个乡镇、533 个建制村通硬化路，新增 199 个建制村通客车，乡镇、建制村通硬化路率分别达到 82.5% 和 47.9%，通客车率分别达到 72.9% 和 32.7%。[1] 但是由于地广人稀、多数地区属于高寒动土地区，建设道路基础设施的工程成本高、建设难度大等原因的影响，西藏的建制村硬化路率和建制村通客车率还比较低，城镇基础设施还亟待完善提升。2018年西藏的城镇化率比全国平均水平低 20 个百分点左右。教育、医疗卫生、社会保障等公共服务产品仍然存在供给不足、质量不高等问题。以医疗卫生为例，2018 年西藏的每千人拥有卫生技术人员、每千人拥有医疗机构床位数分别比西部平均水平要少 1.26 人、1.32 张。西藏将国家对其"两屏四地一通道"的战略定位转化为战略行动的能力亟待提高，需要补齐的短板较多，提升民生福祉的任务艰巨。

---

① 刘洪明、王军：《改变，从这里开始——西藏 60 年重大基础设施巡礼》，新华网，2019 年 3 月 25 日，http://www.xinhuanet.com//2019－03/25/c_1124280762.htm。

四、促进西藏经济高质量发展的对策建议

（一）突出发展优势，加强合作实现区域协调发展

针对西藏地区经济发展不平衡问题突出，应结合各地优势，明确发展定位，促进西藏全区加快推进经济高质量发展。一是突出发展优势，明确定位。西藏自治区各地市的地理环境各异，自然资源禀赋和发展基础各不相同，突出自身优势，明确发展定位，有利于发挥优势，厘清经济高质量发展的发展思路，明确重点任务，有利于各地市经济协作协调发展。如作为西藏粮仓的日喀则市的粮食产量占全区的1/4，畜牧业在全区排第二，日喀则市未来大力发展的支柱产业之一就是农牧业；同时，日喀则市与不丹、尼泊尔等国家的边境线有1753公里，其在我国"一带一路"发展南向开放中占有重要地位，应充分利用区位和产业发展优势，积极发展对外贸易，促进本地优势企业"走出去"。那曲市在发展农牧业方面拥有得天独厚先天优势，水能、太阳能、矿产等能源资源丰富，应发挥自身优势，推动能源和冶金行业节能降耗改造，实行绿色化、低碳化改造，推动特色产业高质量发展，以新基建发展为契机，推动特高压的发展，助力当地实现经济高质量发展。二是加强区域间合作，实现区域协调发展。西藏自治区一方面要加强与东部发达地区之间的沟通交流，建议推动各地市结合自身发展条件与优势，加强与国内相关领域强的城市的学习借鉴。另一方面，西藏自治区可以加强与四川、云南、青海等省（区、市）合作，并承接其相关产业转移，还可以在邻近省市建飞地工业，既能够发展经济，增加财政收入，还可以最大限度地保持环境净土。

（二）强化创新驱动，加大科技投入与政策扶持

当前西藏经济要向高质量稳步发展，必须从体制创新入手，大力培育龙头企业，注重加强科技人才培养，提高科技创新能力，为经济高质量发展提供科技支撑，推动经济发展从要素驱动加快转向创新驱动。为此，一是加大科技投入，提升科技创新力。西藏应加大财政科研经费投入力度，加大对企业科技研发经费投入及减税力度，坚持结合特色产业，建立一批诸如农牧业科技研究所、高原特色

产业研究所、南亚研究所等充分挖掘自身优势的科研机构，提升科技研发对经济增长的贡献。二是加大政策扶持力度，在创新体制机制上实现突破。从根本上解决西藏科技研发能力的不足，加大在引进人才、人才激励、人才和研发型企业的培育力度，提升科技研发人员薪酬水平，激发创新人才的积极性和创造力。在科技创新体制机制上实现突破，借鉴推进科研体制机制改革，通过科技成果入股、股票期权、分红激励、年薪制等办法，提升对关键岗位、核心骨干的正向激励。用特殊政策和资金支持吸引对口援藏省市高级人才、核心技术、产业带动力强的创新项目及创新团队，鼓励现有的科研人员带着项目与对口省市相关科研机构做横向科研，带动本地科技人才队伍培育。三要加大引进与培育创新市场主体力度。与对口援藏省市合作建一批企业家联合培训基地，培养一批懂科学、善经营、会融资、具备全球视野的新型企业家，打造一支创新型、开拓型的企业家队伍。

（三）优化产业结构，促进经济结构转型升级

西藏经济的持续稳定在于富民兴藏，应立足于高原特色资源、农牧业基础、丰富的文化旅游等，优化产业结构，促进产业转型升级，构筑推动区域经济高质量发展的产业体系。一是推进西藏新型工业化的进程，立足于西藏地区特有的高原生物、旅游文化、清洁能源丰富的特点，充分发挥其资源优势，加快发展清洁能源产业，为群众提供绿色清洁能源，提升产业发展的绿色成色。二是通过政府搭台、市场主导的方式，整合培育区域公共品牌，增强产业竞争力，围绕天然饮用水、青稞综合制品、牦牛综合制品等区域特色优势产业，打造高原区域公共品牌，引导更多的企业聚集区域公共品牌之下，打造完善的有竞争力的产业集群。三是促进产业融合发展，扩宽延伸农牧业的上下游链条，发展富有西藏特色的农畜产品加工业，开发农牧业综合多种功能，延长产业链、提升价值链、完善利益链，充分发挥农牧业在富民、带动关联产业发展、发挥本地特色优势方面的作用。发展以旅游业为主导的第三产业的同时要注意将旅游开发与生态文明建设紧密结合，保护好西藏的资源环境。四是推动旅游产业高质量发展。西藏特有的高原生物、高原气候、地理地貌使其成为全球的科考圣地；西藏特有的地理地貌还是山地游爱好者的梦想天堂；高原稀薄的空气成为天文爱好者的最佳观星点；特有的藏文化、佛教文化使西藏成为文化旅游胜地。西藏应充分利用特有的文化旅游资源，以人文、绿色、开放为核心，以特色、精品、高端、体验为导向，全力做好旅游基础设施、配套服务、旅游市场秩序监管工作，推动实现精细化管

理，推动文化旅游产业高质量发展。五是推动生活服务业发展的便利化，以方便、安全为中心，完善群众旅游的商贸、餐饮、住宿、居民生活服务、休闲娱乐等行业。六是加快发展现代化物流服务，由于地域广阔，交通运输发展相对滞后，西藏应充分利用这一轮新基建发展的机会，加快推进与发展相联系的高铁、城际铁路、高速公路建设，完善物流业发展的基础设施，培育第三方物流企业，为加快推进本地电子商务发展和电子商务扶贫筑牢基础。

（四）发展绿色生态，进一步保护生态环境

为发展绿色生态，保护生态环境，促进西藏经济高质量发展，应从以下方面着力转变：一是转变对自然生态环境的利用观，坚守可持续发展理念。加大群众对生态环境重要性的认识，促使绿色生态可持续发展观念的形成。同时，普及生态旅游知识，提高前往西藏旅游参观的游客的环境保护意识，转变游客的消费"三观"消费观、消费方式和消费结构，减少旅游过程中垃圾的产生，同时加强景区垃圾管理设施的合理布局，加大景区垃圾的清扫和清运，从而从根本上保护高原旅游环境，防止高原生态旅游环境的不可逆转的破坏，促进高原生态、高原环境持续向好，从而实现高原旅游的可持续发展。二是加强西藏地区的生态环境保护法制建设。环境保护方面，西藏自治区主要是贯彻执行国家层面的政策法规，如国务院令和环保部规则，西藏本地制定实施的地方性政策法规较少。三是鼓励发展绿色生态产业，不断优化产业结构，促进生态环境保护与经济发展质量同步，进一步加强对环境治理的投入，减少对当地的环境污染。西藏要创建生态型的良性循环工业体系，不断优化工业产业结构，发展低污染、低消耗、生态环境与工业发展相协调的生态型优势工业，以本地生态环境承载力为前提，不断优化废物处理方式。借鉴国内外经验，提高能源使用率和利用率，推广清洁能源的使用。西藏要充分发挥独特的历史和文化底蕴，提升文化旅游产业的发展水平，促进经济结构转型升级，进一步推动西藏经济高质量发展。

（五）突出民生重点，落实推进民生发展举措

民生事业发展是确保西藏经济高质量的必然要求，也是西藏经济高质量发展的落脚点。西藏是全国唯一的省级集中连片贫困地区，应在突出民生发展的重点、落实民生事业改善提升的举措方面狠下功夫。一是突出民生发展重点。完善农牧民安居工程建设，完善医疗卫生服务网络体系，加快农牧区公共服务设施配

套完善工作进程，提升农牧民居住环境。为确保 2020 年全面建成小康社会，坚持把脱贫攻坚与乡村振兴、特色小城镇建设和农村人居环境整治结合起来，大力推动产业扶贫、教育扶贫、电子商务扶贫、消费扶贫等模式，力争推动贫困地区实现产业兴旺、环境改善、生活富裕等提供坚实的基础支撑，如期完成全面建成小康社会历史重任。二是紧抓落实民生发展举措。贯彻落实包括教育、医疗、公共卫生、就业服务、社会保障、收入分配等民生发展举措，推动社会民生不断改善。坚持教育优先发展，采取特殊优惠倾斜措施，不断引进优质教育人才或通过深度教育合作的模式带动西藏等边疆民族地区的教育事业大发展。加快构建覆盖城乡居民的社会保障体系和社会救助体系，稳步提升全民社会保险参保率。不打折扣地把社保、教育、就业、扶贫、安居等各项惠民政策落到实处，形成民生事业发展和完善的政策支持体系。

‖第二十五章‖

新疆维吾尔自治区经济高质量
发展研究报告

新疆维吾尔自治区（以下简称新疆）位于我国西北边陲，是我国陆地面积最大的省级行政区域，也是我国五个少数民族自治区之一。新疆具有与中亚、西亚地区血缘相近、语言相通、风俗相近的先天优势。新疆的矿产资源与旅游资源极其丰富，矿产资源中有9种储藏量在全国排第一位。新疆享有歌舞之乡、瓜果之乡、黄金玉石之邦的美誉，独有全国19省市的央企全方位对口援疆的政策优势。随着"丝绸之路经济带"核心区建设的深入推进，新疆正在发展成为我国向西开放的前沿高地。新疆经济高质量发展对新疆的经济社会稳定、边疆安全巩固以及民族团结，具有极其重要的意义。

近年来，新疆以习近平新时代中国特色社会主义思想为指导，贯彻落实以习近平同志为核心的党中央治疆方略、特别是社会稳定和长治久安总目标，坚持以人民为中心的发展思想，牢固树立新发展理念，按照自治区党委"1＋3＋3＋改革开放"工作部署，加快转变发展方式、转换增长动力、优化经济结构，以供给侧结构性改革为主线，坚持以提高发展质量及效益为中心，统筹推进稳增长、调结构、惠民生、防风险等各项工作，推动经济高质量发展。

一、新疆推进经济高质量发展的主要举措

（一）加快完善促进高质量发展的制度环境

完善的政策体系是推动经济高质量发展的重要制度保障，要在经济高质量发展上取得突破和成效，需建立有利于推动经济高质量发展的全面完善的制度环

境。新疆正在加快构建促进经济高质量发展政策体系、规划体系及相应的绩效考核制度，助推经济高质量发展。自治区党委政府结合自身职能职责出台了促进经济高质量发展的政策意见、发展规划等。2018 年以来，自治区党委办公厅、政府办公厅联合印发《新疆维吾尔自治区关于积极有效利用外资推动经济高质量发展的实施意见》，落实自治区党委"1 + 3 + 3 改革开放"工作部署，积极促进外商投资稳定增长，扎实推进新疆丝绸之路经济带核心区建设，高水平推动新疆经济高质量发展。新疆出台了《自治区严禁"三高"项目进新疆推动经济高质量发展实施方案》，提出了新疆十大行业"三高"项目认定标准，明确了优势产业鼓励发展方向，在新疆全区范围内（含兵团）统一执行。出台了《新疆维吾尔自治区支持和鼓励高校科研院所专业技术人员创新创业的实施意见（试行）》《关于深化人才发展体制机制改革的实施意见》《新疆维吾尔自治区天山工匠计划实施细则》等，为提升科技创新能力，完善了高层次人才引进、培育、发展等方面的政策措施，围绕创新人才、创新投入、创新机制、创新平台建设等出台政策，加大高层次人才引进和培育力度。近年来新疆出台的促进经济高质量发展的政策措施、发展规划如表 25 – 1 所示。

表 25 – 1　　　近年来新疆出台的促进经济高质量发展的政策措施、发展规划

序号	政策措施和发展规划
1	《新疆维吾尔自治区党委　自治区人民政府关于深化国有企业改革的实施意见》等 32 个改革文件
2	《新疆维吾尔自治区严禁"三高"项目进新疆　推动经济高质量发展实施方案》
3	《金融支持新疆实体经济高质量发展的意见》
4	《新疆维吾尔自治区关于积极有效利用外资推动经济高质量发展的实施意见》
5	《新疆维吾尔自治区打赢蓝天保卫战三年行动计划（2018 ~ 2020 年）》
6	《新疆维吾尔自治区绿色制造体系建设实施方案》
7	《新疆维吾尔自治区实施农牧民补助奖励政策实施方案（2019 年度）》
8	《新疆维吾尔自治区 2019 年度煤炭行业化解过剩产能实施方案》
9	《新疆维吾尔自治区支持和鼓励高校科研院所专业技术人员创新创业的实施意见（试行）》
10	《关于深化人才发展体制机制改革的实施意见》
11	《新疆维吾尔自治区天山工匠计划实施细则》

（二）全面打响生态建设环保保护攻坚战

2018 年，新疆出台了《新疆维吾尔自治区打赢蓝天保卫战三年行动计划（2018～2020 年）》，确定了新疆未来 3 年大气污染防治工作的总体要求、主要任务和保障措施。《行动计划》综合运用经济、法律、技术和必要的行政手段，调整优化产业结构、能源结构、运输结构和用地结构，强化兵地联防联控和区域同防同治，加强燃煤、机动车、城市扬尘等污染整治，强化重点行业企业排污监管，明显降低细颗粒物（PM 2.5）浓度，推动全疆在 2020 年城市空气质量明显改善。新疆全面落实主体功能定位，推进绿色城镇化进程，加快美丽乡村建设进程，大力开展农村环境整治，加快建设一批重大生态保护和修复工程。新疆推进工业绿色转型升级，以企业为建设主体，打造一条新疆区级绿色供应链制造体系，提升绿色制造系统集成工作。绿色已成为新疆农业农村发展的底色，近年来，新疆实施化肥、农药零增长行动，强化农业面源污染防治，建立完善废弃物回收处理体系。2018 年，新疆农作物病虫害绿色防控面积超过 2000 万亩，绿色防控覆盖率达 28.1%，农作物重大病虫害和重大植物疫情得到有效控制，农业生产过程中农药使用量实现负增长。新疆出台了《新疆维吾尔自治区实施农牧民补助奖励政策实施方案（2019 年度）》，2019 年，新疆维吾尔自治区落实草原补助奖励总面积 6.91 亿亩，发放补助奖励资金 24.77 亿元，新疆全区近 30 万户农牧民将从中受益，户均享受补助奖励资金 8000 元以上。[①] 这项政策不仅有助于促进草原生态保护与建设，加快转变畜牧业生产方式，还有助于提升绿色畜产品生产供应水平，拓宽农牧民增收渠道。

（三）全面深入推进供给侧结构性改革

自 2015 年中央提出实施供给侧结构改革以来，新疆以供给侧结构性改革为主线，推进"三去一降一补"，推动产业结构转型升级，培育壮大新兴产业，孕育经济发展新动能，加快构建现代化工业体系。新疆供给侧结构改革取得阶段性成效，为经济高质量发展增添新活力。新疆工业去产能成效明显。2017 年，新疆依法取缔"地条钢"产能 500 万吨，引导企业主动退出钢铁产能 95 万吨，退

---

① 刘毅：《新疆启动实施农牧民补助奖励政策近 30 万户农牧民受益》，载于《新疆日报》2019 年 8 月 27 日。

出煤炭产能 1163 万吨。[①] 新疆煤炭去产能由总量性去产能为主转向系统性去产能、结构性优产能为主，重点处置"僵尸企业"、淘汰落后产能，大力破除无效低效供给，为优质产能更好地发挥作用。新疆深入推进农业供给侧结构改革，推动农业从增产导向转向提质导向，致力于构建现代农业产业体系、生产体系、经营体系，推动绿色食品生产，促进农村一二三产业融合发展，为建设现代化经济体系奠定基础。农业综合生产能力不断增强，农业物质技术装备条件明显改善。节水灌溉总面积达到 5324 万亩，农田灌溉水有效利用系数达 0.535。新疆继续推进农业生产过程机械化，结合实际重点推广节水灌溉、精准农机作业、残膜回收等机械技术，农机装备结构不断优化，主要农作物耕种收综合机械化水平达到 84.7%，在我国各省级行政区域中排名第一位，比全国平均水平高 17 个百分点。[②]

（四）服务业成为经济增长的重要动力

2013～2018 年，新疆三次产业结构由 2013 年的 17.6∶45.0∶37.4 调整为 2018 年的 0.8∶30.6∶68.6，第三产业占比提高幅度大。2018 年，第三产业对新疆经济增长贡献率达 62.3%。以"互联网+"、"旅游+"等产业为代表的第三产业已成为新疆经济主要增长动力。以旅游数据为例，2018 年，新疆接待游客逾 1.5 亿人次，旅游收入逾 2579 亿元，新疆旅游业呈现井喷式增长特点，游客接待量增幅超过 40%。近年来，新疆维吾尔自治区大力实施旅游兴疆战略，完善促进旅游发展的发展规划、行动计划、指导意见、实施细则等；深入推进旅游供给侧结构性改革，完善旅游高质量发展的规划、实施意见等政策配套；出台了《南疆丝绸之路文化与民族风情旅游目的地发展规划》，强化旅游公路和旅游公共服务设施建设，提升完善军垦红色旅游、生态旅游、丝路文化、康养旅游的基础设施和配套服务，打造高端化、个性化、多元化、深度体验的旅游体验平台，打造培育全球知名的精品文化旅游目的地。为促进交通旅游融合发展，新疆出台了《新疆公路运输与旅游融合发展三年行动计划（2018～2020）》《自治区公路交通运输与旅游融合发展规划》《新疆交通运输与旅游融合发展指导意见》等一系列促进交通旅游融合发展的政策文件。加快完善旅游高质量发展的基础设施，全面推进旅游业高质量发展。落实中央及新疆维吾尔自治区预算内资金 5.7 亿元，用

---

① 数据来自 2018 年新疆维吾尔自治区政府工作报告。

② 刘毅：《2018 年新疆农作物耕种收综合机械化水平达 84.68%》，载于《新疆日报》2019 年 3 月 26 日。

于支持 54 个重点文化旅游项目基础设施建设以及 36 个乡村旅游及红色旅游等基础设施建设。

（五）全力打造向西开放新高地

借助"一带一路"的时代机遇，新疆正全方位深度融入国家"一带一路"倡议，全力打造丝绸之路经济带核心区和我国向西开放门户。新疆在丝绸之路经济带的交通枢纽中心、商贸物流中心、文化科教中心、区域金融中心和医疗服务中心作用日益凸显。霍尔果斯经济开发区、喀什经济开发区成为新疆南北两个重要的经济支点和创新发展示范区。截至 2019 年，新疆西行国际货运班列累计开行已突破 3000 列；新疆有民航机场 21 个，是我国民用机场最多的省（区、市）；铁路运营里程超过 6000 公里，全疆 14 个地州市之间高速公路全部联通。[①] 新疆出台了《关于推进丝绸之路经济带创新驱动发展试验区建设若干政策意见》，政策"含金量"高、驱动力强，全面推进丝绸之路经济带创新驱动发展试验区建设。据乌鲁木齐海关统计，2015 年至今，新疆陆续开通中塔、中吉、中哈三国四线的口岸农副产品"绿色通道"，农产品通关时间缩短了近 90%。2018 年，新疆口岸对"一带一路"沿线 36 个国家进出口贸易额实现 2915.4 亿元，同比增长 13.5%。新疆正积极推动本地企业走出国门，参与"一带一路"国家的修路、架桥、输电、送暖、供气等工程建设，在基础设施和能源等领域取得较好合作成效，同时，与"一带一路"沿线国家合作建厂建设园区，促进所在国经济转型升级，推动"一带一路"共建之路走深走实。

（六）区域协调发展取得阶段性成效

促进区域协调发展是推动经济高质量发展的重要任务之一，经济高质量发展要求不断缩小区域发展差距，促进各区域间加强产业协作、基础设施共建共享共治、公共配套服务实现均衡化发展。新疆南北区域发展差距大，受历史因素、地理条件、人口结构、经济发展水平等多因素综合影响，南疆四地州区域经济社会发展与北疆差距明显。南疆四地州是我国集中连片特殊困难地区之一，是新疆目前脱贫攻坚工作的重难点。习近平总书记在第二次中央新疆工作座谈会明确指

---

① 雪克来提·扎克尔：《多举措改善民生 新疆各族人民获得感明显增强》，中国新闻网，2019 年 12 月 9 日，http：//www.chinanews.com/gn/2019/12−09/9029000.shtml。

出：南疆发展要从国家层面进行顶层设计，实行特殊政策，打破常规，特事特办。新疆加大了对南疆四地州政策倾斜、全面援疆、定点帮扶、精准扶贫、人才政策、财政投资等方面的扶持力度。从国家层面来讲，采取特殊措施支持南疆，加强东西协作帮扶，帮扶范围涉及基础设施建设、产业发展、民生改善、公共服务等方面，南疆的基础设施、公共服务、群众就业等方面明显改善。2018 年初，新疆制定了《南疆四地州深度贫困地区脱贫攻坚实施方案（2018～2020 年）》，在资金支持等方面向深度贫困地区倾斜。2014～2018 年，新疆累计实现 58.87 万户 231.47 万贫困人口脱贫、2131 个贫困村退出、13 个贫困县摘帽；[①] 2019 年，新疆脱贫攻坚取得决定性进展，实现 64.5 万贫困人口脱贫、976 个贫困村退出、12 个贫困县摘帽，贫困发生率降至 1.2%，[②] 新疆脱贫攻坚取得阶段性进展与成效。新疆深入实施乡村振兴战略，解决城乡人口流动性等问题，出台了《新疆维吾尔自治区乡村振兴战略规划（2018～2022 年）》，为实现乡村振兴进一步指明方向。

二、新疆经济高质量发展取得的成效分析

（一）新疆经济高质量综合指数变化总体平稳

2013～2018 年，新疆经济高质量发展综合指数略有下降但降幅小，综合指数在西部的位次在 2013 年和 2015 年排第 7 位，近三年一直排在第 9 位。从分项指数来看，新疆的动能转化、绿色生态和民生共享指数排名保持相对稳定，动能转化指数基本上排第 10 和第 11 位，绿色生态指数基本上排第 9 和第 10 位，民生共享指数基本上排在第 5 和第 6 位。效益效率和结构优化指数排名起伏较大，总体上呈下降趋势。2013～2018 年新疆高质量发展综合指数及各分项指标综合指数及排名如表 25-2、表 25-3 所示。

---

① 刘兵：《从十大数据看新疆和平解放 70 年变迁》，新华网，2019 年 9 月 27 日，http://www.xin-huanet.com/2019-09/25/c_1125039737.htm。
② 王兴瑞：《（自治区两会特刊·2019 成绩单）新疆脱贫攻坚取得决定性进展》，载于《新疆日报》2020 年 1 月 7 日。

表 25 - 2   2013～2018 年新经济高质量发展综合指数及分项指数

年份	效益效率	结构优化	动能转化	绿色生态	民生共享	综合指数
2013	0.095	0.099	0.06	0.07	0.171	0.497
2014	0.080	0.100	0.065	0.072	0.165	0.498
2015	0.073	0.103	0.083	0.072	0.157	0.495
2016	0.080	0.105	0.072	0.070	0.173	0.493
2017	0.095	0.101	0.071	0.070	0.164	0.486
2018	0.094	0.103	0.064	0.076	0.171	0.508

资料来源：统计年鉴和各省（自治区、直辖市）的公报，并建立评价指标体系综合测算所得。

表 25 - 3   2013～2018 年新疆经济高质量发展综合指数及分项指数在西部位次

年份	效益效率	结构优化	动能转化	绿色生态	民生共享	综合指数
2013	2	7	11	10	5	7
2014	3	5	11	9	5	8
2015	6	10	9	9	6	7
2016	8	9	10	9	4	9
2017	6	11	11	9	5	9
2018	5	10	10	10	6	9

注：2014 年，新疆与广西、西藏、云南 4 个西部省（区、市）的结构优化指数在西部并列排第 5 位；2017 年新疆的民生共享指数与西藏并列第 6。

从五个维度的分项指数在西部排名的变化来看，新疆的效益效率指数和结构优化指数排名位次变化起伏较大，且都波动下降；动能转化指数、绿色生态指数和民生共享指数的排名相对较为稳定。从五个维度指数在西部的排名先后位次来看，新疆的结构优化、动能转化和绿色生态指数的排名相对靠后，均排名第 10 位，是新疆经济高质量发展的短板与不足，是未来发展过程中需要改善和提升的重点。

（二）新疆分项指标指数排名保持相对稳定

1. 效益效率指数排名在中间位置

2013～2018 年，新疆的效益效率指数呈现先降后升的特点，在西部处于中间位次。2018 年效益效率指数较 2016 年略有提升，总体反映新疆扎实推进供给侧结构性改革取得一定成效。新疆全面推进"放管服"改革以来，取消和调整自治区本级行政审批事项 817 项，取消、停征和免征涉企收费项目 254 项；年均新增市场主体 14.94 万户。自治区对下补助支付由 1277.4 亿元增加到 2118.7 亿元，对企业减少了收费，增加了补贴，降低了成本，提升了运行实效。从效益效率的 6 项评价指标看，2 个指标持续向好，2 个指标相对稳定，2 个指标下降。具体看，2013～2018 年，全区只有规模以上工业企业单位产值利润率综合指数及规模以上工业企业成本费用利润率综合指数小幅回落，这与西部多数省市趋势相同。人均地区生产总值与人均一般公共预算收入两个指标保持相对稳定。地区生产总值增长率及全社会劳动生产率两个指标呈平稳上升态势，说明新疆人均购买力有所提升，人民生活水平日益提高，新疆经济高质量发展的根基较扎实。

2. 结构优化指数保持稳定

2013～2018 年，新疆的结构优化指数及排名呈先升后降的特点，其中前两年呈平稳上升趋势，至 2015 年有所下滑。从结构优化的 7 个评价指标来看，有 3 个指标持续向好，3 个指标相对稳定，1 个指标下降。具体看，2013～2018 年，服务业增加值占 GDP 比重综合指数、外贸依存度综合指数以及高技术产业进出口占地区进出口总额的比重综合指数总体上升，其中服务业增加值占 GDP 比重从 2013 年的 35.00% 增长至 2018 年的 45.80%，2018 年新疆产业结构由第一产业转移到第二、第三产业，产业结构优化率呈现出不断上升态势，第三产业变为拉高经济的主动力；常住人口城镇化率综合指数、城乡居民收入比综合指数以及民生财政支出占一般财政预算支出的比重综合指数相对稳定。税收占一般公共预算收入比重在 65.0%～70.0% 之间小幅震荡，新疆近年税收增幅小于同期财政总收入，与分税制的持续推进有关，分税制后地方一般公共预算收入增长率超过分税制前，且一般公共预算收入中税收占比总体呈小幅下降趋势，非税收入占比逐步上升，2018 年税收收入占一般公共预算财政收入的比重提升到 68.68%。

3. 动能转化指数略有上升

2013～2018 年，新疆的动能转化指数呈现以 2015 年为峰值的抛物线走势。从动能优化的 9 个评价指标看，有 3 个指标总体上升，5 个指标保持相对稳定。具体看，2013～2018 年，新疆的投资拉动率及实际利用外资占 GDP 的比重总体上升，这是新疆近年经济增长较快的原因；全区的技术市场成交额相对稳定，每万人发明专利授权量保持稳步增长，数据反映新疆的科研成果转化效率提升，应用在实际生产中对于提升经济效益产生了利好作用。科研经费投入占 GDP 比重和规模以上工业企业研发经费支出占销售收入比重保持相对稳定；科技研发人员数量相对稳定，在校大学生数量从 2013 年的 161.41 万人到 2018 年的 195.40 万人呈先下降后上升趋势，数据反映全区的劳动力人数、素质及人才储备量保持相对稳定，后期将会对新疆面临经济日益增长的就业结构产生影响。可以说，培育量多质高的劳动力是为新疆作为丝绸之路经济带核心区向社会输送内需人才的关键。

4. 绿色生态指数有所上升

2013～2018 年，新疆的绿色生态指数在西部的排名较稳定，2014～2017 年均为第 9 位，2013 年和 2018 年为第 10 位，反映出新疆生态建设和环境治理取得初步成效。从绿色生态指数的 9 个评价指标看，2013～2018 年，新疆的空气质量优良天数占比、森林覆盖率、建成区绿化覆盖率及环境污染治理投资总额占 GDP 比重等指标逐年持续向好提升。如城市空气质量优良天数占比从 2013 年的 61.20% 提升到 2018 年的 67.20%，提升了 6 个百分点；在保持经济平稳增长的同时，万元 GDP 能耗有小幅下降。其余指标出现了不同程度的下降。2018 年工业固体废弃物综合利用率较 2013 年下降了 4.37%，反映出工业生产过程中对废弃物利用率偏低，使原本较脆弱的新疆生态因工业发展而增加治理成本、同时消耗更多资源。再如亿元工业产值二氧化硫排放量过高，这也是新疆未来发展绿色产业需要平衡及解决的问题。

5. 民生共享指数排名中间

2013～2018 年，新疆的民生共享分指数在西部排位居中，位次变化不大。从民生共享指数的 12 个评价指标看，9 个指标持续向好，3 个指标相对稳定。具体看，2013～2018 年，城镇居民人均可支配收入增速、每个中学老师负担学生数及城镇职工基本医疗保险参保率 3 个指标相对稳定。城镇居民人均可支配收入、农村居民纯收入、农村居民纯收入增速、人均个人储蓄存款余额、每千人拥有卫生技术人员、每千人拥有医疗机构床位数、每百户固定互联网宽带接入用户数及城镇职工基本养老保险参保率等指标呈平稳上升态势。其中，城镇居民人均可支配收入由 2013 年的 19874 元增至 2018 年的 32764 元；农村居民纯收入由 2013 年的 7296.00 元增至 2018 年的 11975 元；每百户固定互联网宽带接入用户数由 2013 年的 43.10 户提升至 2018 年的 80.68 户；2018 年的城镇职工基本养老保险参保率较 2013 年提高了 9.12%；贫困发生率由 2013 年的 19.80% 降至 2018 年的 6.51%。下一步，新疆仍面临着设法通过实现经济高质量发展，着力解决民生共享、社会保障方面的区域差距等问题。

三、新疆经济高质量发展存在的问题

（一）工业生产能源消耗保持高位

新疆全面落实中央提出的"巩固、增强、提升、畅通"的八字方针，围绕"二产抓重点"，工业经济坚持以稳中求进为总基调，加快新旧动能转化，经济高质量发展基础不断加固。2013～2018 年间，新疆的万元 GDP 能耗（负向指标）下降幅度有限，其中，2018 年在西部排名第 2。数据显示，2018 年新疆的万元 GDP 能耗为 1.574 吨标准煤/万元，是同期全国（0.52 吨标准煤/万元）平均能耗水平的 3 倍左右。单位工业增加值能耗（负向指标）不降反升，在西部是最高的。就目前新疆的整体发展趋势及战略地位来看，新疆不但承担着保障其他省区能源资源需求的开发责任，又承担着源头开发、能源中转运输以及能源类产品初加工的耗能负担，造成能源消耗只会增不会减的趋势，因此，新疆生产能耗下降的区间有限，要实现能耗逐渐下降面临着挑战。新疆的工业和能源开发起步晚，依托其地域物产优势，对煤炭、石油、电力、化工等以资源消耗为主的传统重工业依赖较强。要实现经济高质量发展，新疆工业需深入实施供给侧结构性改革，尤其要在工业的能源消耗降耗、清洁生产、绿色生产等方面调结构、促增长。

（二）生态建设和环境治理形势严峻

近年来，新疆积极参与生态环境保卫战，加强对生态环境的建设和治理，2013～2018 年期间的环境污染治理投资总额占 GDP 比重保持小幅上升趋势，在西部排名第一，全疆环境质量基本保持稳定，但新疆的生态建设和环境治理仍面临严峻挑战。主要表现在：新疆典型的内陆干旱荒漠性气候与荒漠分布广泛的独特地理条件，是新疆生态环境极其脆弱的重要原因。新疆还面临着河流萎缩、水资源短缺、土地荒漠化、城市空气质量优良天数占比偏低、气象灾害频繁、生态系统退化等现实问题。2018 年，新疆的森林覆盖率仅为 4.90%，城市空气质量优良天数占比低于 70.0%，仅为 67.20%，在西部排第 11 位。亿元工业产值二氧化硫排放量在西部仅低于贵州、宁夏、青海，排第 4 位。新疆脆弱生态环境与偏重的工业发展，能源消费对于煤的依赖性较大，加上生态建设和环境保护的历史欠账较多，要实现经济高质量发展，需要更多地协调平衡好经济发展与生态建设、环境保护之间的关系，需要解决好绿色生态指标对于新疆提出发展建设的各项要求。

（三）旅游文化和国际经贸优势有待于进一步发挥作用

作为"丝绸之路经济带"的核心区，新疆是联系沿线亚洲国家甚至是欧洲国家的枢纽。新疆拥有 17 个一级口岸、12 个二级口岸和 7 个经济开发区以及两个经济特区，具有显著的地域优势，但目前新疆在国际贸易发展和"一带一路"建设上的地域优势、文化优势、资源优势等未充分发挥。新疆对外贸易发展面临主要挑战在于：一是物流体系还有待健全、巩固发展。由于新疆地域面积大、绿洲分布分散等原因，运输成本明显高于国内其他地区。新疆与中亚、南亚国家之间的铁路、高速公路通道仍处于论证阶段，多元化国际物流通道还未打通。二是加工贸易企业国际竞争力不足，缺少高新技术及产品。新疆的加工贸易企业规模小、数量不多，且处在产品初加工阶段，产品加工和技术创新不足，产品市场竞争力不足。与此同时，新疆具有与中亚、西亚地区血缘相近、语言相通、风俗相近的先天优势，与东部、中部、西南和东北地区无论是民俗文化、自然风光、地质地貌等均有较大的差异性，新疆的旅游资源极其丰富，享有歌舞之乡、瓜果之乡、黄金玉石之邦的美誉，还有特有的军垦文化，这些都是新疆未来旅游发展的重要支撑，近年来虽然新疆的旅游业快速发展，2019 年，接待游客数量"呈井喷"增长，但新疆的旅游发展潜力还未充分发挥，2019 年，新疆接待游客数突破 2 亿人次，旅游总收入为 3452.65 亿元，同比增长 40.4%，旅游总收入在全国排名第 19 位，在西部排第 6 位这与新疆的丰富、独特的旅游资源不相符合。制约新疆旅游发展的最重要的因素在于地理位置相对偏远，旅游交通等基础设施和配套的服务设施配套相对滞后。新疆未来应重视发展旅游业，加大旅游宣传，在保护好生态环境的前提下，做好旅游相关配套服务，以文化旅游发展为核心，带动关联产业发展。

（四）扶贫攻坚面临任务繁重

党的十八大以来，新疆聚焦全面建成小康社会，以南疆四地州深度贫困地区为重点，推动脱贫攻坚取得了明显成效。每年都有较多的贫困县"摘帽"和贫困村"出列"，贫困发生率逐年下降。2018 年，新疆的贫困发生率为 6.51%，在西部是最高的，明显高于除西藏和甘肃以外的西部其他省（区、市）。南疆是新疆全面完成脱贫攻坚的重点和难点，脱贫攻坚任务繁重。主要在于南疆地区的生态环境脆弱、经济发展基础薄弱、地理位置偏僻、贫困程度较深、贫困持续时间长、受教育水平偏低等多样致贫因素重叠交错所致。2020年是我国全面完成脱贫攻坚目标任务最后期限，新疆要在短期内实现"两不愁三保障"并持续稳定地实现脱贫增收仍面临挑战。今年新疆对10个未摘帽深度贫困县开展挂牌督战，巩固拓展脱贫攻坚成果，确保剩余贫困人口全部脱贫，高质量打赢脱贫攻坚战。①

四、促进新疆经济高质量发展的对策措施

（一）全力打造绿色生态转型示范区

新疆的发展建设对我国的守卫边防维护国家统一、"一带一路"倡议、民族团结等具有重要意义。南疆地区在对维稳戍边具有非常重要的意义。因此要在维护好社会的稳定、促进民族团结、保护好生态环境的基础上，促进经济迈向高质量发展。针对新疆生态环境脆弱、工业生产能耗高、对煤的依赖性强等问题，要通过打造绿色生态转型示范区，推动经济社会发展和生态环境保护协同共进，推动经济实现高质量发展。一要推动传统产业智能化、清洁化改造，提升污染物排放标准，加大耗能高、污染排放大的重点行业企业产能淘汰力度，不达标的企业限期整改，对逾期未整改和不达标的依法关停迁出。二要加快推动建设绿色园区、绿色工厂，开发绿色产品，完善绿色产业链，推动绿色工艺、绿色生产、绿色管理，将绿色发展理念贯穿于生产的全过程。三要强化培育发展旅游业。新疆享有歌舞之乡、瓜果之乡、黄金玉石之邦的美誉，区域内既有雪域冰川、叠嶂雄峰，碧波万顷的大草原、神秘莫测的沙漠奇观，还有丰富深厚的民族民俗文化、古丝绸之路文化、军垦红色文化，非常适合深度体验、山地运动、家庭自驾、亲子研学等旅游，把旅游业打造成新疆国民经济的战略性支柱产业和推动新疆经济高质量发展的重要引擎。四要培育壮大新兴产业，鼓励新能源、生物医药、新材料、信息等战略新兴产业发展，加强科技创新引领，加快发展节能、环保、资源

---

① 《新疆：挂牌督战 确保高质量打赢脱贫攻坚战》，中国新闻网，2020年3月14日，http://www.chinanews.com/gn/2020/03-14/9125412.shtml。

循环利用等绿色产业和技术装备行业，培育发展一批骨干企业。五要强化能源和水资源消耗管控，推进节水型社会和节水型城市建设，大力发展高效节水农业，推动工业和农业生产明显降低耗能和耗水，充分利用新疆丰富的风能、太阳能等清洁能源，进一步提升清洁能源消耗的占比，降低对煤的使用和依赖，优化能源结构；要坚持节约优先，加强源头管控，严禁钢铁、水泥、电解铝等行业新增产能，坚决严禁"三高"项目进疆。六要积极倡导创建绿色社区、绿色学校、绿色企业，加强绿色生产生活方式的宣传引导，让每一位新疆人成为美好环境的坚定捍卫者、建设绿色生态转型示范区的积极践行者。

（二）强化生态环境建设和治理

保护好新疆的生态环境，夯实绿色发展支撑，推进全疆生态环境持续改善，是保障国家生态安全的有力举措，是加快丝绸之路经济带建设的重要支撑。要牢固树立创新、协调、绿色、开放、共享的发展理念，强化环保理念，严守生态保护底线，加大污染防治力度，严格水资源管理，落实生态保护责任，坚定不移走经济高质量发展道路。一是牢固树立保护生态环境就是保护生产力、绿水青山就是金山银山的理念，坚持绿色发展、循环发展、低碳发展，加快建设资源节约型、环境友好型社会，努力建设山川秀美、人文厚重、和谐宜居、绿色低碳的生态文明新疆。二是加强生态环境保护和环保治理建设贵在行动，成在坚持。这需要把生态建设、环境保护和生态治理等工作落实到位，着眼于长远和未来，措施必须要实，制度必须要细。三是积极推动构建生态安全屏障重点工程建设，实施一批重大生态治理与修复工程，要加大污染防治力度，促进人与自然和谐发展、永续发展。四是落实地方政府对辖区环境质量主体责任和排污者的污染治理主体责任，落实生态环境监管制度和政绩考核制度，健全生态环境保护考核办法和责任追究制度，实行生态环境损害责任终身追究制，实现各区域生态建设共建共管共享，建设美丽新疆。

（三）打造西向对外开放新高地

新疆应围绕政策沟通、设施联通、贸易畅通、资金融通和民心相通，深度融入"一带一路"建设，充分发挥新疆向西开放的区位优势，加快丝绸之路经济带核心区建设，营造良好营商环境，打造我国西向对外开放新高地。为此，一是充分发挥企业的主体作用。在"一带一路"建设中，政府是主导，政府职能主要搭建好与"一带一路"国家经贸合作、文化交流的平台；企业是参与经贸发展的主体，国有企业是主力军，民营企业是生力军。参与一带一路沿线国家经贸合作的企业要全力推动新疆的水果、棉花、枣等特色产品品牌化、国际化，打造高质量的产品品牌。二是新疆作为丝绸之路经济带核心区，在推动大数据、云计算、智慧城市建设，打造数字丝绸之路中大有可为。2013~2017年，新疆数字经济的总体规模从947亿元增长到2500亿元，增长了2.6倍，年均增速55%，表明其增速快、效益好、值得进一步加大发展力度。三是加快完善丝绸之路经济带物流体系建设，加快推动"一带一路"沿线国家的直航航运，尽快推动与南亚国家的铁路线路建设，完善区域内部的铁路和高快速路建设，为积极融入"一带一路"经贸合作做好基础设施支撑，建立良好的设施互通条件。

（四）加快促进区域协调发展

促进区域协调发展是新发展理念和建设现代化经济体系的重要内容，也是新疆社会稳定发展、民族团结的必然要求。由于地域辽阔，加上受产业发展基础、区位条件、自然地理环境等影响，新疆各地市之间、城乡之间、城市与城市、农村与农村之间的差距非常明显，要实现经济高质量发展，就意味着要缩小区域发展差距。为此，新疆应在全区经济发展的总体部署下，加快对南疆地区的开发，缩减新疆南北的区域差距。一是完善区域协调发展的协商协作机制，建立区际基础设施共建共管共享机制，健全区际合作发展保障机制，完善区域生态补偿机制，设立独立的区域合作服务机构，定期召开区级协商会议，形成相关决议或制度，推动区域协调发展取得实效。二是加快南疆的开发进程和加快完善贫困地区尤其是南疆四地州的基础设施和公共服务，结合贫困县和贫困村特点，强化乡村旅游、电商扶贫、光伏扶贫等产业扶贫方式，选准适宜的产业项目。坚决兜住保障好困难群众基本生活底线，加大对生态环境极度脆弱、生产生活环境自然条件恶劣区域的易地扶贫搬迁推进力度。充分发挥东西部扶贫协作和中央单位定点帮扶的示范引领作用，充分发挥消费扶贫的拉动作用，动员社会各方面力量共同参与扶贫。三是促进城乡融合发展，大力推动乡村振兴。共同富裕是社会主义本质的重要体现，实施乡村振兴战略，应积极推进乡村产业、人才、生态、文化和组织振兴，按照"稳粮、优棉、促畜、强果、兴特色"的要求，优化农业生产结构，突出电子商务等新业态新模式，推进农业科技兴农，加强农村专业人才队伍建设，推进新一轮退耕还林还草、退耕还湿、退牧还草，多渠道促进农业发展，农村面貌改善，农民致富增收，共享高质量发展成果。

（五）奖惩结合以考评推动高质量发展

为推动新疆经济高质量发展，关键还在于配套的政策体系、绩效评价体系、考核激励机制的有力支撑，以及精准施策、强势出击、打好组合拳，从根本上激发市场主体发展的内生动力、建立健全促进新疆经济高质量发展的长效机制。一是探索分类设置以县域为基本单元的经济高质量发展的评价体系和适应经济发展的配套政策体系。为充分发挥评价指标体系对高质量发展的目标引领、考核督促、导向激励作用，新疆应结合自身实际，探索分类设置以县域为基本单元的经济高质量发展的考核评价指标体系，建立完善的经济高质量发展统计监测制度，并作为各级政府绩效考核评价的重要依据，引领新疆经济实现高质量发展。二是建立完善经济高质量发展绩效评价考核制度和办法，紧扣促进经济高质量发展的目标任务，谋划和设计科学的考评方法与制度，细化经济高质量发展的实施方案细则，创新工作举措，以公平、公正、公开的考评方法引领经济高质量发展，提升各层级干部推动实现经济高质量发展的自觉性，严格督查检查，切实促进各项工作落到实处。要建立与推动经济高质量发展相匹配的利益激励、政绩考核机制，激励和释放基层干部推动经济高质量发展的自觉性、主动性和积极性。

第二十六章

内蒙古自治区经济高质量发展报告

内蒙古自治区位于中国北部边疆,与蒙古国、俄罗斯接壤,有长达4200公里的国境线,是我国向北开放的重要窗口和中蒙俄经济走廊的重要支点。内蒙古的发展对维护我国北部边境的安宁具有非常重要的意义。内蒙古的地形由东北向西南斜伸,呈狭长形,横跨东北、华北、西北三大区,陆地面积在我国排第3位。内蒙古是我国四大牧区之一,自然气候条件适宜牧草生长,草原辽阔,畜牧业发展历史悠久。内蒙古的矿产资源极其丰富,储量排名全国前十位的有56种,在全国排名前3位的有22种,在全国排名首位共有7种。

党的十九大报告指出,我国经济已由高速增长阶段转向高质量发展阶段,在这个重要战略时期,意味着内蒙古需要在保持经济平稳增长的同时促进经济发展质量的提升。在习近平新时代中国特色社会主义思想指导下,内蒙古深入贯彻党中央、国务院的决策部署,全面贯彻落实习近平总书记对内蒙古系列重要讲话和重要指示精神,坚持稳中求进工作总基调,坚持新发展理念,坚持深化供给侧结构性改革,探索走生态优先、绿色发展为导向的高质量发展新路子,统筹推进稳增长、促改革、调结构、惠民生、防风险、保稳定各项工作,积极应对各种风险和挑战,保证内蒙古经济运行总体平稳、稳中有进的发展态势,经济结构进一步优化,民生福祉不断改善。

一、内蒙古推动经济高质量发展的主要举措

近年来,内蒙古坚持生态优先发展理念,以供给侧结构改革为主线,着力调整经济发展方式,推动产业绿色发展,转变经济增长对生产要素依赖性强的发展模式,积极探索创新驱动,确保在经济运行继续保持总体平稳、稳中有进的前提下,生态环境不断好转,科技对经济增长的贡献逐步提升,社会保障水平进一步

提升，群众的获得感和幸福感得到明显提升。

（一）建立并逐步完善经济高质量发展的政策制度

内蒙古以新发展理念为引领，按照高质量发展的要求，统筹推进"五位一体"总体布局、协调推进"四个全面"战略布局，坚持以供给侧结构性改革为主线，全面推动产业高质量发展，加快建立完善推动经济高质量发展的政策措施、意见细则等，砥砺前行，努力践行新发展理念，加快推动生产方式、发展方式变革，培育新发展动能，积极探索内蒙古经济高质量发展新道路。内蒙古先后出台了包含推动新旧动能转化、制造业高质量发展、新兴产业高质量发展、生态文明建设等方面的工作方案、实施意见并开展专项研究，为经济发展新常态下加快推动发展方式从注重发展规模转向发展效率和质量，经济结构调整从扩产能转向调存量，发展动力从生产要素转向创新驱动等提供政策支撑。内蒙古出台的促进经济高质量发展的政策措施、发展规划如表 26-1 所示。

表 26-1　　　内蒙古出台的促进经济高质量发展的政策措施、发展规划

序号	政策措施、发展规划
1	《内蒙古加快新旧动能转换推动经济高质量发展研究》
2	《内蒙古经济区划与区域协调发展研究》
3	《推进内蒙古高质量发展研究工作方案》
4	《关于支持制造业高质量发展的政策措施》
5	《关于加快推进生态文明建设的实施意见》
6	《关于加快生态文明制度建设和改革的意见及分工方案》
7	《内蒙古自治区新兴产业高质量发展实施方案（2018~2020年）》

（二）坚持绿色发展为导向的高质量发展

内蒙古牢固树立"创新、协调、绿色、开放、共享"发展理念，聚焦绿色发展，按照"农牧结合"发展路径，种养业主辅换位，形成"为养而种，为牧而农，过腹转化，农牧循环"的新型种养结构，加快推进畜牧业大区向畜牧业强区转变。在科学技术的推动下，内蒙古的现代畜牧业发展步伐加快，畜牧业发展由追求数量转变为追求质量，兼顾效率与生态协调发展。内蒙古依托并发挥自然资

源得天独厚的优势，将生态保护、开发利用、环境治理与经济发展紧密结合在一起，加快推进绿色产业、生态产业发展，将自然优势转化为产业优势、经济优势。内蒙古在保护好生态自然的基础上，提高奶畜存栏数，推进养殖产业标准化发展，建设规范、标准的草原"数字牧场""数字工厂"。进一步优化奶源布局，建设呼伦贝尔草原、锡林郭勒草原等五大奶源基地。支持家庭奶牛养殖场，整合中小牧场，创建以规模化养殖为重心的生产经营体系，提升标准化水平。

2015年以来，内蒙古先后出台了《关于加快推进生态文明建设的实施意见》《关于加快生态文明制度建设和改革的意见及分工方案》，为加快生态建设，明确耕地、水资源、林业红线划定提供依据，明确责任分工。加快推进北方重要生态安全屏障建设，着力做好五大生态工程（京津风沙源治理、"三北"防护林建设、天然林保护、退耕还林还草、水土保持工程）和六大区域性绿化（公路、城镇、村屯、矿区园区、黄河两岸、大青山前坡）等重点生态工程建设，森林覆盖率和草原植被盖度"双提高"，荒漠化和沙化土地"双减少"，生态环境状况局部好转，美丽内蒙古建设取得明显成效。森林覆盖率从2013年的15.0%提高到2017年的21.0%，草原植被盖度由2013年的37%提高到2017年的44%；荒漠化和沙化土地分别减少625万亩和515万亩。[①] 2018年，内蒙古的森林覆盖率为22.10%，比2013年提高了7.1个百分点；草原植被盖度在2018年保持在44%以上。

（三）加快产业结构调整推动绿色循环发展

2016年，内蒙古出台了《内蒙古自治区鼓励和支持非公有制经济加快发展若干规定》。推动建设实现传统服务行业向现代服务业的转型，加快实现城乡统筹发展和经济的稳定运行。适应工业化发展需求，突出发展生产性服务业，如物流业、金融业、信息服务业、科技商务服务业等；为满足人民群众追求高品质生活需求，大力发展旅游业、文化产业、商贸服务业、家政服务、养老健康等生活性服务业；扶持发展农村牧区服务业，提高均等化服务水平。据估计，内蒙古矿产资源的潜在经济价值达13.4万亿元，[②] 内蒙古的原煤年产量在国内排名第1位，是我国重要的矿产资源极其丰富的区域。内蒙古的资源相关产业的高质量发

---

① 数据来自内蒙古林业局网站。
② 《矿产资源潜在价值13.4万亿，7种居全国首位，是中国的哪个省？》，搜狐新闻，2018年7月6日，https：//www.sohu.com/a/239551526_99986028。

展对其经济保持较快增长的同时提升发展质量效益非常重要。多年来，内蒙古持续推动制造业高端化、绿色化、智能化发展，加快推进电解铝、钢铁、冶金、煤炭等行业的节能改造，实施绿色制造工程，全面推进绿色园区、绿色工厂、绿色产品建设。截至 2019 年初，内蒙古的国家级和自治区级绿色工厂达到 50 个、绿色园区 10 个、绿色产品 20 个、绿色供应链 3 个。① 内蒙古按照国家关于加强节能标准化工作要求，认真落实加快调结构、转方式、促升级的决策部署，大力推进节能标准工作，提升经济质量效益，推动绿色低碳循环发展，加快推进生态文明建设，为经济实现高质量发展提供基础保障。内蒙古提出到 2020 年，要达到节能标准化管理机制趋于完善，建立节能标准有效实施与监督工作体系，使产业政策与节能标准的结合更加紧密，节能标准对节能减排和产业结构升级的支撑作用更加凸显，政府引导、市场驱动、社会参与的节能标准化共治格局初步形成。

（四）创新驱动经济高质量发展

创新是经济社会发展的不竭动力，党的十八大提出要深入实施创新驱动发展战略，推动科技和经济紧密结合，加快建设国家创新体系。内蒙古"8337"发展思路的实践更加注重创新驱动。② 创新驱动发展战略是推动自治区经济社会又好又快发展和全面建成小康社会的必然选择，应贯穿于各个环节、各个方面。以科技体制创新、科技对外开放为动力，以增强自主创新能力为中心，全力实施实用高新技术成果转化、重点领域关键技术攻关、科技创新平台载体建设三大工程，为加快构建传统产业新型化、新兴产业规模化、支柱产业多元化的产业发展新格局提供科技支撑，逐渐将发展方式导入创新驱动、内生增长轨道，推动创新型内蒙古建设迈向新阶段，引领经济社会全面协调可持续发展。内蒙古多年来坚持推行科技特派员制度，选派科技人才以科技特派员身份深入农村牧区一线，开展农牧业科技服务和科技创新创业活动。近年来内蒙古相关部门出台的关于创新、科技的政策措施、发展规划如表 26 - 2 所示。

---

① 赵杰：《内蒙古加快培育新动能助推制造业高质量发展》，载于《中国经济时报》2019 年 3 月 28 日。
② 李显光、高斌：《夯实质量基础设施　推动内蒙古经济高质量发展》，载于《北方经济》2019 年第 3 期。

表 26 - 2　　　　近年来内蒙古相关部门出台的关于创新、科技的政策措施、发展规划

序号	政策措施、发展规划
1	《内蒙古自治区农业科技园区及特色科技产业化基地认定和管理暂行办法》
2	《科技惠民计划管理办法》
3	《关于深化科研机构管理体制改革的实施意见》
4	《深入实施国家知识产权战略行动计划（2014～2020年）》
5	《关于加强中国特色新型智库建设的意见》
6	《关于落实创新驱动发展战略加快科技改革发展的意见》
7	《推进"一带一路"建设科技创新合作专项规划》
8	《关于印发促进大数据发展应用若干政策的通知》
9	《关于加快推进"互联网＋"工作的指导意见》
10	《关于推动实体零售创新转型的意见》
11	《关于支持返乡下乡人员创业创新促进农村一二三产业融合发展的意见》

（五）聚焦民生工程打赢脱贫攻坚战

近年来，内蒙古全面落实中央和内蒙古自治区关于扶贫开发工作的一系列决策部署，把扶贫开发作为头号民生工程，把贫困人口集中的连片特困地区作为主战场，把加快贫困地区发展和促进贫困人口增收作为首要任务，科学制定扶贫规划，大力发展县域经济，培育发展特色优势产业，加强扶贫开发重点工程建设，构建专项扶贫、行业扶贫、社会扶贫大扶贫格局，着力改善贫困地区和贫困人口基本生产生活条件，稳步实现贫困地区和贫困人口脱贫致富目标，为全面建成小康社会奠定坚实基础。内蒙古的脱贫攻坚工作，既是扶贫工作也是民族工作。内蒙古坚持统筹推进兴边富民行动和脱贫攻坚工作，把脱贫攻坚主战场精准聚焦到少数民族地区和边远贫困地区，精准识别、精准帮扶、因人因户施策扶贫政策，加大产业扶贫力度，把扶贫与扶智结合起来，建立扶贫长效机制，确保2020年在现行标准下农村牧区贫困人口全部脱贫，贫困旗县全部摘帽。对标中央脱贫攻坚专项巡视反馈意见和内蒙古《关于中央第八巡视组对我区开展脱贫攻坚专项巡视反馈意见的整改方案》要求，认真整改落实，将脱贫攻坚往深里走、往细里抓、往实里落，最终实现全区城乡区域发展差距明显缩小，基本消除绝对贫困现象，使贫困地区义务教育、基本医疗和住房条件显著改善，贫困地区的基本公共

服务主要领域指标接近全区平均水平，贫困地区生态恶化趋势得到有效遏制，可持续发展能力显著增强。近年来内蒙古相关部门出台的扶贫政策措施、发展规划如表26-3所示。

表26-3　　　　　　　近年来内蒙古相关部门出台的扶贫政策措施、发展规划

序号	政策措施、发展规划
1	《内蒙古自治区农村牧区扶贫开发实施方案（2013～2017年）》
2	《内蒙古自治区金融支持县域经济发展的指导意见》
3	《创新扶贫开发社会参与机制实施方案》
4	《关于创新机制扎实推进农村扶贫开发工作的意见》
5	《关于落实发展新理念加快农业现代化实现全面小康目标的若干意见》
6	《关于进一步健全特困人员救助供养制度的意见》
7	《关于切实做好社会保险扶贫工作的意见》
8	《关于推进农村牧区电子商务加快发展的实施意见》
9	《关于促进电商精准扶贫的指导意见》
10	《关于实施家庭经济困难学生普通高校新生入学资助政策意见的通知》
11	《关于加强和完善建档立卡贫困户等重点对象农村危房改造若干问题的通知》

二、内蒙古经济高质量发展取得的成效分析

改革开放以来，内蒙古顺应经济发展市场需求趋势，充分利用资源禀赋等优势，在工业化、城镇化发展方面取得较好成效。党的十九大提出以"一带一路"建设为契机，坚持引进来和走出去并重，遵循共商共建共享的原则，形成陆海内外联动、东西双向互济的开放格局。内蒙古自治区因其处于内陆腹地，边境地区经济发展相对较慢。随着丝绸之路经济带的建设，内蒙古利用其绵延的边境线以及众多的边境口岸，成为我国向北发展的战略要地。

（一）内蒙古经济高质量发展指数总体情况

我们构建一套科学的评价指标体系来评价、引领和促进高质量发展，从效益

效率、结构优化、动能转化、绿色生态、民生共享5个维度对内蒙古自治区经济高质量发展进行测度和评价。一方面，客观评价近5年内蒙古自治区经济高质量发展的基本态势和状态特征；另一方面，根据这五个维度的走势变化，评价现阶段内蒙古自治区经济高质量的发展变化情况，并为未来发展提供相应的政策支持，以促进区域经济高质量发展的优势激发和劣势收敛。表26-4是2013~2018年内蒙古自治区总体经济高质量发展综合指数及上述五个维度分项指数的测度结果。

表26-4　　　2013~2018年内蒙古自治区经济高质量发展综合指数及分项指数

年份	效益效率	结构优化	动能转化	绿色生态	民生共享	综合指数
2013	0.088	0.098	0.130	0.079	0.180	0.576
2014	0.087	0.095	0.128	0.081	0.177	0.568
2015	0.088	0.093	0.121	0.085	0.167	0.554
2016	0.084	0.100	0.123	0.078	0.181	0.566
2017	0.059	0.104	0.103	0.074	0.167	0.508
2018	0.107	0.109	0.086	0.087	0.175	0.564

总体看，2013~2016年内蒙古经济发展质量综合指数基本平稳，小幅增减，在2017年出现明显下降后在2018年又回升，基本概括为下降、回升、再下降、再回升四个阶段（见表26-4）。第一阶段，2013~2015年，综合指数从0.576下降到0.554；第二阶段，2015~2016年，综合指数从0.554增长到0.566，增幅较小；第三阶段，2016~2017年，综合指数从0.566下降到0.508，降幅较大；第四阶段，2017~2018年，综合指数由0.508增长到0.564。内蒙古的综合指数在西部的排名2013~2016年均排第4位，2017年下降到第8位，2018年再次回升到第6位。

从五个维度的分项指数在西部排名的变化来看（见表26-5），内蒙古的效益效率指数、结构优化指数和动能转化指数排名位次变化起伏较大，绿色生态指数和民生共享指数的排名相对较为稳定。从五个维度指数在西部的排名先后位次来看，内蒙古的结构优化、动能转化和绿色生态指数在西部的排名相对另外两个指标和综合指数来说相对靠后，是内蒙古经济高质量发展的不足和短板所在。

表 26 - 5　　　2013～2018 年内蒙古自治区经济高质量发展指数测度结果在西部排名

年份	效益效率	结构优化	动能转化	绿色生态	民生共享	综合指数
2013	4	8	4	8	3	4
2014	5	10	4	7	4	4
2015	5	12	4	7	4	4
2016	6	11	4	7	3	4
2017	11	10	6	7	4	8
2018	2	8	9	7	3	6

（二）内蒙古经济高质量发展子层面指数总体向好

1. 效益效率指数呈先稳定后下降再上升的特点

2013～2016 年变动幅度较小，2017 年，分指数从 2016 年的 0.084 下降至 0.059，降幅较大，2018 年明显回升，且在西部排名第 2。内蒙古的效益效率指数是五个维度评价指数中变动幅度最大的。自 2015 年实施供给侧结构性改革以来，通过积极推进"三去一降一补"，内蒙古深入推进钢铁、煤炭等工业企业去库存、去产能，并不断调整和优化结构，促进技术创新和"两化融合"，经历"改革阵痛"后经济发展加快转提质增效发展，部分产业、行业、企业的经济效益出现阶段性下降。

从反映效益的分项指标来看，2013～2016 年，人均地区生产总值呈现上升趋势，规模以上工业企业成本费用利润率呈现小幅度上下波动，地区生产总值增长率、全社会劳动生产率、人均一般公共预算收入、规模以上工业企业单位产值利润率四项指标则均呈现下降趋势。2016～2017 年，有 6 个指标均下降明显。在 2018 年，除人均一般公共预算收入，其余 5 个指标都有增长。因此由分指数可见，内蒙古的效益效率指数在西部排名在 2016～2017 年有一定的下降，从 2015 年的排位第 5 名降至 2016 年的第 6 名和 2017 年的第 11 名。内蒙古积极响应《国务院办公厅关于石化产业调结构促转型增效益的指导意见》，提出多项促进产业转型升级的意见，经济增长的质量效益进一步显现，2018 年的效益效率指数及在西部的排名均较 2017 年明显提升。

2. 结构优化指数整体呈现出波动的特点

2013～2018 年，结构优化指数在西部排名基本保持在第 8～12 位之间徘徊，排名有升有降，结构优化指数值在西部而言处于相对靠后的省（区、市）。指标数值在 2013～2015 年有小幅度下降，在 2015～2018 年期间有所回升。近年，内蒙古的产业结构中，第一产业占比有增有减，第二产业占比呈逐年下降态势，2016～2017 年降幅最大，下降了 8.9 个百分点，而第三产业占比逐年上升，2018 年占比最高，为 50.50%。以前，内蒙古农牧业产业化的运营水平较低，轻重工业比例不均衡，重工业化趋势增强，全区经济发展主要依靠重工业，以高污染型、高消耗型的产业为主。内蒙古工业产业中，以原材料为中心的基础性产业占据主要比重，而精加工型、深加工型和高新技术产业缺乏，资源型产业和非资源型产业发展严重不均衡，工业内部的各产业能源冶金与钢铁等产业发展程度较高，而机械化学与电器等产业的总体实力不强，行业分布和项目引进在一定程度上制约了内蒙古产业结构的优化调整，无法顺利推进产业结构的升级优化。通过自 2016 年以来实施的结构性改革，内蒙古通过控制新增产能、减量化生产等措施，在产能退出方面取得显著成效；通过简政放权、减税降费、电价市场化改革等方面打出"组合拳"，降低企业生产成本。整个产业结构向着升级的态势发展，在多产业协同发展优化经济结构方面还有很大的发展空间。2018 年，全区提出加速发展现代服务业和全区域旅游、四季旅游，以及现代物流业等服务行业，依赖国家科技技术，大力提升设备技术装备水平、能源利用技术水平和能源生产消费管理水平，完成经济增长方式由粗放型向集约型转化。

从反映结构优化指数的分项指标来看，其中，服务业增加值占 GDP 比重呈现稳定增长趋势，且增长幅度较大；税收占一般公共预算收入比重 2013～2016 年呈下降趋势，但 2016～2018 年有大幅提升；常住人口城镇化率 2013～2018 年呈小幅度上升趋势；城乡居民收入比五年间虽有波动，但幅度较小；外贸依存度由 2013 年 0.48% 的不断提升至 2018 年的 5.98%；高技术产业进出口占地区进出口总额的比重变化较明显，最大值为 2013 年的 10.97%，最小值为 2015 年的 4.54%，近年来该比重未实现新突破；民生财政支出占一般财政预算支出的比重的均值保持 70.0% 左右，2018 年较 2013 年明显提升，达 80.47%，比 2013 年提高了 11.35 个百分点，达到近几年的最高值。

3. 动能转化指数排名多处在中等水平

2013～2016 年内蒙古的动能转化指数总体上保持相对稳定，2017～2018 年动能转化指数较前几年有所下降。从位次看，内蒙古的动能转化指数排名在西部多数年份处在中间位置。

从动能优化指数的部分指标来看，因产业结构不断调整优化、坚持绿色发展而取得一定成效。实现经济增长，离不开要素投入的支撑。要素不仅包括劳动、资本、资源等，也包括环境因素。内蒙古动能转化在 2017 年下降的主要原因在于投资对经济拉动作用明显下降，培育和壮大经济发展新动能还未充分发挥对经济增长质量效益的贡献作用。2018年，内蒙古科研经费投入占GDP的比重比上年提高了0.06个百分点；规模以上工业R&D支出占销售收入比重年均增速为1.00%，在西部排名第2位，仅低于重庆；实际利用外资占GDP的比重为1.47%，在西部排名第5位。

4. 绿色生态指数排名保持相对稳定

2013年，内蒙古的绿色生态指数在西部排第8位，2014～2018年在西部排名升至第7位。内蒙古坚持新发展理念，坚决打好环保攻坚战，加快实施了排污许可制。内蒙古认真落实《控制污染物排放许可制实施方案》，实施生态文明建设目标评价考核；贯彻执行《生态文明建设目标评价考核办法》《绿色发展指标体系》《生态文明建设考核目标体系》。通过健全完善生态文明建设目标考核评价制度和评价体系，加大生态环境保护考核权重，进一步强化指标约束，形成了鲜明的环保工作导向，在绿色生态建设方面初见成效。

从反映绿色生态指数的9个具体指标来看，近年来，内蒙古空气质量优良天数占比不断提升，由2013年的78.20%提升至2018年的83.00%；森林覆盖面积不断扩大，森林覆盖率比2013年提高了7.1个百分点；建成区绿化覆盖率小幅提升，2018年建成区绿化覆盖率为40.60%；亿元工业产值二氧化硫排放量波动较大，由2013年的39.08吨/亿元上升至2014年的67.09吨/亿元，又降至2016年的31.20吨/亿元，再升至2018年的39.07吨/亿元；万元GDP能耗、工业增加值能耗、单位耕地面积化肥施用量5年间均有所增加；这6年的环境污染治理投资总额占GDP比重年均值为2.81%，在西部排第2位；2018年单位耕地面积化肥施用量较2013年下降了0.45吨/公顷。这几项指标数据表明内蒙古绿色生态建设力度加大，生态环境总体发展变化的趋势向好，但是，在降低能耗方面需要重视效率的提升，提升工业固体废弃物总额利用率方面仍需挖掘潜力。

5. 民生共享指数保持相对靠前

近年来，内蒙古自治区人力资源和社会保障部门紧紧围绕"民生为本、人才优先"的工作主线，深入贯彻"8337"发展思路和自治区党委的部署，主要民生目标任务圆满完成，对维护改革发展稳定大局作出了积极贡献。内蒙古的民生共享指数整体呈现平稳上升、小幅波动的态势。2013～2018年，内蒙古的民生共享指数在西部基本保持在第三、第四位次，是5个分项指标中排名最靠前的。

从反映民生共享指数的12个指标分析，2013～2018年，内蒙古的每千人拥有医疗机构床位数以及每千人拥有卫生技术人员呈现上升趋势；每百户固定互联网宽带接入用户数增长尤为明显，与2013前相比较，2018年每百户固定互联网宽带接入用户数提高了 21.06%。在居民收入方面，城镇居民人均可支配收入、农村居民纯收入年均增速为 8.32% 和 9.37%，均明显高于同期的 GDP 年均增速（6.60%）；2018 年人均个人储蓄存款余额较 2013 年增长了 53.95%，呈现逐年稳定上升的趋势；自治区贫困发生率大幅度下降，由 2013 年的 11.7% 下降至 2018 年的 1.06%；[①] 表明内蒙古脱贫攻坚工作已取得决定性的胜利。城镇职工基本养老保险参保率比 2013 年提高了 27 个百分点。

三、内蒙古经济高质量发展中存在的问题

2013～2018 年，内蒙古经济高质量发展在波动中稳步上升，在结构优化方面表现较好，经济发展动能的转换成效不断提高。但是，效益效率、绿色生态、民生共享方面指数的波动变化较大，表明内蒙古有待于在创新驱动、科技成果创新研发、应用与转化、可持续发展等方向上持续发力。

（一）经济发展新动能不足，新旧动能接续转换效果不显著

2013～2018 年，内蒙古经济发展效益效率指数在波动中略有下降。深入分析发现：内蒙古的研经费投入占 GDP 比重在 2013 年为 0.69%，到 2018 年增加为 0.75%，科技研发人员数量也不断增加。但是，该地区的生产总值增长率却从 2013 年的 9.00% 下降到 2018 年的 5.30%，下降了 3.7 个百分点。内蒙古的经济增长速度放缓与国际国内宏观经济大环境、经济发展周期和亟待解决的结构性、矛盾性问题紧密相关，同时也与内蒙古近年来投资增长尤其是制造业投资增速下降密切相关。内蒙古在提高科技化水平、增强科技对经济发展的支撑和服务作用方面作出了积极努力，但是，由于内蒙古目前还处于新旧动能的转换阶段，动能转换效果还未充分显现。多年来"一煤独大"的产业结构更加深了对能源产业的依赖。数据显示，2017 年能矿资源型重工业增加值占工业增加值比重超过 75%，对工业增长的贡献率超过 80%。2018 年底，煤电行业增加值占全部规上工业比重达 51.4%。同时，新动能不足也表现在科技创新对经济高质量发展的后续支撑作用较弱。2018 年高技术产业进出口占地区进出口总额的占比较 2013 年下降了 5.20 个百分点，技术市场成交额在连续三年上升之后下降，出现成交额不稳定、

---

① 邱超奕：《内蒙古贫困发生率降至 1.06%》，载于《人民日报》2019 年 6 月 22 日。

技术市场发展后劲不足的特点，同时，受市场外部环境因素的影响较大。

（二）经济增长的稳定性较差，供给侧结构性改革成果有待巩固

经济结构状况是衡量国家和地区经济发展水平的重要尺度。只有区域经济结构合理才能充分发挥经济优势产生更优成效，才能有助于促进区域、部门之间的协调发展。2013~2018年，内蒙古的产业整体呈现优化调整的态势，第二产业所占比例逐年下降，由2013年的53.8%下降到2018年的39.4%，第三产业所占比例在2013年为36.9%，到2018年上升为50.5%，增加了13.6个百分点，说明内蒙古在供给侧结构性改革方面取得一定成效。在反映效益效率指数的分指标中，前五年，内蒙古的规模以上工业企业单位产值利润率和工业企业成本费用利润率在2017年明显较2016年明显下降，分别下降了3.80和4.61个百分点。实际利用外资占GDP比重下降。投资和消费对经济增长的拉动率逐年下降，2018年的投资和消费拉动率分别较2013年下降了3.50和1.37个百分点。2013~2018年，内蒙古的固定资产投资、制造业和房地产年均增速分别为−2.52%、−6.25%和−6.14%，制造业投资总额自2015年开始持续下降，房地产投资有五年均下降，固定资产投资总额分别在2015年、2017年和2018年明显下降。内蒙古的经济增长的所依赖的投资大幅下降，因而经济增长稳定性不够，经济增长动力偏弱。

（三）生态节能效果不够显著，资源利用率有待提升

近年来，内蒙古环境污染治理投资总额占GDP的比重除了在2015年达五年来的最大值（3.16%）外，其他年份基本保持在3.00%的水平。内蒙古在空气质量质量优良天数和建成区绿化覆盖率、亿元工业产值二氧化硫排放量等方面在西部具有比较优势，也较前几年有所改善。但内蒙古的工业增加值能耗、万元GDP能耗保持高位的情况下还有所提升，工业固体废弃物综合利用逐年小幅下降。近年来，内蒙古的万元GDP能耗和工业增加值能耗不降反升，2018年的万元GDP能耗增加了10.86%，是全国两个万元GDP能耗增加的省（区、市）之一，能源消费总量增速为16.7%，在全国各省（区、市）中最高，同一时期共有29个省（区、市）的能源消费总量增速均低于5.0%；工业固体废弃物综合利用率在波动中呈小幅下降趋势。内蒙古的万元GDP能耗较高，在西部排第三位，这反映出内蒙古在节能降耗方面还有很大的进步空间。内蒙古的煤炭在消费和生产过程中占较大比重，使得产品能耗较高，转换率较低。另外，内蒙古的重

工业占比高也是造成能耗增加的原因之一。说明内蒙古仍需加快节能技术的研发以及加大节能减排的力度，要尽快实现绿色低碳产业发展的转型升级。作为我国北方重要的生态安全屏障，内蒙古的森林覆盖率只有 22.10%，多数地区属于干旱、半干旱气候，草场退化和沙化的问题较为突出。内蒙古承担起我国"三北"地区重要的生态防线的重任，其生态环境不仅与自身未来的发展和群众的生产生活紧密相关，还与华北、东北和西北的发展紧密相关，因此，未来还应强化生态安全屏障建设。

（四）区域发展基础和禀赋条件差距大，区域发展协调性有待加强

内蒙古土地面积广阔，呈狭长形，横跨东北、华北、西北三大区，分成蒙东、蒙西、蒙中三大片区。内蒙古人口数量较少，土地辽阔，辖区内资源要素分散配置的问题比较突出。受发展产业基础、资源禀赋、自然环境条件等多因素影响，虽然近年来内蒙古通过建立健全区域协作、区域合作机制，加快推进乡村振兴发展，努力推动区域协调发展，在区域和城乡之间的公共服务、基础设施建设和经济协作发展、贫困县贫困村的脱贫攻坚等方面取得积极成效，但依然存在蒙东、蒙中、蒙西之间的发展不平衡，东部盟市和沿边等地区发展不充分，城乡之间差距明显，区域协调发展体制机制有待进一步健全等问题。要进一步强化基础设施、基本公共服务的均衡化布局，在资源环境可承载范围内促进经济相对落后地区的发展，在保护好生态环境的前提下推动区域协调发展，最终促进实现内蒙古全区经济实现更高质量、更有效率、更加公平、更可持续的发展。

四、促进内蒙古经济高质量发展的对策建议

2018 年，习近平总书记在参加十三届全国人大一次会议内蒙古代表团审议时强调，要扎实解决好发展不平衡不充分问题，形成优势突出、结构合理、创新驱动、区域协调、城乡一体的发展新格局。内蒙古要充分发挥区位优势和资源优势，在改革开放过程中不断实现突破，通过经济结构战略性调整和经济转型实现升级优化，为高质量发展奠定基础。[①] 内蒙古要以"一带一路"倡议相关政策为

---

① 宋清辉：《内蒙古经济靠什么实现高质量发展？》，人民网，2018 年 11 月 26 日，http://www.peo-ple.com.cn/n1/2018/1126/c347407 - 30421786.html。

依托，充分发挥地区优势，研究分析决胜全面建成小康社会需要和我国经济发展面临的宏观环境，保持经济中高速增长，在提高发展均衡性、包容性、可持续性的基础上，把产业提升到中高端水平，提升消费对经济增长贡献，促进生态环境质量总体改善，人民生活水平不断提高，社会文明程度显著提高。

（一）培育壮大经济发展新动能，改造提升传统动能

2018年3月5日，习近平总书记在参加十三届全国人大一次会议内蒙古代表团审议时强调，推动经济高质量发展，要把重点放在推动产业结构转型升级上，把实体经济做实做强做优。一是结合内蒙古自治区产业基础、资源条件，在能源、冶金、化工、装备制造、农畜产品加工等传统优势产业领域，推进工厂数字化、智能化、绿色化改造，使传统优势产业焕发新活力，提升产业发展的绿色含量。二是持续优化全社会创业创新生态，使人才、技术、知识、数据资源等对经济发展的贡献，以信息经济、绿色经济、生物经济、智能制造等重点，推动新兴经济业态逐步成为新增长引擎，经济发展质量和核心竞争力显著提高，新旧动能转换取得成效显著，新兴产业与传统优势产业协同发力的发展格局逐步形成。三是提升政府服务市场主体的快速响应能力水平，提升政府服务能力水平，完善法规政策标准、鼓励先行先试、强化创业创新服务，加快推进服务型政府建设。四是探索包容创新的审慎监管制度，加强建设完善切实可行的信用体系建设、推进新产业新业态监管、强化风险管控创新。促进新生产要素流动，推进数据资源开放共享、推动科技成果加速转化应用。五是发展"优势资源""优势产品""优势产业"。内蒙古的稀土资源、煤炭资源、铁矿石等在全国具有比较优势，为此，内蒙古应瞄准发展优势产业，重点扶持一批产业优势突出、带动产业发展关联度高、产业附加值和经济效益高的产业加快发展。应通过引入高端的农牧业生产技术，健全农牧业发展社会的服务体系，发展以畜牧商品加工为主要的轻工业，尤其是乳畜制品和牛羊肉加工绒毛纺织等产业及其配套的生产性服务业。

（二）加强生态建设和保护力度，发展绿色产业开发绿色食品

习近平总书记指出，内蒙古要发展现代装备制造业，发展新材料、生物医药、电子信息、节能环保等新兴产业，发展军民融合产业。内蒙古不仅资源总量丰富而且分布比较集中，人均矿产资源拥有量大大超过全国平均水平，许多矿产资源的经济开发利用价值极大。为此，内蒙古重在发展生态环保型产业，发挥拥

有全国最大的天然牧场的优势，使农牧业向着产业化、专业化、规模化、市场化、科技化的方向发展，农牧产业综合能力持续增强并领跑全国。①在此基础上，发展绿色农产品加工工业。一要强化奶牛健康管理条例，严格动物防疫的审查，落实疫病免疫、病原监测、检查监管、无害化处理和应急处置等防控措施，建立健康档案，确保养殖场生物安全。二要加快推进现代种源基地建设，创建集种源科研、生产、经营一体的绿色畜牧业发展基地。加强粪污资源化综合利用，支持奶牛养殖粪污染源化利用，推动奶牛养殖牲畜粪便的集中处理，推动粪肥还田综合利用，促进种养结合，实现绿色循环发展。三要鼓励和支持乳品企业做大做优做强，建成大型乳产业创新园区。推动乳品企业调整优化产品结构，支持大型乳品企业国际化发展，打造世界级企业和国际品牌。鼓励民族乳制品特色化发展，推动牧区创办民族特色乳制品工厂化生产试点。四要建立乳企诚信记录，实行"黑名单"制度，推动养殖和加工一体化发展，强化畜牧产业绿色产业发展的监督监管，定期监测养殖成果，定期抽查产品标准，定期抽检畜牧生产的各个环节，增加不定次抽检力度。五要加大畜牧产品区域公共化绿色品牌培育力度，成立专门的绿色品牌培育机构或小组，筛选出在国内具有比较优势、能够发挥本地产业优势、市场需求量大、增长快的高端绿色品牌畜牧产品，带动相关产业高质量发展。

（三）提高科技化水平，强化科技的支撑和服务作用

引进高端科学技术，提升重工业尤其是资源型产业的科技含量，延长产业链条，加大商品附加值，有效发挥资源优势，为全区经济的发展与产业结构的优化调整做重大贡献可从以下几方面做出努力：第一，继续增加科技特派员工作站，引导科技特派员深入农村牧区开展农牧业科技服务，激发科技特派员创新创业热情，推进农村牧区大众创业、万众创新，促进一二三产业融合发展。同时，围绕贫困地区产业发展需求，推动科技资源向贫困地区集聚，动员科技特派员与贫困地区的精准对接，促进贫困地区经济社会升级发展。让科技特派员成为实施乡村振兴战略、助推脱贫攻坚的强大力量。第二，提高抗御自然灾害的能力，在农牧交错带大力发展牧业。大力开发绿色食品，发展绿色产业和节水型农业，支援工业，保证生态良性循环。在大力发展工业的基础上，努力使工农互补，稳定农业

---

① 宋清辉：《内蒙古经济靠什么实现高质量发展？》，人民网，2018年11月26日，http：//www.peo-ple.com.cn/n1/2018/1126/c347407－30421786.html。

规模，调整生产方式和经营方式，提高产出率，扩大规模，提升效益，大力发展与优势资源和农副产品有关的原材料工业和加工业。第三，加强奶业基础研究，支持大专院校和科研机构建立奶业研究学科和重点实验室，开展奶业研究，培养高层次人才。鼓励乳制品企业依托重点科研实验室，提升企业自主创新能力，引领行业技术进步。强化技术推广与服务，依托奶制品研究体系及畜牧兽医推广机构，加大关键技术集成示范与推广力度，不断提升奶牛单位产出水平和生产效率。第四，加强技术服务型人才和牧场主培训，提升基层技术推广骨干的服务能力和奶业从业人员整体素质。积极推广"互联网＋"，实施"互联网＋"行动计划，培育电子商务市场主体，推动奶产品上网销售集零售体验、品牌连锁、电商等多种形式为一体的消费新模式，形成一批电子商务龙头企业，把绿色奶产品推向全国，走向世界，打造国际品牌。

（四）以集中集约集聚为原则，优化生产要素空间布局

集中集约集聚是在生态环境整体脆弱的条件下最大化发挥资源优势、协调资源与经济发展矛盾的有效途径之一。2018 年，习近平总书记参加十三届全国人大一次会议内蒙古代表团审议时指出，"只有走集中集聚集约发展的路子才能改变幅员辽阔、地广人稀、生产要素分散的状况，才能形成火车头效应"。为此，内蒙古经济高质量发展需要：一是坚定落实主体功能区发展战略。按照重点开发区域、限制开发区域和禁止开发区域的总体要求，合理控制开发强度，调整优化空间结构，形成科学合理的空间发展格局。二是优化生产力布局。合理划分经济区划，推动生产要素向沿河沿线的呼包鄂榆城市群集约集聚，推动沿黄生态经济带建设上升为国家战略，加快培育大都市城市群，通过城市群能级的提升，提升产业发展的职场竞争力，融入全国全球产业链和价值链，以提高单位面积产出水平、强化企业产业之间的协作为方向，整合优化工业园区的内部布局，提高发展质量。三是提升城镇化发展质量。根据资源环境承载力、发展潜力、人口分布等因素，前瞻性推动产业发展高端要素向大城市聚集，合理疏解大城市的非核心城市功能，加大推动大城市周边的中小城市的基础设施和公共服务设施建设力度，发展职住平衡的卫星城市，促进城市群内部形成合理紧密的分工合作管理，推动内蒙古城镇化战略转型。通过合理调配、组织生产要素的集聚与疏解，优化城镇的生产力布局，促进提升城镇的产出效益。

（五）加大开放力度，推进资源优势转化为经济发展优势

积极响应"一带一路"倡议，加快发展新型贸易方式，积极推动内外贸结合商品市场发展。截至 2018 年，内蒙古与 180 多个国家和地区的客户建立了贸易往来及经济技术合作关系，形成了贸易伙伴多元化的市场格局。内蒙古要抓住西部大开发战略和"一带一路"倡议的有利时机，发挥资源优势，加速资源转化。首先，贯彻落实习近平总书记发出"发挥国家向北开放重要桥头堡作用"的指示，巩固和提升以铁路和公路为核心的"陆上丝路"；充分利用航空口岸优势，推动对外贸易经贸合作和投资方式的思维变革、方式变革，全力打造"空中丝路"；充分发挥东西交汇、内外联动的区位优势，积极融入"海上丝路"建设。提升中蒙博览会层次和水平，大力发展口岸经济、空港经济、陆港经济、枢纽经济，深入推进重点开发开放试验区、合作先导区、跨境经济合作区、边境经济合作区、综合保税区、跨境旅游合作区等平台建设；顺应国内外产业转移新趋势，发挥地区优势，加大招商引资力度，加快建设外向型产业新体系。[①] 其次，以口岸为窗口，以与口岸相连的中心城市及其腹地为依托，大力发展边境贸易，开拓国际市场，在扩大传统产品出口的同时进一步扩大劳务输出和旅游创汇，争取多种形式的经济技术合作。最后，寻找消费扩容升级与扩大贸易的契合点，让内蒙古的消费市场的吸引力不只限于规模，更源自其不断优化的结构，推动更高水平对外开放，目标不仅仅是提升贸易量、投资额，更重要的是打造全局性、体制性开放，为内蒙古经济与边境国际乃至世界经济进行深度互动，促进经济高质量发展。

[①] 张学刚：《推进产业结构转型升级推动内蒙古经济高质量发展实践》，载于《实践（思想理论版）》2019 年第 6 期。

后　记

2019 年 3 月 19 日，中央全面深化改革委员会第七次会议审议通过《关于新时代推进西部大开发形成新格局的指导意见》，提出要贯彻落实新发展理念，抓重点、补短板、强弱项，更加注重推动高质量发展。西部地区约占全国土地总面积的 71%，常住人口约占 27%，其经济高质量发展对于全国实现经济高质量发展具有战略性意义，但西部经济高质量发展较东中部地区面临更多的挑战与不足。2019 年是西部大开发战略实施 20 周年，借着这个机会，我们希望通过系统回顾西部大开发以来的成就与经验，尤其是系统回顾和前瞻西部高质量发展的成就与不足，对西部地区大开发形成新格局和促进西部经济高质量发展作出我们应有的智力贡献。

我们从两年前开始构思主题由来和立意；2019 年 3 月起开始着手组建团队、收集数据、搭建框架；2019 年 10 月完成初稿；之后数易其稿，到 2020 年 3 月书稿完成。"不以厚吾之生者为荣，而以玉汝于成者为乐。"再回首"孕育"书稿纵使艰辛终究值得。

在本书的编撰过程中，刘以雷教授总体设计、全面筹划、明确思路、创造条件、审改文稿；编写组成员分工合作，呕心沥血，查阅文献、收集数据，开展中国西部地区经济高质量发展的创新性、探索性研究，篇篇用心，字字打磨，最终凝聚成这部 50 余万字的智慧结晶。在此，衷心感谢以下专家教授和业内同仁参与本书的编写：新疆大学中国西部经济发展与改革研究院教授李金叶（绪论）；四川西部民生研究院高级经济师邓小军（第二篇）；中国通证数字经济研究中心副秘书长、国印金控（海南）科技有限公司战略研究员张宜琳（第三篇第九章）；国家统计局安徽调查总队处长张尚豪（第三篇第十章），四川西部民生研究院副院长陈文生（第三篇第十一章）；新疆大学中国西部经济发展与改革研究院袁丽君博士（第三篇第十二章）；成都信息工程大学教授朱胜（第三篇第十三章），中国人民银行乌鲁木齐中心支行张雯博士（第三篇第十四章）；成都信息工程大学叶祥凤教授（王宇萌、朱俊宇、李海洁、赵悦萌协助第四篇第十五、第十七、第二十六章），四川西部民生研究院有限责任公司康俊（第四篇第十六章），四川西部民生研究院有限责任公司邓小军、叶晓梅、付晓静、锁舟舟（第四篇第十八、十九、二十五章）；新疆农业大学黄福江博士（第四篇第二十章），成都安可信企业管理咨询有限公司蒋俊琪（第四篇第二十一章），河南省南阳市统计局鞠达艳（第四篇第二十二章），上海财经大学的董春风博士（第四篇第二十三章），成都信息工程大学的范乔希教授（第四篇第二十四章）。

在本书的编辑出版过程中，著名经济学家樊纲百忙之中为本书作序，经济科学出版社编辑郎晶负责出版编审，刘以雷教授、叶祥凤教授和邓小军高级经济师负责全书统筹审稿。

我们再次对所有关心、支持和帮助本书编撰、审阅、出版的专家、学者、编辑和同仁们表示最衷心的感谢。各篇章书稿引用的专家文献已标注引文出处，对作者一并致以由衷的敬意。本书中未特别标注出处的数据均由作者根据《中国统计年鉴》、西部各个省（区、市）的统计年鉴、统计公报和相关政府官网数据计算或整理而得。因编写时间和认识局限而出现疏漏之处难免，敬请读者批评指正。

编写组

2020 年 4 月 18 日